Mein Weg zum Atheismus

Annie Besant

Writat

Diese Ausgabe erschien im Jahr 2024

ISBN: 9789361461897

Herausgegeben von
Writat
E-Mail: info@writat.com

Inhalt

VORWORT ZUR ERSTEN AUSGABE.

Die Essays, die das vorliegende Buch bilden, wurden in den letzten fünf Jahren in Abständen geschrieben und werden nun in einem einzigen Band ohne Änderungen jeglicher Art veröffentlicht. Ich hielt es für sinnvoller, sie – als Zeichen der allmählichen Entwicklung des Denkens – so wiederzugeben, wie sie ursprünglich veröffentlicht wurden, damit die spätere Entwicklung die früheren Formen nicht beeinflusst . Der Essay über „Inspiration" ist zum Teil der älteste von allen; er wurde teilweise vor etwa sieben Jahren verfasst und später in seiner jetzigen Form neu geschrieben.

Der erste Aufsatz über die „Göttlichkeit Jesu von Nazareth" wurde kurz vor meinem Austritt aus der Church of England geschrieben und markiert den Punkt, an dem ich endgültig mit dem Christentum brach. Ich dachte damals und denke immer noch, dass es weder mutig noch geradlinig ist, am Namen „Christ" festzuhalten, nachdem man aufgehört hat, das zu sein, und dass der Name in aller Fairness jenen historischen Körperschaften gehören sollte, die ihn sich im Laufe vieler Jahrhunderte zu eigen gemacht haben. Ein Christentum ohne einen göttlichen Christus erscheint mir wie eine republikanische Armee, die unter einem königlichen Banner marschiert – es führt sowohl Freunde als auch Feinde in die Irre. In der Überzeugung, dass ich mit dem Aufgeben der Göttlichkeit Christi dem Christentum abgeschworen habe, setze ich diesen Aufsatz als Ausgangspunkt meiner Reisen außerhalb des christlichen Bereichs. Die darauf folgenden Aufsätze befassen sich mit einigen der führenden christlichen Dogmen und sind in der Reihenfolge abgedruckt, in der sie geschrieben wurden. Aber in der allmählichen Gedankenentwicklung gehen sie dem Aufsatz über die „Göttlichkeit Christi" tatsächlich voraus. Die meisten Forscher, die mit dem Selbststudium beginnen, bevor sie irgendwelche ketzerischen Werke gelesen oder irgendwelche ketzerischen Kontroversen gehört haben, werden durch die Widersprüche und Ungereimtheiten der Bibel selbst zum Nachdenken angeregt worden sein. Eine gründliche Kenntnis der Bibel ist die Grundlage der Ketzerei. Viele, die meinen, sie würden ihre Bibeln lesen, lesen sie überhaupt nicht. Sie lesen jeden Tag pflichtbewusst ein Kapitel durch und vergessen, was in Matthäus steht, bevor sie lesen, was in Johannes steht; daher bemerken sie nie die Widersprüche und sehen nie die Widersprüche. Aber diejenigen, die die Bibel *studieren* , sind auf dem besten Wege, Ketzer zu werden. Es war die sorgfältige Zusammenstellung einer Harmonie der letzten Kapitel der vier Evangelien – eine Harmonie, die für den Andachtsgebrauch bestimmt war –, die meinem eigenen Glauben den ersten Schlag versetzte; obwohl ich die Zweifel beiseite schob und mich weigerte, die Frage auch nur noch einmal zu betrachten, blieb die Wirkung bestehen – der winzige Samen, der langsam keimen und später zur voll erblühten Blume des Atheismus heranwachsen sollte.

Der Prozess gegen Herrn Charles Voysey wegen Ketzerei erinnerte mich an mein eigenes Rätsel, und ich wurde allmählich sehr unruhig, obwohl ich versuchte, nicht zu denken, bis die fast tödliche Krankheit meiner kleinen Tochter eine schärfere Frage nach dem Grund des Leidens und der Realität der Liebe Gottes mit sich brachte. Von diesem Zeitpunkt an begann ich, die Lehren des Christentums aus kritischer Sicht zu studieren; bis dahin hatte ich meine theologische Lektüre auf religiöse und historische Abhandlungen beschränkt, und die einzigen Kontroversen, mit denen ich vertraut war, waren die Kontroversen, die die Christen gespalten hatten; die Schriften der Kirchenväter und der auf ihnen basierenden modernen Schule hatte ich sorgfältig studiert, und ich hatte die Unterschiede zwischen den griechischen, römischen, anglikanischen und lutherischen Konfessionen sowie die Ansichten orthodoxer abweichender Denkschulen abgewogen; nur aus Puseys „Daniel" und Liddons „Bampton Lectures" hatte ich etwas über umfassendere Kontroversen und Themen von größerem Interesse erfahren. Doch nun war alles anders, und ich wandte mich auf meinem neuen Weg zuerst an die Führer der Broad Church-Schule. Der Schmerz war so heftig gewesen, als echte Zweifel mich heimsuchten und erschütterten, dass ich fest entschlossen war, jedes christliche Dogma einzeln zu untersuchen und nie wieder „ich glaube" zu sagen, bis ich den Gegenstand des Glaubens geprüft hatte. Die Dogmen, die mich am meisten abstießen, waren die der Sühne und der ewigen Strafe, während die Lehre von der Inspiration der Heiligen Schrift allem zugrunde lag und die eigentliche Grundlage des Christentums bildete. Diese waren also die ersten, die ich in den Schmelztiegel der Untersuchung warf. Maurice, Robertson, Stopford Brooke, McLeod, Campbell und andere wurden studiert, und obwohl ich den Charme ihrer Schriften erkannte , konnte ich keinen festen Boden finden, auf dem sie ruhen konnten: Es war ein vielfarbiger, wunderschöner Nebel – eine Wolkenlandschaft, sehr schön, aber sehr substanzlos. Dennoch dienten sie mir als Trittsteine weg von den alten, harten Dogmen, und von Monat zu Monat wurde ich skeptischer, was die Möglichkeit anging, in der Religion Gewissheit zu finden. Mansels Bampton-Vorlesungen über „Die Grenzen des religiösen Denkens" trugen viel dazu bei, dieses Gefühl zu verstärken; die Werke von F. Newman, Arnold und Greg führten dieselbe Arbeit fort; einige Versuche, die Glaubensbekenntnisse anderer Nationen zu verstehen, den Mohammedanismus , Buddhismus und Hinduismus zu untersuchen, führten alle in dieselbe Richtung, bis ich zu dem Schluss kam, dass Inspiration allen Menschen gleichermaßen zukommt und es keine Notwendigkeit der Sühne geben kann und dass für den Ungläubigen im Christentum keine ewige Hölle vorbereitet ist. So verzichtete ich Schritt für Schritt auf die Dogmen des Christentums, bis nur noch die Gottheit Jesu als spezifisch christlich übrig blieb, die noch nicht analysiert worden war . Die gesamte Tendenz der Broad Church-Denkrichtung bestand darin, die Menschheit auf Kosten der Gottheit Christi zu stärken; und da Hölle und Sühne verschwunden waren und überall Inspiration war, schien es keine *Daseinsberechtigung* für die Menschwerdung zu geben . Außerdem gab es so viele Inkarnationen, und die buddhistische Vertiefung schien eine großartigere Idee zu sein. Ich stieß jetzt zum ersten Mal auf die Werke von Charles Voysey und denen von Theodore Parker und Channing, und der Glaube an die Gottheit Jesu folgte den anderen toten Glaubensbekenntnissen. Renan hatte ich viel früher gelesen, mochte ihn aber nicht; Strauss begegnete mir erst später; Scotts „Englisches Leben Jesu", das ich zu dieser Zeit las, ist ein so nützliches Buch zu diesem Thema, wie es einem Forscher nur in die Hände gegeben werden kann. Ich hatte meinen Weg vom Christentum zum einfachen Theismus gefunden; Schritt für Schritt verschmolz der Theismus mit dem Atheismus; das Gebet wurde allmählich eingestellt, da es im völligen Widerspruch zu jeder würdigen Vorstellung von Gott stand und allen Ergebnissen wissenschaftlicher Forschung widersprach. Ich hatte ein großes Interesse an den späteren wissenschaftlichen Entdeckungen entwickelt, und Darwin hatte viel dazu beigetragen, mich von meinen alten Fesseln zu befreien. Von John Stuart Mill hatte ich viel gelesen, und ich nahm ihn jetzt wieder auf; Ich studierte Spinoza und las Mansel sowie viele andere Autoren über die Gottheit erneut, bis ich zu dem Ergebnis kam, das ich in dem Aufsatz mit dem Titel „Die Natur und Existenz Gottes" wiederfinde. Kurz bevor ich diesen Aufsatz schrieb, las ich Charles Bradlaughs „Plädoyer für den Atheismus" und sein „Gibt es einen Gott?". Der Aufsatz über „Konstruktiven Rationalismus" zeigt, wie wir den alten Glauben ersetzen und unser Haus mit stärkeren Materialien neu bauen.

Der Weg vom Christentum zum Atheismus ist lang und seine ersten Schritte sind sehr rau und sehr schmerzhaft. Die Füße treten auf die Ruinen des gebrochenen Glaubens und die scharfen Kanten schneiden in das blutende Fleisch. Doch weiter wird der Weg ebener und bald beginnt an seinem Rand das bescheidene Gänseblümchen der Hoffnung hervorzulugen, das die Frühlingsflut ankündigt und weiter duftet der Straßenrand nach allen Blumen des Sommers, süß und leuchtend und prächtig, und in der Ferne sehen wir die Verheißung des Herbstes, der Ernte, die zur Ernährung des Menschen eingebracht werden soll.

Annie Besant. 1878.

ÜBER DIE GÖTTLICHKEIT JESU VON NAZARETH

„Was denkt ihr über Christus, wessen Sohn ist er?" Menschliches Kind menschlicher Eltern oder göttlicher Sohn des allmächtigen Gottes? Wenn wir seine Reinheit, seinen Glauben an den Vater, seine vergebende Geduld, seine hingebungsvolle Arbeit unter den Abschaum der Gesellschaft, seine brüderliche Liebe zu Sündern und Ausgestoßenen bedenken – wenn unsere Gedanken nur auf diese verweilen –, spüren wir alle die wunderbare Faszination, die Millionen zu den Füßen dieses „Menschensohnes" geführt hat, und die Nadel unseres Glaubens beginnt in Richtung des christlichen Pols zu zittern. Wenn wir die Reinheit unseres Glaubens an Gott allein unbefleckt bewahren wollen, müssen wir unsere Augen manchmal – wenn auch widerwillig – auf die andere Seite des Bildes richten und die menschlichen Schwächen erkennen, die uns daran erinnern, dass er nur einer von uns ist. Seine Härte gegenüber seiner Mutter, seine Bitterkeit gegenüber einigen seiner Gegner, das deutliche Scheitern einer oder zweier seiner seltenen Prophezeiungen, die offensichtliche Begrenztheit seines Wissens - das, wenn man es alles zusammenzählt, tatsächlich gering genug ist - sind mehr als genug, um uns zu zeigen, dass er, wie groß er als Mensch auch sein mag, nicht der allgerechte, allsehende, allwissende Gott ist.

Niemand jedoch, der nicht durch christliche Übertreibungen zu ungerechtfertigten Verleumdungen verleitet wurde oder der nicht durch theologische Feindseligkeit geblendet ist, kann Teile des in den drei synoptischen Evangelien skizzierten Charakters nicht verehren. Ich werde hier nicht näher auf den Christus des vierten Evangelisten eingehen; wir können in dieser Gestalt kaum die Züge des Jesus von Nazareth erkennen, den wir lieben gelernt haben.

Ich schlage in diesem Essay vor, die Behauptungen Jesu zu untersuchen, er sei mehr als der Mensch, der er zu Lebzeiten zu sein schien: Behauptungen, die – wohlgemerkt – eher von anderen in seinem Namen vorgebracht werden als von ihm selbst. Seine eigenen Behauptungen seiner Göttlichkeit finden sich nur im unzuverlässigen vierten Evangelium, und dort werden sie durch den Satz zunichte gemacht, der ihm dort mit seltsamer Inkonsistenz in den Mund gelegt wird: „Wenn ich von mir selbst Zeugnis ablege, ist mein Zeugnis nicht wahr."

Es ist offensichtlich, dass seine Zeitgenossen Jesus nicht als fleischgewordenen Gott betrachteten. Die Menschen im Allgemeinen scheinen ihn als großen Propheten angesehen zu haben und oft untereinander darüber diskutiert zu haben, ob er der erwartete Messias war oder nicht. Die Gruppe von Menschen, die ihn als ihren Lehrer akzeptierten, war ebenso weit davon entfernt, ihn als Gott anzubeten wie ihre Landsleute: Ihr sofortiger Abfall von ihm, als er von seinen Feinden angegriffen wurde, ihre völlige Hoffnungslosigkeit, als sie sahen, wie er besiegt und getötet wurde, sind ausreichende Beweise dafür, dass sie ihn zwar – um ihre eigenen Worte zu zitieren – als „mächtigen Propheten in Wort und Tat" betrachteten, aber nie vermuteten, dass der Lehrer, dem sie folgten, und der Freund, mit dem sie in der Vertrautheit des gesellschaftlichen Lebens lebten, der Allmächtige Gott selbst war. Wie bereits deutlich gemacht wurde, hätten sie, wenn sie geglaubt hätten, ihr Meister sei Gott, bei einem Angriff sicherlich zu ihm geflohen, um Schutz zu suchen, anstatt zu versuchen , sich zu retten, indem sie ihn im Stich ließen. Wir können hinzufügen, dass dies ihr natürlicher Instinkt gewesen wäre, da sie sich im Voraus nie hätten vorstellen können, dass der Schöpfer selbst wirklich von seinen Geschöpfen gefangen genommen und durch ihre Hände getötet werden könnte. Die dritte Klasse seiner Zeitgenossen, die gelehrten Pharisäer und Schriftgelehrten, waren ebenso weit davon entfernt, ihn als göttlich zu betrachten, wie das Volk oder seine Jünger. Sie scheinen den neuen Lehrer zunächst etwas verächtlich betrachtet zu haben, als jemanden, der unklugerweise darauf beharrte, den Vielen die höchsten Lehren darzulegen, anstatt – ein zweiter Hillel – die Schätze ihres eigenen gelehrten Kreises zu erweitern. Als sein Einfluss sich ausbreitete und ihren eigenen zu untergraben schien – noch mehr, als er sich in direkte Opposition stellte und das Volk vor ihnen warnte –, wurden sie zu aktiver Feindseligkeit aufgehetzt und beschlossen schließlich, sich zu retten, indem sie ihn vernichteten. Doch trotz all ihrer passiven Verachtung und direkten Feindseligkeit gibt es nie eine Spur davon, dass sie ihn für mehr als einen religiösen Enthusiasten hielten, der schließlich gefährlich wurde: Wir sehen sie keinen Augenblick lang die offensichtlich absurde Position von Menschen einnehmen, die wissentlich ihre Kräfte mit Gott messen und versuchen , ihren Schöpfer zum Schweigen zu bringen und zu vernichten. So viel zu den Meinungen derjenigen, die die besten Gelegenheiten hatten, sein gewöhnliches Leben zu beobachten. Ein „guter Mann", ein „Betrüger", ein „mächtiger Prophet", das sind die überlieferten Meinungen seiner Zeitgenossen: Es findet sich keiner, der vortritt und ihn als Jehova, den Gott Israels, verkündet.

Eine der zuverlässigsten Stützen der Christen bei der Verteidigung der Göttlichkeit ihres Herrn ist der Beweis der Prophezeiung. Sie entnehmen den heiligen Büchern des jüdischen Volkes die Vorhersagen des ersehnten Messias und behaupten, diese Prophezeiungen hätten sich in Jesus von Nazareth erfüllt. Doch es gibt eine hartnäckige Tatsache, die die Kraft dieses Arguments zunichte macht: Die Juden, denen diese Schriften gehören und von denen man aufgrund ihrer Tradition und nationalen Eigenheiten vernünftigerweise annehmen kann, dass sie die besten Vertreter ihrer eigenen Propheten sind, bestreiten nachdrücklich, dass sich diese Prophezeiungen in

Jesus überhaupt erfüllt haben. Tatsächlich ist ein Hauptgrund für ihre Ablehnung Jesu genau dies, dass er dem vorhergesagten Messias in keiner Weise ähnelt. Es besteht kein Zweifel, dass das jüdische Volk bei der Geburt Jesu sehnsüchtig auf seinen Erlöser wartete: Genau diese Sehnsüchte brachten mehrere Pseudo-Messiasse hervor, die wiederum eine beträchtliche Anhängerschaft gewannen, weil jeder eine gewisse Ähnlichkeit mit dem erwarteten Prinzen aufwies. Ein Großteil der Wut der Bevölkerung, die Jesus in den Tod trieb, war eine Reaktion auf die Enttäuschung über die Hoffnungen, die er durch die Machtposition, die er eingenommen hatte, geweckt hatte. Der plötzliche Wutausbruch gegen einen so wohlwollenden und harmlosen Menschen kann nur durch die intensiven Hoffnungen erklärt werden, die sein königlicher Einzug in Jerusalem geweckt hatte, und die völlige Zerstörung dieser Hoffnungen durch sein Versagen, den Thron Davids zu besteigen. Als Sohn Davids ausgerufen, kam er auf einem Esel als König von Zion angeritten und ließ sich als König von Israel willkommen heißen: Damit endete seine kurze Erfüllung der Prophezeiungen, und das Volk, wütend über sein Versagen, erhob sich und forderte lautstark seinen Tod. Weil er die alten jüdischen Orakel *nicht* erfüllte, starb er: Er war zu edel für die *Rolle*, die sie dem Messias zuschrieben, sein Ideal war alles andere als das eines Eroberers mit „blutüberströmten Gewändern". Aber selbst wenn Jesus entgegen aller Beweise eins mit dem Messias der Propheten gewesen wäre, würde dies seine göttlichen Ansprüche zerstören, anstatt sie zu untermauern. Denn die Juden waren reine Monotheisten; ihr Messias war ein Prinz aus Davids Linie, der bevorzugte Diener, der gesalbte Jehova, der König, der in seinem Namen herrschen sollte: Ein Jude würde vor der Gotteslästerung, den Messias auf Jehovas Thron zu setzen, voller Entsetzen zurückschrecken, wenn er sich daran erinnert, wie seine Propheten ihn gelehrt hatten, dass sein Gott „seine Ehre keinem anderen geben würde ". Was die Prophezeiung betrifft, steht der Fall also folgendermaßen: Wenn Jesus der Messias ist, der in den alten jüdischen Büchern prophezeit wurde, dann ist er nicht Gott; wenn er nicht der Messias ist, schweigt die jüdische Prophezeiung in Bezug auf ihn völlig, und ein Verweis auf die Prophezeiung ist absolut nutzlos.

Nach dem Beweis der Prophezeiung verlassen sich Christen im Allgemeinen auf den durch Wunder erbrachten Beweis. Es ist bemerkenswert, dass Jesus selbst nur wenig Wert auf seine Wunder legte; tatsächlich weigerte er sich, sie als Belege seiner Autorität anzuführen, und konnte oder wollte sie nicht wirken, als er auf entschiedenen Unglauben stieß. Wir müssen auch beachten, dass die Menschen, während sie „Gott priesen, der den *Menschen solche Macht gegeben hatte* ", nicht geneigt waren, seine Wunder als Beweis seines Rechts auf absoluten Gehorsam anzuerkennen: Seine Wunder verliehen ihm nicht einmal eine solche Heiligkeit, dass sie ihn vor Verhaftung und Tod bewahrt hätten. Herodes wollte ihn bei seinem Prozess einfach nur aus Neugierde ein

Wunder wirken sehen. Diese sture Gleichgültigkeit gegenüber Wundern als Belege der Autorität ist ganz natürlich, wenn wir bedenken, dass die jüdische Geschichte voller Wunder war, die für und gegen das bevorzugte Volk gewirkt wurden, und dass sie auch ausdrücklich davor gewarnt worden waren, sich durch Zeichen und Wunder irreführen zu lassen. Ohne auf die Frage einzugehen, ob Wunder möglich sind, wollen wir sie der Argumentation wegen als gegeben hinnehmen und sehen, was sie als Beweise für die Göttlichkeit wert sind. Wenn Jesus eine Menschenmenge mit ein paar Broten ernährte, tat dies auch Elisa; wenn er Tote auferweckte, taten dies auch Elia und Elisa; wenn er Aussätzige heilte, taten dies auch Moses und Elisa; wenn er Blinden die Augen öffnete, schlug Elisa eine ganze Armee mit Blindheit und gab ihnen danach das Augenlicht zurück; wenn er Teufel austrieb, taten seine Zeitgenossen nach seinem eigenen Zeugnis dasselbe. Wenn Wunder die Göttlichkeit beweisen, welches Wunder Jesu kann dann mit dem geteilten Roten Meer des Moses, dem Aufhalten der Erdbewegung durch Josua, dem Aufhalten der reißenden Wasser des Jordan durch Elias Mantel verglichen werden? Wenn uns gesagt wird, dass diese Männer durch *verliehene* Macht handelten und Jesus durch *inhärente Macht* , können wir nur antworten, dass dies eine unbegründete Annahme ist und die ganze Frage aufwirft. Die Bibel berichtet in gleicher Weise über die Wunder: Es wird kein Unterschied zwischen der Art und Weise gemacht, wie Elisa oder Jesus wirkten; von beiden heißt es manchmal, sie hätten gebetet; von beiden heißt es manchmal, sie hätten geredet . Wunder dürfen in der Tat nicht als Beweis der Göttlichkeit angesehen werden, es sei denn, die an sie Glaubenden sind bereit , nicht nur Jesus, sondern auch einer Menge anderer göttliche Ehre zu erweisen und den neu entdeckten Göttern ein christliches Pantheon zu errichten.

Bisher haben wir nur gesehen, dass die üblichen christlichen Argumente nicht ausreichen, um eine so erstaunliche und auf den *ersten Blick* unwahrscheinliche Lehre wie die Inkarnation des göttlichen Wesens zu begründen. Diese Art von negativem Zeugnis, dieser unzureichende Beweis ist jedoch nicht der Hauptgrund, der Theisten dazu zwingt, gegen das zentrale Dogma des Christentums zu protestieren. Die stärkeren Beweise für die einfache Menschlichkeit Jesu bleiben bestehen, und wir gehen nun zu positiven Beweisen über, dass er nicht Gott ist. Ich möchte die Aufmerksamkeit auf die Spuren menschlicher Schwäche in seinem edlen Charakter lenken, auf seine absoluten Fehler in der Prophezeiung und auf sein offensichtlich begrenztes Wissen. Wenn wir den Bericht der Evangelisten über Jesus als im Wesentlichen wahr akzeptieren, nehmen wir seinen Charakter so, wie er seinen ergebenen Anhängern erschien. Wir haben es nicht mit kleinen Schönheitsfehlern zu tun, die von neidischen Kritikern seiner Größe eingefügt wurden; die Geschichte Jesu wurde geschrieben, als seine Jünger ihn als Gott anbeteten und seine Menschlichkeit in ihren Augen ideale Vollkommenheit erreichte. Wir müssen nicht glauben, dass das Leben Jesu in den Evangelien in seiner ganzen Pracht dargestellt wird und dass er zumindest nicht makelloser war, als er in diesen Berichten seiner Freunde erscheint. Aber auch hier müssen wir, um nicht grob ungerecht zu werden, das vierte Evangelium beiseite lassen; um seinen Charakter „nach Johannes" zu untersuchen, wäre ein gesonderter Aufsatz erforderlich, so sehr unterscheidet er sich von dem der drei Evangelien; und nach allen Regeln der Geschichte sollten wir ihn nach den früheren Berichten beurteilen, insbesondere, da sie sich im Wesentlichen gegenseitig bestätigen.

Das erste, was einem aufmerksamen Leser der Evangelien auffällt, ist der Mangel an Zuneigung und Respekt, den Jesus seiner Mutter gegenüber zeigt. Als erst zwölfjähriges Kind lässt er seine Eltern Jerusalem verlassen und nach Hause zurückkehren, während er allein zum Tempel geht. Die Faszination der alten Stadt und der prachtvollen Tempeldienste war für einen nachdenklichen jüdischen Jungen zweifellos fast überwältigend, insbesondere bei seinem ersten Besuch: Aber die sorglose Vergesslichkeit der Sorgen seiner Eltern muss als schwerwiegender Fehler eines Kindes angesehen werden, umso mehr, als sein Charakter durch die Gleichgültigkeit, die er in seiner Antwort auf den bekümmerten Tadel seiner Mutter zeigte, verdunkelt wird. Dass ihn kein hohes, wenn auch falsches Pflichtgefühl in Jerusalem hielt, wird durch seine Heimkehr mit seinen Eltern deutlich; denn hätte er gespürt, dass ihn „die Angelegenheiten seines Vaters" überhaupt in Jerusalem festhielten, ist es offensichtlich, dass dieses Pflichtgefühl durch eine dreitägige Verzögerung nicht befriedigt worden wäre. Doch der christliche Fürsprecher möchte Kritik durch einen Verweis auf die Göttlichkeit Jesu ausschließen: Er verlangt von uns daher zu glauben, dass Jesus, als Gott, die Qualen seiner Eltern, als sie seine Abwesenheit entdeckten, gleichgültig beobachtete; dass er alles über die dreitägige qualvolle Suche wusste (denn sie, die seine Göttlichkeit nicht kannten, empfanden die furchtbare Angst um sein Wohl, die für Landleute, die ein Kind in einer überfüllten Stadt verlieren, natürlich ist); dass er trotz der enormen Kräfte, die ihm zur Verfügung standen, keine Schritte unternahm, um sie zu beruhigen; und dass er ihnen schließlich ohne Worte des Mitgefühls begegnete, nur mit einer mysteriösen , für sie unverständlichen Anspielung auf einen höheren Anspruch als den ihren, den er jedoch sofort beiseite schob, um ihnen zu gehorchen. Wenn Gott in einem Jungen Fleisch geworden ist, können wir diesem Beispiel als Modell der Kindheit vertrauen: Doch sind Christen bereit, ihren kleinen Kindern diese frühe Frömmigkeit und diesen Wunsch nach religiöser Unterweisung als Beispiel vor Augen zu führen, dem sie folgen sollen? Dürfen sich Jungen und Mädchen im Alter von zwölf Jahren tagelang der Obhut ihrer Eltern entziehen, mit der Begründung, dass eine wichtigere Aufgabe ihre Aufmerksamkeit beanspruche? Diese Episode aus der Kindheit Jesu sollte man in jene

„Evangelien der Kindheit" verbannen, die voller unkindlicher Handlungen stecken, die die weise Urteilskraft der Christenheit mit Missbilligung versehen hat. Derselbe Mangel an kindlicher Ehrfurcht zeigt sich später in seinem Leben: Einmal unterrichtete er, und seine Mutter schickte jemanden, der mit ihm sprechen wollte. Die einzige Antwort auf die Nachricht ist die harsche Bemerkung: „Wer ist meine Mutter?" Der praktischste Beweis dafür, dass die christliche Moral in dieser Hinsicht das Beispiel Jesu übertroffen hat, ist die sofortige Missbilligung, auf die ein ähnliches Verhalten in der heutigen Zeit stoßen würde. Durch die seltsame Verzerrung der Moral, die oft durch kontroverse Erfordernisse verursacht wird, wurde dieser Mangel an kindlicher Ehrfurcht von christlichen Geistlichen triumphierend hervorgehoben; die Gleichgültigkeit, die Jesus gegenüber familiären Bindungen zeigte, wird als Beweis dafür akzeptiert, dass er mehr als ein Mensch war! So behaupten sie stillschweigend, dass sich ein Sohn gegenüber seiner Mutter nicht gebührt, dass ein Verhalten des Sohnes gegenüber seiner Mutter natürlich und richtig sei! Wenn heutzutage jemand aus Gewissensgründen einen Weg einschlägt, der denjenigen, die Anspruch auf seinen Respekt haben, Schmerzen bereitet, ist es seine anerkannte Pflicht und sein natürlicher Instinkt, den Schmerz, den er zufügen muss, durch größere Zuneigung und höflichere Ehrerbietung wiedergutzumachen. Vor allem aber würde er diesen Schmerz nicht durch öffentliche und unangebrachte Respektlosigkeit mutwillig verstärken.

Die Haltung Jesu gegenüber seinen Gegnern in hohen Positionen war von ungerechtfertigter Bitterkeit geprägt. Auch hier hat der erhabene und sanfte Geist seines ganzen Lebens die christliche Meinung zugunsten einer Vorgehensweise geprägt , die sich in diesem Punkt von seiner eigenen unterscheidet, so dass die Beschimpfung eines Gegners heute allgemein als *unchristlich bezeichnet wird* . Ermüdet von drei Jahren Verleumdung und Verachtung, verärgert über den geringen scheinbaren Erfolg, der seine Arbeit belohnte , voller trauriger Vorahnung, dass seine Feinde ihn bald vernichten würden, wurde Jesus zu leidenschaftlichen Anklagen angestachelt: „Wehe euch, Schriftgelehrte und Pharisäer, Heuchler ... ihr Narren und Blinden ... ihr macht aus einem Proselyten doppelt so viele Kinder der Hölle wie ihr selbst ... ihr Schlangen, ihr Otterngezücht, wie wollt ihr der Höllenverdammnis entrinnen?" Das ist doch nicht der Geist, der einhauchte: „Wenn ihr die liebt, die euch lieben, welchen Dank habt ihr dafür? ... Liebt eure Feinde, segnet die, die euch verfluchen, betet für die, die euch verfolgen." Hatte er nicht sogar den Ausdruck „Du Narr!" ausdrücklich verboten? War das nicht die Vergeltung von Bösem mit Bösem, von Schimpfwort mit Schimpfwort?

Es ist schmerzlich, auf diese Makel hinzuweisen: Die Ehrerbietung gegenüber den großen Führern der Menschheit ist eine Pflicht, die jedem

Menschen am Herzen liegt. Wenn die Huldigung jedoch in Götzendienst umschlägt, müssen die Menschen aufstehen und auf Fehler hinweisen, die sie sonst in respektvollem Schweigen übergehen würden, eingedenk der nur so ehrenvollen Arbeit.

Ich wende mich dann mit einem Gefühl der Erleichterung dem Beweis für das begrenzte Wissen Jesu zu, denn hier trifft ihn keine Schuld, obwohl *ein* erwiesener Fehler den Glauben an seine Gottheit vernichtend macht. Zunächst zur Prophezeiung: „Der Sohn des Menschen wird in der Herrlichkeit seines Vaters mit seinen Engeln kommen und dann wird er jedem Menschen nach seinen Werken vergelten. Wahrlich, ich sage euch: Es gibt einige, die hier stehen, die den Tod nicht schmecken werden, bis sie den Sohn des Menschen in seinem Reich kommen sehen." Später erweitert er denselben Gedanken: Er spricht von einer kommenden Trübsal, der seine eigene Rückkehr folgen wird, und fügt dann die nachdrückliche Erklärung hinzu: „Wahrlich, ich sage euch: Dieses Geschlecht wird nicht vergehen, bis dies alles geschehen ist." Die Nichterfüllung dieser Prophezeiungen ist einfach eine Frage der Tatsachen: Mögen die Menschen die Worte jetzt wegdiskutieren, wie sie wollen, doch wenn die Geschichte wahr ist, glaubte Jesus an seine eigene baldige Rückkehr und prägte seinen Anhängern denselben Glauben ein. Es ist in der Tat klar, dass es ihm gelungen ist, ihnen diese Botschaft einzuprägen, wenn man die Hinweise auf seine Rückkehr betrachtet, die in den Briefen verstreut sind. Die jüngsten Schriften zeigen ein Bemühen, die Zweifel auszuräumen, die die Konvertiten infolge des Ausbleibens Jesu beunruhigten, und das vierte Evangelium lässt jeden Hinweis auf sein Kommen aus. Bemerkenswert ist in letzterem der spirituelle Sinn, der – ob absichtlich oder unabsichtlich – in den Worten angedeutet wird: „Die Stunde ... ist *jetzt* , da die Toten die Stimme des Sohnes Gottes hören werden, und die sie hören, werden leben." Diese Worte könnten die allgemeine Stimmung bei der Ankunft der Auferstehung sein, die den Christen durch das Versagen der Prophezeiungen ihres Herrn in jedem wörtlichen Sinn aufgezwungen wurde. Er konnte sich nicht irren, *ergo* mussten sie seine Worte vergeistigen . Das begrenzte Wissen über Jesus wird weiter dadurch deutlich, dass er Zacharias, den Sohn Jojadas , mit Zacharias, dem Sohn Barachias , verwechselt : Ersterer, ein Priester, wurde im Tempelhof erschlagen, wie Jesus sagt; aber der Sohn des Barachias war Zacharias oder Zachariah, der Prophet.* Er selbst bekannte sich zu einer Beschränkung seines Wissens, als er seine Unkenntnis des Tages seiner eigenen Rückkehr bekannte und sagte, dieser sei nur dem „Vater" bekannt. Aus derselben Kategorie von Aussagen stammt seine Antwort an die Mutter von Jakobus und Johannes, dass die hohen Sitze des kommenden Königreichs „nicht von mir vergeben werden können". Dass Jesus an die furchtbare Lehre der ewigen Strafe glaubte, ist offensichtlich, trotz der raffinierten Versuche, zu beweisen, dass die Lehre nicht der Bibel entspricht:

dass er, wie seine Landsleute, viele Krankheiten der unmittelbaren Macht Satans zuschrieb, die wir heute wahrscheinlich auf natürliche Ursachen zurückführen würden, wie Epilepsie, Manie und dergleichen, ist ebenfalls selbstverständlich. Aber bei solchen Punkten wie diesen ist es sinnlos, sich aufzuhalten, denn der Christ glaubt sie aufgrund der Autorität Jesu, und die Themen können aufgrund ihrer Natur nicht auf die Probe gestellt werden, wenn man sie mit festgestellten Tatsachen bespricht. Von der gleichen Art sind einige seiner Aussprüche: sein entmutigendes „Strebt danach, durch die enge Pforte einzugehen, *denn* viele sind da" usw.; seine Verwendung von Jesajas schrecklicher Prophezeiung zur Verteidigung der Parteilichkeit, „damit sie sehen und nicht erkennen" usw.; seine Verwendung der Heiligen Schrift einmal als verbindlich, während er sie ein anderes Mal herabsetzt; seine Vorliebe, einen Gegner durch eine raffinierte Erwiderung zum Schweigen zu bringen: all diese Dinge sind für diejenigen tadelnswert, die ihn als Menschen betrachten, während sie für diejenigen, die ihn als Gott anbeten, durch seine Göttlichkeit vor Kritik geschützt sind. Dort ist Moral eine Frage der Meinung, und es ist Zeitverschwendung, sich damit zu befassen, wenn man mit Christen streitet, deren moralisches Empfinden für den Moment durch ihre geistige Erniedrigung zu seinen Füßen in Schach gehalten wird. Aber die Wahrheit der zitierten Prophezeiungen und die historische Tatsache der Abstammung von Zacharias können geprüft werden, und in diesen Punkten machte Jesus offensichtliche Fehler. Die offensichtliche Schlussfolgerung ist, dass sein Wissen, da er sich irrte – und das tat er – begrenzt war und daher menschlicher, nicht göttlicher Natur war.

** Siehe Anhang, Seite 12.*

Wenn wir uns den Lehren Jesu zuwenden (ich beschränke mich immer noch auf die drei Evangelien), finden wir keine Unterstützung für die christliche Theorie. Wenn wir seine didaktischen Lehren betrachten, können wir keine Spur davon entdecken, dass er sich selbst als Gegenstand des Glaubens oder der Anbetung angeboten hätte. Sein Lebenswerk als Lehrer war es, vom Vater zu sprechen. In der Bergpredigt schlägt er immer den Grundton „euer himmlischer Vater" an; wenn er seine Jünger das Beten lehrt, spricht er „Vater unser", und die christliche Idee, ein Gebet „durch Jesus Christus" zu beenden, ist dem einfachen kindlichen Geist ihres Meisters völlig fremd. Wenn wir an die Position denken, die Jesus in der christlichen Theologie einnimmt, erscheint es tatsächlich seltsam, das völlige Fehlen jeglicher Andeutung einer Pflicht gegenüber sich selbst in diesem gesamten Kodex der sogenannten christlichen Moral zu bemerken. Sein Umgang mit Fragenden steht in strikter Übereinstimmung mit seiner formelleren Lehre: Als ein junger Mann auf die Knie fällt und ihn mit „Guter Meister" anredet und fragt, was er tun soll, um das ewige Leben zu erlangen, weist das treue Herz Jesu die Huldigung zunächst zurück, bevor er die alles entscheidende Frage beantwortet: „Was nennst du *mich* gut? Es ist keiner gut außer Gott allein." Dann weist er den *jungen Mann auf den Weg zum ewigen Leben und schickt ihn nach Hause, ohne ein Wort über die Lehre zu verlieren, auf der laut Christen seine Erlösung beruhte* . Wenn der Mann später das „Evangelium" erfahren würde, würde er es aufgrund der Autorität Jesu ablehnen, der ihm einen anderen „Weg der Erlösung" gezeigt hatte; und wenn das Christentum wahr ist, ist das Verderben der Seele dieses jungen Mannes auf die mangelhafte Lehre Jesu selbst zurückzuführen. Ein anderes Mal sagt er einem Schriftgelehrten, das erste Gebot sei, dass Gott einer ist und dass alle Liebe eines Menschen ihm gebührt; Dann fügt er die Pflicht der Nächstenliebe hinzu und sagt: „Es gibt *kein* größeres Gebot als diese": „Der Glaube an Jesus" muss also, wenn er überhaupt eine Pflicht ist, nach der Liebe zu Gott und den Menschen kommen und ist nach seinem eigenen Zeugnis nicht notwendig, um „in das Leben einzutreten". Auf Jesus selbst ruht dann die Hauptverantwortung, zu bestätigen, dass der Glaube an ihn höchstens eine Angelegenheit von sekundärer Bedeutung ist, ganz zu schweigen von der Tatsache, dass er den Glauben an seine Gottheit nie als Glaubensartikel überhaupt eingeschärft hat. Im gleichen Geist offener Loyalität gegenüber Gott sind seine Worte über die unverzeihliche Sünde: Als Antwort auf eine grobe persönliche Beleidigung sagt er seinen Beleidigern, dass ihnen vergeben wird, wenn sie gegen ihn, einen einfachen Menschensohn, sprechen, warnt sie jedoch vor der Gefahr, das Werk des Geistes Gottes mit dem des Satans zu verwechseln, „weil sie sagten", dass die Werke, die von Gott getan wurden, indem er Jesus als sein Werkzeug benutzte, von Beelzebub getan wurden.

Es bleibt noch ein Argument von ungeheurer Kraft, das nur durch persönliche Meditation gewürdigt werden kann. Wir sehen Jesus, wie er zu Gott betet, sich auf Gott verlässt, in seiner größten Not in Todesangst zu Gott um Erlösung schreit, in seinem letzten Kampf, von seinen Freunden verlassen, fragend, warum Gott, sein Gott, ihn auch verlassen hat. Wir spüren, wie natürlich, wie lebensecht dieser ganze Bericht ist: In der Ehrfurcht unseres Herzens vor diesem edlen Leben, dieser „Treue bis in den Tod", können wir es kaum ertragen, an die Beleidigung zu denken, die ihm von christlichen Lippen zugefügt wird: Sie nehmen ihm jede Schönheit, indem sie uns sagen, dass Jesus während all dieses Kampfes der Ewige, der Allmächtige, Gott war: es ist alles scheinbar, nicht real: in seiner Versuchung konnte er nicht fallen: in seinen Gebeten brauchte er keine Unterstützung: in seinem Schrei, dass der Kelch an ihm vorübergehen möge, sah er voraus, dass es unvermeidlich war: in seiner Qual der Verlassenheit und Einsamkeit war er überall bei Gott gegenwärtig. In diesem ganzen Leben gibt es also keine Hoffnung für den Menschen, kein Versprechen des Sieges des Menschen, kein Versprechen für die Menschheit. Dies ist überhaupt kein *Menschenleben* , es ist nur ein wunderbares Drama, das auf Erden aufgeführt wird. Was Gott tun könnte, ist kein Maß für die Kräfte des Menschen: Was haben wir mit diesem „Gottmenschen" gemeinsam? Dieser Jesus, den wir für unseren Bruder gehalten hatten, ist schließlich durch die unermessliche Distanz von uns entfernt, die die Schwäche des Menschen von der Allmacht Gottes trennt. Nichts kann uns für einen solchen Verlust entschädigen. Wir hatten uns an dieser vielseitigen Vornehmheit erfreut, und selbst ihre Makel waren uns lieb, weil sie uns seine Brüderschaft mit uns selbst versicherten: Wir bekommen ein Idealbild, wo wir eine Geschichte studiert hatten, eine andere Gottheit, wo wir ein Leben nachzuahmen gehofft hatten. Was bietet uns das Christentum statt der Ermutigung, die wir gefunden hatten? – ein perfektes Leben? Aber wir wussten schon vorher, dass Gott perfekt ist: ein Beispiel? Es beginnt auf einer anderen Ebene: ein Erlöser? Wir können nicht sicherer sein als bei Gott: ein Fürsprecher? Wir brauchen keinen bei unserem Vater: ein Stellvertreter, der Gottes Zorn für uns erträgt? wir sollten lieber darauf vertrauen, dass Gottes Gerechtigkeit uns bestraft, wie wir es verdienen, und dass seine Weisheit das Beste für uns tut. Als Gott kann Jesus uns nichts geben, was wir nicht bereits in seinem und unserem Vater haben: Als Mensch gibt er uns all die Ermutigung und Unterstützung, die wir von jeder edlen Seele erhalten, die Gott in diese Welt schickt, „ein brennendes und leuchtendes Licht":

„Durch solche Seelen allein

Gott bückt sich und zeigt genug

Sein Licht, damit wir in der Dunkelheit aufstehen können."

Als Gott verwirrt er unsere Wahrnehmung der Einheit Gottes, verwirrt unsere Vernunft mit endlosen Widersprüchen und wendet alle Gefühle der Liebe und Anbetung vom Höchsten ab, die nur auf ein einziges Objekt gerichtet sein können und die nur unserem Schöpfer zustehen: Als Mensch gibt er uns ein Beispiel, dem wir nacheifern können, ein Leuchtfeuer, an dem wir uns orientieren können; er ist ein weiterer Führer für die Menschheit, ein weiterer Stern in unserer Dunkelheit. Als Gott wären alle seine Worte wahr, und nur wenige würden in den Himmel kommen, während die Hölle von Opfern überflutet wäre: Als Mensch können wir uns weigern, eine solche Verleumdung unseres Vaters zu glauben, und allen Trost annehmen, der uns durch diesen Namen versprochen wird. Gott sei Dank also, dass Jesus nur ein Mensch ist, „menschliches Kind menschlicher Eltern"; dass wir unsere Vorstellungen von Gott nicht klein machen müssen, um sie menschlichen Fähigkeiten anzupassen, oder den grenzenlosen Geist in den schwachen Körper eines Babys packen müssen. Aber obwohl er nur ein Mensch war, hat er einen Maßstab menschlicher Größe erreicht, den, soweit wir wissen, kein anderer Mensch erreicht hat: Die Größe seines Charakters ist beinahe ein Beweis für die Wahrhaftigkeit der Aufzeichnungen im Großen und Ganzen: Er musste sein Leben leben, bevor seine Vorstellung möglich wurde, zu dieser Zeit und unter einem solchen Volk. Sie konnten seine Größe erkennen , als sie vor ihren Augen lag: Sie hätten sie sich selbst kaum vorstellen können, insbesondere, da er, wie wir gesehen haben, so anders war als das jüdische Ideal. Sein Moralkodex ist unübertroffen, und er war der erste, der die universelle Vaterschaft Gottes öffentlich und dem einfachen Volk lehrte. Viele seiner erhabensten Lehren finden sich in den Büchern der Rabbiner, aber es ist das glorreiche Vorrecht Jesu, dass er die weisen und heiligen Grundsätze, die bis dahin die heiligen Schätze der Wenigen gewesen waren, unter den Vielen verbreitete. Bei ihm war niemand zu erniedrigt, um als Kinder des Vaters bezeichnet zu werden; keiner zu einfach, um der höchsten Lehre würdig zu sein. Durch sein Beispiel und seine Lehren lehrte er, dass alle Menschen Brüder seien, und ließ ihnen alles Gute, das er besaß, zu Füßen fallen. „Reinen Herzens" sah er Gott, und was er sah, forderte er alle auf, zu sehen: Er sehnte sich danach, dass alle sein eigenes freudiges Vertrauen in den Vater teilen könnten, und schien immer auf der Suche nach neuen Bildern zu sein, um die Freiheit und Fülle der universellen Liebe Gottes zu beschreiben. In seiner unerschütterlichen Liebe zur Wahrheit, aber auch seiner Geduld mit Zweiflern – in seiner persönlichen Reinheit, aber seiner Zärtlichkeit gegenüber den Gefallenen – in seinem Hass auf das Böse, aber seiner Freundlichkeit gegenüber den Sündern – sehen wir herrliche Tugenden, die selten in Kombination vorkommen. Seine Brüderlichkeit, sein Verlangen, die Erniedrigten zu erheben, seine erhabene Frömmigkeit, seine unerschütterliche Moral, seine vollkommene Selbstaufopferung sind seine unantastbaren Ansprüche auf menschliche Liebe und Ehrfurcht. Er ist der größte Wohltäter der Welt, nicht nur durch sein eigenes Leben, sondern auch durch die Begeisterung, die er in anderen geweckt hat: „Unser Senklot hat seine Tiefe nicht erreicht": Worte können nicht ausdrücken, was die Menschheit dem Propheten von Nazareth verdankt. Auf seinem Beispiel haben die großen christlichen Helden ihr Leben aufgebaut: Auf dem Fundament, das seine Lehren gelegt haben, erhebt sich die Welt langsam zu einem reineren Glauben an Gott. Wir brauchen jetzt einen Führer wie ihn – einen, der es wagt, dem Willen des Vaters zu folgen, wie er es tat, und eine lange geschätzte Offenbarung beiseite schiebt, wenn sie mit der höheren Stimme des Gewissens in Konflikt gerät. Es ist die Lehre Jesu, die der Theismus gerne zu seiner eigenen macht und sie von den Widersprüchen reinigt, die ihre Vollkommenheit beeinträchtigen. Es ist das Beispiel Jesu, dem die Theisten folgen, obwohl sie dieses Beispiel in einigen Punkten durch seine erhabensten Aussagen korrigieren. Es ist das Werk Jesu, das die Theisten fortführen, indem sie wie er den Vater und nur den Vater anbeten und indem sie versuchen , alle Liebe, alle Hoffnungen und alle Anbetung der Menschen auf jenen „Gott und Vater von allem" zu richten, „der über allem und durch alles ist" und nicht nur in Jesus, sondern „ *in uns allen* ".

ANHANG: „Josephus erwähnt einen Zacharias, einen Sohn Baruchs (‚Kriege von

die Juden', Buch IV, Abschnitt 4), der unter den von Jesus beschriebenen Umständen ermordet wurde. Sein Name würde besser am Ende der langen Liste jüdischer Verbrechen stehen, da es kurz vor der Zerstörung Jerusalems geschah. Da es aber etwa 34 Jahre nach dem Tod Jesu geschah, ist es klar, dass er sich nicht darauf bezogen haben kann; wenn wir also zugeben, dass er keinen Fehler gemacht hat, versetzen wir der Glaubwürdigkeit seines Historikers einen schweren Schlag, der ihm dann eine Bemerkung in den Mund legt, die nie geäußert wurde."

Ein Vergleich zwischen dem vierten Evangelium und den drei Synoptika

JEDER, zumindest in den gebildeten Klassen, weiß, dass die Echtheit des vierten Evangeliums seit langem und weithin umstritten ist. Der unvorsichtigste Leser ist von dem Unterschied im Ton zwischen den einfachen Geschichten, die Matthäus, Markus und Lukas zugeschrieben werden, und der theologischen und philosophischen Abhandlung, die den Namen Johannes trägt, überrascht. Nachdem wir die drei Erzählungen verfolgt haben, die so einfach in ihrer Struktur, so natürlich in ihrem Stil, so ohne Rhetorik und so frei von philosophischen Begriffen sind, sind wir überrascht, als wir uns in den verwirrenden Labyrinthen der alexandrinischen Philosophie wiederfinden und unser viertes Evangelium öffnen, um zu erfahren, dass „Im Anfang war das Wort, und das Wort war bei Gott, und Gott war das Wort." Wir fragen instinktiv: „Wie hat Johannes, der Fischer aus Galiläa, diese Sätze aus den griechischen Schulen gelernt, und warum vermischt er die einfache Geschichte seines Meisters mit der Philosophie jener ‚Welt, die durch ihre Weisheit Gott nicht erkannte'?"

Die allgemeine christliche Tradition lautet wie folgt: Die Verbreitung „häretischer" Ansichten über die Person Jesu beunruhigte die „orthodoxen" Christen, und sie wandten sich an Johannes, das letzte alte Relikt der apostolischen Schar, um eine Geschichte Jesu zu schreiben, die ihre Gegner widerlegen und die wesentliche Göttlichkeit des Gründers ihrer Religion belegen sollte. Auf ihre wiederholten Bitten hin schrieb Johannes das Evangelium, das seinen Namen trägt, und sein doktrinärer Ton ist seiner ursprünglichen Absicht geschuldet – eine Abhandlung gegen Kerinthos , die mit der Autorität eines Apostels die aufkommenden Zweifel an der Präexistenz und absoluten Göttlichkeit Jesu von Nazareth zerschlagen sollte. Insoweit sind sich Nichtchristen und Christen – einschließlich des Verfassers des Evangeliums – einig. Dieses vierte Evangelium ist – sagen Theisten – keine einfache Biographie Jesu, die von einem liebevollen Jünger als Andenken an einen verstorbenen und geschätzten Freund geschrieben wurde, sondern eine Geschichte, die mit einem besonderen Ziel und zum Beweis einer bestimmten Lehre geschrieben wurde. „Das Johannesevangelium ist eine polemische Abhandlung", wiederholt Dr. Liddon . „Diese sind geschrieben, damit ihr glaubt, dass Jesus der Christus ist, der Sohn Gottes", gesteht der Autor selbst. Wenn man nun die Glaubwürdigkeit einer Geschichte prüft, ist einer der ersten Punkte, die es zu bestimmen gilt, ob der Historiker in seinem Urteil vollkommen unvoreingenommen ist und daher die Tatsachen wahrscheinlich genau so wiedergibt, wie sie sich zugetragen haben, unbeeinflusst von seinen eigenen Ansichten. Wir wenden uns also nicht den Seiten eines römisch-katholischen

Historikers zu, um uns ein gutes Bild von Luther oder Wilhelm dem Schweiger zu machen, oder erwarten, in den Bänden von Clarendon eine durch und durch getreue Darstellung der Laster der Stuart-Könige zu finden; vielmehr berücksichtigen wir beim Lesen der Geschichte eines Parteigängers instinktiv die anerkannte Voreingenommenheit seines Geistes und Herzens. Dass dem vierten Evangelium die Ankündigung vorangestellt wird, dass es nicht geschrieben wurde, um uns eine Geschichte zu geben, sondern um eine bestimmte vorgefasste Meinung zu beweisen, ist daher so zweifelhaft, wenn man von seiner wahrscheinlichen Genauigkeit ausgeht; und aufgrund unserer geistigen Verfassung hüten wir uns vor einer allzu bereitwilligen Zustimmung zu seinen Behauptungen und sind bestrebt, seine Aussagen zu prüfen, indem wir sie mit einer unabhängigen und unparteiischeren Autorität vergleichen. Die Geschichte mag höchst genau sein, aber wir benötigen Beweise dafür, dass der Autor sich nie dazu verleiten lässt, einen Vorfall leicht – vielleicht unbewusst – zu färben , um das zu begünstigen , was ihm am Herzen liegt. So wird Matthäus, ein durchaus ehrlicher Autor, oft dazu verleitet, höchst unnatürliche Prophezeiungszitate zu zitieren, weil er Jesus mit dem von seinen Landsleuten erwarteten Messias in Verbindung bringen möchte. Dieser latente Wunsch führt ihn dazu, verschiedene Zitate aus den jüdischen Schriften einzufügen, die, aus ihrem Kontext gelöst, eine verbale Ähnlichkeit mit den Ereignissen aufweisen, die er erzählt. So bezieht er sich auf Hoseas Erwähnung des Exodus: „Als Israel ein Kind war, gewann ich ihn lieb und rief meinen Sohn aus Ägypten", und indem er nur die letzten sechs Wörter zitiert, gibt er dies als „Prophezeiung" einer angeblichen Reise Jesu nach Ägypten an. Ein Beispiel wie dieses zeigt uns, wie ein Mensch sich von der vorgefassten Entschlossenheit, eine bestimmte Tatsache zu beweisen, blenden lassen kann. Es ist eine Warnung an uns, jede Geschichte, die uns mit der Ankündigung erreicht, sie sei geschrieben worden, um diese oder jene Wahrheit zu beweisen, sorgfältig zu prüfen.

Leider verfügen wir – außer einem Satz des Josephus – über keine unabhängige zeitgenössische Geschichte, anhand derer wir die Genauigkeit der christlichen Aufzeichnungen prüfen könnten. Daher stehen wir vor der etwas unbefriedigenden Aufgabe, sie miteinander zu vergleichen, und müssen in Fällen abweichender Aussagen die Wahrscheinlichkeit zwischen ihnen abwägen.

Bei der Untersuchung dieser vier Lebensbeschreibungen Jesu stellen wir also eine bemerkenswerte Ähnlichkeit zwischen drei von ihnen fest, trotz vieler Abweichungen in den Einzelheiten. Einige betrachten sie daher als die schriftliche Zusammenfassung der mündlichen Lehren der Apostel, die in den verschiedenen Kirchen, die sie jeweils gegründet haben, erhalten geblieben sind, und sind daher natürlich im Wesentlichen gleich, obwohl sie sich in den Einzelheiten unterscheiden. „Die synoptischen Evangelien enthalten den Inhalt des Zeugnisses der Apostel, der hauptsächlich aus ihrer mündlichen Lehre in der Kirche stammt, teilweise auch aus schriftlichen Dokumenten, die Teile dieser Lehre enthalten."* Andere meinen, dass die Evangelien, die wir besitzen und die jeweils Matthäus, Markus und Lukas zugeschrieben werden, alle drei von einem heute verlorenen Originalevangelium abgeleitet sind, das wahrscheinlich auf Hebräisch oder Aramäisch geschrieben und auf verschiedene Weise ins Griechische übersetzt wurde. Wie dem auch sei, die Tatsache, dass eine solche Aussage gemacht wurde, beweist die auffallende Ähnlichkeit, die grundlegende Identität der drei „ synoptischen Evangelien", wie sie genannt werden. Wir entnehmen ihnen eine im Wesentlichen gleiche Vorstellung von Jesus: eine Gestalt, ruhig, edel, einfach, großzügig; ein reines Leben, bestrebt, die Menschen zu jener Liebe zum Vater und jener Hingabe an den Vater zu führen, die seine eigenen charakteristischen Merkmale waren; schließlich ein Lehrer einer einfachen und erhabenen Moral, vollkommen frei von Dogmatismus. Die Wirkung, die die Skizze des vierten Evangelisten hervorruft, ist völlig anders. Der Freund der Sünder ist verschwunden (außer in der Erzählung von der beim Ehebruch ertappten Frau, die allgemein als Interpolation zugegeben wird), denn er verbringt die ganze Zeit damit, über seine eigene Position zu streiten; „das einfache Volk", das ihm folgte und „ihm gern zuhörte", und seine Feinde, die Schriftgelehrten und Pharisäer, sind alle als „die Juden" zusammengedrängt, mit denen er ständig in Konflikt gerät; sein einfacher Lehrstil – zwar parabolisch, wie es im Osten üblich war, aber aus für ein Kind verständlichen Parabeln bestehend – wird gegen mystische Reden ausgetauscht, was ständige Missverständnisse hervorruft, über deren wahre Bedeutung christliche Theologen noch immer streiten; sein ernsthaftes Zeugnis gegenüber „eurem himmlischen Vater" wird durch ständige Selbstbehauptung ersetzt, während sein Befehl „Tut dies, und ihr werdet leben" durch „Glaubt an mich oder geht zugrunde" ersetzt wird.

Alford.

Wie groß ist doch der Kontrast zwischen dieser Rede und der Bergpredigt ... In der letzten Rede steht Seine Person und nicht seine Lehre im Vordergrund. Sein Thema in dieser Rede ist Er selbst.

Gewiss predigt er sich selbst in seiner Beziehung zu seinen Erlösten; doch predigt er vor allem und in allem sich selbst. Alles geht von ihm aus, alles läuft auf ihn zu ... in diesen unvergleichlichen Worten konzentriert sich alles so konsequent auf Jesus, dass man meinen könnte, „Jesus allein steht vor uns."* Diese und ähnliche Unterschiede, sowohl in der direkten Lehre als auch im subtileren belebenden Geist, möchte ich im Detail untersuchen; doch bevor ich darauf eingehe, scheint es notwendig, einen Blick auf die umstrittene Frage der Urheberschaft unserer Geschichte zu werfen und festzustellen, ob sie, wenn sie sich als apostolisch erweist, deshalb für uns bindend sein *muss*.

Ich überlasse es gelehrteren Schreibern als mir, die griechische oder genaue Lehre des Evangelisten zu kritisieren und daraus Schlussfolgerungen zu ziehen und die widersprüchlichen Aussagen mächtiger Namen abzuwägen. Aus dem Bericht über den Apostel Johannes in der englischen Bibel entnehme ich folgende Punkte seines Charakters: Er war warmherzig gegenüber seinen Freunden, verbittert gegenüber seinen Feinden, erfüllt von einem feurigen und ungezügelten Eifer gegenüber theologischen Gegnern; er war ehrgeizig, egoistisch, pharisäisch. Ich gestehe, dass ich diese Charaktereigenschaften in allen ihm zugeschriebenen Schriften verfolge und dass sie im vierten Evangelium durch das Alter nur gemildert zu sein scheinen. Dass Johannes ein herzlicher Freund war, wird durch seinen ersten Brief bewiesen; dass er verbittert gegenüber seinen Feinden war, zeigt sich in seiner Erwähnung von Diotrephes : „Ich werde an seine Taten denken, die er tut, indem er mit boshaften Worten gegen uns schimpft." Sein ungezügelter Eifer wurde von seinem Meister getadelt; derselbe grausame Geist wird in seiner „Offenbarung" noch verstärkt. sein Ehrgeiz zeigt sich in seinem Streben nach einem Spitzenplatz im Reich des Messias; sein Egoismus zeigt sich in dem furchtbaren Fluch, den er über jene ausspricht, die *seine* Offenbarung verändern; sein Pharisäertum zeigt sich in einem Gefühl wie: „Wir wissen , *dass wir* von Gott sind, und die ganze Welt liegt im Bösen." Viele dieser Eigenschaften scheinen mir das Evangelium zu kennzeichnen, das seinen Namen trägt; dieselbe eingeschränkte Zärtlichkeit, dieselbe Bitterkeit gegenüber Gegnern, derselbe feurige Eifer für „die Wahrheit", d. h. ein besonderes theologisches Dogma, sind überall erkennbar.

** Liddon*.

Derselbe Egoismus ist am deutlichsten zu erkennen, denn in den anderen Evangelien teilt Johannes die höchste Wertschätzung seines Meisters mit zwei anderen, während er hier „ *der* Jünger ist, den Jesus liebte", und er tritt besonders in den Schlussszenen von Jesu Leben als *einziger* treuer Jünger hervor. Wir sollten auch die bemerkenswerte Ähnlichkeit in Ausdruck und Ton zwischen dem vierten Evangelium und dem ersten Brief des Johannes beachten, eine Ähnlichkeit, die umso auffallender ist, da die Sprache den Johannes zugeschriebenen Schriften eigen ist. Ich mache diese Vorschläge jedoch mit äußerster Zurückhaltung, wohl wissend, dass die größten Autoritäten in diesem Punkt der Urheberschaft geteilter Meinung sind und dass die Mehrheit eher gegen den apostolischen Ursprung des Evangeliums als dafür spricht. Ich möchte jedoch zeigen, dass es, *selbst wenn man es als apostolisch betrachtet*, nicht vertrauenswürdig und absolut nicht glaubwürdig ist. Wenn Johannes der Autor ist, müssen wir annehmen, dass sein langer

Aufenthalt in Ephesus seine jüdischen Erinnerungen allmählich ausgelöscht hat, sodass er von „den Juden" wie ein Ausländer spricht. Der strenge jüdische Monotheismus wäre durch den subtilen Einfluss des alexandrinischen Denkens schwächer geworden; und er hätte die Ausdrücke dieser Schule durch sein Leben in einer Stadt, die ihre zweite Heimat war, aufgegriffen. Die griechische Philosophie als Mittel zur christlichen Lehre zu verwenden, schien ihm der einfachste Weg zu sein, sich an Geister zu wenden, die von diesen mystischen Ideen durchdrungen waren. Indem er den Meister seiner Jugend durch die verherrlichende Wirkung der Jahre betrachtete, begann er sich allmählich vorzustellen, dass er eine der Emanationen des Höchsten war, von dem er so viel gehört hatte. An die Vergöttlichung römischer Kaiser gewöhnt, Männer mit berüchtigtem Leben, muss er fast dazu gezwungen gewesen sein, göttliche Ehren für *seinen* Führer zu fordern. Wenn seine Zuhörer *sie* als göttlich betrachteten, was konnte er dann sagen, um *ihn zu preisen* , außer dass er immer bei Gott war, ja, selbst Gott war? Wenn Johannes der Verfasser dieses Evangeliums ist, muss eine solche Veränderung über ihn vorgegangen sein, und in seinem Alter müssen sich die allmählichen Anhäufungen der Jahre zu einer formellen christlichen Theologie herauskristallisiert haben. Wenn wir jedoch bei unserer Untersuchung feststellen, dass die Geschichte und die Lehren dieses Evangeliums völlig unvereinbar mit den zweifellos früheren synoptischen Evangelien sind, müssen wir zu dem Schluss kommen, dass es, ob apostolisch oder nicht, diesen den Vorrang geben muss und selbst als glaubwürdiger Bericht über das Leben und die Lehren Jesu von Nazareth abgelehnt werden kann.

Die erste auffallende Besonderheit dieses Evangeliums ist, dass alle darin vorkommenden Personen genau im gleichen Stil sprechen und dieselbe ausgesprochen eigentümliche Ausdrucksweise verwenden: (a) „Der Vater liebt den Sohn und hat ihm alles in die Hand gegeben." (b) „Denn der Vater liebt den Sohn und zeigt ihm alles, was er selbst tut." (c) „Jesus, der wusste, dass ihm der Vater alles in die Hand gegeben hatte." Diese Sätze sind offensichtlich das Ergebnis desselben Geistes, und niemand, der mit unserem Evangelium nicht vertraut ist , würde vermuten, dass (a) von Johannes dem Täufer, (b) von Jesus und (c) vom Verfasser des Evangeliums gesprochen wurde. Wenn die Juden sprechen, laufen die Worte immer noch in derselben Spur: „Wenn jemand ein Anbeter Gottes ist und seinen Willen tut, den erhört er ", wird nicht, wie man annehmen könnte, von Jesus gesagt, sondern von dem Mann, der blind geboren wurde. Tatsächlich sind Kommentatoren manchmal verwirrt, wie in Johannes 3. 10-21, um zu wissen, wo, wenn überhaupt, die Worte Jesu aufhören und von den Kommentaren des Erzählers abgelöst werden. In einer genauen Geschichte treten verschiedene Charaktere in auffallender Individualität hervor, so dass wir sie als unterschiedliche Persönlichkeiten erkennen und sogar im Voraus erraten können, wie sie unter bestimmten Bedingungen wahrscheinlich sprechen und handeln werden. Aber hier haben wir eine Figur in verschiedenen Verkleidungen, eine Stimme von verschiedenen Sprechern, einen Geist in gegensätzlichen Charakteren. Wir haben hier keine Wesen aus Fleisch und Blut, sondern luftige Phantome, hinter denen wir deutlich den einsamen Prediger sehen. Denn Jesus und Johannes der Täufer sind zwei so unterschiedliche Charaktere, wie man es sich nur vorstellen kann, doch ihre Reden sind absolut nicht zu unterscheiden und ihre Gedanken laufen in die gleiche Richtung. Jesus sagt zu Nikodemus: „Wir sprechen, was wir wissen, und bezeugen, was wir gesehen haben, und ihr nehmt unser Zeugnis nicht an; und niemand ist in den Himmel aufgestiegen außer dem, der vom Himmel herabgekommen ist." Johannes sagt zu seinen Jüngern: „Der vom Himmel kommt, ist über allen, und was er gesehen und gehört hat, das bezeugt er , und niemand nimmt sein Zeugnis an." Aber es ist Zeitverschwendung, eine so offensichtliche Tatsache zu beweisen: Sehen wir uns lieber an, wie ein christlicher Anwalt einem Argument begegnet, dessen Kraft er nicht leugnen kann. „Der Charakter und die Ausdrucksweise der Reden unseres Herrn durchdrangen die Denkgewohnheiten seines geliebten Apostels vollständig und nahmen sie auf; so dass er in seinem ersten Brief im genauen Ton und Geist dieser Reden schrieb; und wenn er die Aussagen seines früheren Lehrers, des Täufers, wiedergibt, gibt er sie im Einklang mit der tiefsten inneren Wahrheit (!) der Erzählung in den Formen und Kadenzen wieder, die ihm selbst so vertraut und gewohnt waren."* Es muss jedem Einzelnen überlassen bleiben, zu beurteilen, ob ein sorgfältiger und genauer Historiker die Worte, die er zu erzählen vorgibt, auf diese Weise manipuliert und sie so mit einer geheimnisvollen inneren Wahrheit in Einklang bringt; jeder muss auch entscheiden, wie viel Vertrauen man einem Historiker entgegenbringen kann, der sich von einer so bemerkenswerten Regel der Wahrheit leiten lässt. Aber darüber hinaus scheint die Behauptung, dass „Charakter und Ausdrucksweise" dieses Evangeliums denen Jesu nachempfunden sind , eine höchst unhaltbare Behauptung zu sein. In allen aufgezeichneten Aussprüchen Jesu in den drei Evangelien gibt es keine Spur dieses sehr eigentümlichen Stils, außer in einem Fall (Matthäus 11,27), einer Passage, die abrupt und ohne Zusammenhang einsetzt und in den drei synoptischen Evangelien absolut einzigartig ist , eine Position, die große Zweifel an ihrer Authentizität aufkommen lässt. Es wurde vermutet, dass dieser deutliche Stilunterschied auf die unterschiedlichen Zuhörerschaften zurückzuführen ist , die in den drei Evangelien und im vierten angesprochen werden; hierzu bemerken wir, dass (a) wir solche Reden wie die in Matthäus 10 intuitiv als vollkommen im Einklang mit dem üblichen Stil Jesu erkennen , obwohl diese an „ die Seinen" gerichtet ist; (b) in diesem vierten Evangelium sind die Reden, die an „die Seinen" und an die Juden gerichtet sind, in genau demselben Stil gehalten; so dass wir weder in diesem Evangelium noch in den Synoptikern einen Unterschied – mehr als man vernünftigerweise erwarten könnte – zwischen dem Stil der an die Jünger gerichteten Reden und denen, die an die Menge gerichtet sind, feststellen. Aber wir *finden einen sehr deutlichen Unterschied zwischen dem Stil, den die drei* Synoptiker Jesus zuschreiben , und dem, der ihm vom vierten Evangelisten in den Mund gelegt wurde; letzterer ist ein so bemerkenswerter Stil, dass es unmöglich ist, dass seine Spuren, wenn er bei Jesus üblich war, nicht in allen seinen aufgezeichneten Reden auftauchen. Daraus können wir, denke ich, kühn den Schluss ziehen, dass der fragliche Stil nicht der von Jesus, dem einfachen Zimmermannssohn, ist, sondern einer, der dem würdevollen und stattlichen Marsch der Redekunst der ephesischen Philosophen entnommen und ihm vom Schreiber seines Lebens in den Mund gelegt wurde. Und dieser Schluss wird durch die oben erwähnte Tatsache, dass alle Charaktere diese poetisch und musikalisch abgerundete Ausdrucksweise übernehmen, unzweifelhaft gemacht.

** Alford.*

Unser erster Einwand gegen die Glaubwürdigkeit unseres Historikers ist also, dass alle Personen, die er vorstellt, wie unterschiedlich ihr Charakter auch sein mag, genau gleich sprechen und dass dieser Stil, wenn er Jesus in den Mund gelegt wird, völlig anders ist als der, den ihm die drei Synoptiker zuschreiben . Wir schlussfolgern daraus, dass der Stil ganz dem Autor zuzuschreiben ist und dass man ihm infolgedessen in seinen Berichten von Reden nicht trauen kann. Der größte Teil, bei weitem der wichtigste Teil dieses Evangeliums, wird somit sofort als unzuverlässig abgestempelt.

Betrachten wir als nächstes die Voreingenommenheit, die dieses Evangelium demjenigen zuschreibt, der – der Bibel zufolge – gesagt hat: „Alle Seelen gehören mir." Wir finden die Lehre der Vorherbestimmung, d. h. der Bevorzugung , ständig vorgebracht. „ *Alles, was mir der Vater gibt,* wird zu mir kommen." „Niemand kann zu mir kommen, es sei denn, dass der Vater ihn zieht." „Ich soll von allem, *was er mir gegeben hat,* nichts verlieren." „Ihr glaubt nicht, *weil* ihr nicht zu meinen Schafen gehört." „Obwohl er so viele Wunder vor ihnen getan hatte, glaubten sie nicht an ihn, *damit das Wort* des Propheten Jesaja *erfüllt würde.* " „Deshalb *konnten sie nicht glauben, weil* Jesaja sagte" usw. „Ich habe euch aus der Welt erwählt." „Du hast ihm Macht gegeben über alles Fleisch, damit er *allen, die du ihm gegeben hast,* ewiges Leben gebe ? " „Die du mir gegeben hast, habe ich bewahrt, und keiner von ihnen ist verloren, außer dem Sohn des Verderbens, *damit die Schriften erfüllt würden.* " Dies sind die eindrucksvollsten Passagen, die diese Lehre lehren, die die fruchtbarste Quelle der Unmoral und Verzweiflung für den Sünder war. So furchtbar unmoralisch diese Lehre auch ist, sie wird in all ihrer schrecklichen Hoffnungslosigkeit und Klarheit durch dieses Evangelium gelehrt: Einige „ *konnten nicht* glauben", weil ein alter Prophet prophezeite, dass sie es nicht sollten. Also waren diese ungläubigen Juden „gemäß dem heiligen Johannes" zur ewigen Verdammnis und dem beständigen Zorn Gottes vorherbestimmt. Sie wurden in eine endlose Hölle geworfen, der sie „ *nicht* " entgehen konnten. Wir lehnen dieses Evangelium zweitens wegen der Parteilichkeit ab, die es dem allmächtigen Gott zuzuschreiben wagt.

Wir kommen nun zu den historischen Diskrepanzen zwischen diesem Evangelium und den drei Synoptikern und folgen dabei der Reihenfolge des ersteren.

Es sagt uns (Kap. i) dass Jesus zu Beginn seines Dienstes in Bethabara war , einer Stadt nahe der Mündung des Jordan ins Tote Meer; hier gewinnt er drei Jünger, Andreas und einen weiteren, und dann Simon Petrus; am nächsten Tag geht er nach Galiläa und findet Philippus und Nathanael, und am darauffolgenden Tag – eine ziemlich schnelle Reise – ist er mit diesen Jüngern in Kana, wo er sein erstes Wunder vollbringt, und geht danach mit ihnen nach Kapernaum und Jerusalem. In Jerusalem, wohin er zum „Passahfest der Juden" geht , vertreibt er die Händler aus dem Tempel und bemerkt: „Zerstört diesen Tempel, und in drei Tagen werde ich ihn wieder aufbauen": Diese Bemerkung verursacht das erste der seltsamen Missverständnisse zwischen Jesus und den Juden, die diesem Evangelium eigen sind, einfache Missverständnisse, die Jesus nie richtigzustellen versucht. Jesus und seine Jünger gehen dann zum Jordan, um zu taufen , und von dort geht Jesus mit ihnen nach Galiläa, weil er hört, dass die Pharisäer wissen, dass er beliebter wird als der Täufer (Kap. IV, 1-3). All dies geschieht, bevor Johannes ins Gefängnis geworfen wird, ein Ereignis, das eine passende zeitliche Angabe darstellt. Wir wenden uns dem Beginn des Wirkens Jesu zu, wie ihn die drei berichten. Jesus befindet sich im Süden Palästinas, aber als er hört, dass Johannes ins Gefängnis geworfen wird, geht er nach Galiläa und wohnt in Kapernaum. Es wird kein Wirken in Galiläa und Judäa davor erwähnt; im Gegenteil, erst „von da an" *begann „Jesus* zu predigen". Er ist allein, ohne Jünger, aber als er am Meer entlanggeht, trifft er auf Petrus, Andreas, Jakobus und Johannes und ruft sie. Wenn das vierte Evangelium wahr ist, hatten sich diese Männer ihm in Judäa angeschlossen, waren ihm nach Galiläa gefolgt, wieder nach Süden nach Jerusalem und wieder zurück nach Galiläa, hatten seine Wunder gesehen und ihn als Christus anerkannt, daher scheint es seltsam, dass sie ihn verlassen hatten und einen zweiten Ruf brauchten, und noch seltsamer ist es, dass Petrus (Lukas V. I -II) so erstaunt und verblüfft über das Wunder der Fische war. Die Vertreibung der Händler aus dem Tempel wird von den Synoptikern ganz am Ende seines Dienstes platziert, und die darauf folgende Bemerkung wird bei seinem Prozess gegen ihn verwendet: also wurde sie wahrscheinlich kurz davor gemacht. Der nächste Berührungspunkt ist die Geschichte der 5000, die mit fünf Broten gespeist wurden (Kap. VI). Das vorhergehende Kapitel bezieht sich auf einen von den dreien unbemerkten Besuch in Jerusalem: Tatsächlich scheinen die Geschichten von zwei Männern geschrieben zu sein, von denen einer der „Prophet von Galiläa" war, der in dessen Städten lehrte, und der andere, der seine Energien auf Jerusalem konzentrierte. Der Bericht über die wunderbare Speisung ist in allen Berichten gleich, nicht jedoch der nachfolgende Bericht über das Verhalten der Menge. Im vierten Evangelium geraten Jesus und die Menge wie üblich in Streit, und er verliert viele Jünger: Unter den drei Evangelien sagt Lukas nichts über die unmittelbar folgenden Ereignisse, während Matthäus und Markus uns erzählen, dass die Menschenmengen – wie es natürlich wäre – sich um ihn drängten, um sogar den Saum seines Gewandes zu berühren. Das ist dasselbe wie immer: In den drei Evangelien liebt ihn die Menge; im vierten nörgelt sie an ihm herum und streitet mit ihm. Wir müssen wieder den Aufenthalt Jesu in Galiläa gemäß den drei Evangelien und seinen Besuch in Jerusalem gemäß dem einen Evangelium überspringen und zu seinem triumphalen Einzug in Jerusalem übergehen. Hier fällt uns eine höchst bemerkenswerte Abweichung auf: Die Synoptiker berichten uns, dass er von Galiläa nach Jerusalem hinaufzog und, als er unterwegs nach Bethphage kam, nach einem Esel schickte und darauf nach Jerusalem ritt; das vierte Evangelium berichtet, dass er in Jerusalem wohnte und es aus Furcht vor den Juden verließ und sich nicht nach Galiläa zurückzog, sondern „jenseits des Jordan, an den Ort, wo Johannes zuerst taufte ", d. h. nach Bethabara , „und *dort blieb er* ". Von dort ging er nach Bethanien und erweckte einen verwesenden Leichnam zum Leben: Dieses erstaunliche Wunder wird von den früheren Historikern nie als Beweis für die Größe ihres Meisters angeführt, obwohl „viele Juden" Lazarus nach seiner Auferstehung gesehen haben sollen; dieses Wunder wird auch als Grund für die aktive Feindseligkeit der Priester „von diesem Tag an" angegeben. Jesus zieht sich dann nach Ephraim in der Nähe der Wüste zurück, von wo er nach Bethanien und von dort im Triumph nach Jerusalem geht, wo er vom Volk empfangen wird, „weil sie gehört haben, dass er dieses Zeichen getan hat". Die beiden Berichte haben absolut nichts gemeinsam außer dem Einzug in Jerusalem, und die vorhergehenden Ereignisse der Synoptiker schließen jene des vierten Evangeliums aus, ebenso wie die des letzteren. Wenn Jesus in Bethbara und Ephraim wohnte, konnte er nicht aus Galiläa gekommen sein; wenn er von Galiläa aufbrach, wohnte er nicht im Süden. Johannes 13-17 stehen für sich, mit Ausnahme der Erwähnung des Verräters. Nach der Verhaftung Jesu wird er (Kap. 18, 13) zu Annas geführt , der ihn zu Kaiphas schickt, während die anderen ihn direkt zu Kaiphas schicken, aber das ist unerheblich. Dann wird er zu Pilatus gebracht: Die Juden betreten den Gerichtssaal nicht, damit sie nicht unrein werden und das Passahfest nicht essen können , ein Fest, das laut den Synoptikern bereits vorbei war, da Jesus und seine Jünger es am Abend zuvor gegessen hatten. Jesus wird dem Volk zur sechsten Stunde ausgesetzt (Kap. 19,14), während

Markus uns erzählt, dass er drei Stunden vorher – zur dritten Stunde – gekreuzigt wurde. Diese Zeitangabe stimmt mit den anderen überein, da sie alle berichten, dass es von der sechsten bis zur neunten Stunde Dunkelheit gab, d. h. es herrschte tiefe Dunkelheit zu der Zeit, als Jesus „laut Johannes" ausgesetzt wurde. Hier befindet sich unser Evangelist in hoffnungslosem Konflikt mit den dreien. Die Berichte über die Auferstehung sind in allen Evangelien unvereinbar und zerstören sich gegenseitig. Es bleibt, unter diesen Unstimmigkeiten ein oder zwei Punkte zu bemerken, die im Verlauf der Erzählung nicht richtig hineinpassten. Im gesamten vierten Evangelium argumentieren wir ständig mit Jesus für sein Recht auf den Titel des Messias. Andreas spricht von ihm als solchem (1.41); die Samariter erkennen ihn an (4.42); Petrus erkennt ihn an (6.69); die Leute nennen ihn so (7.26, 31, 41); Jesus beansprucht ihn (8.24); er ist Gegenstand eines Gesetzes (9.22); Jesus spricht davon, als hätte er ihn bereits beansprucht (10.24, 25); Martha erkennt ihn an (11.27). Wir sehen also, dass Jesus diesen Titel von Anfang an offen beansprucht und sein Recht darauf von den Juden offen vertreten wird. Aber – in den drei Evangelien – erkennen ihn die Jünger als Christus an, und er befiehlt ihnen, „niemandem zu sagen, dass er Jesus der Christus sei" (Mt 16.20; Mk 8.29, 30; Lk 9.20, 21); und dies im selben Jahr, in dem er den Juden vorwirft, dass sie diese Messiasschaft nicht anerkannten , da er ihnen gesagt hatte, wer er sei. „von Anfang an" (Kap. 8, 24, 25); wenn also „Johannes" recht hatte, können wir den Zweck all des Mysteriums, das die Synoptiker darüber berichten, nicht erkennen . Wir bemerken auch, wie Petrus in ihrem Bericht dafür gelobt wird, dass er ihn bekannte, denn Fleisch und Blut hatten es ihm nicht offenbart, während im vierten Evangelium „Fleisch und Blut" in der Person von Andreas Petrus offenbaren, dass der Christus gefunden wurde; und es scheint, dass Petrus wenig Lob für ein Bekenntnis gebührt, das zwei oder drei Jahre zuvor von Andreas, Nathanael, Johannes dem Täufer und den Samaritern abgelegt worden war. Ein Widerspruch könnte kaum direkter sein. In Johannes 7 gibt Jesus zu, dass die Juden seinen Geburtsort kennen (28), und sie behaupten (41, 42), dass er aus Galiläa kommt, während Christus in Bethlehem geboren sein sollte. Matthäus und Lukas sagen eindeutig, dass Jesus in Bethlehem geboren wurde; doch hier bekennt Jesus das richtige Wissen derjenigen, die seinen Geburtsort Galiläa zuschreiben, anstatt ihre Zweifel zu zerstreuen, indem er erklärt, dass er, obwohl in Nazareth aufgewachsen, in Bethlehem geboren wurde. Doch unser Autor kannte ihre Berichte offenbar nicht. Drittens lehnen wir dieses Evangelium ab, weil seine historischen Aussagen im direkten Widerspruch zur Geschichte der Synoptiker stehen .

Der nächste Punkt, auf den ich aufmerksam machen möchte, ist die relative Stellung von Glauben und Moral in den drei Synoptikern und im vierten Evangelium. Es ist nicht übertrieben zu sagen, dass ihre Lehren in diesem Punkt absolut unvereinbar sind und das eine oder das andere auf fatale Weise im Unrecht sein muss. Hier reicht das vierte Evangelium Paulus die Hand, während die anderen auf der Seite von Jakobus stehen. Der Gegensatz wird am deutlichsten durch parallele Zitatspalten deutlich:

„Außer eurer Gerechtigkeit" Wer an den Sohn glaubt,

übertrifft die der Schriftgelehrten und hat ewiges Leben." – iii. 36.

Pharisäer, ihr werdet in keiner

In diesem Fall kommt ihr in den Himmel." – Matthäus v. 20.

„Haben wir nicht prophezeit in: „Wer an Ihn glaubt, der ist

in deinem Namen und in deinem Namen wurde nichts verurteilt." – iii. 18.

viele wunderbare Werke?"

„Dann werde ich ihnen bekennen ...

Geht weg ... ihr Übeltäter."

—Matthäus 7,22-23.

„Willst du in das Leben eingehen, Wer nicht an den Sohn glaubt,

halte die Gebote."—Markus wird das Leben nicht sehen."—iii. 36. x. 17-28.

„Ihre Sünden, die zahlreich sind, sind: „Wenn ihr nicht glaubt, dass ich es bin,

vergeben, denn sie liebte viel. „— Ihr werdet in euren Sünden sterben."—viii.

Lukas 7, 47, 24.

Diese wenigen Zitate, die man beliebig vervielfältigen könnte, reichen aus, um zu zeigen, dass in den drei Evangelien das *Tun* der Prüfstein für die Religion ist und kein Bekenntnis zur Jüngerschaft etwas wert ist, wenn es nicht durch „seine Früchte" bewiesen wird, während im vierten Evangelium der *Glaube* die Hauptsache ist: In den drei Evangelien hören wir absolut nichts davon, dass Glaube an Jesus erforderlich ist, aber im vierten Evangelium hören wir kaum etwas anderes: Werke werden völlig in den Hintergrund gedrängt und die Erlösung beruht auf dem Glauben – nicht einmal an Gott – sondern an Jesus. Viertens lehnen wir dieses Evangelium ab, weil es den Glauben über die Werke stellt und damit der allgemeinen Lehre Jesu selbst widerspricht.

Die relativen Positionen des Vaters und Jesu werden vom vierten Evangelisten vertauscht, und die Lehren Jesu zu diesem Thema in den drei Evangelien werden direkt widerlegt. In ihnen predigt Jesus nur den Vater: Er wiederholt immer wieder „euer himmlischer Vater"; „damit ihr die Kinder eures Vaters seid" ist sein Argument dafür, anderen zu vergeben; „euer Vater ist vollkommen" ist sein Ansporn zu einem höheren Leben; „euer Vater weiß es " ist sein Schmerzmittel in der Angst; „es ist des Vaters Wohlgefallen" ist seine Gewissheit des kommenden Glücks; „ *einer* ist euer Vater, der im Himmel ist" wird durch eine geradezu extravagante Loyalität zum Grund gemacht, jedem anderen den Namen selbst zu verweigern. Aber im vierten Evangelium ist alles anders: Wenn der Vater überhaupt erwähnt wird, dann nur als der Absender Jesu, als *sein* Zeuge und *sein* Verherrlicher. Alle Liebe, alle Hingabe, alle Ehrerbietung gilt Jesus und nur Jesus. Selbst „nach der christlichen Hypothese wird der Vater von seinem eingeborenen Sohn in den Schatten gestellt."* „Alles Gericht" liegt in den Händen des Sohnes. Er hat „Leben in sich". „Das Werk Gottes" besteht darin, an ihn zu glauben. Er gibt „der Welt Leben". Er wird uns „am letzten Tag auferwecken". Außer durch das Essen von ihm gibt es „kein Leben". Er ist „das Licht der Welt". Er gibt wahre Freiheit. Er ist der „eine Hirte: niemand kann uns aus seiner Hand reißen". Er wird „alle Menschen zu sich ziehen". Er ist der „Herr und Meister", „die Wahrheit und das Leben". *Er* wird alles tun, was vom Vater verlangt wird. Er wird zu seinen Jüngern kommen und bei ihnen bleiben. Sein Friede und seine Freude sind ihre Belohnung. Wahrlich, wir brauchen nichts weiter: Er, der uns ewiges Leben gibt, der uns von den Toten auferweckt, der unser Richter ist, der unsere Gebete hört und uns Licht, Freiheit und Wahrheit gibt, Er, Er allein, ist unser Gott; niemand kann mehr für uns tun als er: Auf Ihn allein werden wir in Leben und Tod vertrauen. Der Sohn ist also konsequenterweise nicht mehr der, der die Gläubigen zum Vater führt, sondern der Vater wird zum Weg zum Sohn degradiert, und niemand kann zu Jesus kommen, wenn der allmächtige Gott sie nicht zu ihm zieht. Jesus ist nicht mehr der Weg ins Allerheiligste, sondern der Ewige Vater wird zum Mittel zu einem Zweck, der über ihn hinausgeht.

** Reise .*

Aus diesem fünften Grund, mehr als aus allem anderen, lehnen wir dieses Evangelium mit leidenschaftlichem Ernst und brennender Empörung ab, als eine Beleidigung des einen Vaters der Geister, des höchsten Ziels allen Glaubens, aller Hoffnung und aller Liebe.

Und wer ist das, der unseren himmlischen Vater so entthront? Es ist nicht einmal der Jesus, dessen schöne moralische Schönheit unsere herzliche Bewunderung hervorgerufen hat. *Ihn anzubeten* wäre Götzendienst, aber ihn anzubeten – wäre er so, wie „Johannes" ihn beschreibt – wäre ein ebenso entwürdigender wie grundloser Götzendienst. Denn betrachten wir den

Charakter, der in diesem vierten Evangelium dargestellt wird . Seine öffentliche Laufbahn beginnt mit einem unwürdigen Wunder: Bei einer Hochzeit, bei der der Wein ausgeht, verwandelt er Wasser in Wein, um die Männer zu versorgen, die bereits „gut betrunken" sind (Kap. 2, 10). [Wir können nebenbei fragen, was Maria dazu veranlasste, ein Wunder zu erwarten, wenn uns gesagt wird, dass dies das erste war und sie deshalb nichts von den Gaben ihres Sohnes wissen konnte.] Der nächste wichtige Punkt ist das Gespräch mit Nikodemus, bei dem wir kaum wussten, worüber wir uns mehr wundern sollten: über die sture Dummheit eines „Meisters in Israel", der eine Metapher missversteht, die ihm vertraut gewesen sein muss, oder über die aggressive Art, in der Jesus über die Nichtannahme seiner Botschaft spricht, bevor er viele Monate in der Öffentlichkeit war, und über den Unglauben an seine Person, bevor der Glaube möglich geworden war. Dann kommen wir zu der Reihe von Reden, die in Kapitel V. 10 erzählt werden. Sie alle sind von vollkommenem Egoismus durchdrungen; in allen treten dieselben seltsamen Missverständnisse seitens der Menschen auf, dieselbe seltsame Beharrlichkeit des Sprechers, sie zu verwirren. In einem davon wundern sich die Leute ehrlich über seine geheimnisvollen Worte: „Wie kommt es, dass er sagt : Ich komme vom Himmel herab", und statt einer Erklärung erwidert Jesus, dass sie nicht murren sollten, da niemand zu ihm kommen *könne* , wenn ihn nicht der Vater ziehe; und als er eine scheinbar den Tatsachen widersprechende Aussage macht – „seinen Vater und seine Mutter kennen wir", sagen die verwirrten Juden – weigert er sich, sie zu erklären und greift auf seine Lieblingslehre zurück: „Wenn ihr nicht zu den Auserwählten gehört, die Gott erleuchtet, könnt ihr nicht erwarten, mich zu verstehen." Kein Wunder also, dass „viele seiner Jünger nicht mehr mit" einem so verwirrenden und entmutigenden Lehrer gingen; mit jemandem, der ihnen eine geheimnisvolle Lehre zum Glauben vorlegte, die ihrer Erfahrung widersprach, und sie dann als Antwort auf ihr Gebet um Erleuchtung mit einer Unwissenheit verspottet, die, wie er zugibt, unvermeidlich war. Das nächste wichtige Gespräch findet im Tempel statt, und hier hat Jesus, der Freund der Sünder, der den Verzweifelten Hoffnung bringt, kein Mitgefühl für einige, die „an ihn glaubten". Er trampelt rücksichtslos auf dem geknickten Rohr herum und löscht den glimmenden Docht aus. Zuerst reizt er ihren jüdischen Stolz mit Anschuldigungen der Sklaverei und niedrigen Herkunft. Dann, als sie nach seiner Bedeutung tasten, rufen sie aus: „Wir haben einen Vater, Gott", und er – den wir als den zärtlichsten Prediger der universellen Liebe dieses Vaters kennen – greift doch sicher gerne ihre mühsame Wertschätzung seines Lieblingsthemas auf und entfacht den hoffnungsvollen Funken zu einer Flamme? Ja! Jesus von Nazareth hätte das getan. Aber Jesus wendet sich „gemäß dem heiligen Johannes" heftig gegen sie, leugnet die Sohnschaft , die er anderswo verkündet, und erwidert: „Ihr seid von eurem Vater, dem Teufel." Und das gegenüber Männern, die „an ihn glaubten". dies von Lippen, die sagten: „ *Einer* ist euer Vater", und Er ist im Himmel. Als nächstes argumentiert er mit den Pharisäern, und wir hören ihn arrogant ausrufen: „ *Alle* , die vor mir kamen, waren Diebe und Räuber." Was, alle? Moses und Elias, Jesaja und alle Propheten? Schließlich, nachdem er einige Fragesteller noch einmal zurückgewiesen hat, nehmen die Juden Steine, um ihn zu steinigen, wie Moses befohlen hatte, denn „du machst dich selbst zu Gott." Er entkommt durch eine geschickte Ausrede, die alle seine offensichtlichen Behauptungen der Göttlichkeit neutralisiert . „Andere Menschen wurden Götter genannt, also lästere ich sicher nicht, wenn ich mich Gottes Sohn nenne." Vergessen wir nie, dass Jesus in diesem Evangelium, der Hochburg der Göttlichkeit Jesu, selbst seine stärkste Behauptung „Ich und mein Vater sind eins" auf eine Weise erklärt, die nur im Mund eines Menschen ehrlich sein kann.* Wir gehen zur berühmten „letzten Rede" über. Darin finden wir denselben eigentümlichen Stil, dieselbe Selbstbehauptung, aber wir müssen zusätzlich den ausgeprägten Tritheismus beachten , der darin vorherrscht. Es gibt drei verschiedene Wesen, denen jedes notwendigerweise eines göttlichen Attributs beraubt ist: So ist die Gottheit unendlich, aber wenn sie geteilt wird, wird sie endlich, da zwei Unendliche eine unmögliche Absurdität sind, und wenn sie nicht identisch sind, müssen sie sich gegenseitig begrenzen und werden so endlich. Dementsprechend kann „der Tröster" nicht anwesend sein, bis Jesus fortgeht, daher können weder Jesus noch der Tröster Gott sein, da Gott allgegenwärtig ist. Da also das Gebet an Jesus als Gott gerichtet werden soll, wird hier die niedere Theorie des Tritheismus gelehrt, einer Vielzahl von Göttern, von denen keiner ein vollkommener Gott ist. Auch in dieser Rede wird der christliche Horizont durch die Gestalt Jesu begrenzt, das Amt des Trösters ist dieser einen Anbetung untergeordnet: „Er wird mich verherrlichen." Jesus betet schließlich für seine Jünger, wobei er „die Welt", die er angeblich retten wollte, von seiner Fürsprache ausdrücklich ausschließt und, wie im gesamten Evangelium, all seine Liebe, all seine Fürsorge, all seine Zärtlichkeit auf „diese beschränkt, die du mir gegeben hast". Hier kommen wir zum Wesen des Geistes, der dieses ganze Evangelium durchdringt. „Ich bitte für sie; ich bitte nicht für die Welt, nicht für diejenigen, die den Teufel zum Vater haben, noch für meinen Verräter, den Sohn des Verderbens." Dies ist der Geist, den die Christen Jesus von Nazareth zuzuschreiben wagen, dem zärtlichsten , sanftmütigsten und weitherzigsten Menschen, der der Menschheit je Ehre erwiesen hat. Dies ist der Geist, sagen sie uns, der in *seiner* Brust wohnte, der uns die Gleichnisse vom verlorenen Schaf und vom verlorenen Sohn gab. „Nein", antworten wir, „das ist nicht der Geist des Propheten von Nazareth, sondern" (Dr. Liddon wird diese Aneignung verzeihen) „das ist die Gemütsart eines Mannes, der nicht zusammen mit dem Ketzer, der seinen Herrn entehrt hat, die öffentlichen Bäder betreten will ."

Dies ist der Geist des Verfassers des Evangeliums, nicht der von Jesus: Der Egoismus des Verfassers spiegelt sich in den Worten wider, die seinem Meister in den Mund gelegt werden; und so wird der Prediger der Liebe des Vaters zu einem Sucher seiner eigenen Herrlichkeit degradiert, und wenn er von sich selbst Zeugnis ablegt, wird sein Zeugnis unwahr. Ich muss auch auf ein oder zwei Fälle von Unwirklichkeit aufmerksam machen, die Jesus in diesem Evangelium zugeschrieben werden. Er betet einmal „wegen der Menschen, die dabeistehen": Er schreit an seinem Kreuz: „Mich dürstet", nicht wegen der brennenden Qual der Kreuzigung, sondern damit „die Schriften erfüllt würden": Eine Stimme erhört „sein Gebet", „nicht meinetwegen, sondern um euretwillen". Diese Wirkungskalkulation ist dem aufrichtigen und offenen Geist Jesu sehr fremd. Ähnlich ist die ihm zugeschriebene Ausflüchte, als er sich weigerte, seine Brüder nach Judäa zu begleiten, aber „als seine Brüder hinaufgegangen waren, ging auch er hinauf zum Fest, nicht öffentlich, sondern wie im Verborgenen." All dies erscheint uns als Teil dieses einfachen, furchtlosen Lebens seltsam.

Sechstens lehnen wir dieses Evangelium wegen des grausamen Geistes, der Arroganz, der Selbstbehauptung, der Bigotterie und der Unwirklichkeit ab, die es Jesus zuschreibt, und wir verurteilen es als Verleumdung seines Andenkens und als Beleidigung seines edlen Lebens.

Wir können vielleicht als eine weitere Besonderheit dieses Evangeliums feststellen – obwohl ich hier nicht auf die Argumentation der Göttlichkeit Jesu eingehe –, dass Dr. Liddon in seinen berühmten Bampton-Vorlesungen, wenn er die Göttlichkeit Jesu *aus seinem eigenen Mund beweisen will* , gezwungen ist, ausschließlich aus diesem Evangelium zu zitieren. Eine solche Tatsache kann nicht übersehen werden, wenn wir bedenken, dass „das Johannesevangelium eine polemische Abhandlung ist", die geschrieben wurde, um diesen speziellen Punkt zu beweisen. Wir können nicht umhin, diesen Zufall zu bemerken.

Wir haben diesen bemerkenswerten Bericht nun durchgearbeitet und ihn aus verschiedenen Blickwinkeln untersucht. Zu Beginn haben wir unseren

Gegnern alle Vorteile zugestanden, die sich aus der Annahme ergeben, dass das Evangelium vom Apostel Johannes geschrieben worden sein *könnte ;* wir haben die Urheberschaft als strittigen Punkt außer Acht gelassen und unsere Argumentation auf eine andere Grundlage gestellt. Ob apostolisch oder nicht-apostolisch, johanneisch oder korinthisch, wir akzeptieren oder verwerfen es um seiner selbst willen und nicht um seines Autors willen. Wir haben festgestellt, dass alle seine Charaktere in einem ausgeprägten und eigentümlichen Stil gleich sprechen – einem Stil, der eher an das Studium als an die Straße erinnert , an Alexandria eher als an Jerusalem oder Galiläa. Wir haben einen Blick auf seine unmoralische Parteilichkeit geworfen. Wir haben die zahlreichen Diskrepanzen zwischen der Geschichte dieses Evangeliums und der der drei Synoptiker bemerkt . Wir haben entdeckt, dass es ihnen in moralischer wie historischer Hinsicht ebenso entgegengesetzt ist: in Lehre wie Moral. Wir haben gesehen, dass es Gott erniedrigt, Jesus an seiner Stelle auf den Thron zu setzen, aber es erniedrigt auch Jesus und erniedrigt seinen Charakter so sehr, dass er nicht mehr zu erkennen ist. Schließlich haben wir festgestellt, dass es das einzige Zitat ist, das die Göttlichkeit Jesu aus seinen eigenen Worten bestätigt.

Ich weiß nicht, wie das alles auf andere wirken mag; für mich sind diese Argumente einfach überwältigend in ihrer Kraft. Ich reiße das „Evangelium nach Johannes" aus den Schriften heraus, die „nützlich" sind „zur Unterweisung in der Gerechtigkeit". Ich lehne es von Anfang bis Ende ab, da es jeden wahren Glauben an Gott tödlich zerstört, jede wahre Moral des Menschen gefährlich untergräbt, das heilige Andenken an Jesus von Nazareth verletzt und die Gerechtigkeit, die Vorherrschaft und die Einheit des allmächtigen Gottes beleidigt.

ÜBER DIE SÜHNE.

Die Sühne kann als die zentrale Lehre des Christentums betrachtet werden, als die eigentliche *Existenzberechtigung* des christlichen Glaubens. Nimmt man diese weg, blieben zwar ein Glaube und eine Moral übrig, aber beide hätten ihre charakteristischen Merkmale verloren: Es wäre ein Glaube ohne Mittelpunkt und eine Moral ohne Grundlage. Das Christentum wäre ohne seinen zornigen Gott, seinen sterbenden Erlöser , seinen mit dem „Blut des Lammes" unterzeichneten Bund nicht wiederzuerkennen : Die Auslöschung der Sühne würde Millionen aller Hoffnung auf Gott berauben und sie von Zufriedenheit in Angst und von Trost in Verzweiflung stürzen. Die wärmsten Gefühle der Christenheit scharen sich um das Kruzifix, und er, der Gekreuzigte, wird mit leidenschaftlicher Hingabe verehrt , nicht als Märtyrer für die Wahrheit, nicht als Zeuge für Gott, nicht als treu bis in den Tod, sondern als Stellvertreter seiner Anbeter, als derjenige, der an ihrer Stelle den Zorn Gottes und die Strafe für die Sünde trägt. Der Christ wird gelehrt, im blutenden Christus das Opfer zu sehen, das an seiner eigenen Stelle getötet wurde; er selbst sollte an diesem Kreuz hängen, leidend und sterbend; diese von Nägeln durchbohrten Hände sollten seine sein; der Schmerz in diesem Gesicht sollte sein eigenes sein; die Last des Leidens, die auf diesem gebeugten Haupt ruht, sollte ihn selbst in den Staub drücken. Im einfachsten Sinne der Worte ist Christus der Stellvertreter des Sünders, und auf ihn ist die Sünde der Welt gelegt: Wie Luther es ausdrückte, ist er „der größte und einzige Sünder"; buchstäblich „zur Sünde gemacht" für die Menschheit und die Sühne für die Schuld, die tatsächlich vom Menschen auf ihn übertragen wurde.

Aufrichtigkeit halber gleich zu Beginn das Gute anerkennen, das durch die Predigt vom Kreuz hervorgebracht wurde. Dieses Gute war jedoch eher das indirekte als das direkte Ergebnis des Glaubens an die Sühne. Die Lehre an sich hat nichts Erhebendes an sich, aber die Lehre, die eng mit der Lehre verbunden ist, hat ihre veredelnde und reinigende Seite. All die Begeisterung, die in der menschlichen Brust durch den Gedanken an jemanden geweckt wird, der sich selbst opferte, um seine Brüder zu retten, all das daraus resultierende Verlangen, diese Liebe nachzuahmen, indem man alles für Jesus und diejenigen opfert, für die er starb, all der moralische Gewinn, der durch die Betrachtung einer erhabenen Selbstaufopferung entsteht, all dies sind die Früchte der edleren Seite der Sühne. Dass die Sündenlosen sich zu den Sündern herablassen sollten, dass die Heiligkeit die Schuldigen umarmen sollte, um sie auf ihre eigene Ebene zu heben, hat eine Saite in der Brust der Menschen zum Klingen gebracht, die auf die Berührung mit einer harmonischen Melodie der Dankbarkeit gegenüber dem göttlichen und sündlosen Leidenden und der liebevollen Arbeit für den leidenden und sündigen Menschen reagiert hat. Das Kreuz war zugleich die Vergöttlichung und die Quelle der aufopfernden Liebe. „Liebt einander, *wie* ich euch geliebt habe: nicht mit Worten, sondern mit Taten , mit einer tiefen, aufopfernden Liebe": das ist die Lehre, die Christus uns laut einem der orthodoxesten anglikanischen Theologen „von seinem Kreuz aus predigt". Im Glauben an die Sühne war das Herz des Menschen wie üblich besser als sein Verstand; er hat die dunkle Seite der Idee übersehen und sich der göttlichen Wahrheit angenommen, dass die Starken sich gerne dem Schutz der Schwachen widmen sollten, dass Arbeit , sogar bis zum Tod, das Recht der Menschheit auf jeden Menschensohn ist. Es wird oft gesagt, dass keine Lehre, die nicht auf einer großen Wahrheit beruht, lange ihren Einfluss auf die Herzen der Menschen behält; diese göttliche Idee der Selbstaufopferung ist die Wahrheit, die in der Lehre der Sühne enthalten ist, die sie vielen liebevollen und edlen Seelen so lieb gemacht hat und die ihre „Vielzahl von Sünden" verborgen hat – Sünden gegen die Liebe und gegen die Gerechtigkeit, gegen Gott und gegen den Menschen. Liebe und Selbstaufopferung haben den großen Irrtum über die Stürme der Jahrhunderte hinweg getragen, und diese Seile fesseln noch immer viele Herzen daran, deren Ruhm und Krone Liebe und Selbstaufopferung sind.

Dies gesagt, in Candi Um dem Guten, das seine Inspiration aus dem gekreuzigten Jesus gezogen hat, Ehre zu erweisen, wenden wir uns der Untersuchung der Lehre selbst zu: Wenn wir feststellen, dass sie Gott ebenso entehrt wie den Menschen schadet, ein Verbrechen gegen die Gerechtigkeit, eine Gotteslästerung gegen die Liebe ist, müssen wir alle Gefühle vergessen, die sich um sie ranken, und sie völlig ablehnen. Es ist gut, respektvoll über das zu sprechen, was jeder religiösen Seele lieb und teuer ist, und es zu vermeiden, hart auf den Saiten religiöser Gefühle zu rütteln, selbst wenn die Seele irregeführt und die Gefühle fehlgeleitet werden; aber es kommt eine Zeit, in der falsche Nächstenliebe Grausamkeit ist und Nachgiebigkeit gegenüber dem Irrtum Verrat an der Wahrheit. Lange Zeit gehen Menschen, die ihre Leere kennen, schweigend an dem Heiligtum vorbei, das durch menschliche Hoffnungen und Ängste, durch Liebe und Anbetung geweiht ist, und „auch die Zeiten dieser Unwissenheit, denen Gott (in der kühnen Gestalt des Paulus) zuzwinkert"; aber wenn „die Zeit erfüllt ist", sendet Gott einen seiner wahren Söhne, um das Götzenbild zu Boden zu schmettern und zu Staub zu zertreten. Wir brauchen nicht zu befürchten, dass das Gute, das durch die Lehren aus der Sühne in der Vergangenheit bewirkt wurde, mit der Lehre selbst verschwindet; das Zeichen des Kreuzes ist zu tief in die Menschheit eingegraben, als dass es jemals ausgelöscht werden könnte, und diejenigen, die sich nicht mehr beim Namen Christi nennen, sind nicht die rückständigsten Schüler in der Schule der Liebe und des Opfers.

Die Geschichte dieser Lehre ist eine merkwürdige. Im Neuen Testament ist die Sühne, wie der Name schon sagt, eine einfache Vereinigung von Gott und Mensch: *Wie* dies geschieht, wird nur vage angedeutet, und um die moderne Lehre aus der Bibel abzuleiten, müssen wir alle aus theologischen Disputationen stammenden Ideen in die Bücher des Neuen Testaments übernehmen. Wörter, die von den alten Schriftstellern in aller Einfachheit verwendet wurden, müssen die eindeutige polemische Bedeutung haben, die sie in den Streitigkeiten der Theologen haben, bevor sie zur Unterstützung einer stellvertretenden Sühne verwendet werden können. Die Idee des „Lösegeldes" ist jedoch mit dem Werk Jesu verbunden, und es stellte sich die Frage: „Wem wird dieses Lösegeld gezahlt?" Diejenigen, die in diesen ersten Jahrhunderten des Christentums lebten, waren noch zu sehr im Licht des zarten Heiligenscheins, den Jesus um den Namen des Vaters warf, um auch nur einen Moment lang zu träumen, ihr Erlöser habe sie aus den geliebten Händen Gottes losgekauft. Nein, das Lösegeld wurde dem Teufel gezahlt, in dessen Knechtschaft sie die Menschheit sahen, und Jesus hatte sie durch sein Selbstopfer vom Teufel losgekauft und zu Söhnen Gottes gemacht. Es lohnt sich nicht , auf die kuriosen Einzelheiten dieses Plans einzugehen, wie der Teufel dachte, er hätte Jesus besiegt und könnte ihn gefangen halten, und sich täuschen ließ, als er feststellte, dass er seinen eingebildeten Gewinn nicht behalten konnte, und so weiter. Wer sich mit diesem raffinierten Plan vertraut machen möchte, kann ihn auf den Seiten der christlichen Kirchenväter studieren: Er hat gegenüber dem modernen Plan zumindest einen Vorteil, nämlich dass wir nicht so schockiert sind, wenn wir hören, dass Schmerz und Leiden für das vermeintlich verkörperte Böse akzeptabel sind, wie wenn wir hören, dass sie als Opfer für das höchste Gute dargebracht werden. Als die Lehren Jesu ihre Kraft verloren und immer mehr durch die grausamen Gedanken wilder und bigotter Menschen verunreinigt wurden, änderte die Lehre von der Sühne allmählich ihren Charakter. Die Menschen dachten, der Allmächtige sei so wie sie selbst, und da sie wild, unversöhnlich und rachsüchtig waren, warfen sie ihre eigenen Schatten auf die Wolken, die die Gottheit umgaben, und dann schreckten sie vor dem Bild zurück, das sie selbst geschaffen hatten, wie der Hirte, der seine eigene Gestalt im Bergnebel reflektiert und vergrößert wiederfindet. Der liebende Vater, der seinen Sohn sandte, um seine sterbenden Kinder zu retten, indem er sich selbst opferte, verschwindet aus den Herzen der christlichen Welt, und an seiner Stelle taucht düster eine schreckliche Gestalt auf, der unerbittliche Richter, der eine Schuld eintreibt, die ein Mensch nicht bezahlen kann, weil er zu arm ist, und der den Schuldner bei Zahlungsverzug in ein hoffnungsloses Gefängnis wirft, hoffnungslos, es sei denn, ein anderer zahlt die vom Gesetz geforderte Geldstrafe bis auf den letzten Pfennig. So nimmt Gott in dieser seltsamen Verwandlungsszene tatsächlich den Platz des Teufels ein, und das Lösegeld, das einst gezahlt wurde, um die Menschen von Satan zu erlösen, wird zum

Lösegeld, das gezahlt wird, um die Menschen von Gott zu erlösen. Es erinnert an die Streitigkeiten über den Text, der uns auffordert, „den zu fürchten, der Leib und Seele in der Hölle verderben kann", wenn wir im Zweifel darüber bleiben, wen wir fürchten sollen, da die Hälfte der christlichen Kommentatoren uns versichert, dass es sich auf unseren Vater im Himmel bezieht, während die andere Hälfte behauptet, dass der Teufel die Person ist, die wir fürchten sollen. Anselm besiegelte den „Erlösungsplan" in seinem großen Werk „ *Cur Deus Homo* ", und die Lehre, die langsam in die Theologie der Christenheit hineingewachsen war, wurde von da an mit dem Siegel der Kirche versehen. Katholiken und Protestanten glaubten zur Zeit der Reformation gleichermaßen an den stellvertretenden und substituierenden Charakter der von Christus bewirkten Sühne. In diesem Punkt gibt es zwischen ihnen keinen Streit. Ich ziehe es vor, die christlichen Theologen selbst über den Charakter der Sühne sprechen zu lassen: Niemand kann mich beschuldigen, ihre Ansichten zu übertreiben, wenn ich ihre Ansichten in ihren eigenen Worten wiedergebe. Luther lehrt, dass „Christus wahrhaftig und wirksam für die ganze Menschheit Gottes Zorn, Fluch und Tod empfunden hat". Flavel sagt, dass „Christus dem Zorn, dem Zorn eines unendlichen Gottes ohne jede Beimischung, den Qualen der Hölle ausgeliefert war, und zwar durch die Hand seines eigenen Vaters". Die anglikanische Homilie predigt, dass „die Sünde Gott aus dem Himmel riss, um ihn die Schrecken und Qualen des Todes spüren zu lassen", und dass der Mensch, ein Feuerbrand der Hölle und ein Knecht des Teufels, „ durch den Tod seines eigenen einzigen und geliebten Sohnes erlöst wurde". Die „Hitze seines Zorns", „sein brennender Zorn", konnte nur durch Jesus „besänftigt" werden, „so angenehm war dieses Opfer und diese Gabe des Todes seines Sohnes". Edwards, ein logischer Denker, sah, dass es eine große Ungerechtigkeit war, Sünde zweimal zu bestrafen und die Strafe der Hölle zweimal zu verhängen, zuerst an Christus, dem Stellvertreter der Menschheit, und dann an den Verlorenen, einem Teil der Menschheit. Daher sah er sich, wie die meisten Calvinisten, gezwungen, die Sühne auf die Auserwählten zu beschränken und erklärte, dass Christus nicht die Sünden der Welt, sondern die der Auserwählten aus der Welt trug; er leidet „nicht für die Welt, sondern für die, die du mir gegeben hast". Aber Edwards hält fest am Glauben an die Stellvertretung und lehnt die universelle Sühne aus dem Grund ab, dass „der Glaube, dass Christus für alle starb, der sicherste Weg ist, zu beweisen, dass er für niemanden starb, in dem Sinne, wie Christen es bisher geglaubt haben". Er erklärt, dass „Christus den Zorn Gottes für die Sünden der Menschen erlitt", dass „Gott seinen gebührenden Zorn auf die Sünde richtete und Christus die Qualen der Hölle für sie erduldete". Owen betrachtet die Leiden Christi als „eine umfassende und wertvolle Wiedergutmachung für die Gerechtigkeit Gottes für alle Sünden" der Auserwählten und sagt, dass er „dieselbe Strafe erlitt, die … sie selbst erleiden mussten".

Die Lehre der christlichen Kirche — im weitesten Sinne dieses viel umstrittenen Begriffs — war damals wie folgt, und ich werde sie in einer Sprache darlegen, die *im Vergleich zur orthodoxen Lehre* der großen christlichen Theologen betont gemäßigt ist. Wenn jemand diese Behauptung bezweifelt, soll er ihre Schriften selbst studieren. Ich wage es wirklich nicht, einige ihrer Ausdrücke auf meine eigenen Seiten zu übertragen. Gott der Vater hatte die Menschheit verflucht und sie zur ewigen Verdammnis verurteilt, weil Adam ungehorsam einen Apfel gegessen hatte — oder eine andere Frucht, denn die Art wird nur durch die Tradition bewahrt und ist nicht definitiv durch die inspirierten Schriften festgelegt — und nachdem er jeden Menschen außerdem für seine eigenen individuellen Übertretungen verflucht hatte, lag der Mensch unter dem wilden Zorn Gottes, unfähig, ihm zu entkommen und ihn zu besänftigen, denn er konnte nicht einmal für seine eigenen privaten Sünden büßen, geschweige denn für seinen Anteil an der Schuld, die sein Vorfahr im Paradies auf sich geladen hatte. Die Schuld des Menschen war hoffnungslos hoch, und er hatte „nichts zu bezahlen"; so blieb ihm nur noch, ewige Qualen zu erleiden, ein trauriges Schicksal, das er durch das Verbrechen verdient hatte, in eine verfluchte Welt hineingeboren worden zu sein. Die zweite Person der Dreifaltigkeit, die durch den hilflosen und elenden Zustand der Menschheit, die zwischen der ersten Person der Dreifaltigkeit und den elenden Sündern steht, zum Mitleid bewegt wurde, empfing die feurigen Pfeile des göttlichen Zorns in seine eigene Brust und indem er unvorstellbare Qualen erduldete, die einer Ewigkeit der Höllenqualen gleichkamen, rang er aus Gottes Händen die Vergebung der Menschheit oder eines Teils davon ab. Gott, besänftigt durch den Anblick dieser schrecklichen Qual eines Menschen, der seit Ewigkeit „in seiner Brust lag", gleichberechtigter Teilhaber seiner Majestät und Herrlichkeit und Gegenstand seiner zärtlichsten Liebe, lässt von seinem grimmigen Zorn ab und willigt ein, den Schmerz Jesu als Ersatz für den Schmerz der Menschheit anzunehmen. Einfach ausgedrückt wird Gott also als ein Wesen dargestellt, das so schrecklich grausam und so unversöhnlich rachsüchtig ist, dass er Schmerz *als* Schmerz und Tod *als* Tod als Sühneopfer fordert und seine wilden Ansprüche an die Menschheit nur durch äußerste Qualen abgeluchst werden können. Er muss die gebührende Last des Leidens auf sich nehmen, aber es ist gleichgültig, ob es von Jesus oder von der Menschheit erduldet wird. Haben die alten Kirchenväter nicht gut daran getan, das schreckliche Lösegeld zu einer Angelegenheit zwischen Jesus und dem Teufel zu machen?

Wenn man Christen auf diesen Punkt aufmerksam macht und sie darauf hinweist, dass Gott entehrt wird, wenn man ihn in Farben malt , vor denen Herz und Seele in schauderndem Entsetzen zurückschrecken, indem man ihm eine Rachsucht und erbarmungslose Grausamkeit zuschreibt, im Vergleich zu der die schlimmsten Versuche menschlicher Bosheit nur kindischer Unfug erscheinen, entgegnen sie schnell, dass wir die christliche

Lehre karikieren; sie werden zugeben, wenn sie mit Beweisen überhäuft werden, dass in den vergangenen Jahrhunderten „starke Sprache" verwendet wurde, aber sie werden sagen, dass solche Ansichten heute nicht mehr vertreten werden und dass sie Gott dem Vater kein so hartes Vorgehen zuschreiben. Theisten sind daher gezwungen, jeden Schritt ihrer Anschuldigung zu beweisen und aus christlichen Autoren die Worte zu zitieren, die die von ihnen angegriffenen Ansichten verkörpern. Würde ich einfach behaupten, dass die Christen heutzutage dem Allmächtigen Gott einen grimmigen Zorn gegen die gesamte Menschheit zuschreiben, dass dieser Zorn nur durch Leiden und Tod besänftigt werden kann, dass er diesen Zorn an einem unschuldigen Haupt auslässt und dass ihm der Anblick der Qual seines geliebten Sohnes wohlgefällig ist, würde ein Schrei der Entrüstung von tausend Lippen aufsteigen und ich würde der Übertreibung, der falschen Zeugenaussage und der Gotteslästerung beschuldigt werden. Also schreibe ich die Lehre noch einmal nach christlichem Diktat nieder, und man sollte bedenken, dass die Sätze, die ich zitiere, veröffentlichten Werken entstammen und daher das Ergebnis ernsthafter Überlegungen sind; es sind keine überzeichneten Bilder aus der glühenden Beredsamkeit aufgeregter Redner, bei denen der Sprecher vielleicht weiter getrieben wird, als er kaltblütig zustimmen würde.

Stroud lässt Christus „den Kelch des Zorns Gottes" trinken. Jenkyn sagt: „Er litt wie jemand, der von Gott verleugnet, verworfen und verlassen wurde." Dwight meint, er habe Gottes „Hass und Verachtung" ertragen. Bischof Jeune erzählt uns, dass „nachdem der Mensch das Schlimmste getan hatte, Christus noch Schlimmeres zu ertragen hatte. Er war in die Hände seines Vaters gefallen." Erzbischof Thomson predigt, dass „die Wolken des Zorns Gottes sich dicht über der gesamten Menschheit zusammenzogen: Sie entluden sich nur an Jesus"; er „wird für uns zum Fluch und zu einem Gefäß des Zorns." Liddon stimmt derselben Meinung zu: „Die Apostel lehren, dass die Menschheit Sklaven ist und dass Christus am Kreuz ihr Lösegeld bezahlt. Der gekreuzigte Christus ist freiwillig hingegeben und verflucht": Er spricht sogar von „dem genauen Maß an Schande und Schmerz, das für die Erlösung erforderlich ist" und sagt, dass das „göttliche Opfer" mehr bezahlt hat, als unbedingt notwendig war.

Diese Zitate scheinen zu genügen, um zu beweisen, dass die heutigen Christen würdige Anhänger der älteren Gläubigen sind. Die zuerst zitierten Theologen drücken sich tatsächlich grober aus und haben weniger Angst, genau auszusprechen, was sie glauben, aber es gibt keinen wirklichen Unterschied im Glauben zwischen der schrecklichen Lehre von Flavel und dem geschliffenen Dogma von Canon Liddon . Die älteren und die modernen Christen glauben gleichermaßen an den bitteren Zorn Gottes gegen „die gesamte Menschheit". Beide betrachten die Sühne als so viel

Schmerz, den Jesus dem allmächtigen Vater zufügt, um eine Schuld an Schmerz zu begleichen, die die Menschheit Gott schuldet. Sie stellen Gott gleichermaßen als jemanden dar, der nur durch den Anblick von Leiden besänftigt werden kann. Der Mensch hat Gott beleidigt und verletzt, und Gott muss sich rächen, indem er dem Sünder im Gegenzug Leiden zufügt. Der „Hass und die Verachtung", die Gott Jesus entgegenbrachte, waren auf die Tatsache zurückzuführen, dass Jesus der Stellvertreter des Sünders war, und sind daher die Gefühle, die das göttliche Herz gegenüber dem Sünder selbst beleben. Gott hasst und verachtet die Welt. Er hätte es im Feuer seines brennenden Zorns „in einem Augenblick verzehrt", wenn nicht Jesus, „sein Auserwählter, vor ihm in den Riss getreten wäre, um seinen zornigen Unmut abzuwenden".

Inwieweit ist das alles nun mit der Gerechtigkeit vereinbar? Ist der Zorn Gottes gegen die Menschheit durch die Umstände des Falles gerechtfertigt, so dass wir zugeben müssen, dass der sündige Mensch seinem Schöpfer ein Opfer schuldete, um einen zu Recht erzürnten und heiligen Gott zu besänftigen? Ich glaube nicht. In diesem ersten Punkt ist die Sühne eine furchtbare Ungerechtigkeit. Denn Gott hat zugelassen, dass die Menschen mit sündigen Neigungen auf die Welt kamen und von vielen Versuchungen und viel Bösem umgeben waren. Er hat den Menschen unvollkommen erschaffen, und das Kind wird mit einer unvollkommenen Natur auf die Welt geboren. Es ist also grundlegend ungerecht, dass Gott das Werk seiner Hände dafür verflucht, dass es das ist, was er daraus gemacht hat, und sie zu endlosem Elend verurteilt, weil sie das Unmögliche nicht geschafft haben. Wenn man zugibt, dass die Christen mit ihrer Annahme richtig liegen, dass Adam ohne Sünde war, als er aus den Händen seines Schöpfers kam, gelten diese Bemerkungen für jede andere lebende Seele seit ihrer Geburt; der Mythos der Genesis wird die Christen nicht aus der Schwierigkeit befreien. Christen haben völlig recht und werden durch Tatsachen gerechtfertigt, wenn sie sagen, dass der Mensch gebrechlich, unvollkommen, anfällig für Sünde und Irrtum auf die Welt kommt. Aber wer, fragen wir sie, hat den Menschen so gemacht? Sagt ihnen ihre eigene Bibel nicht, dass „der Töpfer Macht über den Ton hat" und weiter, dass „wir der Ton sind und du der Töpfer bist"? Menschen dafür zu verfluchen, dass sie Menschen sind, *d. h*. unvollkommene moralische Wesen, ist der Gipfel der Grausamkeit und Ungerechtigkeit. Moralisch Schwachen für ihre Sünde, *d. h*. für mangelnde moralische Stärke, zur Hölle zu verurteilen, ist ungefähr so gerecht, wie einen Kranken zum Tode zu verurteilen, weil er nicht aufrecht stehen kann. Christen versuchen, der Aussage zu entgehen, indem sie sagen, dass die Menschen sich auf Gottes Gnade verlassen sollten, um sie aufrechtzuerhalten, aber sie erkennen nicht, dass *gerade dieser Mangel an Vertrauen* Teil der natürlichen Schwäche des Menschen ist. Dem Kranken könnte man vorwerfen, dass er hingefallen ist, weil er sich nicht auf einen stärkeren Arm gestützt hat, aber nehmen wir an, er wäre zu schwach gewesen, um ihn zu ergreifen? Außerdem glauben nur wenige Christen, dass es in der Praxis unmöglich ist , ein perfektes Leben zu führen, theoretisch jedoch möglich . Und da „jemand, der in einem Punkt sündigt, sich in allem schuldig macht", genügt ein Versäumnis, um den im Allgemeinen rechtschaffenen Menschen in die Hölle zu schicken . Außerdem vergessen sie, dass auch Kleinkinder unter den Fluch fallen, obwohl sie *zwangsläufig* weder die Idee der Sünde noch die Gottesanbetung begreifen können. Alle Babys, die auf die Welt kommen und sterben, bevor sie handlungsfähig werden, wären, so wird uns gelehrt, unweigerlich in die Hölle gekommen, wenn es nicht das Sühnopfer Jesu gegeben hätte. Manche Christen glauben tatsächlich, dass ungetaufte Babys nicht in den Himmel kommen, und in einem römisch-katholischen Buch, das die Hölle beschreibt, windet und schreit ein armes kleines Baby in einem glühend heißen Ofen.

Diese Seite der Sühne, diese ungerechte Forderung an die Menschen nach einer Gerechtigkeit, die sie nicht erbringen konnten, die ein Opfer erforderte, um Gott für die Nichterfüllung seiner Forderung zu besänftigen, hat die gebührende Wirkung auf die Gedanken der Menschen gehabt und ihre Herzen von Gott entfremdet. Kein Wunder, dass sich die Menschen von einem Gott abwandten, der wie ein leidenschaftlicher, aber ungeschickter Arbeiter das von ihm geschaffene Instrument in Stücke schlägt, weil es seinen Zweck nicht erfüllt, und statt seinen eigenen Mangel an Geschick zu tadeln, seinen Zorn an dem hilflosen Ding auslässt, das nur das ist, was er daraus gemacht hat. Ganz natürlich sind die Menschen auch vor dem Gott zurückgeschreckt, der „ rächend und wütend" ist, und sind zu dem zärtlichen, mitleiderregenden, menschlichen Jesus übergegangen, der die Sünder so sehr liebte, dass er sich entschied, für sie zu leiden. Sie konnten einem allmächtigen Wesen, das sie schuf und verfluchte und ihnen nur unter der Bedingung zustimmte, sie glücklich sein zu lassen, keine Dankbarkeit schulden; aber welche Dankbarkeit könnte dem genügen, der sie aus den furchtbaren Händen des lebendigen Gottes rettete, auf Kosten fast unerträglichen Leidens für sich selbst? Erinnern wir uns daran, dass Christus die Qualen der Hölle erlitt und dass seine schlimmsten Leiden waren, als er „in die Hände seines Vaters fiel", aus denen er uns gerettet hat, und können wir uns dann wundern, dass der Gekreuzigte mit einer wahren Ekstase der Dankbarkeit angebetet wird? Stellen Sie sich vor, was es heißt, aus den Händen dessen gerettet zu werden, der eine als unbegrenzt anerkannte Qual zufügte und der eine unendliche Fähigkeit ausnutzte, um unendlichen Schmerz zuzufügen. Es ist gut für die Menschen, vor deren Augen dieses schreckliche Gespenst vorbeigehuscht ist, dass die schöne Menschlichkeit Jesu ihnen eine Zuflucht bietet, in die sie fliehen können, denn sonst hätte Verzweiflung und Wahnsinn das Schicksal derjenigen sein können, die ohne

Jesus nichts als eine unendliche Grausamkeit und einen allmächtigen Feind über dem jammernden Universum thronen gesehen hätten.

Wir sehen also, dass die Notwendigkeit einer Sühne den Ewigen Vater sowohl in seinen Forderungen an die Menschen ungerecht als auch in seiner Bestrafung unvermeidlicher Verfehlungen grausam macht; aber es gibt noch eine andere Ungerechtigkeit, die das Wesen der Sühne selbst betrifft. Diese besteht im stellvertretenden Charakter des Opfers: Ein neues Element der Ungerechtigkeit wird eingeführt, wenn wir bedenken, dass die geopferte Person nicht einmal der Schuldige ist. Wenn ein Mensch gegen das Gesetz verstößt, verlangt die Gerechtigkeit, dass er bestraft wird: Die Strafe wird ungerecht, wenn sie übertrieben ist, wie in dem Fall, den wir oben betrachtet haben; aber es ist ebenso ungerecht, ihn ohne Strafe davonkommen zu lassen. Christen haben Recht, wenn sie behaupten, dass die moralische Regierung am Ende wäre, wenn man den Menschen erlaubte, ungestraft zu sündigen, und wenn auf jede Übertretung eine leichte Vergebung folgte. Sie appellieren an unser instinktives Gerechtigkeitsgefühl, um die Ansicht zu billigen, dass auf die Sünde eine Strafe folgen sollte: Wir fügen uns und hoffen, dass wir nun einen festen Standpunkt erreicht haben, von dem aus wir unsere Untersuchung fortsetzen können. Aber nein; Sie verletzen sofort denselben Sinn für Gerechtigkeit, den sie als Zeugen auf ihre Seite berufen haben, indem sie uns glauben machen wollen, dass ihre Ziele erreicht werden, vorausgesetzt, dass jemand bestraft wird. Wenn wir antworten, dass *dies* keine Gerechtigkeit ist, werden wir sofort aufgefordert, nicht anmaßend zu sein und aus unseren menschlichen Vorstellungen von Gerechtigkeit zu schlussfolgern, welchen Weg die absolute Gerechtigkeit Gottes einschlagen sollte. „Warum berufen wir uns dann überhaupt darauf?", fragen wir; „warum reden wir in dieser Angelegenheit von Gerechtigkeit, wenn wir absolut nicht in der Lage sind, zu beurteilen, was in dem Fall richtig oder falsch ist?" An dieser Stelle werden wir gewöhnlich von Paulus' bemerkenswertem Argument überwältigt: „Nein, aber, o Mensch, wer bist du, dass du Gott rechtfertigst?" Aber wenn Christen die Einfachheit und Geradlinigkeit ihres eigenen Denkens schätzen, sollten sie keine Worte verwenden, die in diesem wirren, doppelten Sinn eine bestimmte akzeptierte Bedeutung vermitteln. Wenn wir von „Gerechtigkeit" sprechen, sprechen wir von einer gewissen wohlverstandenen Qualität und nicht von einer geheimnisvollen göttlichen Eigenschaft, die nicht nur nichts mit menschlicher Gerechtigkeit gemein hat, sondern in direktem Gegensatz zu dem steht, was wir unter diesem Namen verstehen. Nehmen wir an, ein Mann ist wegen Mordes zum Tode verurteilt: Der Richter ist gerade dabei, ihn zu verurteilen, als ein Umstehender – zufällig der Sohn des Richters selbst – dazwischentritt: „Mein Herr, der Gefangene ist schuldig und verdient es, gehängt zu werden; aber wenn Sie ihn gehen lassen, werde ich an seiner Stelle sterben." Das Angebot wird angenommen, der Gefangene wird freigelassen, der Sohn des Richters wird an seiner Stelle gehängt. Was ist das alles? Selbstaufopferung (wie fehlgeleitet auch immer), Liebe, Begeisterung – was immer Sie wollen; aber sicherlich keine *Gerechtigkeit* – nein, die gröbste Ungerechtigkeit, ein zweiter Mord, ein unauslöschlicher Schandfleck auf dem Hermelin des verletzten Gesetzes. Ich stelle mir vor, dass in diesem angenommenen Fall kein Christ gefunden werden wird, der behaupten kann, dass Gerechtigkeit geübt wurde; und doch nennt man den Richter Gott, den Gefangenen die Menschheit, den Stellvertreter Jesus, und die Gerichtsszene wird genau reproduziert. Warum also im Namen der Aufrichtigkeit und des gesunden Menschenverstands das bei Gott gerecht nennen, was, wie wir sehen, beim Menschen so ungerecht und unmoralisch wäre? Diese stellvertretende Natur der Sühne erniedrigt auch den Namen Gottes, indem sie ihn in Sachen Bestrafung völlig nachlässig macht: Alles, was er gemäß dieser abscheulichen Theorie will, ist, *irgendwo zuzuschlagen* . Wie ein rasendes Kind verspürt er nur den Wunsch, jemandem wehzutun und schlägt vage und wahllos zu. Es wird keine Unterscheidung getroffen; der Blitz wird in die Menge geschleudert: Er fällt auf das Haupt des „sündlosen Sohnes" und zermalmt den Unschuldigen, während der Sünder freikommt. Was macht das? Er ist irgendwo eingeschlagen, und das „brennende Feuer seines Zorns" ist abgekühlt. Dies ist, was die Menschen die Rechtfertigung der Gerechtigkeit des Moralregisseurs des Universums nennen: Dies ist „der Akt der ehrfurchtgebietenden Heiligkeit Gottes", der seinen Hass auf die Sünde und seine unerschütterliche Entschlossenheit, sie zu bestrafen, kennzeichnet. Aber wenn wir bedenken, dass diese Gerechtigkeit darin besteht, den Schuldigen freizusprechen und den Unschuldigen zu bestrafen, beschleicht uns ein furchtbares Unbehagen. Die Gerechtigkeit unseres Moralregisseurs hat nichts mit unserer Gerechtigkeit gemeinsam – sie verstößt tatsächlich gegen alle unsere Vorstellungen von Gut und Böse. Was wäre, wenn diese seltsame Gerechtigkeit, wie Mr. Vance Smith vorschlägt, auch mit einer doppelten Bestrafung der Sünde vereinbar wäre; und was wäre, wenn der Moralregisseur, nachdem er die Moral durch eine ungerechte – menschlich gesehen natürlich – Bestrafung verwirrt hat, es gut wäre, die Dinge wieder in Ordnung zu bringen, indem er den Schuldigen schließlich doch bestraft? Wir können es niemals wagen, uns in den Händen dieses ungerechten – menschlich gesehen – Moralregisseurs sicher zu fühlen oder aus unseren instinktiven Vorstellungen von Gut und Böse abzuleiten, was seine Forderungen sein könnten. Man kann sich kaum wundern, dass die Menschen so etwas von Gott glauben und nicht genug Mannskraft besitzen, um sich gegen diese Ungerechtigkeit aufzulehnen – sondern sich stattdessen vor ihm niederkauern und, während sie versuchen, sich vor seinem Zorn zu verbergen, ihre zitternden Lippen dazu zwingen, ein undeutliches Bekenntnis seiner Gnade hervorzubringen. Ach! Sie glauben es nicht; sie bekräftigen es in Worten, aber Gott sei Dank hinterlässt es keinen Eindruck in ihren

Herzen; und sie würden lieber tausend Tode sterben, als im Umgang mit ihren Mitmenschen die furchtbare Grausamkeit nachzuahmen, die die Kirche sie gelehrt hat, die Gerechtigkeit des Richters der ganzen Erde zu nennen.

Die Sühne ist nicht nur doppelt ungerecht, sondern auch vollkommen sinnlos. Uns wird gesagt, dass Christus die Sünden der Welt hinweggenommen hat; wir haben das Recht zu fragen: „Wie?" Soweit wir es beurteilen können, tragen wir unsere Sünden immer noch in unserem eigenen Körper, und die Sühne hilft uns überhaupt nicht. Hat er die physischen Folgen der Sünde getragen, wie etwa den Verlust der Gesundheit durch Maßlosigkeit aller Art? Überhaupt nicht, diese Strafe bleibt bestehen und kann der Natur der Dinge nach nicht übertragen werden. Hat er die sozialen Folgen getragen, Schande, Verlust der Kreditwürdigkeit usw.? Sie bleiben bestehen, um uns zu behindern, wenn wir uns bemühen, nach unserem Fall wieder aufzustehen. Hat er wenigstens die Reueschmerzen für uns getragen, die Gewissensbisse? Keineswegs; die Tränen der Trauer sind nicht weniger bitter, die Stiche der Reue nicht weniger scharf. Vielleicht hat er die Wurzel des Bösen getroffen und die Sünde selbst aus einer erlösten Welt entfernt? Ach! Das Wehklagen, das aus einer von Sünde bedrückten Welt zum Himmel aufsteigt, ruft ein trauriges, nachdrückliches „Nein, das hat er *nicht* getan." Was hat er also für uns ertragen? Nichts, außer dem Phantomzorn eines Phantomtyrannen; alles, was real ist, existiert genauso wie zuvor. Wir wenden uns also von der angebotenen Sühne mit einem Gefühl ab, das Ungeduld über solch eine Kleinigkeit wäre, wenn es nicht allzu traurig wäre, und überlassen es den Christen, ihrem imaginären Opfer die imaginäre Last der Schuld der verfluchten Rasse aufzubürden.

Darüber hinaus ist die Sühne der Natur der Dinge nach völlig unmöglich: Wir haben gesehen, dass Christus unsere Sünden in keinem verständlichen Sinne trägt, aber kann er in irgendeiner Weise die „Strafe" der Sünde tragen? Die Vorstellung, dass die Strafe der Sünde von einer Person auf eine andere übertragen werden kann, ist grundlegend falsch und entspringt einer falschen Vorstellung von der Strafe, die auf die Sünde folgt, und der kirchlichen Schuld, die man sozusagen damit auf sich zieht. *Die einzig wahre Strafe für die Sünde ist die Verletzung, die sie unserer moralischen Natur zufügt*: Alle indirekten Strafen, die wir gesehen haben, hat Christus nicht aufgehoben, und die wahre Strafe kann nur uns selbst treffen. Denn Sünde ist nichts anderes als die Übertretung des Gesetzes. Jedes Gesetz zieht, wenn es gebrochen wird, *zwangsläufig* eine angemessene Strafe nach sich und fällt sozusagen auf den Übertreter zurück. Ein Naturgesetz rächt sich, wenn es gebrochen wird, durch das daraus resultierende Leiden, und das Gleiche gilt für ein geistiges Gesetz: Die Verletzung, die durch das letztere verursacht wird, ist nicht weniger real, wenn auch weniger offensichtlich. Körperliche Sünde bringt körperliches Leiden mit sich; geistige, moralische und mentale Sünde bringt jeweils ihre eigene angemessene Strafe mit sich. „Sünde" ist zu einem so hohlen Begriff geworden, dass wir bei seiner Verwendung seine wahre, einfache Bedeutung aus den Augen verlieren: ein Gesetzesbruch. Stellen Sie sich vor, ein vernünftiger Mensch käme und sagte: „Mein lieber Freund, wenn du deine Hand ins Feuer stecken willst, werde ich die Strafe des Verbrennens ertragen, und du wirst nicht leiden." Es ist genauso absurd, sich vorzustellen, dass Jesus mein daraus folgendes Leiden ertragen kann, wenn ich sündige. Wenn ein Mensch zum Beispiel gewohnheitsmäßig lügt, wird er durch und durch unehrlich: Möge er noch so energisch bereuen, er muss die Konsequenzen seiner vergangenen Taten tragen und sich langsam seinen Weg zurück zur Wahrhaftigkeit in Wort und Gedanke erkämpfen: keine Sühne, nichts im Himmel oder auf Erden außer seiner eigenen Arbeit , wird ihm das verlorene Juwel der instinktiven Aufrichtigkeit zurückgeben . So ist die „Strafe" der Unwahrhaftigkeit der Verlust der Fähigkeit, wahrhaftig zu sein, genau wie die Strafe dafür, die Hand ins Feuer zu stecken, der Verlust der Fähigkeit ist, zu greifen. Aber zusätzlich zu dieser einfachen und äußerst gerechten und natürlichen „Vergeltung" haben Theologen gewisse willkürliche Strafen als Bestrafung für Sünden erfunden, den Zorn Gottes und das Höllenfeuer. Diese imaginären Strafen werden durch eine ebenso imaginäre Sühne getilgt, während die natürliche Strafe wie zuvor bestehen bleibt. Letztendlich lehnen wir also nur die beiden Erfindungen ab, die sich gegenseitig ausgleichen, und befinden uns in derselben Position wie sie, wobei wir unendlich an Einfachheit und Natürlichkeit gewonnen haben. Die Bestrafung für Sünden ist keine willkürliche Strafe, sondern eine unvermeidliche Folge: Wenn seine Anbeter es so wollen, kann Jesus die theologische Fiktion der „Schuld der Sünde" ertragen, eine Idee, die aus der zeremoniellen Unreinheit des levitischen Gesetzes abgeleitet ist, aber er soll die feierlichen Realitäten in Bezug auf die heiligen und unveränderlichen Gesetze Gottes in Ruhe lassen.

Doppelt ungerecht, nutzlos und unmöglich, könnte man es als überflüssige Übertreibung betrachten, noch weiter gegen die Sühne zu argumentieren; aber sie hat die Gedanken der Menschen zu fest im Griff, als dass wir eine einzige Waffe niederlegen könnten, die sich gegen sie wenden könnte. Daher stelle ich neben diesen Mängeln fest, dass sie als Sühneopfer für den allmächtigen Gott völlig unzureichend ist. Wenn Gott, der gerecht ist, wie wir glauben, den Menschen wegen seiner Sündhaftigkeit mit Zorn betrachtete, was ist dann offensichtlich die erforderliche Sühne? Sicherlich die Beseitigung der Ursache des Zorns, *d. h* . der Sünde selbst, und das Streben des Menschen nach Gerechtigkeit. Der alte hebräische Prophet sah dies deutlich, und seine Vorstellung von Sühne ist die richtige: „Womit soll ich vor den Herrn treten?", wird er gefragt, mit Brandopfern oder – noch erlesener – mit der Qual der Eltern über die Leiche eines Erstgeborenen?

„Was verlangt der Herr von dir", lautet die tadelnde Antwort, „als gerecht zu handeln und Barmherzigkeit zu lieben und demütig mit deinem Gott zu wandeln?" Aber was ist das versöhnende Element der christlichen Sühne? Lassen Sie Kanoniker Liddon antworten: „Die Schande und der Schmerz, die zur Erlösung *nötig sind* ." Schande, Qual, Blut, Tod, das sind es, was Christen dem Geist der Liebe als annehmbares Opfer darbringen. Aber was haben all diese Dinge mit den Forderungen der ewigen Gerechtigkeit gemeinsam, und wie kann Schmerz für Sünde sühnen? Sie haben keine Beziehung zueinander; der angebotene Tausch ist nicht angemessen. Diese schrecklichen Opfer stehen im Einklang mit den barbarischen Vorstellungen unzivilisierter Nationen, und wir verstehen die Gefühle, die den Wilden dazu veranlassen, gefolterte Opfer auf den Altären seiner düsteren Götter zu opfern; Sie sind angemessene Opfer für die Feinde der Menschheit, die davon abgebracht werden sollen, uns zu verletzen, indem wir ihnen einen gleichwertigen Schmerz zufügen, wie sie ihn zufügen möchten, aber sie sind anstößig, wenn sie Ihm dargebracht werden, der der Freund und Liebhaber der Menschheit ist. Eine Sühne, die Leiden als Sühne anbietet, kann nichts mit Gottes Willen für den Menschen gemeinsam haben und muss völlig daneben sein, vollkommen unzureichend. Wenn wir Sühne haben müssen, dann soll sie zumindest aus etwas bestehen, das der Gerechtigkeit und Liebe Gottes entspricht und mit seiner Vollkommenheit im Einklang steht; sie soll nicht die Sprache der alten Wildheit entlehnen und nicht von Blut und sterbenden Opfern und gequälten, von Schmerzen gequälten menschlichen Körpern sprechen.

Schließlich klage ich die Sühne als in mehrfacher Hinsicht schädlich für die menschliche Moral an. Sie wurde gepriesen als „Befriedigung der Bedürfnisse des erwachten Sünders", indem sie seine Angst vor der Strafe durch das Geschenk eines Stellvertreters lindert, der seine Strafe bereits für ihn verbüßt hat; aber nichts kann schädlicher sein, als einen Sünder mit dem Versprechen zu trösten, dass er der Strafe entgehen wird, die er zu Recht verdient hat. Die Sühne mag die ersten oberflächlichen Gefühle eines Menschen befriedigen, der sich seiner Sündhaftigkeit bewusst wird, sie mag die ersten vagen Ängste lindern und wie ein Opium für das erwachte Gewissen wirken; aber sie befriedigt nicht die Sehnsüchte eines Herzens, das sich tief nach Gerechtigkeit sehnt; sie bietet einer Seele, die sich nach Reinheit sehnt, eine rechtliche Rechtfertigung, sie bietet einer Seele, die sich nach Freiheit von Sünde sehnt, Freiheit von Strafe. Der wahre Reumütige versucht nicht, vor den Folgen seiner vergangenen Fehler geschützt zu werden: er akzeptiert sie sanftmütig, tapfer, demütig und lernt durch Schmerz die Lektion zukünftiger Reinheit. Eine Sühne, die zwischen uns und diese von Gott verordnete väterliche Disziplin tritt, wäre ein Fluch und kein Segen; sie würde uns unserer Erziehung berauben und uns einer unbezahlbaren Unterweisung berauben. Die Kraft der Versuchung wird furchtbar verstärkt durch die

Vorstellung, dass Reue die gerechte Strafe für Übertretung auf einen anderen Kopf legt; diese Lehre ermutigt direkt zur Sünde, wie sogar Paulus erkannte, als er sagte: „Sollen wir in der Sünde verharren, damit die Gnade im Überfluss vorhanden ist?" Ich glaube, jemand hat bemerkt, dass, obwohl Paulus „Gott bewahre" ausruft, seine Befürchtungen gut begründet waren und sich weithin bewahrheitet haben . Der Sühne verdanken wir das krankhafte Gefühl, das an den heiligen Tod eines brutalen Mörders glaubt, weil er, getrieben von unkontrollierbarem Terror, die angebotene Sicherheit ergriff und „im Blut des Lammes gewaschen" wurde. Ihm verdanken wir das ungesunde Prahlen in den frommen Gefühlen eines solchen Menschen, der traurig und still aus diesem Leben scheiden sollte, ohne eine widerwärtige Parade von Liebesgefühlen gegenüber dem Gott, dessen Gesetze er, so lange er konnte, gebrochen und verachtet hat. Aber die christlichen Lehrer werden die „rettende Gnade" preisen, die den Verbrecher sterben ließ, mit Worten freudiger Zuversicht, die nur für die Lippen eines Menschen bestimmt sind, der ein heiliges Leben mit einem friedlichen Tod krönt. Die Sühne hat jene strenge Verurteilung der Sünde abgeschwächt, die der Schutz der Reinheit ist; sie hat moralische Unterschiede gemildert und den Reumütigen über den Heiligen gestellt; sie hat das Verantwortungsgefühl in der Seele abgestumpft; sie hat die Hilfe der Furcht vor der Strafe für die Sünde, wenn sie denn eine ist, weggenommen; sie hat den Sinn für Gerechtigkeit des Menschen verwirrt, sein Rechtsgefühl verletzt, sein Gewissen abgestumpft und seine Reue in die falsche Richtung gelenkt. Es hat seine Liebe zu Gott abgekühlt, indem es den universellen Vater als grausamen Tyrannen und unbarmherzigen und ungerechten Richter darstellte. Es war der fruchtbare Ursprung aller Askese, denn da Gott einst durch Leiden besänftigt wurde, würde er natürlich jederzeit mit Leiden zufrieden sein, und so haben die Menschen logischerweise ihre Körper ruiniert, um ihre Seelen zu retten, und ihre Gefühle gebrochen und ihre Herzen zerrissen, um die schreckliche Gestalt zu besänftigen, die hinter dem Kreuz Christi finster blickt. Der Sühne verdanken wir es, dass Gott durch Furcht statt durch Liebe gedient wird, dass das Mönchtum sein Haupt über die süßen Heiligkeiten der Liebe und des Heims erhebt, dass die Religion mit Dornen und nicht mit Rosen gekrönt wird, dass das *Miserere* und nicht die *Gloria* der Weg von der Erde zum Himmel ist. Die Sühne lehrt die Menschen, sich zu Füßen Gottes zu kauern, anstatt liebevolle, freudige Gesichter zu erheben, um seinem strahlenden Lächeln zu begegnen; sie schließt seinen Sonnenschein vor uns aus und hüllt uns in die Nacht einer undurchdringlichen Furcht. Mit welcher Einstellung schließt Kanoniker Liddon eine Predigt über den Tod Christi ab? Ich zitiere sie, um das sklavische Gefühl zu zeigen, das diese Lehre in einer sehr edlen menschlichen Seele hervorruft: „In uns selbst gibt es tatsächlich nichts, was seinen (Gottes) Arm aufhalten oder seine Barmherzigkeit erregen sollte. Aber darf er die Taten und Leiden seines sündenlosen Sohnes respektieren? Nur wenn wir über die unschätzbaren Verdienste des Erlösers nachdenken, können wir zu hoffen wagen, dass unser himmlischer Vater die unzähligen Provokationen übersehen wird, die er durch die Erlösten erfährt." Ist dies eine gesunde Einstellung, sei es hinsichtlich unserer Gefühle gegenüber Gott oder unserer Bemühungen um Heiligkeit? Ist es gut, die Reinheit eines anderen als Ausgleich für unsere persönlichen Unzulänglichkeiten zu betrachten? All diese Verletzungen der Moral, die durch die Sühne verursacht werden, werden durch die Krönung vervollständigt, die dem Sünder einen Schleier der „zugerechneten Gerechtigkeit" bietet. Es nimmt ihm nicht nur seine rettende Strafe, sondern macht auch sein Streben nach Heiligkeit zunichte, indem es ihm eine Gerechtigkeit anbietet, die nicht seine eigene ist. Es führt in die ernste Region der Pflicht gegenüber Gott die juristische Fiktion einer Gabe der Heiligkeit ein , die zugerechnet, nicht erworben wird. Man lehrt uns zu glauben, dass wir die Augen Gottes blenden und ihn mit einer vorgetäuschten Reinheit zufriedenstellen können. Doch jeder, dessen Reinheit wir als die unsere beanspruchen wollen, diese schöne Blüte der Menschheit, Jesus von Nazareth, dessen Mission wir so missverstehen, hat seinen Bann auf übertünchte Gräber geworfen , die außen rein und innen schmutzig sind. Was hätte er über die Tünche der unzugerechneten Gerechtigkeit gesagt? Streng und scharf wäre sein Tadel gewesen, dünkt mich, für ein so unwahres Vorhaben, und wohlverdient wäre sein donnerndes „Wehe" über eine Heuchelei gewesen, die Gott ebenso wie die Menschen täuschen möchte.

Diese Überlegungen haben bei den aufgeklärtesten und fortschrittlichsten Köpfen unter den Christen selbst so viel Gewicht gehabt, dass sich in der Kirche eine Partei gebildet hat, deren Ablehnung einer Sühne durch Qual und Tod so vollständig ist, wie wir es uns nur wünschen können. Sie verurteilen mit größter Inbrunst die abscheuliche Vorstellung eines „blutigen Opfers" und betonen nachdrücklich die Schande , die Gott dadurch zugefügt wird, dass man ihm „Gefallen am Tod des Sterbenden " oder Genugtuung beim Anblick von Schmerz zuschreibt. Sie weisen darauf hin, dass Blut keine Tugend ist, um Sünden abzuwaschen, nicht einmal „im Blut eines Gottes". Maurice plädiert eloquent gegen die Vorstellung, dass das Leiden des „geliebten Sohnes" an sich ein annehmbares Opfer für den allmächtigen Vater war, und er sieht das sühnende Element in der „Heiligkeit und Gnade des Sohnes". Die Autoren dieser Schule erkennen, dass ein moralisches und kein physisches Opfer das einzig akzeptable Opfer für den Vater der Geister sein kann, aber auch gegen ihre Theorie besteht der große Einwand, dass die Sühne immer noch stellvertretend erfolgt. Christus leidet immer noch *für* den Menschen, um die Menschen für Gott akzeptabel zu machen. Es ist vielleicht kaum fair, dies von der Schule als Ganzes zu sagen, da die Meinungen der Theologen der Broad Church sehr weit auseinander gehen und vom orthodoxen bis zum sozinianischen Standpunkt reichen. Doch grob gesagt können wir sagen, dass sie zwar den Irrtum aufgegeben haben, zu glauben, dass der Tod Christi Gott mit uns versöhnt, aber dennoch glauben, dass sein Tod uns auf mysteriöse Weise mit Gott versöhnt. Es ist ein Grund zu tiefer Dankbarkeit, dass sie die alte grausame Idee der Versöhnung Gottes aufgeben und so den Weg für einen höheren Glauben ebnen. Ihre menschlichere Lehre erreicht Herzen, die uns noch verschlossen sind, und sie sind der Johannes Täufer des theistischen Christus. Wir müssen sie immer noch darauf hinweisen, dass eine Sühne überhaupt überflüssig ist, dass all die Parade der Versöhnung durch einen Vermittler zwischen Gott und seinem Kind, dem Menschen, vollkommen unnötig ist; dass die vorgebrachte Vorstellung, dass Christus das Ideal der Menschheit verwirklicht und Gott versöhnt hat, indem er gezeigt hat, was ein Mensch sein *kann* , insofern anstößig ist, als sie Gott so darstellt, als müsse man ihm beibringen, welche Fähigkeiten seine Geschöpfe haben, und dass sie außerdem unwahr ist, weil die Kräfte Gottes im Menschen nicht wirklich den Fähigkeiten eines einfachen Menschen entsprechen. Die breiten Kirchenmänner werden immer noch durch die Schwierigkeiten behindert, die einen göttlichen Christus umgeben, und sind ratlos, für ihn einen Platz in ihrer Theologie zu finden, der zugleich seiner Würde angemessen und mit einem vernünftigen Glauben vereinbar ist. Sie fühlen sich verpflichtet anzuerkennen, dass die Menschwerdung und der Tod eines Gottes einen ungewöhnlichen Nutzen für die Menschheit haben müssen, und werden abwechselnd von ihrer Vernunft geleitet, die die Kreuzigung Jesu in die Liste der Märtyrertode einordnet, und von ihren Vorurteilen, die ihr eine einzigartige und beispiellose Stellung in der Geschichte der Menschheit zuschreiben. Es gibt jedoch viele Anzeichen dafür, dass die Göttlichkeit Jesu als Glaubensartikel von ihrem Sockel in der Broad Church-Schule wankt. Männer wie der Reverend JS Brooke halten nur sehr wenig daran fest, und seine Interpretation der Menschwerdung wird von orthodoxen Theologen mit unverhohlenem Entsetzen betrachtet. Ihre *moralische* Sühne wiederum ist wie die Morgendämmerung vor dem Sonnenaufgang, und wir können hoffen, dass sie sich bald zur wahren Wahrheit entwickeln wird: nämlich, dass der Umgang Jesu mit dem Vater eine rein private Angelegenheit zwischen seiner eigenen Seele und Gott war, und dass sein Wert für die Menschheit darin besteht, dass er einer der Lehrer der Menschheit ist, einer „mit einem Genie für Religion", einer der Schulmeister, die dazu bestimmt sind, die Menschheit zu Gott zu führen.

Die Theorie von M'Leod Campbell ist einzigartig und höchst interessant und genial – sie ist umso wertvoller und hoffnungsvoller, da sie aus Schottland stammt, der Heimat des düstersten Glaubens an die Beziehungen zwischen Mensch und Gott. Er lehnt den strafenden Charakter der Sühne ab und lässt sie sozusagen darin bestehen, Gott und Mensch dazu zu bringen, einander zu verstehen. Er ist der Ansicht, dass Christus im Namen Gottes vor den

Menschen Zeugnis abgelegt und das Herz des Vaters gerechtfertigt hat, indem er dem Sohn, der ihm vertraute, zeigte, was er sein konnte. Er hat im Namen der Menschen vor Gott Zeugnis abgelegt – und das ist der schwächste Punkt des Buches, der an Stellvertretung grenzt –, indem er in der Menschheit ein vollkommenes Mitgefühl mit Gottes Gefühlen gegenüber der Sünde zeigt und Gott für den Menschen eine vollkommene Reue für menschliche Übertretungen anbietet. Ich sage absichtlich „an der Grenze", weil Campbell keine Stellvertretung *beabsichtigt* ; er stellt diesen Kummer Jesu als das dar, was er unweigerlich empfinden muss, wenn er seine Mitmenschen sieht, die sich ihrer Sünde und Gefahr nicht bewusst sind, sodass keine Fiktion zwischen Gott und Christus angenommen wird. Er ist jedoch der Ansicht, dass Gott, der die Vollkommenheit der Reue in Jesus gesehen hat, die Reue des Menschen akzeptiert, so unvollkommen sie auch sein mag, weil sie *in ihrer Art* der Reue Jesu gleicht und der Keim jenes Gefühls ist, dessen vollkommene Blüte seins ist; in diesem Sinne und nur in diesem Sinne wird die Reue des Menschen „um Christi willen" akzeptiert. Er ist der Ansicht, dass die Menschen die Gesinnung Christi in Bezug auf Gott und die Sünde teilen müssen, um von Christi Werk zu profitieren, und dass jeder Mensch somit tatsächlich am Werk der Sühne teilnehmen muss. Die Leiden Jesu hält er für notwendig, um die Realität des Lebens der Sohnschaft gegenüber Gott und der Brüderlichkeit gegenüber den Menschen zu prüfen, die er auf die Erde gebracht hat, um sie zu veranschaulichen. Ich hoffe, dass ich in dieser kurzen Zusammenfassung eines sehr fähigen und nachdenklichen Buches, das vielleicht die einzige Sichtweise der Sühne präsentiert, die mit der Liebe und Gerechtigkeit Gottes vereinbar ist, kein Unrecht begangen habe ; und dies natürlich nur, wenn man mit Fug und Recht sagen kann, dass die Idee *einer Sühne mit der Gerechtigkeit vereinbar ist.* Die Vorteile dieser Ansicht liegen praktisch darin, dass dieses Werk Jesu überhaupt keine „Sühne" im theologischen Sinne ist. Die Mängel von Campbells Buch sind untrennbar mit seinem Glaubensbekenntnis verbunden, da er aus einem Glauben an die Göttlichkeit Jesu, einer unbewussten Beschränkung des Wissens Gottes (als ob Gott den Menschen nicht verstand, bis er ihm von Jesus offenbart wurde) und einer falschen Vorstellung von der Strafe der Sünde argumentiert. Ich sagte zu Beginn, dass die Sühne die Existenzberechtigung *des* Christentums ist, und zum Schluss möchte ich alle nachdenklichen Männer und Frauen auffordern, zu sagen, ob es gute Gründe für die Ablehnung dieser Säule „des Glaubens" gibt oder nicht. Die Sühne muss nur untersucht werden, um abgelehnt zu werden. Die Schwierigkeit besteht darin, die Menschen dazu zu bringen, über ihr Glaubensbekenntnis *nachzudenken* . Doch die Frage dieser Lehre muss gestellt und beantwortet werden. „Ich habe zu viel Vertrauen in den gesunden Menschenverstand und die Gerechtigkeit der Engländer, wenn sie erst einmal erwacht sind, um sich einer Frage ehrlich zu stellen, als dass ich an der Antwort zweifeln könnte."

ÜBER DIE VERMITTLUNG UND RETTUNG DES KIRCHENCHRISTENTUMS.

Das ganze christliche Konzept basiert auf der Annahme der inhärenten Notwendigkeit, dass jemand zwischen dem Schöpfer und dem Geschöpf steht und die Schwachen vor der Macht des Allmächtigen schützt. „Es ist furchtbar, in die Hände des lebendigen Gottes zu fallen", so lautet der Grundton des Liedes, das sowohl vom römischen Katholizismus mit seinen tausend Fürsprechern als auch vom Protestantismus mit seinem „einen Mittler, dem Menschen Jesus Christus" gesungen wird. „Sprich *für* mich", ruft der Mensch seinem Lieblingssprecher zu, wer immer es auch sein mag, „geh näher, aber lass mich das Angesicht Gottes nicht sehen, sonst sterbe ich." Die Helden, die Heiligen, die Götzen der Menschheit waren die Männer, die es wagten, in das Unsichtbare zu forschen und direkt in das furchtbare Angesicht Gottes zu blicken. Sie haben alles beiseite geschoben, was zwischen ihrer Seele und der Ewigen Seele stand, und fanden es, wie einer von ihnen es so merkwürdig formuliert, „eine gewinnbringende, süße Notwendigkeit, in den nackten Arm Jehovas zu fallen". Weil sie es dann wagten, dem zu vertrauen, der sie ins Leben gerufen hatte, und flehend ihre Hände zum ewigen Vater auszustrecken, wurden sie in eine Position gedrängt, gegen die sie als erste protestiert hätten, und wurden zu Vermittlern für weniger mutige Männer, für weniger vertrauensselige Kinder gemacht. Diejenigen, die es nicht wagten, Gott für sich selbst zu suchen, klammerten sich an die Gewänder der tapfereren Seelen, die so unfreiwillig zu Schleiern zwischen ihren Mitmenschen und dem Höchsten wurden. Es gibt vielleicht keinen besseren Weg, die radikalen Irrtümer aufzuzeigen, aus denen alle sogenannten „Erlösungspläne" und „Ökonomien der göttlichen Gnade" entspringen, als von der christlichen Hypothese auszugehen.

Wir wollen der Argumentation wegen die Göttlichkeit Jesu anerkennen, um so deutlicher zu erkennen, dass ein Vermittler jeglicher Art zwischen Gott und Mensch völlig unangebracht ist. Die Vermittlung an sich ist grundsätzlich falsch; wir lehnen sie als Ganzes ab, nicht irgendeine besondere Ausprägung davon. Göttliche oder menschliche Vermittler, Jesus oder seine Mutter, Heilige, Engel oder Priester, wir lehnen sie alle ab; unser Geburtsrecht als Menschen ist es, die Nachkommen des Universalen Vaters zu sein, und wir lehnen es ab, dass sich irgendein Eindringling zwischen unser Herz und das Seine drängt.

Wir wollen die Vermittlung zunächst in ihrer höchsten Form betrachten und davon sprechen, als wäre Jesus sowohl Gott als auch Mensch. Alle Christen sind sich darin einig, dass das Kommen des Sohnes in die Welt, um Sünder zu retten, das Ergebnis der Liebe des Vaters zu diesen Sündern war; *d. h* . „ *Gott* hat die Welt so sehr geliebt, dass *er* seinen Sohn sandte." Die treibende

Kraft der Erlösung der Welt ist nach Ansicht der Christen also die tiefe Liebe des Schöpfers zum Werk seiner Hände. Dies war es, was den Sohn aus dem Schoß des Vaters verbannte und dazu führte, dass der Ewige in die Zeit geboren wurde. Doch jetzt tritt eine überraschende Veränderung in der Sicht der Dinge ein. Jesus hat „für die Sünden der Welt gesühnt"; er „hat Frieden gemacht durch sein Blut am Kreuz"; und nachdem er dies getan hat, erscheint er plötzlich als Mittler für die Menschen. Was bedeutet dieses Fürbitten des Sohnes für die Sünder? Nur dies – *eine völlige Veränderung in der Einstellung des Vaters gegenüber der Welt* . Nach der sehnsüchtigen Liebe, von der wir gehört haben, nach diesem absoluten Opfer, um die Herzen seiner Kinder zu gewinnen, gelingt es ihm endlich. Er sieht seine Kinder zu seinen Füßen, reumütig für die Vergangenheit, begierig, in der Zukunft Wiedergutmachung zu leisten; Menschenhände, die ihn anflehen, Menschenaugen, die von Tränen überströmt sind. Er kehrt den Seelen, um deren Gewinnung er sich bemüht hat, den Rücken zu. Er weigert sich, seine Büßer mit den Armen zu schließen, die er ihnen so lange entgegenstreckte, es sei denn, sie werden ihm durch einen beglaubigten Fürsprecher vorgestellt und tauchen mit einer förmlichen Empfehlung auf. Die Widersprüchlichkeit eines solchen Vorgehens muss jedem klar sein. Und um eine Absurdität zu erklären, haben die Theologen eine andere erfunden. Nachdem sie eine Schwierigkeit geschaffen haben, sind sie gezwungen, eine zweite zu schaffen, um der ersten zu entgehen. So stellen sie Gott als jemanden dar, der die Sünder liebt und ihnen vergeben und sie willkommen heißen möchte. Dieses Gefühl ist die Barmherzigkeit Gottes. aber im Gegensatz zu den Geboten der Barmherzigkeit tritt die Gerechtigkeit in Aktion und verbietet dem Sünder jegliche Gunst , wenn ihre eigenen Ansprüche nicht zuerst bis zum Äußersten befriedigt werden. Ein christlicher Schriftsteller hat Barmherzigkeit und Gerechtigkeit als vor dem Ewigen stehend dargestellt: Barmherzigkeit bittet um Vergebung und Mitleid, Gerechtigkeit schreit nach Bestrafung. Zwei Eigenschaften der Gottheit werden personifiziert und einander gegenübergestellt und müssen miteinander versöhnt werden. Aber wenn wir uns daran erinnern, dass jede personifizierte Eigenschaft in Wirklichkeit nur ein Teil des göttlichen Charakters ist, stellen wir fest, dass Gott mit sich selbst uneins ist. So bringt diese Theorie Zwietracht in den harmonischen Geist, der die perfekten Melodien des Universums inspiriert. Sie sieht kriegerische Elemente in der Gelassenheit des Unendlichen; sie stellt sich aufeinanderfolgende Wellen von Liebe und Zorn vor, die diese unbeschreibliche Ruhe durcheinanderbringen; sie stellt sich Wolken mit wechselnden Motiven vor, die über die Sonne dieses unveränderlichen Willens hinwegfegen. Eine solche Theorie muss abgelehnt werden, sobald sie dem nachdenklichen Geist bewusst wird . Gott ist kein Mensch, der sich erst von einem Motiv und dann von einem anderen beeinflussen lässt. Seine Barmherzigkeit und Gerechtigkeit weisen immer unerschütterlich in dieselbe

Richtung: Vollkommene Gerechtigkeit erfordert dasselbe wie vollkommene Barmherzigkeit. Wenn Gottes Gerechtigkeit versagen könnte, wäre das ganze moralische Universum in Verwirrung, und das wäre die größte Grausamkeit, die intelligenten Wesen zugefügt werden könnte. Die schwache Nachgiebigkeit, fälschlicherweise Barmherzigkeit genannt, die angeblich von einem Vermittler bewirkt wird, ist eine menschliche Schwäche, die die Menschen auf ihre Vorstellung von Gott übertragen haben.

Ein Mann, der seine Absicht zur Bestrafung verkündet hat, kann von seinem Entschluss abgebracht werden. Es können neue Argumente für die Unschuld des Verurteilten vorgebracht werden, neue Gründe für eine Begnadigung können vorgeschlagen werden; oder der Richter kann zu streng gewesen sein oder sich von Vorurteilen beeinflussen lassen. Hier kann tatsächlich ein Vermittler eingreifen und gute Arbeit leisten; aber im Namen der ewigen Vollkommenheit, was hat das alles mit dem Urteil Gottes zu tun? Kann sein Wissen unvollkommen sein, seine Barmherzigkeit vergrößert? Kann sein Urteil durch Vorurteile beeinflusst oder durch übermäßige Strenge verschärft werden?

Aber wenn sein Urteil bereits vollkommen ist, bedeutet jede Änderung Unvollkommenheit, und dem Vermittler bleibt nur noch, Gott zu überreden, eine Änderung vorzunehmen, *d. h* . unvollkommen zu werden; oder wenn Gott entschieden hat, dass Sünde bestraft werden soll, greift der Vermittler ein und beeinflusst Gottes Gefühle so sehr, dass er seinen Beschluss widerruft und – die grausamste aller Gnaden – sie unbemerkt lässt. Wie ein unweiser Elternteil lässt sich Gott überreden, das sündige Kind nicht zu bestrafen. Aber das ist nicht der Fall. Gott ist gerecht, und weil er gerecht ist, ist er wahrhaftig barmherzig: Auf dieser Gerechtigkeit beruht die Gewissheit der angemessenen Bestrafung der Sünde und damit der Reinigung des Sünders! Und kein Vermittler – Gott sei Dank dafür! – wird jemals auch nur einen Augenblick lang den Fels der Gerechtigkeit ins Wanken bringen, auf dem die Hoffnung der Menschheit ruht.

Doch die Theorie, die wir betrachten, enthält einen weiteren fatalen Fehler: Sie schreibt dem allmächtigen Gott Unvollkommenheit zu. Denn Gott wird als jemand dargestellt, der Sündern vergeben möchte, und dieser Wunsch muss entweder richtig oder falsch sein. Wenn er richtig ist, kann er sofort befriedigt werden; wenn aber die Gerechtigkeit dieser Vergebung entgegensteht, dann ist der Wunsch zu vergeben nicht ganz richtig. Theologen stehen daher vor diesem Dilemma: Wenn Gott vollkommen ist – wie er es ist –, muss jeder seiner Wünsche ebenso tadellos vollkommen sein, und seine Erfüllung muss das Allerbeste sein, was seiner gesamten Schöpfung widerfahren kann; wenn andererseits zwischen Gott und seinem Wunsch eine Barriere des Rechts steht – und Gerechtigkeit *ist* richtig –, dann ist sein Wille nicht das vollkommenste Gut. Theologen müssen sich dann entscheiden, ob sie zugeben, dass der Wunsch Gottes, Sünder willkommen zu heißen, gerecht ist, oder ob sie der ewigen Vollkommenheit Abbruch tun.

Es ist offensichtlich, dass wir unsere Argumentation nicht schwächen, wenn wir für den Augenblick die Göttlichkeit Jesu zugeben, denn wir greifen die Grundidee der Vermittlung an. Dass der Vermittler Gott sein sollte, ist völlig nebensächlich und stärkt in keiner Weise die Position unserer Gegner. Seine Göttlichkeit bringt lediglich ein neues Element der Verwirrung in die Angelegenheit, denn wir verstricken uns in einem Labyrinth von Widersprüchen. Gott, der selbst nach Ansicht der Christen Einer ist, ist gleichzeitig den Sündern entfremdet, bittet für die Sünder und lässt das Flehen zu. Gott bittet sich selbst – aber wir verwechseln die Personen: Ein Gott bittet einen anderen – aber wir teilen die Substanz. Wehe und wehe dem Glauben, der seine Anhänger zwingt, ihre Vernunft zu verleugnen und ihren Schöpfer zu erniedrigen! Der von einer Natur plappert, die er nicht verstehen kann, und der empörten Seelen seine törichten Widersprüche aufzwingt! Wenn Jesus Gott ist, ist seine Vermittlung zugleich unmöglich und unnötig; wenn er Gott ist, ist sein Wille der Wille Gottes; und wenn er Sünder willkommen heißen will, ist es Gott, der sie willkommen heißen will. Wenn er, der Gott ist, damit zufrieden ist, zu vergeben und zu umarmen, was brauchen Sünder dann noch? Christen sagen uns, dass Jesus eins mit Gott ist: das ist gut so, antworten wir; denn Sie sagen, er sei der Freund der Sünder und der Erlöser der Verlorenen. Wenn er Gott ist, stimmen wir beide darin überein, dass Gott den Sündern gegenüber freundlich ist. Sie brauchen keinen Vermittler zwischen Ihnen und Jesus; und da er Gott ist, brauchen Sie keinen Vermittler mit Gott. Diese Argumentation ist unwiderlegbar , es sei denn, Christen geben sich damit zufrieden, ihrem Vermittler einen Platz zuzuweisen, der weniger als göttlich ist; denn sie schmälern sicherlich seine Würde, wenn sie sich vorstellen, dass er damit zufrieden ist, diejenigen aufzunehmen, die der allmächtige Gott vor seinem Angesicht vertreibt. Und indem sie diesen Unterschied zwischen Jesus und dem Vater machen, geben sie fatal zu, dass er sich in seinen Gefühlen von Gott unterscheidet und daher nicht der Eine Gott sein kann. Die richtige Wahrnehmung dieser Tatsache hat in die römisch-katholische Kirche menschliche Vermittler eingeführt, deren Fürsprache ständig erfleht wird. Jesus ist als Gott zu furchtbar, um sich ihm zu nähern: Seine Mutter, seine Apostel, irgendein Heiliger oder Märtyrer müssen dazwischentreten. Ich habe eine römisch-katholische Abhandlung über die Vermittlerschaft Marias gelesen, die selbst die orthodoxesten Protestanten akzeptieren würden, wenn Maria durch Jesus und Jesus durch den Vater ersetzt würde. Denn Jesus wird dort dargestellt, wie der Vater von den Orthodoxen dargestellt wird, in strenger Majestät, hart, unerbittlich, bis zum letzten Pfennig fordernd; und Maria wird als zwischen ihm und den Sündern stehend dargestellt, für die sie fleht. Dies ist nur eine Weiterentwicklung der Idee, die den Menschen Jesus zum Vermittler zwischen Gott und den Menschen macht. Mit fortschreitender Vergöttlichung Marias, die der Vergöttlichung Jesu in langsamen, aber sicheren Schritten folgt, wird ein Vermittler erforderlich sein, durch den man sich *ihr nähern kann*; und dann wird auch Jesus aus den Herzen der Menschen verschwinden, so wie der Vater aus den Herzen der Christen verschwunden ist, und dieser Aberglaube der Vermittlung wird immer tiefer sinken, bis er von allen ernsthaften Herzen abgelehnt und von den menschlichen Seelen, die sich nach dem lebendigen Gott sehnen, verabscheut wird.

Wir sehen also, dass Vermittlung eine absurde und unerklärliche Änderung der vermeintlichen Haltung Gottes gegenüber dem Menschen bedeutet und jedes Vertrauen in die Gerechtigkeit des Höchsten Herrschers zerstört. Wir sollten außerdem das seltsame Gefühl gegenüber dem Universalen *Herzen berücksichtigen, das in dem* Bemühen des Menschen zum Ausdruck kommt , jemanden zwischen sich und den Ewigen Vater zu drängen . Wenn wir die Natur studieren und versuchen, aus ihren Wirkungen etwas über die Eigenschaften des darin Handelnden herauszufinden, finden wir nicht nur eine herrschende Intelligenz – eine *Höchste Vernunft* , vor der wir unsere Köpfe in einer Anbetung neigen, die zu tief für Worte ist –, sondern wir erhaschen auch wunderschöne Einblicke in eine herrschende Liebe – ein *Höchstes Herz* , dem sich unsere Herzen mit freudiger Erleichterung von den dunklen Geheimnissen des Schmerzes und des Bösen zuwenden, die uns von allen Seiten bedrängen. Der einfache Glaube an Gott überhaupt, das heißt an eine Macht, die im Universum wirkt, ist völlig ausreichend, um jedes dieser Angstgefühle zu zerstreuen, die ihren angemessenen Ausdruck in der Sehnsucht nach einem Vermittler finden. Da wir ohne unsere Bitte und sogar ohne unsere Zustimmung hierher versetzt wurden, haben wir aus reiner Gerechtigkeitsgründen sicherlich das Recht zu verlangen, dass die Macht, die uns hierher versetzt hat, uns Mittel zur Verfügung stellt, mit denen wir unser Glück sicherstellen können. Ich spreche natürlich als von einer *bewussten* Macht, denn eine blinde Macht ist zwangsläufig unverantwortlich; aber diejenigen, die an einen Gott glauben, müssen anerkennen, dass Er für ihr Wohlergehen verantwortlich ist. Sollte jemand behaupten, dass dies eine Kritik an Gottes Handeln und eine anmaßende Respektlosigkeit sei, so entgegne ich, dass die Respektlosigkeit bei denen liegt, die dem Höchsten eine Vorgehensweise gegenüber seinen Geschöpfen zuschreiben, die sie selbst gegenüber ihren eigenen Kindern zu verfolgen beschämt wären, und dass diejenigen, die uns den Vorwurf der Gotteslästerung machen, weil wir uns nicht vor ihrem Idol beugen, selbst der Anklage ausgesetzt wären, wenn ihre Unwissenheit sie nicht vor der strengeren Kritik schützen würde. Alles Gute im Menschen – so armselig es auch sein mag – fließt aus den reinen Tiefen der Quelle des Guten, und jeder Herzschlag der Liebe auf Erden ist ein Pulsschlag, der durch das unaufhörliche Schlagen des universellen Vaterherzens verursacht wird. Doch die Menschen fürchten sich, diesem

Herzen zu vertrauen, weil es zu schlagen aufhört; sie fürchten sich, sich auf Gott zu verlassen, weil er sie betrügt. Wann werden sie auch nur einen flüchtigen Blick auf jenen großen Ozean der Liebe erhaschen, der das Universum umgibt wie die Atmosphäre die Erde, der unendlich ist, weil Gott unendlich ist? Wenn es im Universum keinen Ort gibt, von dem man sagen kann: „Gott ist nicht hier", dann gibt es auch keinen Ort, an dem die Liebe nicht herrscht; wenn es kein Leben ohne die Unterstützung des Lebensspenders und des Lebenserhalters gibt, dann gibt es auch kein Leben, das nicht in den Armen der Liebe liegt. Wer wird es dann wagen, sich zwischen den Menschen und einen Gott wie diesen zu drängen? Im Licht der universellen Vernunft und des universellen Herzens gilt Vermittlung als unverschämte Absurdität. Weg mit allen, die sich in die heiligsten Belange der Seele einmischen, die sich zwischen den Schöpfer und seine Nachkommen drängen, zwischen das Herz des Menschen und das Herz Gottes. Wer auch immer es sein mag, ein Heiliger oder ein Märtyrer oder der König der Heiligen und Märtyrer, Jesus von Nazareth, soll von einer Position herabsteigen, die niemand mit Recht innehaben kann. Den edelsten Sohn des Menschen in diese Position des Vermittlers zu erheben, bedeutet, ihn zu einer Beleidigung für seine Brüder zu machen und ihre Liebe in Zorn und ihre Ehrfurcht in Empörung zu verwandeln. Wenn die Menschen weiterhin über die Notwendigkeit eines Vermittlers sprechen, bevor sie es wagen, sich Gott zu nähern, müssen wir sie daran erinnern, dass, wenn es überhaupt einen Gott gibt, er gerecht sein *muss* und dass sie daher in seinen Händen vollkommen sicher sind. Wenn sie anfangen, über Vergebung zu plappern „ *um Jesu Christi willen?* Wir müssen sie fragen, was in aller Welt sie mit der Vergebung der Sünde meinen?" Sicherlich glauben sie nicht, dass Gott wie der Mensch ist, schnell bereit, Beleidigungen zu rächen und eifersüchtig auf seine Würde ist; selbst wenn es dem Menschen möglich wäre, die Majestät Gottes in irgendeiner Weise zu verletzen, glauben sie dann, dass Gott ein jähzorniger und rachsüchtiger Herrscher ist? Diejenigen, die so von Gott denken, können – das behaupte ich kühn – nie auch nur den geringsten Blick auf *Gott erhaschen* . Sie haben vielleicht einen „vergrößerten Menschen" gesehen, aber mehr haben sie nicht gesehen; sie haben sich nie vor diesem universellen Geist niedergeworfen, der in diesem riesigen Universum wohnt; sie haben nie ihre eigene Kleinheit an einem so großen Ort gespürt. Wie *kann* Sünde vergeben werden? Kann eine vergangene Tat ungeschehen gemacht werden oder die Zeiger der Sonnenuhr der Zeit zurückgedreht werden? Alle sogenannten Züchtigungen Gottes sind nur die natürlichen und unvermeidlichen Folgen gebrochener Gesetze – Gesetze, die in ihrer Wirkung unveränderlich sind und denen man weder entgehen noch sie missachten kann. Gehorsam gegenüber dem Gesetz führt zu Glück, und das Leiden, das aus der Übertretung des Gesetzes folgt, wird nicht von einem zornigen Gott zugefügt, sondern ist die einfache natürliche Folge des gebrochenen Gesetzes selbst. Stecken Sie Ihre Hand ins Feuer, und kein Vermittler kann Sie vor dem Verbrennen retten; schreien Sie inständig zu Gott, er möge Sie retten, und stürzen Sie sich dann von einer Klippe. Wird ein Vermittler zwischen Sie und das von Ihnen heraufbeschworene Schicksal treten? Wir würden klüger handeln, wenn wir Gesetze studierten und versuchten, uns an sie zu halten, anstatt blind herumzustolpern und darauf zu vertrauen, dass jemand eingreifen wird, um uns vor den Auswirkungen unserer eigenen Torheit und Dummheit zu schützen. Zum Glück für die Menschheit ist Vermittlung in diesem schönen Reich des Gesetzes, in das wir gestellt sind, unmöglich. Wenn die Menschen sich ganz entschieden haben, dass ihr Glück ganz von ihren eigenen Anstrengungen abhängt, wird es endlich eine Chance für den Fortschritt der Menschheit geben, denn dann werden sie für Dinge arbeiten, anstatt für sie zu beten. Es ist von wirklich praktischer Bedeutung, dass dieser christliche Begriff der Vermittlung zerstört wird, denn daran hängen alle Vorstellungen, dass wir jemand anderem vertrauen , unsere eigene Arbeit zu tun. Dieser Plan hat nicht funktioniert: Wir beurteilen ihn nach den Ergebnissen, und er ist gescheitert. Wir dürfen sicherlich hoffen, dass die Menschen, wenn sie erkennen, dass das Gebet nicht erfolgreich war, „den Arm zu bewegen, der die Welt bewegt, um Erlösung herbeizuführen", sich der schwierigeren, aber auch hoffnungsvolleren Aufgabe zuwenden, nämlich ihre eigenen Arme zu bewegen, um ihre eigene Erlösung herbeizuführen. Denn die Vergangenheit ist vergangen, und niemand kann sie rückgängig machen; niemand kann die Wirkung des ewigen Gesetzes aufhalten, das Kummer mit Übertretung und Freude und Frieden mit Gehorsam verbindet. Wenn wir auf unserem Weg nach oben zurückfallen, können wir bereuen und Gott oder die Menschen nach Belieben um Vergebung bitten, aber nur durch Mühe und Leiden kann der verlorene Weg wiedergefunden werden, und der steinige Weg muss mit blutenden Füßen beschritten werden; denn es gibt niemanden, der den Sünder über die Hindernisse heben kann, die er sich selbst aufgebaut hat, oder ihn über die Steine tragen kann, mit denen er seinen Weg übersät hat.

Scheut die sentimentale Schwäche unserer Zeit vor dieser Lehre zurück und jammert sie, sie sei kalt und streng? Ja, sie ist kalt wie die Kälte der erfrischenden Meeresbrise, die die durch Treibhäuser und bequemes Leben geschwächten Nerven auf Trab hält; ja, sie ist streng wie die gesegnete Strenge eines unveränderlichen Gesetzes, eines Gesetzes, das uns nie im Stich lässt und sich nie um Haaresbreite ändert. Doch in diesem Gesetz liegt Stärke; der Arm des Menschen ist schwach, doch wenn er sich den Gesetzen des Dampfes unterwirft, wird sein Arm mit der Kraft eines Riesen ausgestattet; halten Sie sich an ein Gesetz, und die gewaltige Kraft dieses Gesetzes ist auf Ihrer Seite; „demütigen Sie sich unter die mächtige Hand Gottes", der das universelle Gesetz ist, „und Er wird Sie erheben."

So viel zur Vermittlung. Wir wenden uns mit noch tieferem Widerwillen dem christlichen Begriff der „Erlösung" zu. Die Vermittlung lässt uns zumindest Gott, wie sehr sie ihn auch herabwürdigt und lästert, aber die Erlösung nimmt uns ganz aus seinen Händen. Christen geben sich nicht damit zufrieden, einen Vermittler zwischen sich und Gott zu stellen, sondern schreien, dass er ihnen immer noch zu nahe ist; sie müssen ihn noch weiter zurückdrängen, sie brauchen auch einen Erlöser , durch den all seine Wohltaten fließen.

„ Retter " ist ein Ausdruck, der oft im Alten Testament vorkommt und eine sehr eindeutige und edle Bedeutung hat. Gott ist der Retter der Menschen von der Macht der Sünde, und obwohl wir bedenken können, dass Gott *nicht* auf diese direkte Weise von der Sünde rettet, müssen wir doch anerkennen, dass dieser Gedanke weder entehrend noch abstoßend ist. Aber das Wort „ Retter " wurde vom Christentum entwertet, und die Erlösung, die er bringt, ist keine Erlösung von der Sünde. „Der Herr und Retter Jesus Christus" ist der Retter der Menschen, nicht weil er sie von der Sünde erlöst, sondern „weil er sie vor der Hölle und vor dem feurigen Zorn Gottes rettet". Erlösung ist nicht länger gleichbedeutend mit Gerechtigkeit, dem Gegenteil von Sünde; im christlichen Leben bedeutet sie nichts weiter als das Gegenteil von Verdammnis. Es ist wahr, dass Christen entgegnen können, dass Jesus „sein Volk von seinen Sünden erlöst"; Wir erkennen gerne die Vornehmheit und Schönheit vieler christlicher Leben an, aber dennoch ist dies *nicht* die grundlegende Idee, die das populäre Christentum mit dem Wort „Erlösung" verbindet. „Gerettet zu werden" bedeutet, aus „den Händen des lebendigen Gottes" befreit zu werden, in die zu fallen, wie es die Bibel lehrt, so furchtbar ist. „Gerettet zu werden" ist das *unmittelbare* Ergebnis der Bekehrung und das Gegenteil von „verloren zu sein". „Gerettet zu werden" bedeutet, „in der zerrissenen Seite Jesu" verborgen und so vor den schrecklichen Flammen des zerstörerischen Zorns Gottes bewahrt zu sein. Gegen all dies erheben wir, die wir an eine allmächtige Liebe, an einen universellen Vater glauben, unseren feierlichen und bewussten Protest, mit einer tiefen Abscheu, mit einer Leidenschaft der Empörung, die viel zu intensiv ist, um in Worten angemessen ausgedrückt zu werden. Es gibt keine Sprache, die stark genug wäre, um unsere tief verwurzelte Abneigung gegen die Vorstellung auszudrücken, dass wir irgendwo oder zu irgendeiner Zeit sicherer sein könnten, als wir es bereits hier sind; Wir können die aufdringliche Einmischung, die uns aus den Händen Gottes zu nehmen versucht, nicht mit genügend Nachdruck abwehren. Jemanden zwischen unsere Seelen und Ihn zu drängen, war schlimm genug; aber noch weiter zu gehen und uns Erlösung von unserem Schöpfer anzubieten, zu versuchen, uns durch Drohungen aus den Armen Seiner Liebe zu drängen, zu behaupten, die Hände eines anderen seien zärtlicher, das Herz eines anderen liebevoller als das Höchste Herz — das sind Gotteslästerungen, denen wir nicht schweigend zuhören. Es ist wahr, dass diese Vorschläge für uns nur Anlass zum Lachen sind; so vage wir auch die Gottheit erraten, wissen wir doch genug, um keine Angst vor ihr zu haben, und diese rohen und kindischen Vorstellungen von ihr sind unter uns zu verachtenswert, um sie zu widerlegen.

„Nichts ist besser als Gott , wachsam und passiv . "

Aber wir sehen, wie diese Ideen die Gedanken und das Leben der Menschen beeinflussen , wie sie ihren Verstand lähmen und ihre Herzen verletzen, und wir erheben uns, um diesen Aberglauben niederzutrampeln, nicht weil er an sich widerlegt werden sollte, sondern einfach, weil er unsere Mitmenschen erniedrigt. Wir glauben an keine Weisheit, die die Naturgesetze verbessert, und eines dieser Gesetze, das in unsere Herzen geschrieben ist, ist, dass der Sünde Kummer auf den Fersen sein soll. Wir sind uns bewusst, dass die Menschen lernen sollten, dieses Gesetz zu begrüßen und nicht davor zurückzuschrecken. Vor dem Leiden zu fliehen, das auf gebrochene Gesetze folgt, ist das Letzte, was wir tun sollten; wir sollten keine Dankbarkeit für einen „ Retter " empfinden, der unsere Strafe trägt und uns so um unsere notwendige Lektion betrügt, uns in verwöhnte Kinder verwandelt und unser moralisches Wachstum hemmt; ein solches Angebot, sollte es wirklich gemacht werden, sollte mit strenger Ablehnung beantwortet werden. Wir sollten dem Höchsten so vollkommen vertrauen und seine Weisheit mit einer so tiefen Demut verehren, dass wir es nicht wagen würden, seine Gesetze zu ändern, selbst wenn wir könnten. Auch sollten wir uns nicht einmal dann beklagen, wenn unser Schicksal am traurigsten ist, oder irgendetwas anderes tun, als uns in unerschütterlichem Gehorsam gegenüber den Gesetzen darum zu bemühen, es zu verbessern. Wir sollten nicht um Erlösung bitten; wir sollten uns wünschen, in Gottes Hände zu fallen – wenn es möglich wäre, dass wir ihnen entrinnen *könnten* .

Ist es außerdem unmöglich, Christen verständlich zu machen, dass wir Jesus auch dann ablehnen würden, wenn er das wäre, was sie von ihm behaupten; dass wir, wenn er Gott wäre, was sie von ihm behaupten, in diesem Fall seine Erlösung zurückweisen würden? Denn wäre dieses schreckliche Bild eines seelenzerstörenden Jehovas, eines blutgierigen Molochs, der mit einer Grausamkeit ausgestattet ist, die über die menschliche Vorstellungskraft hinausgeht, eine wahre Beschreibung des Höchsten Wesens, würden wir dann dem Rat von Hiobs Frau folgen, würden wir „Gott verfluchen und sterben"? Wir würden uns lieber in den brennenden Tiefen seiner Hölle verstecken, als in Sichtweite von ihm zu leben, dessen Helligkeit die Düsterkeit seiner Geschöpfe verspotten würde und dessen Glückseligkeit ein Hohnlächeln über ihre Verzweiflung wäre. Wäre es tatsächlich so –

„O König unseres Heils,

Viele würden dich verfluchen, ich jedenfalls!

"Ist es nicht der Mühe wert, zu glauben", drängt ein christlicher Autor höflich, "wenn es wahr ist, wie es wahr ist, dass diejenigen, die es leugnen, ewige Qualen erleiden werden?" Nein!, donnern wir ihm entgegen, *es ist nicht der Mühe wert* ; es ist nicht der Mühe wert, eine Lüge zu glauben oder als wahr anzuerkennen, was unser Herz und unser Verstand gleichermaßen als falsch ablehnen; es ist nicht der Mühe wert, unsere Seelen für einen Himmel zu verkaufen oder unsere Ehrlichkeit zu beschmutzen, um einer Hölle zu entgehen; es ist nicht der Mühe wert, vor einem Satan auf die Knie zu gehen oder unsere Köpfe vor einem Gespenst zu beugen . Besser, viel besser, "in ewigem Feuer zu leben", als unsere Menschlichkeit zu erniedrigen, indem wir eine Lüge Wahrheit und Grausamkeit Liebe und Unvernunft Gerechtigkeit nennen; besser, in der Hölle zu leiden, als unsere Herzen so hart zu haben, dass wir genießen könnten, während andere leiden; uns freuen könnten, während andere gequält werden, Halleluja zur Musik goldener Harfen singen könnten, während unsere Texte vom gequälten Wehklagen der Verlorenen widerhallen. Gott selbst – wäre er so, wie ihn die Christen darstellen – könnte unsere Liebe zur Wahrheit, zur Rechtschaffenheit und zur Gerechtigkeit nicht aus unseren Seelen tilgen. Solange wir diese Dinge haben, sind wir wir selbst *und* können leiden und glücklich sein; aber wir können es uns nicht leisten, diese Dinge als Preis für unsere Aufnahme in den Himmel zu bezahlen . Wir wären unglücklich, selbst wenn wir durch die goldenen Straßen liefen, und würden in Tränen am Fluss des Lebenswassers sitzen. Doch *dies* ist Erlösung; *dies* ist es, was uns die Christen im Namen Jesu anbieten; *dies* ist die frohe Botschaft, die uns als Evangelium des Erlösers , als „gute Nachricht Gottes" gebracht wird; und dies lehnen wir ganz und gar ab und verlachen es aus der Tiefe unserer frohen Herzen, die die Wahrheit befreit hat; dies verurteilen wir mit strenger und bitterer Entschlossenheit im Namen des Universalen Vaters, im Namen der Eigenständigkeit der Menschheit, im Namen von allem, was heilig, gerecht und liebevoll ist.

Aber glücklicherweise schrecken viele, sogar Christen, vor dieser Vorstellung von Erlösung durch den Gott zurück, in den sie angeblich all ihre Hoffnungen setzen. Sie legen die Lehre beiseite, sie beschönigen sie, sie ziehen es vor, nicht darüber zu sprechen. Das freie Denken durchsäuert das Christentum und formt den alten Glauben gegen seinen Willen. Das Christentum verbirgt jetzt seine eigene grausame Seite, und nur dort, wo die kühnen Gegner seiner Glaubensbekenntnisse sich noch nicht ausgebreitet haben, wagt es, sich in seinen wahren Farben zu zeigen ; in Spanien, in Mexiko sehen wir das Christentum unverhüllt; hier in England ist die Freiheit zu stark für es, und es wird zu einem Anschein von Liberalität gezwungen. Der alte Wein wird in neue Schläuche gegossen; was wird das Ergebnis sein?

Wir können uns jedoch darüber freuen, dass edlere Gedanken über Gott die Oberhand gewinnen und die alten bösen Vorstellungen über ihn und seine Rache vertreiben. Das Antlitz des Vaters beginnt, wenn auch nur schwach, aus seiner Welt hervorzustrahlen, und vor der Schönheit dieses Antlitzes verschwinden alle harten Gedanken über ihn. Die Natur ist zu schön, um für immer verleumdet zu werden , und wenn die Menschen erkennen, dass Gott und Natur eins sind, muss alles Grauenhafte und Schreckliche sterben und in Vergessenheit geraten. Die populären christlichen Ideen von Vermittlung und Erlösung müssen bald in den Limbus abgelehnter Glaubensbekenntnisse übergehen, der so schnell gefüllt wird; sie sind bereits tot, und ihre blassen Geister werden bald nicht mehr herumhuschen, um die Seelen lebender Menschen zu quälen und zu belästigen.

ÜBER DIE EWIGE FOLTER.

VOR einiger Zeit bewies mir ein Geistlicher mit vielen und überzeugenden Argumenten, dass die Hölle richtig, notwendig und gerecht sei; dass sie Gott Ehre und dem Menschen Gutes bringe; dass die Heiligkeit Gottes sie als Vorbeugung erfordere und die Gerechtigkeit Gottes sie als Strafe für die Sünde fordere. Ich hörte still zu, bis alles vorbei war und der ehrwürdige Ankläger verstummte; er hörte auf, zufrieden mit seinen Argumenten, triumphierend im Bewusstsein, dass sie niederschmetternd und unanfechtbar waren. Aber meine Augen waren auf die schöne Szene vor dem Bibliotheksfenster gerichtet, auf das Sakrament der Erde, das sichtbare Zeichen der unsichtbaren Schönheit, und der Kontrast zwischen Gottes Werken und der Rede der Kirche wurde mir deutlich bewusst. Und alles, was ich als Antwort sagen konnte, bestand aus wenigen Worten: „Wenn ich Sie nicht den Namen Gottes erwähnen gehört hätte, hätte ich gedacht, Sie sprächen vom Teufel." Die Worte, sanft und nachdenklich gefallen, hatten eine verblüffende Wirkung. Entsetzen über die Gotteslästerung, Empörung über das unerwartete Ergebnis der mühsamen Argumentation kämpften gegen das aufkeimende Gefühl an, dass mit einer Auffassung, die sich einem solchen Schlag aussetzte, etwas nicht stimmen konnte; die kurze Antwort war aussagekräftiger als eine halbe Stunde Nachdenken.

Die verschiedenen Klassen orthodoxer christlicher Lehren sollten von den Verfechtern der großen Armee der Freidenker, die heute den ehrwürdigen Aberglauben der Vergangenheit belagern, auf sehr unterschiedliche Weise angegriffen werden. Um die Gottheit Jesu ranken sich viele heilige Erinnerungen und liebevolle Assoziationen; die jahrhundertelange Verehrung hat seine Gestalt mit einem Lichtschein umgeben und ihn zum Ideal der Menschheit gemacht; die edelsten Moralvorstellungen, die höchsten Höhenflüge aufgeklärter Geister wurden in einer menschlichen Persönlichkeit verankert und mit dem Namen Christus bezeichnet; die Christusidee ist mit jeder Entwicklung des menschlichen Fortschritts entstanden und verbreitet worden, und der Christus des höchsten Christentums der Zeit ist ganz anders als der Christus des Augustinus, des Thomas von Kempen, des Luther oder des Knox; das Streben der edelsten Menschensöhne nach Licht, Wissen und Heiligkeit wurde von ihnen als Nachfolge Jesu bezeichnet; Jesus wird unter menschlichen Tränen getauft, unter menschlichen Schmerzen gekreuzigt und in menschlichen Hoffnungen verherrlicht. Aus all diesen Gründen – weil er den Menschen am Herzen liegt und mit ihren Kämpfen identifiziert wird – sollten alle, die sich der Brüderlichkeit der Menschen verbunden fühlen, sanft von ihm sprechen. Das Dogma seiner Göttlichkeit muss angegriffen und umgeworfen werden, weil es falsch ist, weil es die Einheit Gottes zerstört und den Ewigen Geist, die

Quelle aller Dinge, vor uns verhüllt. Von ihm selbst jedoch sollte, soweit die Wahrhaftigkeit dies zulässt, ehrfürchtig gesprochen werden, und dieses Dogma sollte, obwohl beharrlich bekämpft, ohne Zorn und ohne Verachtung angegriffen werden.

Es gibt andere Lehren, die zwar im Hinblick auf des Menschen Vorstellung von Gott erniedrigend sind und deshalb Missbilligung verdienen, die aber dennoch große moralische Wahrheiten verkörpern und mit erhebenden Lehren verbunden sind; so ist die Lehre von der Sühne, die die Idee der selbstlosen Liebe und der Selbstaufopferung zum Wohle der Menschheit verankert. Wieder andere wiederum können mit Recht verspottet und empört werden, die Zugeständnisse an die menschliche Schwäche sind und zur Kindheit der Menschheit gehören; der Mensch kann aus seinen Sakramenten und seinen Teufeln ausgelacht werden und empört daran erinnert werden, dass er Gott beleidigt und sich selbst erniedrigt, indem er ein Priestertum oder einen Vermittler zwischen Gott und seine eigene Seele stellt. Aber es gibt ein Dogma des orthodoxen Christentums, das in seiner Grausamkeit einzigartig dasteht, das durch und durch und im Wesentlichen schlecht ist, das keinen einzigen erlösenden Zug aufweist, das ebenso blasphemisch gegenüber Gott wie schädlich für den Menschen ist; Daher sollte man ihr schonungslos den bittersten Spott und die schärfste Empörung entgegenbringen. Auf Seiten der Ewigen Hölle gibt es keine guten menschlichen Gefühle; sie ist nicht durch menschliche Liebe oder menschliche Sehnsüchte geheiligt, sie enthält keine menschlichen Bestrebungen, noch ist sie das Ergebnis menschlicher Hoffnungen. Zur Unterstützung dieser Behauptung kann man sich nicht auf irgendein Gefühl der edleren Seite unserer Natur berufen, noch stimuliert das ewige Feuer unsere höheren Fähigkeiten: Es wirkt nur auf den niederen, niederen Teil des Menschen; es erregt Furcht, Misstrauen gegenüber Gott, Schrecken vor seiner Gegenwart; es kann gelegentlich vor dem Bösen abschrecken, kann aber nie Gutes lehren; es sieht Gott im Blitz, der tötet, aber nicht im Sonnenschein, der belebt; in der Lawine, die ein Dorf unter sich begräbt, aber nicht in der reichen Verheißung des Weinbergs und der freudigen Schönheit des Sommertages. Die Hölle hat Tausende vor Angst in den Wahnsinn getrieben, sie hat Mönche in die einsame Wüste getrieben, Nonnen in die Gräber der Nonnenklöster, aber hat sie jemals eine Menschenseele dazu gebracht, sich am Vater von allem zu erfreuen und „wie der Hirsch nach den Wasserquellen lechzt, nach der Gegenwart Gottes"?

Es ist nur gerecht, bei der Bekämpfung dieser Lehre als christliche Lehre festzustellen, dass die aufgeklärtesten dieser sehr unbestimmten Gruppe sie einstimmig ablehnen, obwohl die überwiegende Mehrheit der Christen daran glaubt. Es ist bekannt, wie der große Führer der Broad Church, Frederick Denison Maurice, in diesem Punkt seine Bibel und sein starkes moralisches

Empfinden in Einklang zu bringen versuchte und dabei scheiterte, wie alle scheitern müssen, die zwei Widersprüche miteinander in Einklang bringen wollen. Wie er mit dem Wort „ewig" kämpfte, sich bemühte zu beweisen, dass es, was auch immer es sonst bedeuten mag, nicht *ewig* in unserem modernen Sinne des Wortes bedeutet: dass „ewiger Tod" als Antithese zu „ewigem Leben" einen Zustand der Unwissenheit über den Ewigen bedeuten muss, so wie sein Gegenteil die Erkenntnis Gottes ist: dass die Menschen daher vom ewigen Tod auferstehen können, ja, dies jeden Tag in diesem Leben tun und dies auch im kommenden Leben tun können. Sein Protest gegen diese furchtbare Lehre war edel, gefesselt durch seine unangemessene Ehrfurcht vor der Bibel und sein Festhalten an ihr. Sein Appell an das moralische Empfinden des Menschen als Schiedsrichter aller Lehren hat gute Früchte getragen, und seine Arbeit hat einen Weg zu freiem Denken geebnet, der größer war, als er erwartet oder auch nur erhofft hatte. Viele andere Geistliche sind in seine Fußstapfen getreten. Über das Wort „ewig" wurde ständig gestritten, aber wie auch immer sie dorthin gelangen, alle Mitglieder der Broad Church sind sich in der Schlussfolgerung einig, dass es nicht wörtlich „ ewig während" bedeutet, nicht bedeuten kann und nicht bedeuten soll . Diese Denkschule hat viel Wert auf die Vorliebe der Orientalen für Bilder gelegt; Sie haben darauf hingewiesen, dass das jüdische Wort Gehenna dasselbe ist wie Ge Hinnom oder Tal Hinnom , und haben in der Beschaffenheit dieses Tals den Stoff für „den Wurm, der nicht stirbt , und das Feuer, das nicht erlischt" gesehen: Sie zeigen, wie durch einen natürlichen Übergang der Ort, wohin die Leichen der schlimmsten Verbrecher geworfen wurden, zum Sinnbild der Bestrafung im Jenseits wurde, und das Tal, wo Kinder dem Moloch geopfert wurden, gab der höllischen Wohnstätte der Teufel seinen Namen. Aus diesem Tal zeichnete Jesus sein furchtbares Bild, angedeutet durch die blassen, grellen Feuer, die dort ständig loderten und ihre schaurigen Flammen mit den verwesenden Leichen der entehrten Toten vermischten. In alledem steckt wahrscheinlich viel Wahrheit, und viele Anhänger der Broad Church geben sich damit zufrieden, diese Erklärung zu akzeptieren und so ihren Glauben an den übernatürlichen Charakter der Bibel zu behalten, während sie ihr moralisches Empfinden befriedigen, indem sie deren unmoralischstes Dogma ablehnen.

Unter den Evangelikalen ist meines Wissens nur eine Stimme zu hören, die gegen ewige Folter protestiert; und alle Ehre gebührt dem Reverend Samuel Minton für seinen seltenen Mut, in diesem Punkt die Meinung seiner „Welt" zu widerlegen und der Kritik zu trotzen, die ihm gebührend auferlegt wurde. Er scheint „ewig" in einigen Fällen mit „unheilbar" und in anderen mit „ewig" gleichzusetzen. Er glaubt, dass die Bösen buchstäblich zerstört, verbrannt und verzehrt werden; die Tatsache, dass das Feuer ewig ist, bedeutet keineswegs, bemerkt er, dass das, was ins Feuer geworfen wird, ebenso ewig sein sollte, und dass das Feuer unauslöschlich ist, beweist nicht, dass die Spreu unverzehrbar ist . „Ewige Zerstörung" erklärt er als irreparable Zerstörung, endgültige und unumkehrbare Auslöschung. Diese Theorie sollte für alle, die an die übernatürliche Inspiration der Bibel glauben, mehr zu empfehlen sein als die Erklärung der Broad Church; Dabei wird den Worten der Heiligen Schrift weit weniger Gewalt entgegengebracht und die Bibel selbst liefert tatsächlich sehr gute Argumente dafür.

Es ist kaum nötig, dieser kleinen Liste von Andersdenkenden des orthodoxen Christentums die Unitarier hinzuzufügen; ich gehe nicht davon aus, dass es das Phänomen eines unitarischen Christen gibt, der an eine ewige Hölle glaubt.

Mit diesen kleinen Ausnahmen hält die Masse der Christen an diesem Dogma fest, aber größtenteils nachlässig und verständnislos. Viele schämen sich dafür, selbst wenn sie es pflichtbewusst bekennen, und plappern über die Sätze in ihrem Glaubensbekenntnis, die es auf sehr oberflächliche Weise anerkennen. Menschen dieser Art „reden nicht gern über die Hölle, es ist besser, an den Himmel zu denken." Einige Christen halten jedoch fest daran und verkünden ihren Glauben kühn; die Mitglieder der Evangelischen Allianz machen das Bekenntnis dazu tatsächlich zur Aufnahmebedingung in ihre Gemeinschaft, während viele Geistliche der High Church denken, dass eine klare Erklärung ihres Glaubens daran aus Treue zu Gott und „Liebe zu den Seelen der Menschen" erforderlich ist. Ich wünschte, ich könnte glauben, dass alle, die sich zu diesem Dogma bekennen, es nicht erkannt haben und es nur akzeptiert haben, weil ihre Väter und Mütter es ihnen beigebracht haben. Aber was kann man zu Aussagen wie der folgenden sagen, die WR Greg in seinem großartigen „Enigmas of Life" von Pater Furniss zitiert : „Ich betrachte es als ein Beispiel für die *autorisierte* Lehre der römisch-katholischen Kirche. " Kinder werden gefragt: „Wie wird dein Körper sein, wenn der Teufel ihn hundert Millionen Jahre lang ohne Unterlass in jedem Augenblick geschlagen hat?" Ein 18-jähriges Mädchen wird als in Feuer gekleidet beschrieben; „sie trägt eine Feuerhaube. Sie drückt es auf ihren ganzen Kopf; es verbrennt ihren Kopf; es brennt in den Schädel; es versengt die Schädelknochen und bringt sie zum Rauchen." Ein Junge wird gekocht: „Hör zu! Es ertönt ein Geräusch wie von einem kochenden Kessel … Das Blut kocht in den verbrühten Adern dieses Jungen. Das Gehirn kocht und blubbert in seinem Kopf. Das Mark kocht in seinen Knochen." Ja, selbst die armen kleinen Babys bleiben von Folter nicht verschont: Eines ist in einem glühend heißen Ofen, „hör, wie es schreit, um herauszukommen; sieh, wie es sich im Feuer dreht und wendet … Du kannst auf dem Gesicht dieses kleinen Kindes" – dem schönen, reinen, unschuldigen Babygesicht – „das sehen, was du auf den Gesichtern aller in der Hölle siehst – Verzweiflung, verzweifelt und schrecklich." Dieser Mann war sich sicherlich darüber im Klaren, was er lehrte, aber er war auch ein halber Mensch – ein Priester.

Auch Dr. Pusey hat ein Wort über die Hölle zu sagen: „Denken Sie an all das Abscheulichste und Abstoßendste – die verräterischste, bösartigste, grobeste, brutalste, einfallsreichste, teuflischste Grausamkeit, die nicht durch den geringsten Rest menschlicher Gefühle gemildert ist und die Sie nicht eine einzige Stunde lang ertragen könnten … Hören Sie diese Schreie lästerlichen, konzentrierten Hasses, wie sie durch das grelle Gewölbe der Hölle hallen."

Der Protestantismus mischt sich ein, und Spurgeon spricht von der Hölle: „Denkst du, es sei leicht, in der Hölle zu liegen, während der Atem des Ewigen die Flammen anfacht? Willst du dir den Gedanken gefallen lassen, dass Gott Qualen für dich erfindet, Sünder?" „Wenn die Verdammten mit den brennenden Eisen ihrer Qual klirren, werden sie sagen: ‚ Für immer ‘; wenn sie heulen, hallen Schreie wider: ‚ Für immer ‘."

Zum Abschluss meiner Zitate möchte ich auf eine Beschreibung der Hölle verweisen, die ich selbst von einem bedeutenden Prälaten der englischen Kirche gehört habe, einem Gelehrten und Gentleman, einem Mann mit gemäßigten Ansichten in kirchlichen Angelegenheiten und keineswegs einem Eiferer im üblichen Sinne. Als er vor einer hauptsächlich aus jungen Männern und Mädchen bestehenden Landgemeinde predigte, warnte er sie ausdrücklich vor fleischlichen Sünden und drohte ihnen mit der daraus folgenden Strafe in der Hölle. Dann folgte in Worten, die ich nicht wiedergeben kann, da ich es nicht wagen möchte, meine Seiten durch die Wiederholung dessen zu beschmutzen, was ich damals voller entsetztem Erstaunen anhörte, eine in allen Einzelheiten geschilderte Beschreibung des Zustands des leidenden Körpers in der Hölle, die in ihren Einzelheiten so abscheulich war, dass es genügen muss, dazu zu sagen, dass diese Beschreibung auf dem Zustand einer Leiche basierte, die auf einen Misthaufen geworfen und dort dem Verwesen überlassen wurde, mit dem zusätzlichen Schrecken kriechender, langsam brennender Flammen; und dieser Zustand sollte, wie er ihnen mit furchtbarer Energie einschärfte, für immer und ewig so weitergehen, „verfallend, aber sich immer wieder erneuernd".

Fast sollte ich weichherzige Männer und Frauen um Verzeihung bitten, dass ich ihnen eine so abscheuliche Sprache vorlege; aber alle, die sich daran gestört fühlen, möchte ich eindringlich darauf hinweisen, dass dies die Lehre ist, die unseren Söhnen und Töchtern heutzutage vermittelt wird. Pater Furniss , Dr. Pusey, Mr. Spurgeon, ein englischer Bischof, das sind gewiss ehrenwerte Namen, und wenn ich sie zitiere, zitiere ich aus den Lehren der Christenheit. Es ist auch nicht meine Schuld, wenn die Sprache nicht druckreif ist. Ich *zitiere* , weil Christen schnell bereit sind zu sagen: „Sie stellen unseren Glauben falsch dar", wenn wir nur behaupten, und ich zitiere nur von heutigen Schriftstellern, damit mir niemand vorwerfen kann, ich würde Christen Vorwürfe für eine Lehre machen, der sie entwachsen sind oder die sie abgeschwächt haben. Dennoch gebe ich zu, dass es kaum glaubhaft erscheint, dass ein Mensch dies glauben und dabei geistig gesund bleiben kann; nein, er sollte dies predigen und ruhig von seiner Kirche nach Hause gehen, während Gottes Sonnenschein auf die schöne Welt herablächelt, und sich nach der Predigt zu einem gemütlichen Abendessen und höchstwahrscheinlich einer ruhigen Pfeife hinsetzen, als ob die Hölle mit ihrem schrecklichen Elend und ihrer grimmigen Verzweiflung nicht existierte.

Es heißt, es gebe keinen Grund, warum wir im Himmel nicht zufrieden sein sollten, während andere in der Hölle leiden, da wir wissen, wie viel Elend es in dieser Welt gibt, und uns trotz dieses Wissens dennoch amüsieren. Ich sage ganz bewusst, dass jeder, der das Elend dieser Welt erkennt und ihm gleichgültig gegenübersteht, der seinen eigenen Anteil an den guten Dingen dieses Lebens genießt, ohne seinem Bruder zu helfen, der seine Hand nicht ausstreckt, um den Gefallenen aufzurichten, oder seine Stimme für die Unterdrückten und Unterdrückten erhebt, ein Leben führt, das das genaue Gegenteil eines göttlichen Lebens ist – ein Leben, das weder Schönheit noch Adel in sich trägt, sondern selbstsüchtig, verachtenswert und gemein ist. Und ist dies das Leben, das wir als Muster himmlischer Schönheit betrachten sollen? Soll die Macht, dieses Leben für immer zu führen , unsere Belohnung für Selbsthingabe und Selbstaufopferung hier auf Erden sein? Soll höchste Selbstsucht schließlich die Selbstlosigkeit krönen? Aber dies ist das Leben, das den Gerechten im Himmel zuteil werden soll. Aus einer Welt in Flammen gerissen und in die Luft gehoben, um ihrem herabsteigenden Herrn zu begegnen, sollen seine Heiligen mit ihm in den Himmel zurückkehren, aus dem er kam. Dort sollen sie, mit goldenen Kronen gekrönt, die Ewigkeit verbringen und zur Musik goldener Harfen dem Lamm, das sie gerettet hat, Hymnen singen, Harfen, deren Melodie von den Flüchen und dem Wehklagen der Verlorenen widerhallt. Denn unten ist eine ganz andere Szene, denn dort werden die Sünder „mit Feuer und Schwefel gequält in Gegenwart der heiligen Engel und in Gegenwart des Lammes; und der Rauch ihrer Qual steigt auf für immer und ewig, und sie haben Tag und Nacht keine Ruhe."

Es lohnt sich, einen Moment lang auf die Szene der zukünftigen Glückseligkeit zu blicken; da ist der Thron Gottes und die jubelnden Menschenmengen: „Freue dich über sie, du Himmel und ihr heiligen Apostel und Propheten", so lautet der Befehl, und sie freuen sich, weil „Gott sie an ihr gerächt hat", und wieder sagen sie „Halleluja, und ihr Rauch steigt auf für immer und ewig." Wahrlich, Gott muss die Herzen seiner Heiligen im Himmel verhärten, wie er einst das Herz des Pharaos verhärtete, wenn sie sich über die gequälte Menge unten freuen und es ertragen sollen, inmitten des grellen Rauchs zu leben, der von den brennenden Körpern der

Verlorenen aufsteigt. Für mich ist die Idee so unsagbar abscheulich, dass ich mich wundere, wie Christen es aushalten, eine solche Sprache in ihren heiligen Büchern beizubehalten, denn ich möchte anmerken, dass das schreckliche Bild, das oben gezeichnet wurde, nicht mein Werk ist; es ist nicht die spöttische Karikatur eines Ungläubigen, *es ist der Himmel, wie er vom heiligen Johannes dem Theologen beschrieben wird* . Wenn dieser Himmel wahr ist, dann zögere ich nicht zu sagen, dass es die Pflicht eines jeden Menschen ist, ihn völlig abzulehnen und sich zu weigern, ihn zu betreten. Wir könnten die Christen sogar mit dem Beispiel ihres eigenen Jesus ansprechen, der sich nicht damit zufrieden geben konnte, selbst im Himmel zu bleiben, während die Menschen in die Hölle kamen, sondern herabkam, um sie von endlosem Leiden zu erlösen. Doch diejenigen, die ihn nachahmen sollten und von denen viele ein schönes Leben der Selbstaufopferung und des Mitgefühls führen, sollen plötzlich, mit dem Tod, all das verlieren, was sie zu „Teilhabern der göttlichen Natur" macht, und sollen sich damit zufrieden geben, ihr eigenes Glück zu erlangen, ohne Rücksicht darauf, dass Millionen ihrer Brüder in unsäglichem Leid sind. Sie sollen das Ziel ihres früheren Lebens umkehren, sie sollen selbstsüchtig statt liebevoll werden, hart statt selbstlos, gleichgültig statt liebevoll, hart statt zärtlich. Was ist die bessere Reproduktion des „Geistes Christi", der barmherzige Samariter, der den Verwundeten pflegt, oder der strenge Inquisitor, der sich über das Feuer freut, das Ketzer zur größeren Ehre Gottes verzehrt? Doch Letzteres ist das Ideal himmlischer Tugend. Wer den Menschen wahrhaft liebt, wird sich nie damit zufrieden geben, sich selbst nach Glückseligkeit zu sehnen, während andere leiden, oder es zu ertragen, mit Ruhm gekrönt zu werden, während er selbst mit Dornen gekrönt ist. Es ist besser, viel besser, in der Hölle zu leiden und die Schmerzen der Verlorenen zu teilen, als ein so hartes Herz und eine so verkommene Natur zu haben, dass man die Glückseligkeit des Himmels genießt und sich über die Leiden der Hölle freut oder sie sogar ignoriert.

Doch es gibt noch Schlimmeres als körperliche Folter in der Darstellung der Hölle; Schmerz ist nicht ihr dunkelster Aspekt. Von allen Gedanken, mit denen das menschliche Herz die ewige Gerechtigkeit beleidigt hat, ist keiner so entsetzlich, keiner so blasphemisch wie der, der erklärt, dass auch nur eine Seele, die vom Höchsten Gut erschaffen wurde, in alle Ewigkeit unter der Macht der Sünde bleiben wird. Theologen haben sich damit abgemüht, die Schrecken der christlichen Hölle zu beschreiben; doch es ist *nicht* der Feuerofen, *nicht* der unsterbliche Wurm, *nicht* das Feuer, das niemals gelöscht werden kann, das uns am meisten abstößt; so abscheulich diese Bilder auch sind, sie sind nicht der schlimmste Schrecken der Hölle. Wer weiß nicht, wie der heilige Franziskus, der glaubte, für immer verloren zu sein, auf die Knie fiel und rief: „O mein Gott, wenn ich tatsächlich dazu verdammt bin, dich in Ewigkeit zu hassen, dann lass mich dich wenigstens lieben, solange ich hier lebe." Für das rechtschaffene Herz ist die Höllenqual weitaus schlimmer als alles, was körperliche Folter verursachen könnte: Es ist die Existenz von Männern und Frauen, die Heilige hätten sein können, denen aber für immer die Hoffnung auf Heiligkeit verwehrt ist; es ist die Existenz von Kindern Gottes, das Werk seiner Hände, die mit den Zähnen knirschen gegenüber einem Vater, der sie für immer aus dem Leben verbannt hat, das er ihnen hätte geben können; es ist die ewig gehasste Liebe; das ewig mit Füßen getretene Gute ; der ewig verwirrte und missachtete Gott; und das Schlimmste von allem ist, dass es ein Zimmer im Haus des Vaters ist, wo seine Kinder nach Gerechtigkeit hungern und dürsten, aber nie, nie gestillt werden können.

„Weg mit der Kette, o Sünder!

Betrete die ewige Zelle;

Zu allem, was gut und wahr und richtig ist,

Für alles, was schön und liebevoll und hell ist,

Zu allem von Heiligkeit und Recht,

Sag du, was du willst, Lebewohl."

Wollte Gott, christliche Männer und Frauen würden gut darüber nachdenken und selbst darüber nachdenken, und wenn sie in die schlimmsten Teile unserer Großstädte gehen und ihnen das Herz angesichts des Elends dort fast bricht, dann sollten sie sich daran erinnern, dass dieses Elend nur ein schwaches Abbild des endlosen, hoffnungslosen Elends ist, zu dem die überwiegende Mehrheit ihrer Mitmenschen verdammt ist.

Christlicher Leser, fürchte dich nicht, dir die Zukunft vorzustellen , an die du zu glauben behauptest und die der Gott der Liebe für das Heim einiger seiner Kinder vorbereitet hat. Stell dir vor, du selbst oder jemand, der dir lieb ist, versinkst in Schuld, aus der es keinen Erlöser gibt, und wo die Stimme dessen, der in Gerechtigkeit spricht und mächtig ist zu retten, nicht durchdringen kann. Um es mit den wohlüberlegten Worten eines Verfechters der christlichen Orthodoxie auszudrücken: Es gibt keinen Grund zu glauben, dass die Hölle nur eine Strafe für vergangene Vergehen ist; in dieser dunklen Welt reproduzieren sich Sünde und Elend in unendlicher Folge. „Was, wenn die Sünde sich selbst fortsetzt, wenn das anhaltende Elend die Nachkommenschaft der anhaltenden Schuld sein kann?" Denke gut darüber nach, und wenn du es für wahr hältst, dann verbanne den Glauben an einen Jesus, der die Verlorenen liebte, aus deinem Glaubensbekenntnis; streiche aus deiner Bibel jeden Vers, der vom Herzen eines Vaters spricht; reiße aus deinem Gebetbuch jede Seite, die zu einem Vater im Himmel betet. Wenn die niedrigsten Geschöpfe Gottes für immer in den widerwärtigen Umarmungen der Sünde verbleiben sollen , kann Gott nicht die ewige

Gerechtigkeit, die unbesiegbare Liebe sein. Denn was für eine Art von Gerechtigkeit ist das, die müßig und zufrieden in einem Himmel der Glückseligkeit ruht, während Millionen von Seelen, die zur Gerechtigkeit fähig sind, in hilfloser Sünde daran gebunden sind; was für eine Art von Liebe ist das, die sich damit zufrieden gibt, zurückgewiesen zu werden, und bereit ist, gehasst zu werden? Solange Gott gerecht ist, solange Gott Liebe ist, ist es unmöglich, dass Männer und Frauen von ihm für immer in einem Zustand zurückgelassen werden, in dem unsere schlimmsten Höhlen der Erde ein wahres Paradies der Schönheit und Reinheit sind. Die Bibelschreiber mögen sich geirrt haben, aber „Du bleibst heilig, Du Gottesfurcht Israels!" Es gibt eine Offenbarung, die nicht irren kann, und die von Gottes Finger in jedes menschliche Herz geschrieben wurde. Wovor der Mensch selbst in seiner tiefsten Lage zurückschreckt, kann sein Schöpfer, aus dessen Inspiration er jeden gerechten Gedanken bezieht, niemals tun. Gibt es einen Vater, wie brutal er auch sein mag, der sein Kind wegen eines kindlichen Fehlers vorsätzlich in Sünde halten würde? Eine Mutter, die ihren Sohn ziellos quält und ihn nur am Leben hält, um ihn zu quälen? Und doch ist dies, nichts weniger , nein, tausendmal mehr, denn dies wird unendlich multipliziert mit der unendlichen Macht der Folter, dies ist es, was die Christen uns über unseren Vater und unseren Gott glauben lassen wollen, von dessen Thron ein Schimmer auf unsere Erde fällt, wenn die Menschen ihre Feinde lieben und denen bereitwillig vergeben, die ihnen Unrecht tun. Wenn dieser sogenannte orthodoxe Glaube richtig ist, dann ist ihr Evangelium von der Liebe Gottes zur Welt eine Täuschung und eine Lüge; wenn dies wahr ist, dann ist die Lehre Jesu an Zöllner und Huren von der Vaterschaft Gottes eine grausame Verhöhnung unserer göttlichsten Instinkte; die Geschichte vom guten Hirten, der keine Ruhe finden konnte, während ein Schaf verloren ging, ist die bitterste Ironie. Aber dieses furchtbare Dogma ist nicht wahr, und die Liebe Gottes wiegt seine Schöpfung; Kein einziger Sohn aus der Familie des Vaters soll der Macht der Sünde unterworfen bleiben und zu einem ewigen Schandfleck der Schöpfung Gottes, einer endlosen Schande für die Weisheit seines Schöpfers und einem immerwährenden und nicht wiedergutzumachenden Fehler werden.

Kein Argument, wie überzeugend es auch sein mag, sollte uns dazu bringen, an eine Lehre zu glauben, vor der unser Herz mit so schauderndem Entsetzen zurückschreckt wie vor dieser Lehre von ewiger Folter und ewiger Sünde. Es gibt einen göttlichen Instinkt im menschlichen Herzen, dem man als Schiedsrichter zwischen Recht und Unrecht vertrauen kann; keine übernatürliche Offenbarung, kein Wunder, kein Engel vom Himmel sollte die Macht haben, uns das als göttlich akzeptieren zu lassen, was unser Herz als gemein und teuflisch verkündet. Es ist kein wahrer Glaube, unseren moralischen Sinn unter dem Huf der Leichtgläubigkeit zu zermalmen; wahrer Glaube glaubt an Gott nur als eine „Macht, die *Gerechtigkeit schafft* " und kümmert sich wenig um Drohungen oder Flüche, die ihn zwingen würden, das zu akzeptieren, was das Gewissen missbilligt. Und mehr noch, wenn es möglich wäre, dass Gott nicht das wäre, was wir träumen, wenn er nicht „gerecht in all seinen Wegen und heilig in all seinen Werken" wäre, dann wäre es feige Feigheit, ihn überhaupt anzubeten. Es wurde treffend gesagt, „dass die Anbetung einfacher Macht ohne Tugend nichts anderes als Teufelsanbetung ist"; in diesem Fall wäre es nobler, ihn nicht zu loben und anzunehmen, was er uns schickt. Dann müssen wir tatsächlich mit John Stuart Mill in diesem Ausbruch der Leidenschaft, der sich inmitten seiner leidenschaftslosen Logik so seltsam liest, sagen: Wenn mir gesagt wird, dass dies Gerechtigkeit und Liebe ist, und dass Gott mich in die Hölle schicken wird, wenn ich es nicht so nenne, dann „werde ich in die Hölle gehen".

Ich habe meine starke Missbilligung der ewigen Hölle absichtlich an die erste Stelle gesetzt, weil sie an sich schon abscheulich ist und weil ich mich, wäre sie jemals wahr, für entwürdigend halten würde, wenn ich sie als liebevoll oder gut anerkennen würde. Es ist jedoch eine Genugtuung, die Schwäche der Argumente zu sehen, die zur Unterstützung dieses Dogmas vorgebracht werden, und festzustellen, dass Gerechtigkeit und Heiligkeit sowie Liebe die Idee einer ewigen Hölle missbilligen.

Das erste Argument lautet: „Gott hat ein Gesetz erlassen, das der Mensch bricht; deshalb muss der Mensch gerechterweise die Strafe für seine Übertretung erleiden." Dies klingt, wie so viele der orthodoxen Argumente, gerecht und richtig, und zunächst stimmen wir ihm vollkommen zu. Der Gerechtigkeitsinstinkt in unserem eigenen Herzen bestätigt diese Aussage, und wenn wir in die Welt hinausblicken, sehen wir, dass ihre Wahrheit durch Tatsachen bewiesen ist. Gesetze umgeben uns von allen Seiten; der Mensch ist in ein Reich des Gesetzes versetzt; er kann gegen die Gesetze, die ihn umgeben, ankämpfen, aber er wird sich nur an einem Felsen zerschmettern; er unterliegt einem Kodex, den er auf eigene Gefahr bricht. Hier herrscht vollkommene Gerechtigkeit, eine Gerechtigkeit, die absolut unerschütterlich ist, taub für Schreie, sich nicht durch Schmeicheleien verführen lässt, nicht durch Bevorzugung verfälscht wird: Ein Gesetz existiert, brechen Sie es, und Sie erleiden die unvermeidlichen Konsequenzen. Bis hierhin ist das orthodoxe Argument also solide und stark, aber jetzt macht es einen plötzlichen Sprung. „Die Strafe für das gebrochene Gesetz ist die Hölle." Warum? Welchen gemeinsamen Faktor gibt es zwischen einer Lüge und dem „Feuersee, in dem alle Lügner ihren Anteil haben werden"? Die Natur ist absolut gegen die orthodoxe Schlussfolgerung, denn die Hölle als Strafe für Sünde ist rein willkürlich, die Strafe hätte genauso gut etwas anderes sein können; aber in der Natur ist die Strafe für ein gebrochenes Gesetz immer streng im Einklang mit dem Gesetz selbst und leitet sich von ihm ab. Die Menschen stellen sich das außergewöhnlichste „Urteil" vor. Eine Nation ist dem übermäßigen Alkoholkonsum verfallen und wird mit der Viehpest bestraft; oder sie zeigt Neigungen zum Papsttum und wird mit Cholera gezüchtigt. Es ist ebenso vernünftig, dies zu glauben, wie zu erwarten, dass ein Kind, das die Treppe herunterfällt, mit Brandblasen übersät aufgehoben wird, anstatt seine natürliche Strafe der blauen Flecken zu erhalten. Warum sollte ich, weil ich lüge und Gott vergesse, mit Feuer und Schwefel bestraft werden? Feuer ist nicht aus der Wahrheit ableitbar, und Schwefel ist auch kein Reiz für das Gedächtnis. In vielen Köpfen herrscht auch eine seltsame Verwirrung über die Strafe der Sünde. Einem Kind wird gesagt, es solle seine Hand nicht ins Feuer stecken, es tut es und verbrennt sich; das Verbrennen sei eine Strafe, sagt man ihm; wofür? Nicht für Ungehorsam gegenüber den Eltern, wie allgemein gesagt wird, sondern für die Missachtung des Naturgesetzes, das besagt, dass Feuer brennt. Man hört oft sagen: „Gottes Strafen für Sünden sind nicht gleich: Ein Mann sündigt einmal und leidet sein ganzes Leben dafür, während ein anderer zwanzigmal sündigt und überhaupt nicht bestraft wird." Keineswegs: Die beiden Männer brechen beide ein moralisches Gesetz und erleiden eine moralische Erniedrigung; einer von ihnen bricht zusätzlich ein physisches Gesetz und erleidet eine körperliche Verletzung. Die Leute sehen Ungerechtigkeit, wo keine ist, weil sie sich nicht die Mühe machen, zu unterscheiden, welche Gesetze gebrochen werden, wenn materielle Strafen folgen. In der Natur gibt es nichts Willkürliches: In ihrem Reich herrschen Ursache und Wirkung. Die Hölle ist also in erster Linie ungerecht, weil körperliche Folter nichts mit moralischer Schuld gemeinsam hat.

Zweitens ist es ungerecht, weil es übertrieben ist. Sünde, sagen Theologen, muss unendlich bestraft werden, weil Sünde ein Vergehen ist, das gegen ein unendliches Wesen begangen wird. Natürlich muss dann Gutes logischerweise unendlich belohnt werden, weil es eine Pflicht ist, die einem unendlichen Wesen gegenüber geboten wird. Es gibt keinen Menschen, der nie eine einzige gute Tat getan hat, also verdient jeder Mensch eine unendliche Belohnung. Es gibt keinen Menschen, der nie eine einzige schlechte Tat getan hat, also verdient jeder Mensch eine unendliche Strafe. Daher verdient jeder Mensch sowohl eine unendliche Belohnung als auch eine unendliche Strafe , „was", wie Euklid sagt, „absurd ist". Und das ist völlig ausreichend als Antwort auf den Satz. Aber ich muss nebenbei gegen diese Vorstellung von „Sünde gegen Gott" im eigentlichen Sinne protestieren. Wenn mit diesem Ausdruck nur gemeint ist, dass jede begangene Sünde eine Sünde gegen Gott ist, weil jede Sünde gegen die höhere Natur des Menschen begangen wird, die Gott im Menschen ist, dann gibt es in der Tat keinen Einwand dagegen. Aber das ist nicht, was mit dem Ausdruck im Allgemeinen gemeint ist. Normalerweise bedeutet es, dass wir sozusagen in der Lage sind, Gott auf irgendeine Weise zu verletzen, ihn zu entehren, ihn zu beleidigen , ihn zu beunruhigen. Durch Sünde machen wir ihn „zornig", wir „reizen ihn zum Zorn"; wegen dieses Gefühls bestraft er uns und verlangt „Genugtuung". Sicherlich muss ein Moment des Nachdenkens jedem vernünftigen Wesen beweisen, dass Sünde gegen Gott in diesem Sinne vollkommen unmöglich ist. Was kann die Kleinheit des Menschen gegen die Größe des Ewigen ausrichten! Stellen Sie sich ein Staubkorn vor, das die Tiefen des Ozeans aufwühlt, eine Blattlaus, die mit ihrem Gewicht eine Eiche belastet: Beides ist weitaus wahrscheinlicher, als dass ein Mensch die vollkommene Gelassenheit Gottes stören könnte. Angenommen, ich stehe auf einem Rasen und beobachte einen Ameisenhaufen, eine Ameise blinzelt verächtlich mit ihren Fühlern. Gerate ich in Wut und stürze mich auf das Insekt, um es zu zerstören, oder ergreife ich es und quäle es langsam? Doch stehe ich weit weniger über der Ameise, als Gott über mir steht.

Aber ich muss hier ein Wort hinzufügen, um vor dem Missverständnis zu warnen, dass ich mit dieser Aussage dem Menschen die Kraft raube, die er aus dem Glauben gewinnt, dass er Gott persönlich kennt und ein Gegenstand seiner Fürsorge ist. Wäre ich der Schöpfer der Ameise und mit allen Vorgängen in ihrem Geist vertraut, würde ich um ihretwillen den Stolz und die Verachtung ihres Schöpfers bedauern, die sich in ihrem Handeln zeigten, weil sie nicht die natürliche Vollkommenheit erreichte, zu der sie fähig war. In dieser Natur, in der wir leben und uns bewegen, die zu groß ist, um irgendetwas als klein zu betrachten, die alles umgibt und in allem ist und von der wir glauben, dass sie sich allem bewusst ist, gibt es — so kann ich nur denken — ein Gefühl, das wir in Ermangelung eines besseren Wortes als Wunsch nach dem Wachstum seiner Geschöpfe bezeichnen müssen (weil in diesem Wachstum ihr eigenes Glück liegt) und ein entsprechendes Gefühl des Bedauerns, wenn sie sich selbst Schaden zufügen. Aber ich sage dies in Furcht und Ehrfurcht, da ich weiß, dass die menschliche Sprache keine Begriffe hat, um die Natur zu beschreiben, die wir anbeten, und mir bewusst ist, dass ich, indem ich Ideen über ihn in Worte fasse, die Ideen herabwürdige und sie nicht mehr vollständig dem Gedanken in meinem eigenen Kopf entsprechen. Stille Anbetung ziemt sich am besten für den Menschen in der Gegenwart seines Schöpfers, nur ist es richtig, gegen die erniedrigenderen Vorstellungen von ihm zu protestieren, obwohl die höheren Vorstellungen selbst weit unter dem liegen, was er wirklich ist. Sünde, die nur gegen einen selbst begangen wird, kann also keine ewige Folter verdienen. Sünde verletzt den Menschen bereits, warum sollte er durch endlose Qualen noch weiter verletzt werden? Die Zufügung von Schmerz ist nur dann gerechtfertigt, wenn sie dem Leidenden selbst einen größeren Nutzen bringt als das zugefügte Leiden; daher ist Strafe nur dann gerecht, wenn sie eine Besserung bewirkt. Aber *endlose Folter kann nicht auf Besserung abzielen; sie hat kein Ziel über sich selbst hinaus und kann daher nur aus Rache und Rachsucht entstehen, was, wie wir gezeigt haben,* bei Gott unmöglich ist . Die Hölle ist zweitens ungerecht, weil ihre Strafe übertrieben und ziellos ist. Sie ist auch ungerecht, weil man, um ihr zu entgehen, eine unmögliche Vollkommenheit erreichen muss. Es ist keine Antwort darauf, zu sagen, dass uns durch die Sühne, die Jesus Christus geleistet hat, ein Entrinnen angeboten wird. Warum sollte ich aufgefordert werden, wie ein Verbrecher vor etwas zu fliehen, was ich nicht verdiene? Gott macht den Menschen unvollkommen, gebrechlich, sündig, völlig unfähig, ein vollkommenes Gesetz vollkommen einzuhalten: Er versagt also und soll – was? Gestärkt werden? Auf keinen Fall; er soll in die Hölle kommen. Diese Feststellung genügt, um ihre Ungerechtigkeit zu zeigen. Wir kritisieren nicht die Weisheit, die uns zu dem gemacht hat, was wir sind, aber wir protestieren gegen die Idee, die Gott so grausam ungerecht macht, dass er Babys foltert, weil sie nicht so sicher laufen können wie erwachsene Männer. Die Hölle ist drittens ungerecht, weil der Mensch sie nicht verdient.

Darauf wird man wahrscheinlich erwidern: „Sie argumentieren, als ob Gottes Gerechtigkeit dieselbe wäre wie die des Menschen und Sie deshalb in der Lage wären, darüber zu urteilen, eine Annahme, die unhaltbar und äußerst anmaßend ist." Darauf antworte ich: „Wenn Sie mit Gottes Gerechtigkeit überhaupt keine Gerechtigkeit meinen, sondern sich auf eine göttliche Eigenschaft beziehen, von der wir nichts wissen, dann sind alle meine Kritikpunkte diesbezüglich hinfällig; begehen Sie nur nicht die Inkonsequenz, zu argumentieren, dass die Hölle *gerecht ist* , wenn Sie mit ‚gerecht' eine unbekannte Eigenschaft meinen, und dann Ihre Theorien mit Beweisen zu stützen, die Sie aus der menschlichen Gerechtigkeit ziehen. Es würde vielleicht zur Klarheit der Argumentation beitragen, wenn Sie dieser göttlichen Eigenschaft einen anderen Namen geben würden, anstatt dafür einen Ausdruck zu verwenden, der bereits eine bestimmte Bedeutung hat."

Nachdem die Gerechtigkeit der Hölle beseitigt ist, wenden wir uns der Liebe Gottes zu. Ich habe nie gehört, dass die Hölle ein Beweis seiner großen Liebe zur Welt ist, aber ich erlaube mir, in diesem Licht darauf aufmerksam zu machen. Gott, so wird uns gesagt, existierte allein, bevor alles erschaffen wurde; dort hätte er vollkommen in sich selbst, in Glückseligkeit, in Herrlichkeit verbleiben können, sagen orthodoxe Theologen. Dann haben wir das Recht, im Namen der Nächstenliebe zu fragen, warum er, selbst glücklich, eine Rasse von Wesen schuf, von denen die überwiegende Mehrheit endlos und hoffnungslos unglücklich sein sollte? War dies Liebe? „Er schuf den Menschen, um ihn zu verherrlichen." Aber war es Liebe, diejenigen zu erschaffen, die nur zu seiner Ehre leiden würden? War es nicht vielmehr eine gigantische, unfassbare Selbstsucht?

„Der Mensch kann gerettet werden, wenn er will." Das ist nicht der Punkt; Gott wusste im Voraus, dass einige verloren gehen würden, und dennoch schuf er sie. Mit aller Ehrfurcht sage ich, Gott hatte kein Recht, fühlende Wesen zu erschaffen, wenn von einem von ihnen jemals wahrhaftig gesagt werden kann: „Wäre es gut für diesen Menschen, dass er nie geboren worden wäre." Wer erschafft, legt sich durch den Akt der Schöpfung Pflichten gegenüber seinen Geschöpfen auf. Wenn Gott selbstbewusst und moralisch ist, ist es eine absolute Gewissheit, dass die gesamte Schöpfung auf das endgültige Wohl jedes Geschöpfs in ihr hinarbeitet. Wir haben nicht darum gebeten, erschaffen zu werden; wir haben nicht gelitten, als wir nicht existierten; Gott, der uns ohne unsere Zustimmung das Leben auferlegt hat, ist für unser endgültiges Wohl verantwortlich und ist durch jedes Band der Rechtschaffenheit und Gerechtigkeit, ganz zu schweigen von der Liebe, verpflichtet, die Existenz, die er uns unaufgefordert gab, zu einem Segen und nicht zu einem Fluch für uns zu machen. Eltern spüren diese Verantwortung gegenüber den Kindern, die sie in die Welt setzen, und fühlen sich verpflichtet, diejenigen zu beschützen und glücklich zu machen, die ohne sie nicht geboren worden wären. Doch wenn die Hölle wahr ist, dann ist jeder Mann und jede Frau verpflichtet, dem göttlichen Gebot der Vermehrung nicht nachzukommen, da sie dadurch dazu beitragen, die Kerker der Hölle zu füllen. Und künftig werden ihre Söhne und Töchter den Tag ihrer Geburt verfluchen und ihre Eltern mit Vorwürfen überhäufen, weil sie einen Körper auf die Welt gebracht haben, den Gott mit dem furchtbaren Geschenk einer unsterblichen Seele verfluchen konnte.

Wir müssen auch beachten, dass Gott, von dem es heißt, er liebe die Gerechtigkeit, niemals Gerechtigkeit aus einer menschlichen Seele verdrängen kann. Es gibt niemanden, der so erniedrigt ist, dass er kein Zeichen des Guten hätte. Unter den Niedrigsten und Niederträchtigsten unserer Bevölkerung finden wir wunderbare Beispiele für Güte und großzügige Hilfe. Kann eine Frau erniedrigter sein als die, die ihre Weiblichkeit nur als Mittel zum Gewinn schätzt, die trinkt, kämpft und stiehlt? Diejenigen, die unter solchen Frauen waren, mögen sagen, ob sie nicht manchmal von einem Strahl des Lichts Gottes aufgemuntert wurden, wenn die Erniedrigteste einer ebenso erniedrigten Schwester Güte erwiesen hat und wenn die Gewinne der Sünde dadurch gereinigt wurden, dass sie in den Schoß einer leidenden und sterbenden Gefährtin gegossen wurden. Sollen Liebe und Hingabe, wie schwach sie auch sein mögen, Selbstlosigkeit und Mitgefühl, wie flüchtig ihre Wirkung auch sein mag, sollen diese Sterne des Himmels in der Schwärze der Höllengrube ausgelöscht werden? Wenn das so ist, dann ist Gott wahrlich nicht der „gerechte Herr, der Gerechtigkeit liebt".

Aber wir können bei unserer Kritik an der Hölle nicht außer Acht lassen, dass sie dem Menschen ebenso schadet, wie sie seine Vorstellungen von Gott herabwürdigt. Sie nährt Selbstsucht und Angst, zwei seiner niedersten Leidenschaften. In diesem Jahrhundert ist wohl kaum eine reinere und liebevollere Seele auf die Welt gekommen als die des verstorbenen John

Keble, des Autors des „Christian Year". Doch welch schreckliche Wirkung hatte dieser Glaube auf ihn; er musste an seinem Glauben an die Hölle festhalten, weil er sonst keine Gewissheit über den Himmel hätte:

„Aber wo bleibt dann die Stütze der reuigen Herzen?

Früher verließen sie sich auf Dein ewiges Wort.

Doch mit der Angst des Sünders schwindet die Hoffnung,

Fest verbunden wie Dein großer Name mit Dir, oh Herr.

Der Name, durch den deine treue Hoffnung verloren geht,

Dass wir endlos sein sollten, vor Freude oder vor Leid.

Und wenn die Schätze Deines Zornes vergeudet werden könnten,

Deine Liebhaber müssen auf den versprochenen Himmel verzichten.

Das heißt im Klartext: „Ich kann die Gewissheit der Hölle für andere nicht aufgeben, denn wenn ich das tue, habe ich keine Gewissheit des Himmels für mich selbst; und ich möchte lieber wissen, dass Millionen meiner Brüder für immer gequält werden , als an meinem eigenen ewigen Genuss zu zweifeln." Sicherlich würde ein liebendes Herz stattdessen sagen: „O Gott, lass uns alle sterben und für immer bewusstlos bleiben , anstatt dass eine Seele ewig leidet." Der schreckliche Egoismus des christlichen Glaubens erniedrigt die edelste Seele; der Schrecken der Hölle lässt die Menschen ihre Selbstbeherrschung verlieren und nur an ihre persönliche Sicherheit denken, so wie wir manchmal Menschen bei einem Schiffbruch wild werden sehen, wenn der Gewinn einer Minute Leben bedeutet. Der Glaube an die Hölle fördert religiösen Stolz und Hass, denn alle religiösen Menschen denken, dass sie selbst zumindest des Himmels sicher sind. Wenn sie sich also in alle Ewigkeit über die Leiden der Verlorenen freuen, warum sollten sie sie hier mit Freundlichkeit oder Rücksicht behandeln? So wird die Hölle zur Mutter der Verfolgung; für den Ketzer, den Feind des Herrn, gibt es keine Gnade und keine Vergebung. Dann reden sich die Heiligen ein, dass wahre Nächstenliebe sie zur Verfolgung verpflichtet, denn Leiden kann entweder den Ketzer selbst retten, indem es ihn zum Glauben zwingt, oder zumindest andere davon abschrecken, seine Ketzerei zu teilen, und sie so vor dem ewigen Feuer bewahren. Und sie haben recht, wenn die Hölle wahr ist. Jedes Mittel ist gerechtfertigt, das den Menschen vor diesem schrecklichen Schicksal retten kann; sicherlich sollten wir nicht zögern, einen Menschen niederzuschlagen, wenn wir ihn dadurch davor bewahren, sich in den Abgrund zu stürzen.

Der Glaube an die Hölle nimmt der Tugend alle Schönheit; wer kümmert sich schon um Gehorsam, der nur aus Furcht hervorgeht? Durch die Furcht vor der Hölle wird im Menschen keine wahre Liebe zum Guten hervorgerufen, und äußere Ehrwürdigkeit ist wenig wert, wenn das Herz und die Wünsche ungeläutert sind. Wir können hinzufügen, dass die Furcht vor der Hölle eine sehr geringe praktische Einschränkung darstellt; kein Mensch denkt, er sei wirklich schlecht genug für die Hölle, und sie ist so weit davon entfernt, dass jeder am Ende Buße tun und ihr so entgehen will. Weitaus einschränkender ist die Verkündigung der harten Wahrheit, dass es im allgemeinen Sinne des Wortes so etwas wie „Vergebung der Sünden" nicht gibt; dass der Mensch ernten wird, was er sät, und dass gebrochene Gesetze sich ausnahmslos rächen.

Der Glaube an die Hölle erstickt jede Suche nach der Wahrheit, indem er eine Glaubensform hoch schätzt und eine andere unter furchtbaren Strafen verbietet. „Wenn es wahr ist, und es ist wahr, dass alle, die dies nicht glauben, für immer verloren gehen, dann frage ich, *ist es dann nicht der Mühe wert, daran zu glauben?* " So sagt ein Geistlicher der Kirche von England. So drängt er seine Leute, das Dogma der Göttlichkeit Jesu anzunehmen, nicht weil es wahr ist, sondern weil es gefährlich ist, es zu leugnen. Und diese Schwierigkeit begegnet uns jeden Tag. Wenn wir auf Nachforschung drängen, wird uns gesagt, „es ist gefährlich". Wenn wir eine Schwierigkeit andeuten, wird uns gesagt, „es ist sicherer zu glauben". Und so fesselt diese Lehre von der Hölle die Fähigkeiten der Menschen und lähmt ihren Verstand, und sie wagen es überhaupt nicht, nach der Wahrheit zu suchen, aus Angst, dass derjenige, der die Wahrheit ist, sie dafür in die Hölle wirft.

Viele werden vielleicht sagen, dass ich dieses Dogma mit unangemessener Vehemenz und übertriebener Wärme angegriffen habe. Ich greife es so an, weil ich den Schaden kenne, den es anrichtet, weil es das rechtschaffene Herz betrübt und das Antlitz Gottes verdunkelt. Nur diejenigen, die die Hölle erkannt und, da sie sie erkannt hat , an sie geglaubt haben, kennen den schrecklichen Schatten, mit dem sie die Welt verdunkelt. Viele lachen darüber, aber sie haben ihre Macht nicht gespürt und sie vergessen, dass ein Dogma, das für sie nur lächerlich ist, schwer auf vielen zarten Herzen und sensiblen Gehirnen lastet. Die Hölle treibt viele in den Wahnsinn, für andere ist sie ein lebenslanger Horror. Sie lässt das Sonnenlicht mit ihren grellen Flammen verblassen; sie schwärzt die Erde mit dem Rauch ihrer Qual; sie macht den Teufel zu einer tatsächlichen Präsenz; sie verwandelt Gott in einen Feind, die Ewigkeit in ein schreckliches Verhängnis. Sie nimmt allen Freuden den Ursprung; sie vergiftet alle Genüsse; sie verbreitet Finsternis über das Leben und hüllt das Grab in unaussprechlichen Horror. Nur diejenigen, die die Qualen dieses Albtraums gespürt haben, wissen, was es heißt, im Sonnenlicht aufzuwachen und festzustellen, dass es nur ein wirrer Traum der

Dunkelheit ist. Sie kennen nur die herrliche Freiheit des Herzens und der Seele, mit der sie ihr lächelndes Gesicht dem Lächeln Gottes entgegenstrecken und aus tiefstem Herzen sagen können: „Ich glaube, dass Gott Licht ist und in Ihm überhaupt keine Dunkelheit ist. Ich glaube, dass die ganze Menschheit sicher ist, geborgen in den ewigen Armen."

ZUR INSPIRATION

Es ist nicht ganz einfach, das Wort Inspiration zu definieren: Es wird von den verschiedenen religiösen Denkschulen in so vielen verschiedenen Bedeutungen verwendet, dass man fast die theologischen Ansichten des Sprechers kennen muss, um sich seiner Bedeutung ganz sicher zu sein, wenn er von einem Buch als inspiriert spricht. In den glücklichen Tagen der Kirche, als der Glaube stark und die Vernunft schwach war, als Priester nur verkünden und Laien nur zustimmen mussten, hatte Inspiration eine klare und sehr eindeutige Bedeutung. Ein inspirierter Mann sprach die Worte Gottes: Die Bibel war perfekt, vom „Am Anfang" der Genesis bis zum „Amen" der Offenbarung: Sie war perfekt in der Wissenschaft, perfekt in der Geschichte, perfekt in der Lehre, perfekt in der Moral. In diesem Diamanten war kein Fehler zu sehen; er funkelte mit makelloser Reinheit und reflektierte in vielfarbigem Glanz das reine weiße Licht Gottes. Aber als die Chemie der modernen Wissenschaft antrat, um diesen Diamanten zu testen, erhob sich ein Gemurmel, zunächst leise, aber unbändig. Es wurde unter dem Mikroskop der Kritik untersucht und überall wurden Risse und Fehler entdeckt. Dann wurde es nicht auf dem Altar aufbewahrt, umgeben von Kerzen, sondern in das durchdringende Sonnenlicht gebracht, und das bloße Auge konnte seine Unvollkommenheiten erkennen. Dann wurde es erneut geprüft und einige mutige Männer flüsterten: „Das ist überhaupt kein Diamant, Gott hat es in vergangenen Zeiten geformt; es ist nichts als Paste, von Menschen hergestellt." Und die Nachricht ging von Mund zu Mund, bis das Flüstern zu einem Schrei anschwoll und viele Stimmen widerhallten: „Das ist überhaupt kein Diamant." Und so ist es auch heute noch; der Kampf tobt noch immer; einige behaupten, ihr Juwel sei perfekt wie eh und je und die Fehler lägen in den Augen, die es betrachten; einige geben widerstrebend zu, dass es unvollkommen ist, betrachten es aber dennoch als Diamant; andere behaupten entschlossen, dass es, obwohl es wegen seines Alters und seiner Schönheit wertvoll ist, in Wirklichkeit nichts als Paste ist.

Nehmen wir zunächst die wirklich orthodoxe Theorie der Inspiration, die allgemein als „vollständige" oder „verbale" Inspiration der Bibel bezeichnet wird. Sie wurde vor Jahrhunderten von Athenagoras genau definiert ; ihm zufolge sprachen die inspirierten Schreiber „die Dinge aus, die in ihnen bewirkt wurden, als der göttliche Geist sie bewegte, wobei der Geist sie benutzte, wie ein Flötenspieler in die Flöte bläst." Dieselbe Idee wurde in kraftvoller Poesie von einem Schriftsteller unserer Tage zum Ausdruck gebracht:

„Dann durch die Klage meines Geständnisses,

Dann durch den Schmerz und die Leidenschaft meines Gebetes,

Ich verstehe die Worte Seiner Offenbarung kaum, ich höre Ihn kaum, verstehe ihn nur undeutlich; nur die Kraft, die in mir läutet, lebt auf meinen Lippen und winkt meiner Hand."

Die Idee ist genau dieselbe wie bei den heidnischen Prophetinnen: Sie wurden buchstäblich von einem Geist besessen, der ihre Lippen benutzte, um seine eigenen Gedanken auszudrücken; so glauben orthodoxe Christen, dass nicht mehr Moses oder Jesaja oder Paulus sprechen, sondern der Geist des Vaters in ihnen spricht. Diese Theorie wird von allen streng orthodoxen Gläubigen vertreten; dies und nur dies kommt von ihren Lippen, Inspiration; wenn sie zu diesem Thema bedrängt werden, geben sie zu, dass der Geist „in gewissem Sinne" alle guten Gedanken inspiriert, sind aber sehr vorsichtig, wenn sie erklären, dass dies nur Inspiration in einem sekundären Sinne ist, eine Inspiration, die sowohl in Art als auch in Grad von der Inspiration der Autoren der Bibel abweicht. Durch diese sozusagen mechanische Theorie ist offensichtlich jede Möglichkeit eines Irrtums ausgeschlossen; So zitiert Matthäus beispielsweise aus dem Alten Testament eine völlig irrelevante historische Referenz – „Als Israel ein Kind war, da gewann ich ihn lieb und *rief meinen Sohn aus Ägypten* " – als Prophezeiung der angeblichen Flucht Jesu nach Ägypten und seiner anschließenden Rückkehr aus diesem Land nach Palästina. Dr. Wordsworth, der hochwürdige Vater in Gott und Bischof von Lincoln, sagt uns ernsthaft: „Der Heilige Geist erklärt hier, was in Seinem eigenen Sinn vorging, als Er diese Worte durch Hosea aussprach. Und wer wagt zu behaupten, dass er den Sinn des Geistes besser kennt als der Geist selbst?" Dr. Pusey wiederum, der sich tapfer, nach der Art des Mannes, zu jedem Kirchendogma bekennt, wie sehr es auch gegen Logik, gesunden Menschenverstand, Vernunft oder Nächstenliebe sein mag, stellt eine sehr vernünftige Frage an diejenigen, die an eine äußere und übernatürliche Inspiration glauben und dennoch den Begriff verbal ablehnen. „Wie", fragt er, „können Gedanken dem menschlichen Geist übermittelt werden, anders als durch Worte?" Die Bemerkung des gelehrten Doktors ist in der Tat sehr treffend, da sie an alle gerichtet ist, die an eine äußere Offenbarung glauben. Gedanken, die von außen mitgeteilt werden, können dem Menschen nur durch Worte bekannt werden: selbst seine eigenen Gedanken werden ihm nur dann verständlich, wenn sie deutlich genug sind, um in Worte gekleidet zu werden (natürlich nicht notwendigerweise in *gesprochene* Worte); und wir können von dieser Regel nur solche Gedanken ausschließen, die dem Geist durch geistiges Sehen oder Hören präsentiert werden: Musik könnte beispielsweise wahrscheinlich geistig komponiert werden, indem man sich die *Klänge vorstellt* , oder mechanische Vorrichtungen könnten erfunden werden, indem man sich die *Objekte vorstellt* ; aber jedes Argument, jede

Geschichte, die schriftlich wiedergegeben werden kann, muss in Worten durchdacht werden. Ein kurzer Gedanke macht dies offensichtlich; wenn jemand mit einem Franzosen in dessen eigener Sprache argumentiert, muss er, um seine Argumente klar und überzeugend zu machen, auf Französisch *denken* . Wenn nun die Bibel inspiriert ist, um Genauigkeit zu gewährleisten, wie kann dies anders als durch Worte geschehen; denn viele der aufgezeichneten Tatsachen müssen den Autoren aufgrund der Notwendigkeit des Falles unbekannt gewesen sein. Nehmen wir einmal an, der biblische Bericht über die Erschaffung der Welt wäre wahr. In diesem Fall hätte ihn sich kein Mensch selbst ausdenken können. Es gibt nur zwei Theorien, die vernünftigerweise zu diesem Bericht vertreten werden können: Erstens, dass er wahr ist, was zwangsläufig bedeutet, dass er buchstäblich wahr und verbal inspiriert ist, da das Wissen nur vom Schöpfer stammen kann und in Form von Worten übermittelt worden sein muss, die, da sie von Gott stammen , buchstäblich wahr sein müssen; zweitens, dass er zu anderen antiken Kosmogonien gehört und einfach der Gedanke eines alten Autors ist, der seine Vorstellung vom Ursprung der Welt um ihn herum wiedergibt. Ich wähle den Bericht über die Schöpfung als entscheidenden Test für die verbale Theorie der Inspiration, da jeder andere Bericht in der Bibel, der mir einfällt, einen menschlichen Akteur enthält und man behaupten könnte – wie unwahrscheinlich diese Hypothese auch sein mag –, dass ein Bericht von jemandem erzählt oder niedergeschrieben wurde, der bei dem berichteten Vorfall dabei war, und dass die Inspiration des letzten Autors darin bestand, den vorherigen Bericht neu zu schreiben, um ihn dann in sein eigenes Werk einfließen zu lassen. Aber niemand war Zeuge der Erschaffung der Welt, außer dem Schöpfer oder höchstens ihm und seinen Engeln, und der Bericht darüber muss, wenn er wahr ist, Wort für Wort göttlich sein; oder, wenn er falsch ist – was er ist –, muss er nichts weiter als menschliche Einbildung sein. Wir müssen dieses Argument noch einen Schritt weiterführen. Wenn der Bericht nur dem Geist des Menschen mitgeteilt wurde , in Worten, die nur innerlich zum inneren Ohr aufsteigen, wie könnte der Mensch dann zwischen diesen göttlichen Gedanken, die in seinem Geist aufsteigen, und seinen eigenen menschlichen Gedanken unterscheiden, die auf genau dieselbe Weise aufsteigen? Gedanken steigen in unserem Geist auf, wir wissen nicht wie; wir werden uns ihrer nur bewusst, wenn sie da sind, und soweit wir es beurteilen können, entstehen sie ganz natürlich nach bestimmten Gesetzen. Aber wie ist es uns möglich zu unterscheiden, woher diese Gedanken kommen? Da sind sie, unsere, nicht die eines anderen – unsere, wie das Kind die des Vaters und der Mutter ist, das Produkt ihrer eigenen Wesen. Wenn mein Gedanke nicht meiner, sondern Gottes ist, wie soll ich das wissen? es entsteht in mir als mein eigenes, und die Quelle eines Gedankens ist nicht von der eines anderen zu unterscheiden. So werden diejenigen, die an die Genauigkeit der Bibel glauben, Schritt für Schritt dazu gebracht, zuzugeben, dass nicht nur Worte notwendig sind, sondern gesprochene Worte; wenn die Bibel überhaupt übernatürlich inspiriert ist, dann muss Gott nicht nur in menschlichen Worten, sondern auch mit menschlicher Stimme gesprochen haben; wenn die Bibel überhaupt übernatürlich inspiriert ist, muss sie verbal inspiriert sein und in jedem Thema, das sie behandelt, buchstäblich genau sein.

Unglücklicherweise für die Verfechter der verbalen Inspiration ist ihre Theorie hervorragend geeignet, um vor das Gericht unerbittlicher Tatsachen gebracht zu werden. Es ist der Mühe wert , nebenbei zu bemerken, dass die Unfehlbarkeit der Bibel nur dort unangefochten geblieben ist, wo Unwissenheit herrschte; sobald die Menschen begannen, Geschichte zu lesen und die Natur zu studieren, begannen sie auch, die Genauigkeit der Heiligen Schrift in Frage zu stellen und sich der Autorität der Heiligen Schrift zu widersetzen. Unfehlbarkeit kann nur im Zwielicht leben: Bislang ist jede Unfehlbarkeit vor fortschreitendem Wissen gefallen, außer der Unfehlbarkeit der Natur, die die Unfehlbarkeit Gottes selbst ist. Protestanten halten Katholiken für Narren, da sie nicht sehen können, dass der Papst nicht unfehlbar sein kann, weil ein Papst verflucht hat, was ein anderer Papst gesegnet hat. Sie können im Fall anderer sehen, dass Widersprüche die Unfehlbarkeit zerstören, aber sie können die Kraft desselben Arguments nicht erkennen, wenn es auf ihren eigenen Papst, die Bibel, angewendet wird. Gestärkt in ihrer „unüberwindlichen Unwissenheit" bringen sie uns ein von Gott inspiriertes Buch; „Gut", antworten wir, „dann ist Ihr Buch absolut wahr und wird mit allen bekannten Wahrheiten in Wissenschaft und Geschichte übereinstimmen und wird natürlich niemals widersprüchlich sein." Die erste wichtige Frage, die in unseren Köpfen auftaucht, wenn wir ein so lehrreiches Buch wie eine Offenbarung von oben öffnen, bezieht sich natürlich auf den Großen Inspirator. Die Bibel enthält, wie man es in der Tat vernünftigerweise erwarten könnte, viele Aussagen über die Natur Gottes, und wir fragen sie in erster Linie nach dem Charakter ihres Autors. Können wir hoffen, ihn in dieser Welt zu sehen? „Ja", antwortet Exodus. „Moses sprach in vergangenen Tagen von Angesicht zu Angesicht mit Gott, und vierundsiebzig Israeliten sahen ihn und aßen und tranken in seiner Gegenwart." Wir haben diese Antwort kaum aufgenommen, als wir dieselbe Stimme weitermachen hören: „Nein, denn Gott sagte, du kannst mein Gesicht nicht sehen, denn kein Mensch wird mich sehen und leben; während Johannes erklärt, dass ihn kein Mensch gesehen hat, und Paulus, dass ihn kein Mensch gesehen hat oder sehen kann." Ist er allmächtig? „Ja", sagt Jesus. „Bei Gott sind alle Dinge möglich." „Nein", erwidert Richter; „denn er konnte die Bewohner des Tals nicht vertreiben, *weil* sie eiserne Streitwagen hatten." Ist er gerecht? „Ja", antwortet Ezechiel. „Der Sohn soll nicht die Sünden des Vaters tragen; die Seele, die sündigt, *es* wird sterben." „Nein", sagt Exodus. „Der Herr erklärt, dass er die Sünden der Väter an den Kindern heimsucht." Ist er unparteiisch? „Ja", antwortet Petrus. „Gott sieht nicht auf die Person." „Nein", sagt Römer, „denn Gott liebte Jakob und hasste Esau, bevor sie geboren wurden, damit sein Zweck der *Erwählung* bestehen konnte." Ist er ehrlich? „Ja; es ist unmöglich, dass Gott lügt", heißt es im Hebräerbrief. "Nein", sagt Gott von sich selbst im Hesekiel. "Ich, der Herr, habe diesen Propheten betrogen." Ist er liebevoll? "Ja", singt der Psalmist. "Er liebt jeden Menschen, und seine innige Barmherzigkeit gilt all seinen Werken." "Nein", knurrt Jeremia. "Er wird kein Mitleid haben, noch verschonen, noch sich ihrer erbarmen." Ist er leicht zu besänftigen, wenn er beleidigt ist? "Ja", sagt der Psalmist. "Sein Zorn währt nur einen Augenblick." "Nein", sagt Jeremia. "Ihr habt ein Feuer in seinem Zorn entzündet, das ewig brennen wird ." Da wir nichts Verlässliches über Gott herausfinden können und zweifeln, ob er gerecht oder ungerecht, parteiisch oder unparteiisch, wahr oder falsch, liebevoll oder wild, versöhnlich oder unversöhnlich ist, kommen wir zu dem Schluss, dass wir auf jeden Fall besser mit ihm befreundet sein sollten, und sicherlich wird uns das Buch, das uns seinen Willen offenbart, zumindest sagen, in welcher Weise er uns haben möchte. um sich ihm zu nähern. Nimmt er Opfer an? „Ja", sagt Genesis: „Noah opferte und Gott roch einen süßen Duft "; und Samuel erzählt uns, wie Gott dazu gebracht wurde, eine Hungersnot durch das Opfer von sieben Männern zu beseitigen, die vor dem Herrn aufgehängt wurden. In unserer Angst sehnen wir uns danach, ihm ganz zu entkommen und fragen, ob dies möglich ist? „Ja", sagt Genesis. „Adam und seine Frau versteckten sich vor ihm in den Bäumen, und er musste von seinem Himmel herabsteigen, um zu sehen, ob ihm einige böse Taten zu Recht gemeldet wurden." „Nein", sagt Salomo. „Du kannst dich nicht vor ihm verstecken, denn seine Augen sind an jedem Ort." Also geben wir verzweifelt alle Hoffnung auf, etwas Verlässliches über ihn herauszufinden, und machen uns auf die Suche nach einer vertrauenswürdigen Geschichte. Wir versuchen herauszufinden, wie der Mensch erschaffen wurde. Ein Bericht sagt uns, dass er als Mann und Frau erschaffen wurde, sogar nach dem Bild Gottes selbst; ein anderer, dass Gott den Mann allein schuf und ihm später aus einer seiner eigenen Rippen eine Frau formte. Dann erfahren wir in einem Kapitel, dass alle Tiere erschaffen wurden, und schließlich, dass Gott „sein Meisterwerk , den Menschen" schuf. In einem anderen Kapitel wird uns erzählt, dass Gott, nachdem er den Menschen erschaffen hatte, es nicht gut fand, ihn sich selbst zu überlassen, und so begann er, alle Tiere und Vögel zu erschaffen, indem er sagte, er würde Adam eine Gehilfin machen; als er sie Adam brachte, wurde jedoch keines für würdig befunden, sich mit ihm zu paaren, also wurde es als letztes Experiment mit der Frau versucht. Beim weiteren Lesen finden wir deutliche Zeichen der Verwirrung; doppelte oder sogar dreifache Berichte über denselben Vorfall, wie zum Beispiel die Ablehnung einer Frau und ihre Folgen. Dann sehen wir, wie Moses den Zorn des Pharaos fürchtete und aus

Ägypten floh, um dem Zorn des Königs zu entgehen, und erst nach seinem Tod wagte, zurückzukehren, und sind daher überrascht, aus dem Hebräerbrief zu erfahren, dass er Ägypten im Glauben verließ, *ohne* den Zorn des Königs zu fürchten. Dann stoßen wir auf zahllose Widersprüche in Königen und Chroniken, in Prophezeiung und Geschichte. Hesekiel prophezeit, dass Nebukadnezar Tyrus erobern und zerstören und *all seine Reichtümer nehmen werde* . Einige Kapitel später wird berichtet, dass er Tyrus tatsächlich angriff , aber scheiterte. Da er für diesen Angriff *keinen Lohn erhielt* , sollte ihm Ägypten als Belohnung für sein Versagen drohen. Das Neue Testament ist voller Widersprüche. Josef, der Mann von Maria, hatte zwei Väter, Jakob und Eli . Salah befindet sich in derselben Lage, denn obwohl er der Sohn Kanaans war, zeugte ihn Arpachschad . Als Johannes ins Gefängnis geworfen wurde, *begann Jesus* zu predigen, obwohl er bereits gepredigt und Jünger gewonnen hatte, als Johannes noch auf freiem Fuß war. Jesus schickte die Zwölf los zum Predigen und forderte sie auf, einen Stab mitzunehmen, gebot ihnen jedoch, keinen mitzunehmen. Er aß das Passahfest mit seinen Jüngern, obwohl er vor diesem Fest gekreuzigt wurde. An seinem Kreuz trug er eine Aufschrift, die jedoch auf vier verschiedene Weisen wörtlich inspiriert ist. Er ist mit vielen Variationen von Datum und Uhrzeit auferstanden und am selben Abend wieder auferstanden, obwohl er anschließend nach Galiläa ging und vierzig Tage auf der Erde blieb. Er ließ seinen Jüngern ausrichten, dass sie ihn in Galiläa treffen sollten, und erschien dennoch plötzlich unter ihnen, als sie am selben Abend in Jerusalem still zusammensaßen. Stephanus' Geschichte widerspricht unserem Alten Testament. Als Paulus bekehrt wird, hören seine Gefährten eine Stimme, obwohl ein anderer Bericht besagt, dass sie überhaupt keine gehört haben. Nach seiner Bekehrung geht er mit den Aposteln in Jerusalem ein und aus, obwohl er seltsamerweise keinen von ihnen sieht, außer Petrus und Jakobus. Aber man könnte Seiten damit verbringen, diese Widersprüche aufzuzeigen, während selbst einer von ihnen die Theorie der verbalen Inspiration widerlegt. Aus diesen Widersprüchen behaupte ich, dass eines von zwei Dingen folgen muss: Entweder ist die Bibel kein inspiriertes Buch, oder die Inspiration ist mit vielen Irrtümern vereinbar, wie ich gleich zeigen werde.

Ich bin durchaus bereit, zuzugeben, dass die Bibel inspiriert *ist* , und lege daher als meinen ersten Kanon der Inspiration fest: „Inspiration verhindert keine Ungenauigkeit." Ich wende mich der zweiten Klasse orthodoxer Inspirationisten zu, die zwar zugeben, dass verbale Inspiration durch viele triviale Ungereimtheiten als unmöglich erwiesen wird, aber dennoch behaupten, dass Gottes alles beherrschende Macht wesentliche Genauigkeit gewährleistet und dass ihre Geschichte und Wissenschaft vollkommen wahr und verlässlich sind. Um diese Behauptung zu prüfen, wenden wir uns — nachdem wir festgestellt haben, dass die biblische Geschichte, wie oben erwähnt, ständig in sich selbst widersprüchlich ist — anderen Geschichten zu und vergleichen die Bibel mit ihnen. Wir stellen zunächst fest, dass viele wichtige biblische Ereignisse von „profanen" Historikern völlig ignoriert werden. Wir sind überrascht zu sehen, dass die babylonische Gefangenschaft deutlich sichtbare Spuren in Israel hinterlassen hat, Ägypten jedoch keine Spuren in Israels Namen oder Bräuchen hinterlassen hat und Israel keine Spuren in Ägyptens Denkmälern. Die Lehre von den Engeln kommt nicht vom Himmel, sondern schlüpft aus dem Persischen in die jüdische Theologie; während die Unsterblichkeit weder von hebräischen Propheten noch durch das Evangelium Jesu ans Licht gebracht wird, sondern von dem Volk, unter dem die Juden während der babylonischen Gefangenschaft lebten. Die jüdischen Schriften vor der Gefangenschaft wissen von nichts jenseits des Grabes; die jüdischen Schriften nach der Gefangenschaft strahlen vom Licht eines zukünftigen Lebens; Jesus fügt diesen weder Freude noch Hoffnung hinzu. Die zentrale Lehre des Christentums – die Gottheit Jesu – ist nichts anderes als die Wiederholung einer Idee der griechischen Philosophie, die von frühen christlichen Schriftstellern übernommen wurde, und findet sich bei Platon und Philo ebenso deutlich wie im vierten Evangelium. Die Wissenschaft widerspricht der Bibel ebenso wie die Geschichte; die Geologie lacht über ihre mickrigen Schöpfungsperioden; die Astronomie zerstört ihre Himmel und fragt, warum die Erschaffung dieser kleinen Welt eine Woche dauerte, während Sonne und Mond und die zahllosen Sterne innerhalb von zwölf Stunden entstanden; Die Naturgeschichte fragt sich, warum die Kängurus nach der Sintflut nicht in Asien blieben, sondern die lange Seereise ins ferne Australien antraten, und fragt, wie die Mexikaner, Peruaner und andere den weiten Ozean überquerten, um sich in Amerika niederzulassen; die Archäologie präsentiert ihre menschlichen Knochen aus alten Höhlen und fragt, wie sie dorthin gelangten, wenn doch nur sechstausend Jahre vergangen sind, seit Adam und Eva allein im Garten Eden standen und auf die unbewohnte Erde blickten; die Pyramiden weisen auf den klaren und deutlichen Negertyp hin und fragen, wie es dazu kam, dass er sich zunächst so schnell entwickelte und seitdem dennoch unverändert blieb. Schließlich wird die Wissenschaft es leid, einen so mickrigen Feind zu töten, und zieht mit einem Lächeln auf ihrem großen, ruhigen Gesicht weiter, während sie es der Bibel überlässt, ihre Wissenschaft zu lehren, wen sie will. Derart gewichtige Beweise verdrängen alles Leben aus dieser zweiten Inspirationstheorie und geben uns eine zweite Regel, die uns bei unserer Suche leiten soll: „Inspiration verhindert Unwissenheit und Irrtum nicht." Wir können nun zur dritten Klasse der Inspirationisten übergehen , die glauben, die Bibel sei dem Menschen nicht gegeben, um ihn Geschichte oder Wissenschaft zu lehren, sondern nur, um ihm Dinge zu offenbaren, die er mit seinen natürlichen Fähigkeiten nicht entdecken könnte, $z.$ B. die Pflichten der Moral und das Wesen Gottes. Ich muss hier die Subtilität dieses Rückzugs erwähnen. Getrieben von unerbittlichen Tatsachen, die Bibel in allem, wo wir ihre Behauptungen prüfen können, fehlbar zu machen, verlegen sie ihre Verteidigung durch eine geschickte strategische Bewegung auf einen schwieriger anzugreifenden Posten. Sie behaupten, die Bibel sei in Punkten unfehlbar, wo sie mit keiner Faktenkanonade belegt werden kann. Was soll das anderes heißen, als dass wir, obwohl wir die Fehlbarkeit der Bibel in jedem beweisbaren Punkt beweisen können, dennoch blind an ihre Unfehlbarkeit glauben sollen, wo ein nachgewiesener Irrtum aufgrund der Natur des Falles unmöglich ist? Was das Wesen Gottes betrifft, so haben wir bereits gesehen, dass die Bibel ihm gleichgültig Tugend und Laster zuschreibt. Wir wenden uns der Moral zu, und hier stoßen wir auf unsere erste große Schwierigkeit, denn wenn wir auf eine Sache zeigen und sagen: „Das ist zutiefst unmoralisch", entgegnen unsere Gegner: „Es ist vollkommen moralisch." Nur der Fortschritt der Menschheit kann beweisen, wer von uns im Recht ist, obwohl wir auch hier eine große Tatsache auf unserer Seite haben, und das ist das Gewissen des Menschen. Schon jetzt würden die Menschen lieber sterben, als die Taten der Heiligen des Alten Testaments nachzuahmen, die das taten, was „in den Augen Jehovas richtig" war; und bald werden sie mutig genug sein, in Worten das abzulehnen, was sie bereits in Taten ablehnen. Nur wenige würden die Bibel freiwillig einem Kind in die Hand geben, ebenso wenig wie sie jungen Menschen die ungereinigten Ausgaben von Swift und Sterne freiwillig geben würden; und ich kann mir vorstellen, dass die frommsten Eltern kaum mit ungetrübter Freude zusehen würden, wie ihr Sohn und ihre Tochter im Alter von fünfzehn und sechzehn Jahren gemeinsam die Geschichten und Gesetze des Pentateuch studieren. Aber wenn wir die Bibel als Lebensregel nehmen, sollen wir dann ihre Heiligen und ihre Gesetze nachahmen? Ist es zum Beispiel richtig, dass ein Mann seine Halbschwester heiratet, wie es der große Vorfahre der Juden, Abraham, der Freund Gottes, tat? Eine Verbindung, die übrigens nach jüdischem Recht verboten ist, obwohl sie angeblich der Ursprung ihres Volkes ist. Ist die Lüge der ägyptischen Hebammen richtig, weil Jehova sie dafür segnete, so wie die Prophetin Debora Jael für ihren verfluchten Verrat und Mord gesegnet hat? Ist der Raub der Ägypter richtig, weil Jehova ihn befohlen hat? Sind die alten grausamen Gesetze der Hexerei richtig, weil Jehova die Hexe zum Tode verurteilte? Sind die Torturen des Mittelalters richtig, weil sie von den Gesetzen Jehovas abgeleitet sind? Ist das Menschenopfer richtig, weil Abraham es versuchte, Moses es befahl, Jephta es praktizierte und Gottes Zorn abwendete, als Sauls sieben Söhne geopfert wurden? Ist Mord rechtmäßig, weil Phineas damit Sühne leistete und Moses seine Mörder durch das ganze Lager schickte, um Gottes Zorn durch das Töten ihrer Brüder zu beschwichtigen? Ist es rechtmäßig, dass gefangene Frauen die Beute der Eroberer waren, weil den Juden von Jehova befohlen wurde, die Jungfrauen am Leben zu erhalten und sie für sich zu behalten, mit Ausnahme der 64, die er selbst behalten sollte? Ist der Mann nach Gottes eigenem Herzen ein nachahmenswertes Vorbild? Sind Jehus Lügen und sein Morden rechtmäßig, weil sie in den Augen Jehovas rechtmäßig waren? Ist Hoseas Heirat lobenswert, weil sie von Jehova befohlen wurde? Oder sind die Zeichen Jeremias und Hesekiels weniger kindisch und unanständig, weil sie mit „so spricht Jehova" eingeleitet werden? Es liegt mir fern, die herrliche Moral einiger Teile der Bibel zu schmälern; aber wenn das ganze Buch inspiriert und in seiner Morallehre unfehlbar ist, dann ist natürlich eine Morallektion genauso wichtig wie die andere, und wir haben kein Recht, uns herauszupicken, wo das Ganze göttlich ist. Der härtere Teil der Moral des Alten Testaments hat seine Spuren in die Welt eingebrannt und kann durch die Geschichte hindurch verfolgt werden durch das Stöhnen leidender Männer und Frauen, durch brennende Hexen und gefolterte Feinde des Herrn, durch brennende Städte und blutbefleckte Felder. Wenn Mord und Raub, Verrat und Lügen, Raub und Gewalt vor langer Zeit vom allmächtigen Gott befohlen wurden; wenn Dinge nur aufgrund Seines Befehls richtig und falsch sind, wer kann dann sagen, dass sie nicht wieder richtig sein könnten, wenn sie für die Sache der Kirche verwendet werden, und woher sollen wir wissen, dass Moses im Namen Gottes spricht, wenn er sie befiehlt, und Torquemada nur in seinem eigenen? Aber selbst Christen beginnen sich für einige der Heldentaten der „Heiligen des Alten Testaments" zu schämen und versuchen, einige der härteren Aspekte wegzuerklären; wir hören manchmal sogar ein böses Geflüster über „unvollkommenes Licht" usw. Meine Güte! Was für eine Gotteslästerung! Unvollkommenes Licht kann nichts anderes bedeuten als einen unvollkommenen Gott, wenn Er für die Moral dieser Schriften verantwortlich ist.

Aus unserem Studium der Bibel leiten wir also einen weiteren Kanon ab, anhand dessen wir die Inspiration beurteilen können:

„Inspiration verhindert keinen moralischen Irrtum." Es gibt eine vierte Klasse von Inspirationisten, die sich an die Ränder der Orthodoxie klammert und immer versucht, einen Fuß auf die Felsen der Wissenschaft zu setzen, während sie den anderen über den Treibsand des orthodoxen Supernaturalismus balanciert. Die Broad Church-Schule entfernt sich hier einen großen Schritt von der Orthodoxie, indem sie zugibt, dass sich die Inspiration der Bibel nur im Grad und nicht in der Art von der Inspiration unterscheidet, die der gesamten Menschheit gemeinsam ist. Sie erkennen die große Tatsache an, dass der inspirierende Geist Gottes die Quelle ist, aus der alle guten und edlen Taten fließen, und sie weisen darauf hin, dass die Bibel selbst alles Gute und alles Wissen auf diesen einen Geist zurückführt und dass er Bezaleel und Aholiab mechanisches Geschick, Samsons Arme Stärke, Salomo Weisheit einhaucht, ebenso wie er Jesaja die Ekstase des Propheten, Paulus Glauben und Johannes Liebe einhaucht. Sie erkennen die alten Legenden als authentisch an, würden aber ebenso hartnäckig behaupten, dass

Er durch einen fallenden Apfel zu Newton sprach, wie dass Er früher durch Feuer zu Elias oder durch einen Stern zu den Weisen sprach. Diese Schule versucht, die moralischen Schwierigkeiten des Alten Testaments zu beseitigen, indem sie die darin aufgezeichnete Geschichte als eine Geschichte betrachtet, die speziell dazu bestimmt ist, das Wirken Gottes durch die gesamte Geschichte hindurch zu enthüllen und Gott so allmählich zu offenbaren, während Er sich der Welt zu erkennen gibt; so werden die gröberen Teile als gänzlich der Unwissenheit der Menschen zugeschrieben, und sie erfreuen sich daran, das göttliche Licht langsam durch die dichten Wolken menschlicher Irrtümer und Vorurteile brechen zu sehen, und verfolgen in der Bibel die allmähliche Entwicklung eines edleren Glaubens und einer reineren Moral. Sie betrachten die Wunder Jesu als eine Manifestation, dass Gott der Natur zugrunde liegt und immer in ihr wirkt: Sie glauben, dass Gott sich speziell in der jüdischen Geschichte manifestiert, damit die Menschen verstehen, dass Er über alle Nationen herrscht und über alle Völker herrscht. Für Maurice ist die Bibel der Erklärer aller Probleme der Erde, der Enthüller Gottes, des Brotes des Lebens. Im Großen und Ganzen gibt es wenig Einwände gegen die Broad Church-Ansicht der Inspiration, obwohl liberale Denker bedauern, dass sie als Partei auf halbem Weg stehen bleiben und immer noch von den halb zerbrochenen Ketten der Orthodoxie gefesselt sind . Beispielsweise betrachten sie die direkte Offenbarung der Moral gewöhnlich als abgeschlossen durch Jesus und seine unmittelbaren Anhänger, obwohl sie zugeben, dass Gott seine Welt nicht verlassen hat und seine Inspiration nicht auf die Buchdeckel beschränkt hat. Für sie ist die Bibel jedoch immer noch *das* inspirierte Buch, das für sich steht und sich von allen anderen heiligen Büchern unterscheidet. Aus ihren Ansichten über Inspiration, die so viel Wahres enthalten, leiten wir eine vierte Regel ab:

„Inspiration beschränkt sich nicht auf geschriebene Worte über Gott." Aus einer Kritik des Buches, das von orthodoxen Christen als besonders inspiriert angesehen wird, haben wir eine Vorstellung davon gewonnen, was Inspiration *nicht* tut. Sie verhindert weder Ungenauigkeit, Unwissenheit noch Irrtum, noch ist sie auf ein geschriebenes Buch beschränkt. Inspiration kann also kein überwältigender Einfluss sein, der die menschlichen Fähigkeiten zerstört und das Subjekt auf einer Flut mit sich trägt, der er weder lenken noch widerstehen kann. Sie ist ein sanftes und allmähliches Einhauchen reiner Gedanken in unreine Herzen, zarter Gedanken in wilde Herzen, vergebender Gedanken in rachsüchtige Herzen. David ruft seinen verbannten Sohn nach Hause und erfährt, dass „der Herr denen gnädig ist, die ihn fürchten, so wie ein Vater Mitleid mit seinen Kindern hat." Paulus wünscht, verflucht zu sein, wenn es seine Brüder retten könnte, und aus seiner eigenen aufopfernden Liebe lernt er, dass „Gott will, dass alle Menschen gerettet werden und zur Erkenntnis der Wahrheit gelangen." So wird dem Menschenherz Inspiration eingehaucht. „Ich liebe und vergebe, so schwach ich auch bin; wie tief muss die Liebe und Vergebung Gottes sein?" Davids wilde Rache findet ein Echo in seinen Schriften; denn der Mensch schreibt und nicht Gott: Er verunstaltet Gott, indem er Ihm die Leidenschaften zuschreibt, die nur in seinem eigenen brennenden östlichen Herzen aufwallen: Wenn der Geist ihn dann zur Vergebung bewegt, ist sein Lied der Barmherzigkeit; denn er fühlt, dass sein Schöpfer besser sein muss als er selbst. Dieser Teil der Bibel ist inspiriert, das leugne ich nicht, in dem Sinne, dass alle guten Gedanken das Ergebnis von Inspiration sind, aber nur wenn wir die Inspiration der Bibel teilen, können wir zwischen dem Edlen und dem Niedrigen in ihr unterscheiden, zwischen dem Ewigen und dem, was schnell vergeht. Aber so wie wir heutzutage nicht erwarten, dass Inspiration die Menschen vor vielen Irrtümern in Wort und Tat bewahrt, so sollten wir auch nicht erwarten, dass sie in vergangenen Tagen anders zu finden ist; auch sollte es uns nicht wundern, dass der Mann, der davon sprach, dass Gott seine zärtliche Vaterschaft durch Strafen und Zurechtweisungen zeige, so in harte Gedanken über diesen liebenden Vater versinken konnte, dass er sagte, es sei eine furchtbare Sache, in seine Hände zu fallen. Diese Widersprüche begegnen uns in jedem Menschen; sie sind die höchsten und die niedrigsten Momente der menschlichen Seele. Nur wenn wir in unserem Verhalten gegenüber Menschen zu Liebe und Geduld inspiriert sind, werden unsere Worte inspiriert sein, wenn wir von Gott sprechen.

Nachdem wir also gesehen haben, was Inspiration nicht tut, müssen wir einen Blick darauf werfen, was sie wirklich ist. Es ist vielleicht natürlich, dass wir, da wir die Idee der übernatürlichen Offenbarung mit einiger Vehemenz ablehnen, oft beschuldigt werden, jede Offenbarung zu leugnen und nicht an jede Inspiration zu glauben. Aber so wie wir keine Atheisten sind, obwohl wir die Gottheit Jesu leugnen, sind wir auch keine Ungläubigen in Bezug auf Inspiration, weil wir uns weigern, unseren Nacken unter das Joch einer inspirierten Bibel zu beugen. Denn wir glauben an einen Gott, der zu mächtig und zu universell ist, um in Windeln gewickelt oder in einer Höhle begraben zu werden, und wir glauben an eine Inspiration, die zu mächtig und zu universell ist, um nur einer Nation und einem Zeitalter anzugehören. So wie die Luft für uns so frei und erfrischend ist wie für Jesaja, Jesus oder Paulus, so weht die spirituelle Luft des Geistes Gottes so sanft und erfrischend auf unseren Stirnen wie auf ihren. Wir haben Augen zum Sehen und Ohren zum Hören, genau so wie sie vor langer Zeit in Judäa hatten. „Wenn Gott allgegenwärtig und alltätig ist , ist diese Inspiration kein Wunder, sondern eine regelmäßige Art und Weise der Einwirkung Gottes auf den bewussten Geist, wie die Gravitation auf die unbewusste Materie. Es ist keine seltene Herablassung Gottes, sondern eine universelle Erhebung des Menschen. Um Wissen über die Pflicht zu erlangen, wird ein Mensch nicht außerhalb seiner selbst zu alten Dokumenten geschickt, um die einzige Regel des Glaubens und der Praxis zu finden; das Wort ist ihm sehr nahe, sogar in seinem Herzen, und durch dieses Wort soll er alle Dokumente prüfen, was auch immer ... Weisheit, Gerechtigkeit und Liebe sind der Geist Gottes in der Seele des Menschen; wo immer diese sind und genau im Verhältnis zu ihrer Macht gibt es Inspiration von Gott ... Inspiration ist das Eintreffen Gottes in der Seele in Form der Wahrheit durch die Vernunft, des Rechts durch das Gewissen, der Liebe und des Glaubens durch die Gefühle und das religiöse Element ... Ein Mann würde als verrückt angesehen, der für Newton eine wundersame Inspiration beanspruchen würde, wie diejenigen, die dies im Fall von Moses leugneten. Aber kein aufrichtiger Mensch wird daran zweifeln dass es menschlich gesehen schwieriger war, die Principia zu schreiben als den Dekalog. Der Mensch muss eine höchst bedauerlich anomale Natur haben, wenn er ohne Hilfe alle Triumphe der modernen Wissenschaft vollbringen kann und dennoch die einfachsten und wichtigsten Prinzipien der Religion und Moral nicht ohne eine wundersame Inspiration entdecken kann; und noch mehr, wenn er, obwohl er mit Gottes natürlicher Hilfe diese wichtigsten Prinzipien entdecken kann, eine wundersame Inspiration braucht, um kleinere Einzelheiten zu enthüllen."* Daher glauben wir, dass die Inspiration durch Gott das Geburtsrecht der Menschheit ist, und um ein Erbe Gottes zu sein, muss man nur ein Menschensohn sein. Die Schätze der Erde sind hochpreisig und schwer zu gewinnen, aber Gottes Segen regnet wie Regen und Sonnenschein auf alle herab, die kommen.

„ Nur der Himmel wird verschenkt;

Nur Gott kann man haben, wenn man danach fragt.

Der verschwenderische Sommer ist unbezahlbar;

Der Juni kann für die Ärmsten einträglich sein."

** Theodore Parker.*

Wenn Inspiration tatsächlich das wäre, was die orthodoxen Christen glauben, müssten wir doch in der Lage sein, ihre Aussagen von denen der Nichtinspirierten zu unterscheiden. Wenn Inspiration auf die christliche Bibel beschränkt ist, wie ist es dann möglich, dass die inspirierten Gedanken in vielen Fällen Hunderte von Jahren vor ihrem Ausspruch durch einen inspirierten Juden zur Welt gesprochen wurden? Es scheint ein etwas unangebrachtes wundersames Eingreifen zu sein, wenn ein Mensch übernatürlich inspiriert ist, um der Welt eine moralische Wahrheit mitzuteilen, die einem großen Teil der Menschheit seit Hunderten von Jahren bekannt ist. Oder liegt es daran, dass eine große moralische Wahrheit so wenig Beweise für ihre königliche Herkunft in sich trägt, dass sie nicht als Herrscherin von Gottes Gnaden über die Menschen akzeptiert werden kann, bis ihre Verkündigung von einem ordnungsgemäß beglaubigten Boten des Allerhöchsten unterzeichnet wurde? Dann muss Gott tatsächlich „mehr durch die Sinne als durch die Seele erkennbar" sein; und dann „erkennt das Auge oder das Ohr die Gottheit wahrer und schneller als der Geist, der von Ihm ausging."* War Paulus inspiriert, als er sich um seiner Brüder willen verflucht wünschte, aber Kwan-yin uninspiriert, als sie sagte: „Niemals werde ich private, individuelle Erlösung suchen oder empfangen; niemals allein in den endgültigen Frieden gelangen?" Wenn Jesus und die Propheten inspiriert waren, als sie Barmherzigkeit über Opfer stellten, war Manu dann uninspiriert, als er sagte, dass ein Mann „sehr tief sinken wird, wenn er nur zeremonielle Handlungen durchführt und seine moralischen Pflichten nicht erfüllt"? War Jesus inspiriert, als er lehrte, dass das ganze Gesetz in einem einzigen Ausspruch zusammengefasst sei, nämlich: „Du sollst deinen Nächsten lieben wie dich selbst?" Und war Konfuzius uninspiriert, als er auf die Frage: „Welches Wort könnte als Regel für das ganze Leben dienen?" antwortete: „Gegenseitigkeit; was du nicht willst, dass man dir tut, das tu auch anderen nicht an." Oder nehmen Sie den Talmud und studieren Sie ihn, und beurteilen Sie dann, aus welcher nicht inspirierten Quelle Jesus einen Großteil seiner höchsten Lehren zog. „Wer die Frau eines anderen mit lüsternen Augen ansieht , wird als Ehebrecher betrachtet." – (Kalah .) „Mit dem Maß, mit dem wir messen , wird uns wieder gemessen." – (Johanan .) „Was du nicht willst, dass dir getan wird, das tu auch keinem anderen an; dies ist das Grundgesetz." – (Hillel.) „Wenn er ermahnt wird, den Splitter aus seinem Auge zu ziehen, wird er antworten: Zieh den Balken aus deinem eigenen." – (Tarphon .) „Ahmen Sie Gott in seiner Güte nach. Seien Sie zu Ihren Mitgeschöpfen, wie er zur gesamten Schöpfung ist. Bekleiden Sie die Nackten, heilen Sie die Kranken, trösten Sie die Bedrängten, seien Sie ein Bruder der Kinder Ihres Vaters." Das ganze Gleichnis von den Häusern, die auf Fels und Sand gebaut sind, stammt aus dem Talmud, und solche Zitate könnten unendlich vervielfältigt werden. Was beweisen sie alle? Dass die Bibel keine Inspiration enthält? Auf keinen Fall. Aber diese Inspiration ist sicherlich nicht auf die Bibel beschränkt, sondern über die ganze Welt verbreitet; in allen „heiligen Büchern" ist vieles das Ergebnis inspirierter Geister auf höchstem Niveau, obwohl wir in denselben Büchern auch grobe und niedere Gedanken finden. Wir sollten immer bedenken, dass die Bibel zwar für uns westliche Völker eher eine Offenbarung ist als die Veden und das Zend-Avesta, aber nur deshalb, weil sie besser zu unserer Denkweise passt und weil sie einer der Faktoren unserer Erziehung war.

WR Greg.

Die Ehrfurcht, mit der wir die Bibel als mit vielen heiligen Erinnerungen verbunden und als auserwählten Lehrer vieler unserer größten Geister und reinsten Charaktere betrachten können, richtet sich in anderen Nationen zu

Recht auf ihre eigenen heiligen Bücher. Die Bücher sind wirklich alle auf einer Ebene, mit viel Gutem und viel Schlechtem in allen; aber wie die Hebräer inspiriert wurden, den Hebräern zu verkünden, dass „der Herr, dein Gott, ein Herr ist", so wurden die Hindus inspiriert, den Hindus zu verkünden , „Es gibt nur eine Gottheit, die große Seele". Entweder sind alle inspiriert, oder keiner. Sie stehen auf derselben Grundlage. Und wir freuen uns zu glauben, dass ein Geist in allen atmet und dass seine Inspiration heute uns gehört. „Der Vater wirkt bis heute", obwohl die Menschen glauben, dass er in einem ewigen Sabbat ruht. Die Orthodoxen sagen uns, dass unser Glaube und unsere Moral gleichermaßen schwankend und instabil sein werden, wenn wir die in der Bibel für uns niedergelegten Moralregeln ablehnen und uns dieser Inspiration des freien Geistes Gottes anvertrauen. Aber wir kümmern uns nicht um ihre Warnungen; unser Glaube und unsere Moral verändern sich nur in diesem Sinne, dass, während wir heiliger, reiner und weiser werden, unsere Vorstellung von Gott und Gerechtigkeit mit unserem Wachstum wächst und sich erweitert. Es war ein goldenes Sprichwort eines der edelsten Söhne Gottes, dass „niemand den Vater kennt außer dem Sohn": Um Gott zu kennen, müssen wir ihm ähneln, so wie wir im Kind das Ebenbild der Eltern sehen. Aber wenn wir uns der Führung des Geistes Gottes anvertrauen, bauen wir das Haus unseres Glaubens nicht auf Treibsand; vielmehr „wohnen wir in einer Stadt, die Fundamente hat, deren Baumeister und Schöpfer Gott ist". Weise wurde in alten Zeiten gesungen: „Wenn der Herr nicht das Haus baut, ist die Arbeit derer , die es bauen, verloren." Vergeblich sind alle Bemühungen priesterlichen Zwangs; vergeblich alle Mühen inspirierter Bücher; vergeblich das völlige Opfer von Vernunft und Gewissen; Ihre Arbeit ist nur verloren, wenn sie sich bemühen, einen Tempel des menschlichen Glaubens zu bauen, der stark genug ist, um die lange Belastung der Zeit oder den Erdbebenschock der Trauer zu überstehen. Nur Gott kann durch die geduldige Führung seiner Liebe und durch die direkte Inspiration seines Geistes Stein für Stein und Balken für Balken dieses unbezahlbare Gebäude des Vertrauens und der Liebe errichten, das alle Angriffe und alle Veränderungen überdauern und in der menschlichen Seele bestehen wird, solange seine eigene Ewigkeit währt.

ÜBER DIE RELIGIONSUNTERRICHTUNG VON KINDERN.

In jedem Übergangsstadium der Weltgeschichte rückt die Frage der Erziehung natürlich in den Vordergrund. So viel hängt von den ersten Eindrücken der Kindheit ab, von der ersten Erziehung des zarten Sprosses, dass von Salomon bis Forster immer anerkannt wurde, dass es zu den wichtigsten Pflichten von Vätern und Bürgern gehört, „ein Kind so zu erziehen, wie es gehen soll". Für den Einzelnen, für die Familie, für den Staat ist die Erziehung der heranwachsenden Generation eine Frage von höchster Bedeutung. Platon begann mit der Erziehung der Bürger seiner idealen Republik von der Stunde ihrer Geburt an; das Säuglingskind wurde der Mutter weggenommen, damit eine unüberlegte Behandlung nicht im geringsten Maße die Vollkommenheit des zukünftigen Kriegers trüben könnte. In diesem Punkt reichen sich moderne und alte Weisheit die Hände und machen die Erziehung des Kindes zu einer der wichtigsten Pflichten des Staates. Der derzeit tobende Kampf zwischen den Befürwortern einer „weltlichen" und einer „religiösen" Erziehung – um es mit der Phrasendrescherei der Zeit auszudrücken – ist eine ganz natürliche und gerechte Anerkennung der enormen Interessen, die auf dem Spiel stehen, wenn Kirche oder Staat das Recht beanspruchen, die Söhne und Töchter Englands zu erziehen. Niemand hat bisher versucht zu erklären, warum es „irreligiös" sein soll, Schreiben, Geschichte oder Geographie zu lehren; oder warum es „die Seele eines Kindes zerstören" soll, seine geistigen Fähigkeiten zu verbessern. Es gehört zu den „Geheimnissen" des Glaubens, warum es für unsere Armen besser ist, sie in moralischer und intellektueller Dunkelheit aufwachsen zu lassen, als die intellektuelle Dunkelheit durch ein paar Strahlen des Wissens zu zerstreuen und die moralische Erziehung anderen Händen zu überlassen. Wenn wir einen Hungernden sterben ließen, weil wir ihm nur Brot geben und uns keinen Käse leisten könnten, würden sich alle einig sein und unsere Torheit anprangern: „Religiöse" Menschen würden es jedoch vorziehen, wenn unsere Straßenaraber sowohl zu Heiden als auch zu Tieren heranwachsen würden, als dass wir ihren Geist verbessern, ohne ihre Seelen zu christianisieren. Es ist besser, einen Jungen zu einem Dieb und Trunkenbold heranwachsen zu lassen, als ihn zu einem Handwerker und Freidenker zu machen. Es gibt kaum einen besseren Beweis für die Unvernünftigkeit der christlichen Lehre als die christliche Angst, die geistigen Fähigkeiten zu schärfen, ohne sie gleichzeitig in die Ketten des Dogmas zu legen. Nur eine auf Vernunft gegründete Religion kann es wagen, den Geist von Kindern bis zum Äußersten zu schulen und ihnen dann die Freiheit zu lassen, all die Kraft und Schärfe, die sie durch diese Schulung erworben haben, für die Untersuchung jeder ihnen präsentierten religiösen Lehre einzusetzen. Wir, die wir Tekel über den christlichen Glauben geschrieben haben, teilen die Meinung der christlichen Geistlichkeit, dass die fleischliche Vernunft des Menschen ein schrecklicher Feind der christlichen Offenbarung ist; aber hier beginnen wir, uns von ihnen zu unterscheiden, denn während sie diese Vernunft als ein Kind des Teufels betrachten, das gegeißelt und angekettet werden muss, huldigen wir ihr als dem schönsten Sprössling des göttlichen Geistes, dem hellsten irdischen Abbild seiner Herrlichkeit und dem nächsten Bild seiner „Person"; wir möchten sie hegen, pflegen und nähren als das edelste Geschenk unseres Vaters an die Menschheit, als unseren sichersten Führer und besten Ratgeber, als das Ohr, das seine Stimme hört, und das Auge, das ihn sieht, als die schärfste Waffe gegen den Aberglauben, als den höchsten Schiedsrichter auf Erden zwischen Recht und Unrecht. Für uns steht die Bildung also auf der Seite Gottes; wir heißen sie frei und freudig willkommen, weil alle Wahrheit, alles Licht, alles Wissen Feinde der Lüge, der Dunkelheit, der Unwissenheit sind. Wenn wir Irrtum mit Wahrheit verwechseln, wird uns ein helleres Licht auf den richtigen Weg bringen, und wir möchten nur die Wahrheit lernen, nicht, dass uns Recht gegeben wird.

Die meisten liberalen Denker sind sich darin einig, dass die Pflichten des Staates in Sachen Bildung naturgemäß rein „weltlicher" Natur sein müssen. Das heißt, dass der Staat zwar darauf besteht, dass dem zukünftigen Bürger zumindest die Grundlagen des Lernens vermittelt werden, damit er oder sie die Pflichten dieser Staatsbürgerschaft erfüllen kann, er aber kein Recht hat, darauf zu bestehen, dem Geist seines Schülers irgendwelche religiösen Dogmen oder irgendeine Form von Glaubensbekenntnis einzuprägen. Der Verzicht des Staates auf das angebliche Recht, seinen Bürgern eine besondere Form von Religion aufzuzwingen, ist keineswegs identisch mit der Opposition des Staates gegen religiöse Lehren. Es ist lediglich eine Weiterentwicklung der sehr weisen Maxime des großen jüdischen Lehrers, dem Kaiser zu geben, was des Kaisers ist, und Gott, was Gott gehört. Lesen, Schreiben, Ehrlichkeit und Respekt vor dem Gesetz zu lehren, das sind die Pflichten des Kaisers; religiöse Dogmen, Glaubensbekenntnisse oder Artikel zu lehren, ist ausschließlich die Aufgabe der Lehrer, die behaupten, die Wahrheit Gottes zu vertreten.

Aber mein Ziel ist es jetzt nicht, eine Grenze zwischen den Pflichten von Kirche und Staat, von Schule und Zuhause zu ziehen; ebenso wenig möchte ich mich in die Reihen der sektiererischen Kontroversen einmischen, um eine Lanze für ein neues religiöses Dogma zu brechen . Die Frage ist vielmehr diese: „Welche Grenzen hat die religiöse Erziehung, die man den jungen Menschen vernünftigerweise auferlegen sollte? Soll dogmatische Lehre Teil ihrer moralischen Erziehung sein, und soll der Dogmatismus, gegen den wir rebelliert haben, in neuer Form wiederbelebt werden? Sollen die Fesseln, die wir für uns selbst brechen, für die jungen Glieder unserer Kinder wieder zusammengeschweißt werden? Sollen sie mit den Schalen gefüttert werden, die unsere eigenen religiösen Bestrebungen ausgehungert haben und die wir analysiert und als ungeeignet zur Erhaltung unserer moralischen und geistigen Kraft abgelehnt haben ? Sollen unsere Kinder andererseits ohne jegliche religiöse Unterweisung aufwachsen, ohne einen Strahl jenes Sonnenscheins, der für die meisten von uns die eigentliche Quelle unserer Freude und der Erneuerung unserer Kraft ist?"

Ich denke, der beste Weg, diese Frage zu entscheiden, besteht darin, die allmähliche Entwicklung des kindlichen Körpers und Geistes zu beobachten. Die Hinweise der Natur sind ein sicherer Wegweiser, und wir können nicht viel falsch machen, wenn wir ihren Hinweisen folgen. Ich bewege mich jetzt auf einem Terrain, mit dem Mütter vertraut sind, obwohl vielleicht nur wenige Männer kleine Kinder mit ausreichender Aufmerksamkeit beobachtet haben, um ihre allmähliche Entwicklung beobachten zu können. Die ersten Instinkte eines Babys sind rein persönlich: Das „Nicht-Ich" existiert für es nicht: Nahrung, Wärme, Sauberkeit umfassen alle seine Bedürfnisse und alle unsere Pflichten ihm gegenüber. Die nächste Phase ist, wenn sich das Kleinkind der Existenz von etwas außerhalb seiner selbst bewusst wird: wenn es vage und undeutlich, aber dennoch entschieden Anzeichen dafür zeigt, dass es die Dinge um sich herum beobachtet: Beobachtungsgabe zu kultivieren, Aufmerksamkeit zu erregen , es langsam dazu zu bringen, ein Objekt vom anderen zu unterscheiden, sind die nächsten Schritte seiner Erziehung. Das Kind kann bald Formen unterscheiden und lernt, verschiedene Laute mit verschiedenen Formen zu verbinden. Es lernt auch, manche Dinge zu meiden und mit anderen zu spielen. Es erwacht zu der Erkenntnis, dass manche Dinge Freude bereiten, andere Schmerzen. Was materielle Dinge betrifft, lernt es, das Gute zu wählen und das Böse zu meiden. Diese Fähigkeit erlangt es nur durch Erfahrung und wird daher nur allmählich erworben. Nach einiger Zeit läuft parallel dazu eine andere Lektion: Langsam und allmählich beginnt ein Verständnis für „richtig" und „falsch". Dieses Verständnis ist jedoch zunächst kein Verständnis für die Richtigkeit oder Falschheit einer bestimmten Handlung. Es ist einfach eine Erkenntnis des Kindes, dass manche seiner Handlungen bei den Älteren auf Zustimmung und andere auf Missbilligung stoßen. Das Kind akzeptiert die Maßstäbe seiner Älteren ohne Fragen. Das moralische Empfinden erwacht, wird aber bei seinen ersten Versuchen vollständig von der Hand des Lehrers des Kindes geleitet, so vollständig wie die ersten Gehversuche von der Mutter geleitet werden. So kommt es, dass das Gewissen des Kindes nichts weiter ist als die Widerspiegelung des Gewissens seiner Eltern oder Erziehungsberechtigten: „Richtig" und „Falsch" sind im Vokabular eines Kindes in den frühesten Phasen gleichbedeutend mit „Belohnung" und „Bestrafung". Die letzte Instanz in moralischen Fragen ist das Urteil der Eltern.*

*Das moralische Empfinden zeigt sich jedoch schon bei sehr jungen

Kinder, in einer höheren Form als dieser; denn wir können oft

Beobachten Sie bei einem kleinen Kind ein instinktives Schamgefühl bei

Unrecht getan zu haben. Aber das moralische Gefühl wird geweckt und

durch die Zustimmung und Ablehnung der Eltern erzogen. Dies kann

wird, glaube ich, durch die Tatsache bewiesen, dass ein Kind aufgezogen wurde

unter Dieben und Übeltätern werden ihre Moral als

eine Selbstverständlichkeit, und wird gewohnheitsmäßig stehlen und lügen,

ohne einer der beiden Handlungen die Vorstellung von Unrecht beizumessen. Die moralische

Sinn ist dem Menschen inhärent und wird in keiner Weise von der

Eltern; aber ich denke, dass es zuerst geweckt und in

Handeln des Elternteils; der Elternteil gewöhnt das Kind an

bestimmte Handlungen als richtig und falsch betrachten; dies appelliert an

das moralische Empfinden des Kindes, und das Kind ist sehr schnell

Scham über Unrecht, als Unrecht, und nicht nur aus Furcht vor

Strafe. Ich würde im Text so verstanden werden, dass

Der Wunsch nach Belohnung ist die erste Reaktion des Kindes auf

die Idee einer inhärenten Unterscheidung zwischen verschiedenen

Handlungen; dieses Gefühl entwickelt sich rasch zur wahren moralischen

Sinn, der richtig als richtig und falsch als falsch betrachtet.*

*Ich füge diese Anmerkung auf Anregung eines geschätzten Freundes hinzu, der

befürchtete, dass aus dem Text der Schluss gezogen werden könnte, dass

Der moralische Sinn wurde von den Eltern eingepflanzt, anstatt

da es ein Geschenk Gottes ist.*

Es ist vielleicht kaum zutreffend, diese Antriebskraft des Kindes überhaupt als *moralischen Sinn zu bezeichnen; dennoch ist diese Erkenntnis von* etwas , das immateriell und ungreifbar ist und das sein Handeln noch leiten muss, ein großer Schritt vorwärts vom einfachen Bewusstsein äußerer und materieller Dinge und ist wahrlich die Morgendämmerung jenes moralischen Sinns, der bei Männern und Frauen zum Maßstab für Richtig und Falsch wird. Bisher haben wir die wachsenden Fähigkeiten des Kindes in Bezug auf die körperliche und moralische Entwicklung betrachtet, und ich möchte insbesondere darauf hinweisen, dass der moralische Sinn lange vor jeder „religiösen" Tendenz auftritt. Es gibt jedoch eine andere Seite des vollständigen menschlichen Charakters, die sehr wichtig ist, sich jedoch bei einem gesunden Kind nur langsam zeigt; ich meine das, was man im Gegensatz zum moralischen den *spirituellen* Sinn nennen könnte; den Sinn, der die Krönung der Menschheit darstellt, den Sinn, der ganz dem unsterblichen Teil des Menschen gehört: die ausgestreckten Hände des menschlichen Geistes, die nach dem Ewigen Geist tasten; das Verlangen nach jener allgegenwärtigen Macht, die die Menschen Gott nennen. Ich weiß wohl, dass bei vielen frühreifen, frommen Kindern dieser spirituelle Sinn zu einer vorzeitigen und ungesunden Reife gezwungen wird; durch ein spirituelles Treibhaus kann die Sommerfrucht der Frömmigkeit im Frühling des kindlichen Herzens gewonnen werden. Der Nachahmungsinstinkt der Kindheit reproduziert schnell die Gefühle um sie herum, und Redewendungen, die Bewunderung finden, fließen leicht über die Lippen des Babys. Aber dieses stark entwickelte religiöse Gefühl bei einem Kind ist sowohl unnatürlich als auch schädlich und kann, weil es unwirklich ist, niemals eine dauerhafte gute Wirkung haben. Dennoch ist es wahr, dass der „spirituelle Sinn" in einem frühen Alter, bei verschiedenen Kindern sehr unterschiedlich, Anzeichen des Erwachens zeigt; dass Kinder bald anfangen, sich über die Dinge um sie herum zu wundern und Fragen zu stellen, die nur im Namen Gottes ihre wahre Antwort finden können. Wie man diesen Fragen begegnet, wie man dieses wachsende Gefühl schult, ohne es einerseits zu unterdrücken und andererseits übermäßig zu stimulieren, ist heutzutage für viele Mütter eine Quelle tiefer Sorge. Sie sind nicht in der Lage, ihren Kindern die Geschichten zu erzählen, die ihre eigenen kindlichen Gelüste befriedigten: Sie können den eifrigen Gesichtern nicht länger das Bild der Krippe in Bethlehem vorhalten oder die hellen Augen mit der Geschichte vom Kreuz auf Golgatha trüben; sie können nicht länger die kleinen Hände im Gebet für das Kind von Nazareth falten oder die hastige Zunge mit der Erinnerung an den Gehorsam des Sohnes der Jungfrau beruhigen. In gewissem Maße ist dies ein Verlust. Ein Kind erfasst schnell das Konkrete; die Idee des Jesuskindes oder des Menschen Jesus wird vom Verstand eines Kindes leicht erfasst; der Gott des Alten Testaments, der „verherrlichte Mensch", wird ebenfalls, wenn auch weniger deutlich, verstanden. Diese Vorstellungen von der Kindheit der Menschheit passen zur Kindheit des Einzelnen, und es ist für das Kind weitaus schwieriger, die Idee Gottes zu realisieren, wenn es diese materialistischen Gewänder abgelegt hat. Doch spreche ich aus Erfahrung, wenn ich sage, dass es keineswegs unmöglich ist, einem Kind die einfachsten und glücklichsten Gefühle gegenüber dem

Höchsten Wesen beizubringen, ohne das Göttliche zum Menschlichen herabzuwürdigen. Wir können Gott mit einem Namen ansprechen, mit dem er im Herzen des Kindes bereitwillig willkommen geheißen wird, und das ist der Name des Vaters. Die meisten Kinder sind sehr empfänglich für die Schönheit der Natur und beobachten gern Vögel, Blumen und Sonnenschein. Manchmal fragen sie, wie diese Dinge dorthin kommen, und dann ist es gut, ihnen zu sagen, dass sie das Werk Gottes sind. So werden die ersten Vorstellungen des Kindes von der Existenz einer Macht, die es weder sehen noch fühlen kann, ihm in die Dinge gekleidet, die es liebt, und frei von jeder Furcht sein.* Sogar diejenigen, die Gott vom Standpunkt des Pantheismus aus betrachten, können natürliche Gegenstände verwenden, um dem Kind eine furchtlose und glückliche Anerkennung des ständigen Wirkens des Geistes der Natur beizubringen und so den jungen Geist vor dem Zurückschrecken vor Gott und der Angst vor ihm zu bewahren, die das populäre Christentum so leicht hervorruft. Der Junge oder das Mädchen, das mit der Gewohnheit aufwächst, Gott als die ruhige und mächtige Antriebskraft der Naturkräfte zu betrachten, unveränderlich, unendlich und absolut vertrauenswürdig, wird im späteren Leben nicht so recht die groben Vorstellungen akzeptieren, die die schöpferische Kraft im Leib einer Jungfrau verkörpern und dem mächtigen Geist des Universums Launenhaftigkeit, Ungerechtigkeit und Grausamkeit zuschreiben.

Die gewöhnliche Abneigung eines Kindes gegenüber der Vorstellung einer

Eine Gegenwart, die er nicht sehen kann, die ihn aber sieht, wird nicht

von Kindern empfunden werden, deren einzige Vorstellung von Gott darin besteht, dass Er

ist der Vater, aus dessen Hand alle schönen Dinge kommen. In

jedes Zuhause, in dem die Gedanken der Eltern an Gott frei sind von

Zweifel und Misstrauen, die Gedanken der Kinder werden dieselben sein;

Religion wird in ihren Augen gleichbedeutend sein mit

Glück, denn Gott und Güte sind wandelbare Begriffe.

In der Idee des Pantheismus steckt eine tiefe Wahrheit: „Die Natur ist eine Erscheinung der Gottheit, Gott in einer Maske", „Er ist das Licht des Morgens, die Schönheit des Mittags und die Kraft der Sonne. Er ist der Eine, das All … Die Seele von allem; bewegter als Bewegung, stabiler als Ruhe, schöner als Schönheit und stärker als Kraft. Die Kraft der Natur ist Gott … Er ist das All, die Wirklichkeit aller Phänomene." Das Kind, das mit dieser Nahrung gefüttert wird, muss kaum etwas verlernen, selbst wenn es anfängt zu glauben, dass Gott mehr ist als die Natur; „das erschaffene All ist das

Symbol Gottes", und es wird leicht und natürlich davon übergehen, Gott in der Natur zu sehen, um ihn in einer höheren Form zu sehen.

Als Theist würde ich natürlich noch viel weiter gehen: Ich würde von aller natürlichen Herrlichkeit sprechen, als wäre sie nur ein Spiegelbild der Gottheit oder das Gewand, in das sie ihre unendliche Schönheit hüllt. Ich würde meinen Kindern sagen, sie sollen sich an allem Glück erfreuen, als wäre es das Geschenk eines Vaters, der seine Freude mit seinen Geschöpfen teilt. Ich würde darauf hinweisen, dass der Schmerz, der durch Unkenntnis oder durch das Brechen der Naturgesetze verursacht wird, Gottes Art ist, den Menschen Gehorsam zu ihrem eigenen Wohl beizubringen. In der Freiheit und Fülle der Gaben der Natur sollte ich sie lehren, die gleiche Liebe Gottes für alle zu erkennen. Indem sie darauf aufmerksam machen, dass im sichtbaren Reich der Natur kein Ziel ohne Arbeit und ohne die Anwendung bestimmter Gesetze erreicht werden kann, sollten sie lernen, dass sie im unsichtbaren Reich weder mit Bevorzugung rechnen noch daran denken müssen, die Früchte des Sieges ohne geduldige Arbeit zu teilen. Allen, die an einen Gott glauben, der auch der Vater der Geister ist, fällt eine solche Lehre leicht. Da sie selbst nur durch seine Werke von Gott erfahren, lehren sie ihre Kinder ganz natürlich, ihn auf dieselbe Weise zu suchen.

Die jeder Mutter so vertrauten Fragen „Kann Gott mich sehen?" „Wo ist Gott?" können nur mit der einfachen Behauptung beantwortet werden, dass Gott alles sieht und überall ist. Denn es gibt viele kindliche Fragen, denen man am besten mit Aussagen begegnet, die über das Fassungsvermögen des kindlichen Verstandes hinausgehen. Diese Aussagen können dem Kind einfach als Aussagen gegeben werden, die es zu jung ist, um sie zu hinterfragen oder zu verstehen. Es bringt nichts, wenn man versucht, spirituelle Themen auf das Niveau der Fähigkeiten eines Kindes herunterzuspielen; die Zeit wird später kommen, wenn das Kind alle großen spirituellen Fragen selbst beantworten muss; die Sorge der Eltern sollte darin bestehen, alle Hindernisse aus dem Forschungspfad des Kindes zu entfernen, ihm aber nicht auf jede mögliche Frage eine vorgefertigte Antwort zu geben; Religion muss, um etwas wert zu sein, eine persönliche Angelegenheit sein, und jeder muss sie für sich selbst herausfinden; die weisen Eltern werden sich bemühen , das Kind vor dem Schmerz des Verlernens zu bewahren, indem sie ihm nur wenig formellen Religionsunterricht geben; Er kann den Kampf um sein Kind nicht ausfechten, aber er kann verhindern, dass es durch eine eingebildete Rüstung verkrüppelt wird , die es eher erstickt als schützt. Er kann ihm ein paar allgemeine Grundsätze als Orientierung geben, ohne es mit Ratgebern zu belasten.

Aber selbst die allgemeinsten Vorstellungen von Gott sollten einem kindlichen Geist nicht aufgezwungen werden; sie sollten sozusagen zufällig kommen; sie sollten als Antwort auf eine Forderung des kindlichen Herzens präsentiert werden; sie sollten durch beiläufige Worte und beiläufige Bemerkungen eingeschärft werden; sie sollten die Atmosphäre um das Kind herum regelmäßig bilden und nicht ein plötzlicher „Wind der Lehre" sein. Natürlich ist all dies weitaus mühsamer, als einem Kind einen Katechismus oder ein Glaubensbekenntnis beizubringen, aber es ist eine weitaus höhere Ausbildung. Dogma, *d . h .* durch Autorität versteinerte Überzeugungen, sollten aus der religiösen Erziehung von Kindern völlig ausgeschlossen werden; einige große axiomatische Wahrheiten können festgelegt werden, aber selbst bei diesen grundlegenden Wahrheiten sollte Dogmatismus vermieden werden. Die Eltern sollten immer darauf achten, deutlich zu machen, dass sie ihre eigenen Überzeugungen darlegen, sie dem Kind aber nicht durch ihre Autorität aufzwingen. Soweit das Kind in der Lage ist, sie zu verstehen, sollten die Gründe für die religiöse Überzeugung zusammen mit der Überzeugung selbst dargelegt werden. So wird das Kind mit zunehmendem Alter erkennen, dass man Religion nicht auswendig lernen kann, dass sie nicht in Büchern festgehalten oder in Glaubensbekenntnissen festgehalten ist. Es wird die überaus wichtige Tatsache erkennen, dass die Wahrheit nur in der freien Forschung atmen kann, dass man einem Menschen seinen Glauben nicht mit Recht aufzwingen kann und dass jeder einzelne Mensch das Vorrecht und die Verantwortung hat, sich seine eigene Religion zu bilden, und dass er Gott entweder mit seinen eigenen Ohren hören oder ihn überhaupt nicht hören muss.

Wir haben festgestellt, dass das moralische Empfinden vor dem religiösen erwacht (ich muss meinen Widerwillen gegen diese Begriffe zum Ausdruck bringen, obwohl ich sie der Klarheit halber verwende; aber Moral *ist* Religion, obwohl Religion mehr als Moral ist und die sogenannte Religion, die keine Moral ist, wertlos und hassenswert ist). Es bleibt also zu betrachten, was wir die zweite Seite der Religion nennen werden, obwohl es bei weitem ihre wichtigste Seite ist. Wahre Religion besteht nicht nur aus Gefühlen gegenüber Gott, sondern auch aus Pflichten gegenüber den Menschen: Die ersten, so edel und gesegnet sie auch sind, sollten in jeder gesunden Religion den zweiten weichen; denn ein moralisch guter Mensch, der überhaupt nicht an Gott glaubt, befindet sich in einem weit höheren Seinszustand als der Mensch, der an Gott glaubt und selbstsüchtig, grausam oder ungerecht ist. Irrtum im Glauben ist verzeihlich ; Irrtum im Leben ist tödlich. Der gute Mensch wird Gott sicherlich sehen, obwohl seine Augen eine Zeit lang festgehalten werden ; der böse Mensch wird, obwohl er den edelsten Glauben hat, den es je gab, nie die Freude Gottes erfahren, bis er sich von der Sünde abwendet und nach Heiligkeit kämpft. Erst der Glaube und dann die Moral, lautet der Schlachtruf der Kirchen; Moral über alles, und der Glaube möge zu gegebener Zeit folgen, ist das Schlagwort des Theismus; daher sollte bei uns der Hauptteil der religiösen Erziehung unserer Kinder die Moral sein; religiöse Gefühle können überstrapaziert werden oder zu Selbsttäuschung führen; religiöses Gerede kann krankhaft und unwirklich sein; religiöser Glaube kann irreführend sein und muss unvollkommen sein; aber Moral ist ein Fels, der niemals erschüttert werden kann, ein Führer, der niemals irreführen kann. Ob wir in unserem Glauben an Gott richtig oder falsch liegen, ob wir unsterbliche Geister oder vergängliche Organisationen sind, Reinheit ist edler als Laster, Mut als Feigheit, Wahrheit als Lüge, Liebe als Hass. Lasst uns also unseren Kindern vor allem Moral beibringen. Lasst uns ihnen beibringen, das Gute um seiner selbst willen zu lieben, ohne an eine Belohnung zu denken, und sie werden gut bleiben, selbst wenn sie im späteren Leben leider alle Hoffnung auf Unsterblichkeit und allen Glauben an Gott verlieren sollten. Der natürliche Instinkt eines Kindes ist auf das Gute ausgerichtet; eine Geschichte von Heldentum, Selbstaufopferung und Großzügigkeit lässt das Blut in das Gesicht eines Kindes strömen und weckt eine schnelle Reaktion und den Wunsch, es nachzuahmen. Es ist daher gut, Kindern Geschichten von edlen Taten aus vergangenen Tagen zu erzählen. Nichts ist einfacher, als einem Kind den Wunsch beizubringen, gut zu sein, nur um gut zu sein. Güte hat etwas so Anziehendes, dass ich es für wirksamer halte, dem Kind die Würde des Mutes und der Selbstlosigkeit vor Augen zu halten, als sich für die entsprechenden Fehler zur Bestrafung herabzulassen. Wenn ein Kind die Angewohnheit hat, alles Schlechte als etwas Niedriges und Erniedrigendes zu betrachten, schreckt es schnell davor zurück; alle Mütter kennen den instinktiven Ehrgeiz von Kindern, etwas Überlegenes und Bewundernswertes zu sein, und dieser Instinkt ist äußerst nützlich, um ihnen Tugend einzuimpfen. Später im Leben ruiniert nichts einen jungen Mann mehr, als zu entdecken, dass Moral und Religion oft getrennt sind und dass die führenden Lehrer der Religion weniger feinfühlig, ehrenhaft und vertrauenswürdig sind als hochgesinnte „weltliche Männer"; Andererseits wird nichts eine so wohltuende Wirkung auf Männer und Frauen haben, die ins Leben eintreten, wie zu sehen, dass diejenigen, die in ihrem Glauben an Gott am freudigsten sind, das reinste und tadelloseste Leben führen. „Tu Gutes, sei gut" ist, wie so treffend gesagt wurde, die goldene Regel des Lebens; „Tu Gutes, sei gut" muss das Gesetz sein, das in die Herzen unserer Kinder eingeprägt wird. Welche „Glaubensfinsternis" auch immer England erwarten mag, welche Dunkelheit des hoffnungslosesten Skeptizismus auch immer, welche Tiefe der äußersten Verzweiflung an Gott auch immer sein mag, es gibt nicht nur die Hoffnung, sondern die Gewissheit der Auferstehung der Religion, wenn wir alle durch den stürmischen Sturm hindurch am Rettungsanker der reinen Moral festhalten, an der treuesten Erfüllung aller Pflichten gegenüber den Menschen zu Liebe, Zärtlichkeit, Nächstenliebe und Geduld. Die Moral versagt nie ; aber ob es Dogmen gibt, sie werden versagen; ob es Glaubensbekenntnisse gibt, sie werden aufhören; ob es Kirchen gibt, sie werden zerfallen; Doch die Moral wird für immer

bestehen und Bestand haben, solange sich der endlose Kreislauf der Natur
um den Ewigen Thron dreht.

NATÜRLICHE RELIGION GEGEN OFFENBARTE RELIGION.

Man schämt sich fast, einen so abgedroschenen Aphorismus wie das abgedroschene Sprichwort „Die Geschichte wiederholt sich" zu wiederholen. Aber wenn ich den Kurs der Befürworter der sogenannten „offenbarten Religion" studiere, wenn ich ihre Verachtung der „bloßen Natur" sehe, ihre verächtliche Ablehnung der Idee, dass irgendein armseliges Naturprodukt mit ihrem besonderen, vom Himmel selbst gestempelten Artikel in Konkurrenz treten kann, fühle ich mich unwiderstehlich gezwungen, einen Blick zurück auf die lange Sicht der Geschichte zu werfen, und dort sehe ich den Konflikt der Gegenwart, der heftig und lange tobt. Ich sehe dieselben geschlossenen Reihen der Orthodoxie, die von Bischöfen und Priestern befehligt werden, in all der Pracht des verordneten Rechts, bewaffnet mit mächtigen Waffen der Autorität und Donnerkeil kirchlicher Anathemas. Ihr Schlachtruf ist derselbe, der uns heute in den Ohren ertönt; „Offenbarung" steht auf ihren Bannern und „unfehlbare Autorität" ist das Schlagwort ihres Lagers. Die Kirche sieht sich zum ersten Mal mit der Natur konfrontiert und stellt ihre offenbarte Wissenschaft der Naturwissenschaft entgegen. Die „bloße Natur" zieht vorübergehend den Kürzeren, und Galilei, der Verfechter der Natur, wird von der „offenbarten Wahrheit" schwer unter Druck gesetzt. Ich höre verächtliches Gespött über seine Anmaßung, die offenbarte Wissenschaft mit seinen angeblichen Naturtatsachen anzugreifen. Hatten sie nicht Gottes eigenen Bericht über seine Schöpfung, und gab er vor, mehr über die Sache zu wissen als Gott selbst? War er anwesend, als Gott die Welt schuf, dass er so positiv über ihre Form sprach? Konnte er aus eigener Erfahrung erklären, dass sie auf die lächerliche Art und Weise, von der er sprach, durch den Weltraum geschleudert wurde, und konnte er aufgrund seiner eigenen Augen erklären, dass Gott sich geirrt hatte, als er dem Menschen offenbarte, wie er „die Erde so gründete, dass sie sich niemals bewegen sollte "? Aber wenn er nur von dem winzigen Stück Erde aus schlussfolgerte, das er kannte, sprach er dann nicht von Dingen, die er nicht gesehen hatte, und war er in seinem fleischlichen Geist eitlermaßen aufgeblasen? War es *a priori wahrscheinlich*, dass Gott zulassen würde, dass die Menschheit über Tausende von Jahren in einer so wichtigen Angelegenheit getäuscht wurde; dass er tatsächlich – Gott verzeihe es! – den Menschen selbst täuschte, indem er durch seine heiligen Propheten einen Bericht über seine Schöpfung offenbarte, der völlig unwahr war; ja, dass er diese Täuschung Jahrhundert für Jahrhundert aufrechterhalten würde, indem er Wunder wirkte, die sie untermauerten – denn was außer einem Wunder könnte die Menschen die Tatsache vergessen lassen, dass sie mit so enormer Geschwindigkeit durch den Weltraum getrieben wurden? Sicherlich war sehr wenig Ehrfurcht oder vielmehr überhaupt keine Ehrfurcht erforderlich, um zuzugeben, dass Gott der Heilige Geist, der die Bibel inspirierte, besser als wir wusste, wie er die Welt erschaffen hatte. Aber, so fährt der Theologe fort, er müsse seine Zuhörer daran erinnern, dass dieser Mann, dieser Pseudowissenschaftler, unter dem fadenscheinigen Vorwand, die Schöpfung zu erforschen, in Wirklichkeit den Schöpfer lästerte, indem er seinem offenbarten Wort widersprach und ihn so „zum Lügner machte". Es war ganz gut, über Naturwissenschaften zu *reden* ; aber er würde diesen anmaßenden Spekulanten fragen, was es für einen Nutzen hätte, dass Gott uns die Wissenschaft offenbarte, wenn die natürlichen Fähigkeiten des Menschen ausreichten, sie selbst zu entdecken? Sie hatten genügend Beweise für die Absurditäten der Wissenschaft, zu denen die Vernunft, die nicht durch Offenbarung erleuchtet war, die Menschen in vergangenen Zeitaltern verleitet hatte. Die Idee des Hindus , dass die Welt auf einem Elefanten ruhte und der Elefant auf einer Schildkröte, war ein trauriger Beweis für die Unfähigkeit des schärfsten natürlichen Verstandes, wissenschaftliche Wahrheiten ohne die Hilfe der Offenbarung zu entdecken. Die Vernunft hatte ihren Platz und einen sehr edlen Platz in der Wissenschaft; aber sie musste sich immer der Offenbarung beugen und nicht anmaßen, ihre mickrigen Vermutungen gegen ein „so spricht der Herr" anzustellen. Lassen Sie die Vernunft also ihren Weg mit Glauben und nicht Unglauben als Führer verfolgen. Was könnte uns die Vernunft mit all ihren gepriesenen Kräften über die längst vergangene Erschaffung der Welt erzählen? Kein Auge hat diese Dinge vergangener Zeitalter gesehen, aber Gott hat sie uns durch seinen Geist offenbart. Eine Dunkelheit, die man spüren könnte, würde den Ursprung der Welt umhüllen, wenn es nicht die großartige Offenbarung des Moses gäbe, dass „Gott in sechs Tagen Himmel und Erde schuf". Er könnte darauf hinweisen, wie unsere Vorstellungen von Gott erweitert und erhöht wurden und welche tiefe Ehrfurcht das anbetende Herz erfüllte, wenn es über die offenbarte Wahrheit nachdachte, dass diese wundervolle Erde mit ihrer vielfältigen Schönheit und der Himmel darüber mit seinen zahllosen Sternen alle innerhalb einer kurzen Woche durch den schöpferischen Befehl des Allmächtigen aus dem Nichts hervorgerufen wurden. Was konnte ihnen diese Pseudowissenschaft im Austausch für eine solche Offenbarung geben? War es außerdem wahrscheinlich, dass Gott für eine Welt, die nur eine von vielen war, die sich um die Sonne drehten, Mensch geworden wäre? Wie respektlos wäre es, den Schauplatz dieses schrecklichen Opfers als etwas Geringeres als das Zentrum des Universums zu betrachten, als den Mittelpunkt der Engelsaugen, die von ihren Thronen im Himmel oben blicken! Galileo könnte sagen, dass seine Häresie die grundlegenden Wahrheiten unseres heiligen Glaubens nicht berührt; aber dies ist nur eine der Ausflüchte, die Übeltätern natürlich sind – und es ist unnötig zu erwähnen, dass intellektuelle Irrtümer immer das Ergebnis moralischer Schuld sind –, denn bedenken Sie, wie viel in seiner

Theorie steckt. Die Inspiration der Heiligen Schrift erhält ihren Todesstoß; denn wenn sie in einem Punkt fehlbar ist, haben wir keinen Grund, sie in anderen Punkten als unfehlbar anzusehen. Wenn uns in der Heiligen Schrift eine Tatsache klarer offenbart wird als eine andere, dann ist es diese Tatsache der Standhaftigkeit unserer Welt, von der uns deutlich gesagt wird, dass sie „nicht erschüttert werden kann". Es wird uns klar offenbart, dass die Erde erschaffen und fest auf ihren Fundamenten verankert wurde; dass dann über ihr das gewaltige Gewölbe des Himmels errichtet wurde, in das die Sterne gesetzt wurden, und dass in diesem Gewölbe „der Lauf" für die Sonne vorbereitet wurde, von dem, wie Sie sich erinnern werden, im 19. Psalm die Rede ist, wo der heilige David uns offenbart, dass Gott im Himmel ein Zelt für die Sonne errichtet hat, die „ vom äußersten Teil des Himmels hervorgeht und wieder bis zu seinem Ende läuft ". Die Sprache hat keine eindeutige Bedeutung, wenn diese inspirierte Erklärung in die Aussage übersetzt werden kann, dass die Sonne stationär bleibt und von einer sich drehenden Erde umkreist wird. Diese große offenbarte Wahrheit kann durch keine wahre Wissenschaft widerlegt werden. Gottes Werke können Seinem Wort nicht widersprechen; und wenn sie für einen Moment unvereinbar erscheinen , können wir sicher sein, dass unsere Unwissenheit daran schuld ist und dass ein tieferes Wissen den scheinbaren Widerspruch schließlich beseitigen wird. Aber es ist noch wichtiger zu beachten, dass einige der Hauptlehren der Kirche durch diese neue Lehre angegriffen werden. Wie konnte unser gesegneter Erlöser, nachdem er das Werk unserer Erlösung vollbracht hatte, von einer sich drehenden Erde aufsteigen? Wohin ging Er? Nach Norden, Süden, Osten oder Westen? Denn wenn ich diese neue Häresie richtig verstehe, ist der Raum über uns zu einem Zeitpunkt unter uns, und so könnte Jesus bei Seiner glorreichen Himmelfahrt tatsächlich herabsteigen. Und wo ist die rechte Hand Gottes, zu der Er ging, in diesem neuen Universum ohne Oben oder Unten? Wie können wir hoffen, bei seiner Rückkehr aufzusteigen und Ihm in der Luft zu begegnen, gemäß der sichersten Verheißung, die uns durch den seligen Paulus gegeben wurde, wenn Er kommt, wissen wir nicht, aus welcher Richtung? Wie kann der Blitz Seiner Ankunft auf einmal rund um den Globus leuchten, um Seine Annäherung anzukündigen, oder wie können die Menschen am anderen Ende der Welt das Zeichen des Menschensohnes am Himmel sehen? Aber ich kann mich nicht dazu durchringen, diese Gotteslästerungen anzuhäufen; alle müssen sehen, dass die herrlichsten Wahrheiten der Bibel mit ihrer Wissenschaft verbunden sind und gemeinsam bestehen oder fallen müssen. Und wenn dies so ist und dieser sogenannten Naturwissenschaft gestattet wird, die offenbarte Wissenschaft zu untergraben, worauf können wir uns dann in dieser oder der nächsten Welt verlassen? Mit der absoluten Wahrheit der Bibel steht oder fällt unser Glaube an Gott und unsere Hoffnung auf Unsterblichkeit; an der Wahrheit der Offenbarung hängt alle Moral, und wer heute die Wahrheit der offenbarten Wissenschaft leugnet, wird morgen die Wahrheit der offenbarten Geschichte, der offenbarten Moral, der offenbarten Religion manipulieren. Sollen wir uns also dazu herablassen, die Naturwissenschaft anstelle der offenbarten Wissenschaft zu akzeptieren; sollen wir, die Lehrer der Offenbarung, uns dazu herablassen, die offenbarte Wissenschaft aufzugeben und zu bloßen Lehrern der Natur zu werden?

Donnernder Applaus begrüßte den ehrwürdigen Theologen, als er zum Schluss kam – er war zufällig Bischof, der direkte Vorfahre in der regulären apostolischen Nachfolge eines verstorbenen Prälaten, der neben anderen wertvollen Eigenschaften genau das Argument erbte, mit dem die oben zitierte Rede endete – und Galileo, der törichte Tatsachengläubige und ketzerische Student der bloßen Natur, wandte sich mit einem Seufzer von dem Versuch ab, sie zu überzeugen, und begnügte sich mit der Tatsache, die er kannte und die sich sicherlich auf lange Sicht zeigen würde. *E pur ja muove* ! Fürchte dich nicht, edler Märtyrer der Wissenschaft: Tatsachen ändern sich nicht, um den Theologien zu entsprechen: mancher mag zerschmettert und besiegt vor dem Moloch der Kirche fallen, aber „Gott stirbt nicht mit seinen Kindern, noch die Wahrheit mit ihren Märtyrern"; das Natürliche ist das Göttliche, denn die Natur ist nur „Gott in einer Maske". Wenn ich also auf dieses erste große Schlachtfeld zwischen Natur und Offenbarung hinabschaue, sehe ich, wie die geschlossenen Reihen sich auflösen und fliehen und der exkommunizierte Student zum Propheten der Zukunft wird, Galileo zum Seher, zum Offenbarer der Wahrheit Gottes.

Es ist ewig wahr, dass die Natur auf lange Sicht triumphieren muss. Theorien sind zweifellos sehr beeindruckend, aber wenn sie auf einem Missverständnis beruhen, wird sich die unerbittliche Tatsache früher oder später durchsetzen und das großartige Bauwerk mit erbarmungsloser Gelassenheit zu Staub machen. Dies ist es, was Wissenschaftlern eine so ernste und ruhige Haltung verleiht; Theologen streiten sich heftig und erbittert, weil sie über *Meinungen streiten* , und die Meinung eines Mannes ist so gut wie die eines anderen, wenn beide mit immateriellen Dingen zu tun haben; aber der Wissenschaftler, der sich seiner Sache absolut sicher ist, *kann es sich leisten zu warten* , weil die Tatsache, die er entdeckt hat, unerschütterlich bleibt, wie sehr sie auch angegriffen wird, und sie wird sich mit der Zeit durchsetzen. Wenn Natur und Offenbarung dann in Kontakt kommen, muss die Offenbarung an die Wand; kein Aufschrei kann sie retten; sie ist dem Untergang geweiht; man kann genauso gut versuchen, die steigende Themse mit einer Feder einzudämmen, wie eine Theologie zu stützen, deren Hauptdogmen langsam von der Naturwissenschaft untergraben werden. Natürlich denkt heutzutage niemand (zumindest unter gebildeten Leuten, denn Zadkiels Almanach protestiert meines Wissens immer noch aus biblischen Gründen gegen die Häresie der Erdbewegung) daran, die Bibel, *d . h .* die offenbarte

Wissenschaft, gegen die Naturwissenschaft aufzustellen; es besteht allgemein Einigkeit darüber, dass in Punkten, in denen die Wissenschaft mit Gewissheit spricht, die Worte der *Bibel so erklärt werden müssen, dass sie mit dem Diktum der Natur übereinstimmen* ; *d . h.* es wird anerkannt – obwohl dieses Eingeständnis in viele Umschweife gehüllt ist –, dass die Wissenschaft die Offenbarung prägen muss und nicht die Offenbarungswissenschaft. Die verzweifelten Versuche, das erste Kapitel der Genesis in eine entfernte Ähnlichkeit mit den ermittelten Ergebnissen geologischer Untersuchungen zu zwingen, sind ein machtvolles Zeugnis für die bewusste Schwäche der offenbarten Wissenschaft und für das Gefühl aller intelligenten Theologen, dass das mit eiserner Feder in den Felsen gehauene Zeugnis nicht widerlegt oder widerlegt werden kann. Tatsächlich hat die Wissenschaft ihre Vorherrschaft in ihrem eigenen Bereich so erfolgreich behauptet, dass viele Verteidiger der Bibel lautstark behaupten, um ihre strategische Bewegung nach hinten abzusichern, dass die Offenbarung nicht dazu gedacht war, Wissenschaft zu lehren, und dass wissenschaftliche Fehler in einem Buch, das der Menschheit vom großen Ursprung aller wissenschaftlichen Gesetze gegeben wurde, nur zu erwarten seien. Es steht ihnen frei, beliebige Gründe für die Fehler in der offenbarten Wissenschaft zu finden; alles, was uns interessiert, ist, dass ihre Offenbarung dem Fortschritt der Wissenschaft nicht im Wege steht und nicht länger ihre mickrigen Anathemas dazwischenlegt, um die Untersuchung von Fakten zum Schweigen zu bringen oder freie Forschung und freie Diskussion zu behindern.

Aber ich stelle die Offenbarung noch weiter in Frage und behaupte, dass, wenn die Gebote der natürlichen *Religion denen der offenbarten Religion* entgegenstehen , das Natürliche wieder über das Offenbarte triumphieren muss. Das Christentum hat den Herzen der Menschen so lange erfolgreich die Offenbarung eingeprägt, dass natürliche Impulse an sich sündig sind, dass „im Fleisch nichts Gutes wohnt ", dass der Mensch ein gefallenes Geschöpf ist, durch und durch verdorben und instinktiv böse, dass es dazu gekommen ist, dass selbst diejenigen, die liberal wären, wenn sie es wagten, zurückschrecken, wenn es darum geht, ihre Offenbarungs-Krücken wegzuwerfen, und sich verzweifelt fragen, *worauf* sie sich verlassen können, wenn sie die Bibel aufgeben. Ihre Lehrer sagen ihnen, dass sie, wenn sie diese aufgeben, kompasslos auf den Wellen eines weglosen Ozeans umherirren werden; und so entschlossen richten sie ihre Augen auf das schäumende Wasser, versuchen dort die Spur eines Pfades zu erkennen und sehen nur die gebrochenen Spiegelbilder der wehenden Fackeln in ihren Händen, dass sie ihre Köpfe nicht erheben und nach oben zu den ewigen Sternen blicken, den stillen natürlichen Führern des verwirrten Seefahrers. „Vertraue der reinen Natur!" ruft die Priesterschaft, und ihre Herden weichen entsetzt zurück, drücken ihre Offenbarung an ihre Brust und rufen: „Worauf können wir uns denn verlassen, wenn uns dies genommen wird?" Nur Gott. „Nur" Gott, der nach der Stärkung durch Glaubensbekenntnisse und Dogmen, durch Kirchen und Bibeln eine sehr schwache Stütze ist. Wie der Sonnenschein an die Dunkelheit gewöhnte Augen blendet, wie der frische Wind einen Kranken in einem beheizten Raum erschauern lässt, so blendet das Licht Gottes diejenigen, die zwischen den Kerzen der Kirchen leben, und der Atem seiner Inspiration bläst Kälte auf schwache Seelen. Aber das Licht und die Luft beleben und stärken, und die Natur ist eine sicherere Medizin als die Allheilmittel des Quacksalbers.

„Der bloße" Gott ist in Wahrheit alles, was wir Theisten der Welt im Austausch für die Gewissheiten ihrer Bibeln, Korane, Veden und aller anderen Offenbarungen zu bieten haben. Über Punkte, in denen sie alle mit Gewissheit sprechen, sind unsere Lippen stumm. Über vieles, was sie behaupten, gestehen wir unsere Unwissenheit. Wo sie wissen, denken oder hoffen wir nur. Wo sie die Klarheit eines Wegweisers besitzen, können unsere Augen nur den Nebel eines Tals studieren, bevor die aufgehende Sonne die dichten Wolken verzogen hat. Sie verkünden Unsterblichkeit und sind mit den Einzelheiten unseres zukünftigen Lebens völlig *vertraut* . Sie unterscheiden sich allerdings in Einzelheiten, ob wir in einer mit Juwelen geschmückten Stadt leben, wo der Staub Goldstaub und die Tore Perlen sind, und *unsere* Zeit damit verbringen, heilige harmonische Gesellschaften zu besuchen, bei denen ein Erzengel Costa ständig Oratorien dirigiert, oder ob wir in mit Rosen geschmückten Lauben liegen und unbegrenzte , wenn auch unintellektuelle Freuden genießen; aber wenn wir sie einzeln betrachten, sind sie in der absoluten Information, die sie liefern, höchst zufriedenstellend. Aber wir können nur flüstern – und die Lippen einiger von uns zittern zu sehr, um zu sprechen – „Ich glaube an das ewige Leben." Wir geben nicht vor, irgendetwas darüber zu *wissen* ; der Glaube ist intuitiv, aber nicht beweisbar; es ist eine Hoffnung und ein Vertrauen, kein absolutes Wissen. Wir hegen eine vernünftige Hoffnung auf Unsterblichkeit; wir argumentieren ihre Wahrscheinlichkeit aus Erwägungen der Gerechtigkeit und der Liebe, die, wie wir glauben, das Universum regieren; wir, viele von uns – wie ich freimütig gestehe, glauben mit einer absolut unerschütterlichen Festigkeit der Überzeugung daran; aber wenn wir aufgefordert werden, es zu *beweisen* , können wir nicht antworten. „Hier", rufen die Offenbarungsanhänger triumphierend aus, „ist unser Vorteil; wir sagen mit absoluter Gewissheit ein zukünftiges Leben voraus und können Ihnen alle Einzelheiten darüber geben." Dann folgt ein wirres Durcheinander von Harfen und Huris , von Weiden und Jagdgründen; wir suchen nach Gewissheit und finden keine. Alles, worin sie übereinstimmen, *d . h .* ein zukünftiges Leben, finden wir in unseren eigenen Herzen eingeprägt, ein Gebot der natürlichen Religion; alles, worin sie sich unterscheiden, ist in ihren verschiedenen Offenbarungen enthalten, und da sie sich alle in den offenbarten Einzelheiten widersprechen, gewinnen wir nichts daraus. Die Natur flüstert uns zu, dass es ein zukünftiges

Leben gibt; die Offenbarung plappert eine Reihe widersprüchlicher Einzelheiten, die die Erhabenheit des einfachen Versprechens beeinträchtigen und nichts Verlässliches zur Summe des menschlichen Wissens hinzufügen. Und das Thema der Unsterblichkeit ist ein gutes Beispiel dessen, was jeweils von der Natur und von der Offenbarung gelehrt wird; was allen Glaubensbekenntnissen gemeinsam ist, ist natürlich, was in jedem unterschiedlich ist, wird offenbart. So ist es auch in Bezug auf Gott. Die Idee von Gott gehört allen Glaubensbekenntnissen gleichermaßen an; sie ist der Grundstein der natürlichen Religion; Verwirrung beginnt, wenn die Offenbarung eingreift und das musikalische Flüstern der Natur in eine kategorische Beschreibung verwandelt, die „ Mangnalls Fragen" würdig ist. Dreieinig, einsam, dualistisch, zahllos – was auch immer Er in den verschiedenen heiligen Büchern der Welt offenbart wird, Seine Natur wird verstanden, katalogisiert und dogmatisch festgelegt . Jede Offenbarung erhebt den Anspruch, Seine eigene Darstellung Seiner selbst zu sein, doch jede widerspricht den anderen. Nur in einem Punkt stimmen sie alle überein, und das ist der Punkt, den die natürliche Religion bekennt: „Gott ist."

Aus diesen Tatsachen leite ich zwei Schlüsse ab: Erstens, dass die Offenbarung nicht mit einer solchen Gewissheit ihrer Wahrheit zu uns gelangt, dass wir ihr furchtlos und vorbehaltlos vertrauen könnten; zweitens, dass die Offenbarung völlig überflüssig ist, da die natürliche Religion uns alles gibt , was wir brauchen.

I. Offenbarung klingt unsicher. Es gibt bestimmte Bücher auf der Welt, die behaupten, auf einer höheren Ebene zu stehen als alle anderen. Sie behaupten, besondere Offenbarungen des Willens Gottes und des Schicksals des Menschen zu sein. Nun ist sicherlich eine der ersten Voraussetzungen einer göttlichen Offenbarung, dass sie zweifellos göttlichen Ursprungs sein muss. Aber über all diesen Büchern, mit Ausnahme des Korans Mohammeds, herrscht viel Unklarheit, sowohl hinsichtlich ihres Ursprungs als auch ihrer Urheberschaft. „Gläubige" behaupten, dass es keinen Raum für Glauben gäbe und kein Verdienst des Glaubens, wenn die Beweise unzweifelhaft wären. Sie halten es daher für eine würdige Aufgabe der Höchsten Intelligenz, seinen Geschöpfen Fallen zu stellen; und da es bestimmte Tatsachen von größter Bedeutung gibt, die mit ihren natürlichen Fähigkeiten nicht zu entdecken sind, fährt er fort, diese Tatsachen zu offenbaren, hüllt sie aber in ein solches Gewand des Mysteriums, ein solches Gewand der Absurdität, dass diejenigen seiner Geschöpfe, die er mit Intellekt ausgestattet und mit feinen Gehirnen begabt hat, gezwungen sind, das Ganze als unglaubwürdig und unvernünftig abzulehnen. Dass Gott eine Offenbarung gibt, diese aber nicht begründet, dass er spricht, aber in unverständlichem Ton, dass seine edelsten Gaben der Vernunft ein unüberwindliches Hindernis für die Akzeptanz seiner Manifestation darstellen, sind gewiss unglaubliche Aussagen, gewiss Aussagen, die mit allen ehrfürchtigen Vorstellungen von der Liebe und Weisheit des Allmächtigen Gottes völlig unvereinbar sind . Ferner beanspruchen alle Gläubigen der verschiedenen Offenbarungen für ihre jeweiligen Orakel die höchste Stellung als Verfasser des Willens Gottes und lehnen die heiligen Bücher anderer Nationen als unechte Erzeugnisse ohne göttliche Autorität ab. Da sich diese Offenbarungen gegenseitig zerstören, ist es offensichtlich, dass höchstens eine von ihnen göttlich sein kann, und der nächste Punkt der Untersuchung besteht darin, herauszufinden, welche dies ist. Wir von den westlichen Nationen legen die hinduistischen Veden oder die Zendavesta aus bestimmten soliden Gründen sofort beiseite; wir lehnen ihren Anspruch, inspirierte Bücher zu sein, ab, weil sie Fehler enthalten; Ihre falsche Wissenschaft, ihre sagenumwobene Geschichte, ihre Wundergeschichten stempeln sie in unseren unparteiischen Augen als das Werk fehlbarer Menschen ab; das neunzehnte Jahrhundert blickt auf diese alten Schriften herab, während der gebildete und kultivierte Mensch über die rohen Einfälle und phantasievollen Einfälle des Kindes lächelt. Doch wenn sich die meisten Christen der Bibel zuwenden, legen sie alle gewöhnliche Kritik und allen gesunden Menschenverstand beiseite. Ihre Wissenschaft mag absurd sein, aber es werden Entschuldigungen dafür gefunden. Ihre Geschichte mag falsch sein, aber sie wird zur Wahrheit verdreht. Ihre übernatürlichen Wunder mögen eklatant absurd sein, aber man glaubt trotzdem an sie. Menschen, die über die Visionen der „seligen Margarete" von Paray -le-Monial lachen , stimmen dem Ertränken der Schweine von Gadara durch den Teufel zu; und diejenigen, die es verachten würden, die Geschichte der wundersamen Quelle in Lourdes zu untersuchen, haben keine Schwierigkeiten, die Geschichte von den von Engeln bewegten Wassern des Teichs von Bethesda zu glauben. Ein Buch, das Wunder enthält, wird normalerweise als unzuverlässig abgetan. Es gibt keinen guten Grund, die Bibel von dieser allgemeinen Regel auszunehmen. Wunder sind absolut unglaublich und diskreditieren sofort jedes Buch, in dem sie vorkommen. Sie finden sich in allen Offenbarungen, aber nie in der Natur. Sie sind in den Schriften des Menschen zahlreich, aber sie verunstalten nie die ordentlichen Seiten des großen Buches Gottes, das von seiner eigenen Hand auf die Erde, die Sterne und die Sonne geschrieben wurde. Mächte? Ja, jenseits unseres Fassungsvermögens, aber Mächte, die sich in majestätischer Ordnung und unveränderlicher Beständigkeit bewegen. Wunder? Ja, jenseits unserer Vorstellungskraft, aber Wunder, die durch unveränderliche Gesetze entstanden sind. Die Offenbarung ist unglaublich, nicht nur, weil sie keinen Beweis ihrer Wahrheit liefert, sondern weil es zahlreiche Beweise für ihre Falschheit gibt. Sie behauptet, göttlich zu sein, und wir lehnen sie ab, weil wir sie anhand dessen prüfen, was wir über seine unzweifelhaften Werke wissen, denn Menschen können Bücher über ihn schreiben und sie seine

Offenbarungen nennen, aber der Rahmen der Natur kann nur das Werk jener mächtigen Macht sein, die der Mensch Gott nennt. Die Offenbarung stellt ihn als veränderlich dar, die Natur als unveränderlich. Die Offenbarung erzählt uns von getrübter Vollkommenheit und sich verbessernder Natur der Unvollkommenheit. Die Offenbarung spricht von einer Dreifaltigkeit, der Natur einer mächtigen zentralen Kraft. Die Offenbarung berichtet von Einmischungen, Wundern, ununterbrochener Naturabfolge, unantastbaren Gesetzen. Wenn wir die Offenbarung annehmen, müssen wir an einen Gott glauben, der den Menschen aufrecht schuf, ihn aber nicht so erhalten konnte; der in seinem fernen Himmel das Wehklagen seiner Erde hörte und herabkam, um zu sehen, ob die Dinge so schlimm waren, wie berichtet wurde; der ein Gesicht hatte, das den Tod brachte, dessen Hinterteile jedoch für den Menschen sichtbar waren; der Menschenopfer befahl und annahm; der eifersüchtig, rachsüchtig, launenhaft und eitel war. Der einen König in Versuchung führte und ihn dann für sein Nachgeben bestrafte, das Herz eines anderen verhärtete und ihn dann für sein Nichtnachgeben bestrafte, einen dritten täuschte und ihn dadurch in den Tod stürzte. Doch die Natur verletzt unsere Moral nicht derart und trampelt nicht auf unseren Herzen herum. nur erfahren wir von einer unaussprechlichen Macht und Weisheit, die „alle Dinge mächtig und sanft ordnet", und unsere Herzen erzählen von einem Vater und Freund, der unendlich liebevoll, vertrauenswürdig und gut ist. Der Gott der Natur und der Gott der Offenbarung sind so gegensätzlich wie Ormuzd und Ahriman, wie Dunkelheit und Licht; die Bibel und das Universum sind nicht von derselben Hand geschrieben.

II. Da die Offenbarung also so völlig unzuverlässig ist, ist es befriedigend, zweitens festzustellen, dass sie völlig überflüssig ist.

Alles, was der Mensch für seine Führung in dieser Welt braucht, kann er durch den Einsatz seiner natürlichen Fähigkeiten erlangen, und die richtige Führung seines Verhaltens in dieser Welt muss aller Vernunft nach die beste Vorbereitung auf das sein, was nach dem Grab kommt. Die Offenbarungsanhänger versichern uns, dass wir ohne ihre Bücher keine moralischen Regeln hätten und dass ohne die Bibel die moralischen Verpflichtungen des Menschen unbekannt wären. Ihre Theorie ist, dass der Mensch nur durch Offenbarung Recht von Unrecht unterscheiden kann. Wenn man das Wort „Offenbarung" in einem anderen Sinn verwendet, würden die meisten Theisten ihnen zustimmen und zugeben, dass die Wahrnehmung der Pflicht des Menschen ein Strahl ist, der von der Gerechtigkeit Gottes auf ihn fällt, und dass die Moral des Menschen auf die Erleuchtung des inspirierenden Vaters des Lichts zurückzuführen ist. Ich persönlich glaube, dass Gott dem Menschen Moral beibringt und in der Tat der Inspirator aller gnädigen und edlen Gedanken und Taten ist. Ich glaube, dass die Quelle aller Moral im Menschen der Universalgeist ist, der in den von ihm geformten Geistern wohnt und sie zur Rechtschaffenheit bewegt, und der, wenn sie auf seine Eingebungen mit aktiver Wohltätigkeit antworten, immer lauter und deutlicher spricht. Ich glaube auch, dass die gehorsamsten Anhänger dieser inneren Stimme klarere und erhabenere Ansichten über die Pflicht und das Allerheiligste gewinnen und so zu wahren Propheten Gottes werden, die ihren Mitmenschen seinen Willen offenbaren. Und das ist Offenbarung im wahrsten Sinne des Wortes; es ist Gott, der sich durch die natürliche Wirkung moralischer Gesetze offenbart, so wie alle Wissenschaft eine wahre Offenbarung ist, und es ist Gott, der sich durch die natürliche Wirkung physikalischer Gesetze offenbart. Denn Gesetze sind Handlungsweisen, und Handlungsweisen offenbaren die Natur und den Charakter des Handelnden, sodass jedes Gesetz, ob physikalisch oder moralisch, das von Wahrheitssuchern entdeckt und der Welt verkündet wird, eine direkte und vertrauenswürdige Offenbarung Gottes selbst ist. Aber wenn Theisten so von „Offenbarung" sprechen und das Wort zu Recht auf alle Entdeckungen und alle edel geschriebenen religiösen oder wissenschaftlichen Bücher anwenden, ist es offensichtlich, dass das Wort seine Bedeutung völlig verändert hat und auf „natürliche" und nicht auf „übernatürliche" Ergebnisse angewendet wird. Wir glauben an Gott, der auf natürliche Weise durch natürliche Fähigkeiten wirkt, während die Offenbarungsanhänger an eine nicht-natürliche Kommunikation glauben, die niemand weiß, wie, niemand weiß, wo, niemand weiß, an wen.

Wenn es um gegensätzliche Theorien geht, ist ein Gramm Tatsache wichtiger als ein Gramm Behauptung. Gegen die Aussage der Christen, Moral sei nur aus der Bibel abzuleiten und könne nicht durch die „natürlichen Fähigkeiten des Menschen" entdeckt werden, zitiere ich die Moral der natürlichen Religion, ohne Hilfe dessen, was sie als ihre besondere „Offenbarung" bezeichnen.

Von Buddha, der 700 Jahre vor Christus lebte, kann man kaum behaupten, er habe seine Moral von der Jesu abgeleitet oder auch nur indirekten Nutzen aus der christlichen Lehre gezogen, und doch wurde mir von einem Geistlichen der Church of England – der es eigentlich besser hätte wissen müssen – ernsthaft erklärt, Vergebung von Verletzungen und Nächstenliebe seien rein christliche Tugenden. Dieser heidnische Buddha, der nur von natürlicher Vernunft und einem reinen Herzen erleuchtet wird, lehrt: „Einem Menschen, der mir töricht Unrecht tut, werde ich den Schutz meiner gnädigen Liebe zurückgeben; je mehr Böses von ihm kommt, desto mehr Gutes werde ich von ihm gehen." Zu den wichtigsten Tugenden gehören: „Lust zu unterdrücken und Verlangen zu verbannen; stark zu sein, ohne voreilig zu sein; Beleidigungen zu ertragen, ohne wütend zu werden; sich in der Welt zu bewegen, ohne das Herz darauf zu richten; eine Sache bis auf den Grund zu untersuchen; Menschen zu retten, indem man sie bekehrt; im

Herzen und im Leben derselbe zu sein." „Ein Mensch soll das Böse durch das Gute überwinden, den Zorn durch die Liebe, den Habgierigen durch Großzügigkeit, den Lügner durch die Wahrheit. Denn Hass hört nie durch Hass auf; Hass hört durch Liebe auf; das ist eine alte Regel." Er lehrt Reinheit, Nächstenliebe, Selbstaufopferung, Höflichkeit und empfiehlt ernsthaft die persönliche Suche nach der Wahrheit: „Glaube nicht an Vermutungen" – daran, etwas auf gut Glück als Ausgangspunkt anzunehmen – deine zwei und deine drei und deine vier zu zählen, bevor du deine Nummer eins festgelegt hast. Glaube nicht an die Wahrheit dessen, woran du durch Gewohnheit gewöhnt bist, so wie jede Nation an die Überlegenheit ihrer eigenen Kleidung, ihres Schmucks und ihrer Sprache glaubt. Glaube nicht bloß, weil du es gehört hast, sondern wenn du aus eigenem Bewusstsein weißt, dass etwas böse ist, verzichte darauf. Ich denke, diese Aussprüche Buddhas sind von keiner offenbarten Lehre übertroffen und enthalten eine ebenso edle und erhabene Moral wie die Bergpredigt, so „natürlich" sie auch sind.

Auch Platon lehrt eine edle Moral und taucht in Vorstellungen über die göttliche Natur ein, die so rein und erhaben sind wie alle, die in der Bibel zu finden sind. Die Zusammenfassung seiner Lehren, die Mr. Lake in einer Broschüre aus Mr. Scotts Reihe zitiert, ist ein herrliches Zeugnis für den Wert der natürlichen Religion. „Es ist besser zu sterben als zu sündigen. Es ist besser, Unrecht zu erleiden als es zu tun. Das wahre Glück des Menschen besteht darin, mit Gott vereint zu sein, und sein einziges Elend besteht darin, von ihm getrennt zu sein. Es gibt einen Gott, und wir sollten ihn lieben und ihm dienen und uns bemühen , ihm in Heiligkeit und Gerechtigkeit zu ähneln." Platon erkannte auch die große Wahrheit, dass Leiden nicht das Ergebnis einer bösen Macht ist, sondern eine notwendige Erziehung zum Guten, und er nimmt die Worte von Paulus vorweg – wenn Paulus tatsächlich nicht Platon zitiert –, dass „dem gerechten Menschen alle Dinge zum Guten dienen, ob im Leben oder im Tod." Platon lebte 400 Jahre vor Christus, und dennoch werfen uns Christen angesichts solcher Lehren wie seiner und der Buddhas – und sie sind nur zwei von vielen – vor, wir würden als Verweigerer der Bibel unsere gesamte Moral aus ihr beziehen und ohne diese eine Offenbarung würde die Welt in moralischer Dunkelheit liegen, unwissend über Wahrheit, Gerechtigkeit und Gott. Doch das Licht der Offenbarung Gottes leuchtet noch immer auf die Welt, so wie das Sonnenlicht sie wie in alten Zeiten unerschütterlich erhellt. „Es ist nicht einigen wenigen Menschen in der Kindheit der Menschheit gegeben, die Inspiration zu monopolisieren und Gott aus der Seele auszuschließen … Wo immer ein Herz mit Liebe schlägt, wo Glaube und Vernunft ihre Orakel aussprechen, da ist auch Gott, wie einst im Herzen der Seher und Propheten."*

Theodore Tarker .

Es ist eine beliebte Drohung des Priestertums an jeden forschenden Geist: „Wenn Sie das Christentum aufgeben, geben Sie alle Gewissheit auf; der Rationalismus spricht ohne bestimmte Stimme; keine zwei Rationalisten denken gleich; das Wort Rationalismus umfasst alles außerhalb des Christentums, vom Unitarismus bis zum einfachsten Atheismus"; und viele schüchterne Seelen schrecken zurück, weil sie das Gefühl haben, dass es, wenn dies wahr ist, besser ist, dort zu bleiben, wo es ist, und nicht weiter zu forschen. Solchen – und ich treffe viele – möchte ich einen sehr einfachen Gedanken nahelegen: Bietet das „Christentum" mehr Gewissheit als der Rationalismus? Versuchen Sie einfach, Ihren Mentor zu fragen: „ *Wessen* Christentum soll ich annehmen?" Er wird stammeln: „Oh, natürlich die Lehren der Bibel." Aber beharren Sie: „Wie erklärt von wem? Denn alle behaupten, ihr Christentum auf der Bibel zu gründen: Soll ich das definierte logische Christentum von Pius IX. annehmen, das der Geschichte, der Wissenschaft und dem gesunden Menschenverstand trotzt, oder soll ich mich unter Spurgeon, den Ankläger, setzen und vor der scharlachroten Frau und dem Kelch ihrer Faszination fliehen? Soll ich dem Christentum von Dean Stanley glauben, der von seinem eigenen gnädigen, freundlichen Geist durchdrungen ist, kultiviert und geschliffen, rein und liebevoll, oder soll ich davor fliehen wie vor einem süßen, aber heimtückischen Gift, wie mich Dr. Pusey ermahnt, der über seine ‚bunte Sprache schimpft, die jede Bedeutungsklarheit zerstört'. Um Himmels willen, guter Vater, beschriften Sie für mich die verschiedenen Flaschen christlicher Medizin, damit ich weiß, welche die Seele heilt, welche mit Vorsicht berührt werden können, was die äußerliche Anwendung betrifft, und welche ein übles Gift sind." Der Priester wird nur darauf antworten können, dass es „unter den traurigen Meinungsverschiedenheiten gewisse rettende Wahrheiten gibt, die allen Formen des Christentums gemeinsam sind", aber er wird sich weigern, diese im Einzelnen darzulegen , und an dieser Stelle wird er wütend und weigert sich, mit jemandem zu streiten, der einen so nörgelnden und eingebildeten Geist zeigt. Es gibt die gleiche Vielfalt im Rationalismus wie im Christentum, weil die menschliche Natur vielfältig ist, aber es gibt auch eine Verbindung zwischen allen Freidenkern, eine „große rettende Wahrheit" des Rationalismus, einen Glaubensartikel, und zwar, dass „freie Forschung das Recht jeder menschlichen Seele ist". Obwohl wir in vielem unterschiedlich sind, stimmen wir darin alle überein, und diese Verbindung ist so stark, dass wir jeden Denker bereitwillig willkommen heißen, wie sehr wir auch mit seinen Gedanken nicht übereinstimmen, vorausgesetzt nur, dass er sie ehrlich denkt und allen die Freiheit lässt, auch ihre eigene Meinung zu haben. Uns verbindet ein gemeinsamer Hass auf Dogmatismus, eine gemeinsame Liebe zur Freiheit des Denkens und der Rede.

Für gute und ungebildete Christen ist es wahrscheinlich ein Rätsel, woher Menschen, die nicht durch Offenbarung aufgeklärt sind, ihre Moral bezogen und immer noch beziehen. Wir antworten: „Aus der bloßen Natur, und zwar deshalb, weil die Natur und nicht die Offenbarung die wahre Grundlage aller Moral ist." Wir haben gesehen, wie unzuverlässig alle sogenannten Offenbarungen sind; wenn wir jedoch auf die Natur zurückgreifen, stehen wir auf festem Boden. Theisten beginnen ihre Suche nach Gott mit ihrem bekannten Grundsatz: „Wenn es überhaupt einen Gott gibt, muss er mindestens so gut sein wie sein höchstes Geschöpf." Und sie argumentieren, dass das Höchste, Edelste und Liebenswerteste im Menschen unter der Höhe, dem Edelsten und der Liebenswürdigkeit Gottes liegen *muss* , aber nicht darüber liegen kann . „Von allen unmöglichen Dingen ist es sicherlich das Unmöglichste, dass ein Mensch etwas vom Guten und Edlen träumt und sich am Ende herausstellt, dass sein Schöpfer weniger gut und weniger edel ist, als er geträumt hat."* „Die Grundlage, auf der unser Glaube an Gott beruht, ist der Mensch. Der Mensch, Vater der Bibeln und Kirchen, Inspirator aller guten Gedanken und guten Taten. Der Mensch, das Meisterwerk von Gottes Werk auf Erden. Der Mensch, das Lehrbuch allen spirituellen Wissens. Obwohl er weder wundersam noch unfehlbar ist, ist er dennoch die einzige vertrauenswürdige Aufzeichnung des göttlichen Geistes in Dingen, die Gott betreffen. Die Vernunft, das Gewissen und die Gefühle des Menschen sind die einzige wahre Offenbarung seines Schöpfers."** Und so wie wir glauben, dass wir aus der Herrlichkeit und Schönheit menschlicher Vortrefflichkeit einige Hinweise auf die Herrlichkeit und Schönheit unseres Schöpfers gewinnen können, so glauben wir auch, dass jedem Menschen, der nach dem Höchsten lebt, das er wahrnehmen kann, sicherlich neue Höhen der Rechtschaffenheit und neue Möglichkeiten moralischen Wachstums enthüllt werden.

** Frances Power Cobbe .*

*** Pfarrer Charles Voysey .*

Allen Menschen, Guten wie Bösen, wird die Offenbarung der Moral durch die Natur offengelegt, wie sie sich in den erhabensten menschlichen Leben zeigt; und diese edlen Leben erhalten stets das himmlische Gütesiegel durch die instinktive Antwort aus jeder menschlichen Brust, dass sie „sehr gut" sind. Nur denen, die dem Guten, das sie sehen, gerecht werden, gibt Gott die weitere innere Offenbarung, die sie immer höher in der Moral führt, ihre moralischen Fähigkeiten belebt und ihre moralische Empfindsamkeit sensibler und feinfühliger macht. Wir können nicht, wie die Offenbarungisten , die ganze Bandbreite moralischer Vollkommenheit aufzeigen: Wir „wandeln im Glauben und nicht im Sehen": Nur Schritt für

Schritt wird uns der Weg enthüllt, und nur wenn wir einen Gipfel erklimmen, gewinnen wir einen Blick auf den Gipfel dahinter: die ferne Aussicht ist vor unserem Blick verhüllt, und wir sind zu sehr damit beschäftigt, die Arbeit zu tun, die uns in dieser Welt aufgetragen wurde, als dass wir für immer in die Welt jenseits des Grabes spähen und darüber grübeln könnten. Wir haben genug Licht, um hier die Arbeit unseres Vaters zu tun; Wenn er uns dorthin ruft, wird es Zeit genug sein, ihn zu bitten, unseren neuen Arbeitsbereich zu enthüllen und seine Sonne darüber aufgehen zu lassen. Abtrünnige Kinder streben nach eingebildetem Glück und vermissen die Arbeit und das Vergnügen, das ihnen zu Füßen liegt, und so schreien launische Männer und Frauen, dass „der Mensch, der von einer Frau geboren wird ... voller Elend ist", und klagen nach einer Offenbarung, die ihnen ein glücklicheres Leben garantiert: Sie scheinen zu vergessen, dass sie, wenn diese Welt voller Elend ist, *hierhergekommen* sind, um sie zu heilen und nicht, um darüber zu weinen, und dass es unsere Schande und unsere Verdammnis ist, dass in Gottes schöner Welt so viel Sünde und Unglück zu finden ist. Wenn die Menschen versuchen würden, die Natur statt der Offenbarung zu lesen, wenn sie Naturgesetze studieren und offenbarte Gesetze hinter sich lassen würden, wenn sie der menschlichen Moral statt der kirchlichen Moral folgen würden, dann gäbe es vielleicht eine Chance auf echte Verbesserung für die Menschheit und etwas Hoffnung, dass die göttliche Stimme in der Natur über dem Geplapper der Kirchen gehört werden könnte.

Und die Natur genügt uns, sie gibt uns alles Licht, das wir brauchen, und alles, was wir bisher empfangen können. Wäre es möglich, dass Gott sich uns jetzt so offenbart, wie er ist, das Wesen, von dessen Natur wir uns keine Vorstellung machen können, dann glaube ich, dass wir genauso unwissend bleiben würden, wie wir es jetzt sind, weil uns die Fähigkeit fehlt, diese Offenbarung zu empfangen: Die göttliche Sprache könnte in unseren Ohren erklingen, aber sie wäre so unverständlich wie das Brüllen des Donnerschlags, das Stöhnen des Erdbebens oder das Flüstern des Windes in den Blättern der Zeder. Gott offenbart sich langsam durch seine Werke, durch den Lauf der Ereignisse, durch den Fortschritt der Menschheit: Wenn er auch nie vom Himmel in menschlicher Sprache gesprochen hat, so spricht er doch täglich in der Welt um uns herum zu allen, die Ohren haben, um zu hören, und so wie die Natur in ihren vielfältigen Formen seine einzige Offenbarung seiner selbst ist, so können nur der Verstand und das Herz seine Gegenwart wahrnehmen und das Flüstern seiner geheimnisvollen Stimme auffangen.

Noch nie wurde es kaputt gemacht

Die ewige Stille:

Noch nie wurde gesprochen

In überirdischen Akzenten

Gottes Gedanke über sich selbst.

Wir tappen im Dunkeln
Die sich danach sehnen, ihn zu sehen:
Aber in Weisheit und Güte
In der Dunkelheit faltet er ihn
Bis die Seele sehen lernt.

Der Schleier ist also zerrissen
Das verbirgt das Allheilige,
Und es wird kein Token gegeben
Das ist völlig
Die Gelüste des Menschen.

Doch ohne Eile schreitet
Der Lauf der Zeitalter,
Den Blicken der Wahrheitssucher
Entrollen der Seiten
Von Gottes Offenbarung.

Ungeduld unbeachtet,
Die Zeit dreht sich langsam;
    Unruhig , ohne Geschwindigkeit ,
Entwickelt sich ständig weiter
Neue Wahrheiten über Gott.

Die menschliche Sprache ist nicht kaputt gegangen
Die himmlische Stille:
Doch wird immer gesprochen

Durch ewiges Schweigen,

Mit zunehmender Deutlichkeit

Gottes Gedanke über sich selbst.

ÜBER DIE NATUR UND DIE EXISTENZ GOTTES.

Wer sich mit den tieferen religiösen Problemen unserer Zeit beschäftigt, kann die Frage, die allen zugrunde liegt, nicht mehr lange aus dem Weg gehen: „Was glauben Sie in Bezug auf Gott?" Wir mögen christliche Lehren eine nach der anderen widerlegen; Punkt für Punkt mögen wir von den verschiedenen Glaubenssätzen unserer Kirchen abgebracht werden; die Vernunft mag uns zwingen, Widersprüche zu erkennen, wo wir uns Harmonie vorgestellt hatten, und unsere Augen für Mängel öffnen, wo wir von Vollkommenheit geträumt hatten; wir geben jede Vorstellung einer Offenbarung auf; wir suchen Gott nur in der Natur; wir verzichten für immer auf die Hoffnung (die unseren früheren Glauben zu solch verführerischer Schönheit verklärte), dass wir irgendwann in der Zukunft Gott wahrhaftig „sehen" würden, dass „unsere Augen den König in seiner Schönheit erblicken" würden in jenem Märchenland, „das sehr weit weg ist". Doch jeder Schritt, den wir in Richtung eines vernünftigeren Glaubens und eines sichereren Lichts der Wahrheit tun, führt uns immer näher an das Problem aller Probleme: „Was ist das, was die Menschen Gott nennen?" Erst wenn sich Theologen gründlich mit dieser Frage auseinandergesetzt haben, können sie mit Recht behaupten, religiöse Führer genannt zu werden; Wir haben Anspruch auf eine eindeutige Antwort von jedem derjenigen, die wir als unsere führenden Denker ehren, auf diese Frage, und das eigentliche Ziel dieses Aufsatzes besteht darin, eine Diskussion über diesen Punkt anzuregen.

Die Menschen neigen dazu, sich etwas ungeduldig von einer Diskussion über die Natur und Existenz der Gottheit abzuwenden, weil sie der Meinung sind, dass es sich um eine metaphysische Frage handelt, die nirgendwohin führt; ein Problem, dessen Lösung unsere Fähigkeiten übersteigt und dessen Studium zugleich nutzlos und gefährlich ist; sie vergessen, dass das Handeln vom Denken bestimmt wird und dass unsere Vorstellungen von Gott daher von enormer praktischer Bedeutung sind. Von unserer Antwort auf die oben gestellte Frage hängt unsere gesamte Vorstellung von der Natur und dem Ursprung des Bösen und von den Sanktionen der Moral ab; von unserer Vorstellung von Gott hängt unsere Meinung über die viel diskutierte Frage des Gebets ab und tatsächlich unsere gesamte Geisteshaltung gegenüber dem Leben hier und im Jenseits. Besteht Moral im Gehorsam gegenüber dem Willen eines vollkommen moralischen Wesens und sollen wir nach einem rechtschaffenen Leben streben, weil wir damit Gott gefallen? Oder sollen wir ein edles Leben führen, weil ein edles Leben nur um seiner selbst willen wünschenswert ist und weil es Glück um uns herum verbreitet und die Wünsche unserer eigenen Natur befriedigt? Soll unsere geistige Haltung die des Kniens oder Stehens sein? Sollen unsere Augen auf den Himmel oder auf die Erde gerichtet sein? Ist das Gebet zu Gott vernünftig und hilfreich, der natürliche Hilferuf eines Kindes an einen himmlischen Vater? Oder ist es andererseits ein nutzloser Appell an eine unbekannte und unverantwortliche Macht? Soll die Triebfeder unseres Handelns die Idee der Pflicht gegenüber Gott sein oder das Gefühl der Notwendigkeit, unser Wesen in Einklang mit den Gesetzen des Universums zu bringen? Mir scheint, dass diese Fragen von so schwerwiegender und lebenswichtiger Bedeutung sind, dass es keiner Entschuldigung bedarf, um auf sie aufmerksam zu machen; und aufgrund ihrer Bedeutung für die Menschheit fordere ich die Führer der religiösen und nicht-religiösen Welt gleichermaßen auf, die Christen , Theisten, Pantheisten und diejenigen, die keinen bestimmten Namen haben, ihre jeweiligen Ansichten gebührend zu prüfen. In dieser Schlacht kann der einfache Fußsoldat mit seiner Lanze den Schild des Ritters berühren, und die Bedeutungslosigkeit des Herausforderers befreit den General nicht von der Pflicht, den ihm vor die Füße geworfenen Fehdehandschuh aufzuheben. Eine persönliche Niederlage ist mir wenig wichtig, wenn am Ende des Konflikts die strahlende Gestalt der Wahrheit noch fester inthronisiert werden sollte. Einen Fehler jedoch möchte ich unbedingt vermeiden, und das ist der Fehler der Mehrdeutigkeit. Sowohl die Orthodoxen als auch die Freidenker führen einen Großteil nutzloser Kämpfe, weil sie den Standpunkt des jeweils anderen in der Kontroverse bloß nicht verstehen. Es erscheint daher für die Durchführung der folgenden Untersuchung unabdingbar, dass die Bedeutung der verwendeten Begriffe unmissverständlich klar ist. Ich beginne daher mit der Definition der technischen Ausdrucksformen, die in meiner Argumentation verwendet werden sollen. Die Definitionen können gut oder schlecht sein, das ist nicht wichtig. Es ist lediglich erforderlich, dass der Sinn, in dem die verschiedenen Begriffe verwendet werden, klar verstanden wird. Wenn Menschen nur kämpfen, um die Wahrheit zu entdecken, ist eine Bestimmtheit des Ausdrucks ihre besondere Pflicht. und wie es so treffend heißt: „Wenn die Kämpfer aufrichtig sind, kann die Wahrheit dem Sieger und dem Besiegten Lorbeeren bescheren: Lorbeeren dem Sieger, weil er die Wahrheit hochgehalten hat, Lorbeeren sind dem Besiegten weiterhin willkommen, dessen Niederlage ihn mit einer Wahrheit krönt, die er vorher nicht kannte.“

Die Definitionen, die mir unbedingt notwendig erscheinen, sind folgende:

Mit Materie wird das ausgedrückt, was greifbar ist. *Mit Geist (oder spirituell)* werden jene immateriellen Kräfte ausgedrückt, deren Existenz uns nur durch die von ihnen hervorgerufenen Wirkungen bewusst wird.

dem Begriff Substanz wird das ausgedrückt, was an sich und durch sich selbst existiert und dessen Begriff nicht den Begriff von etwas Vorangehendem voraussetzt.

Mit Gott wird ausschließlich jenes Wesen dargestellt, das von den Orthodoxen mit bestimmten physischen, intellektuellen und moralischen Eigenschaften ausgestattet wurde.

Dieser letzten Definition muss besondere Aufmerksamkeit gewidmet werden, weil der Begriff „Atheist" oft zu Unrecht jedem Denker an den Kopf geworfen wird, der es wagt, zu kritisieren *die populäre und traditionelle Vorstellung* von Gott; und verschiedene Schulen, theistische und nicht-theistische, werfen sich mit diesem vagen Beinamen in gegenseitigem Vorwurf nur allzu leicht den Rücken zu.

Als Beispiel für diesen unbarmherzigen und unfairen Gebrauch hässlicher Namen ist die Bezeichnung des verstorbenen Herrn Austin Holyoake durch alle Schulen als „Atheist" zu nennen. Er selbst hat diesen Namen angenommen, obwohl er (wie wir in einem gedruckten Bericht über eine Diskussion am Victoria Institute finden) klar zum Ausdruck brachte, dass er die Möglichkeit der Existenz Gottes nicht leugne, sondern nur die Möglichkeit der Existenz jenes Gottes leugne, an den ihn die Orthodoxen zu glauben ermahnten. Es ist also gut, im Voraus gegen die Verwendung dieses Namens zu protestieren, da er gegenwärtig so viel Vorurteil in der Bevölkerung mit sich bringt, dass er jede Möglichkeit einer offenen und freien Diskussion verhindert. Es ist einfach ein bequemer Stein, den man einem Gegner an den Kopf schleudern kann, dessen Argumenten man nicht widersprechen kann, eine sichere Art, einen Tumult zu entfachen, der seine Stimme übertönen wird; und wenn er überhaupt eine ernsthafte Bedeutung hat, könnte er, wie ich gleich zeigen werde, durchaus gegen die orthodoxeste Säule des orthodoxen Glaubens eingesetzt werden.

Es ist jedem klar, der sich die Mühe macht, ernsthaft nachzudenken, dass es nur eine ewige und unabgeleitete Substanz geben kann und dass Materie und Geist daher nur verschiedene Manifestationen dieser einen Substanz sein können. Die Unterscheidung zwischen Materie und Geist erfolgt also nur aus Gründen der Bequemlichkeit und Klarheit, so wie wir Wahrnehmung von Urteil unterscheiden können, die jedoch beide gleichermaßen Denkprozesse sind. Materie ist in ihren Bestandteilen dasselbe wie Geist; Existenz ist eins, wie vielfältig ihre Phänomene auch sein mögen; Leben ist eins, wie vielgestaltig seine Entwicklung auch sein mag. So wie sich die Hitze der Kohle von der Kohle selbst unterscheidet, so unterscheiden sich auch Gedächtnis, Wahrnehmung, Urteil, Emotion und Wille vom Gehirn, das das Instrument des Denkens ist. Aber dennoch sind sie alle gleichermaßen Produkte der einen einzigen Substanz und unterscheiden sich nur in ihren Bedingungen. Es kann als selbstverständlich angesehen werden, dass gegen diesen einleitenden Punkt des Arguments der Parteiruf des „reiner Materialismus" erhoben wird, weil „Materialismus" eine Lehre ist, vor der die breite Öffentlichkeit einen unbestimmten Abscheu empfindet. Ich wage jedoch zu behaupten, dass kein vernünftiger Mensch, wenn mit Materie das gemeint ist, was oben als Substanz definiert wurde, umhin kann, ein Materialist zu sein. Die Orthodoxen argumentieren sehr gern zurück zu dem, was sie die Große Erste Ursache nennen. „Gott ist ein Geist", sagen sie, „und von ihm stammt der spirituelle Teil des Menschen." Gut und schön; sie haben einen Teil des Universums bis zu einem Punkt zurückverfolgt, an dem sie begreifen, dass nur eine universelle Essenz möglich ist, die, die sie Gott nennen und die nur Geist ist. Aber dann lade ich sie ein, auf die Anwesenheit von etwas zu achten, das sie nicht als Geist betrachten, *nämlich Materie* . Ich folge ihrem eigenen Argumentationsplan Schritt für Schritt: Ich verfolge die Materie, wie sie den Geist verfolgten, immer weiter zurück, bis ich einen Punkt erreiche, über den ich nicht hinausgehen kann, eine einzige Existenz, Substanz oder Essenz; soll ich deshalb glauben, dass Gott nur Materie ist? Aber wir haben bereits festgestellt, dass Theisten behaupten, er sei nur Geist, und wir können nicht an zwei Widersprüche glauben, wie logisch der Weg auch sein mag, der uns zu ihnen geführt hat; also müssen wir zwei Substanzen anerkennen, die ewig nebeneinander existieren; wenn die Existenz dual ist, dann muss es, wie absurd die Hypothese auch sein mag, zwei erste Ursachen geben. Nicht ich bin für eine so anomale Idee verantwortlich. Die Orthodoxen entziehen sich diesem Dilemma durch eine Annahme, nämlich: „Gott, auf den aller Geist zurückgeht, *schuf* die Materie." Warum bin ich nicht gleichermaßen berechtigt, anzunehmen, dass Materie den Geist schuf, wenn ich so will? Warum sollte ich in einem Argument logisch und in einem anderen unlogisch sein? Wenn wir zu Annahmen kommen, habe ich dann nicht genauso viel Recht auf meine Annahme wie mein Nachbar auf seine? Warum kann er die Erschaffung der einen Hälfte des Universums voraussagen und ich nicht die der anderen Hälfte? Wenn die Annahmen überhaupt in Betracht gezogen werden, dann behaupte ich, dass meine die vernünftigere der beiden ist, da es möglich ist, sich Materie als ohne Geist existierend vorzustellen, während es völlig unmöglich ist, sich vorzustellen, dass Geist ohne Materie existiert. Wir alle wissen, wie ein Stein aussieht, und wir sind es gewohnt, ihn als leblose Materie zu betrachten; aber wer hat eine klare Vorstellung von einem *reinen und einfachen Geist?* Den menschlichen Fähigkeiten ist keine klare Vorstellung davon möglich; wir können uns den Geist nur so vorstellen, wie er in einer Organisation vorhanden ist ; Intelligenz hat keine nennenswerte Existenz, außer als sie im Gehirn wohnt und sich in Ergebnissen manifestiert. Die Linien von Geist und Materie sind nicht eins, sagen die Orthodoxen; sie verlaufen rückwärts nebeneinander; warum sollte ich dann, wenn ich dem Verlauf dieser beiden parallelen Linien folge, plötzlich eine in die andere biegen? Und nach welchem Auswahlprinzip soll ich diejenige auswählen, die ich krümmen soll? Ich muss es wirklich ablehnen, Logik zu verwenden, soweit sie die orthodoxe Idee von Gott unterstützt, und sie willkürlich über Bord werfen, sobald sie mit dieser Idee in Konflikt gerät. Ich sehe mich dann gezwungen zu glauben, dass in allem um mich herum nur eine einzige Substanz existiert; dass das Universum ewig ist, oder zumindest ewig, soweit es unsere Fähigkeiten betrifft, da wir nicht, wie es jemand so treffend ausgedrückt hat, „überall hinaus gelangen können"; dass eine Gottheit nicht getrennt vom Universum, vor oder nach dem Universum existierend gedacht werden kann; dass der Arbeiter und das Werk unentwirrbar miteinander verwoben und in gewissem Sinne ewig und unauflöslich miteinander verbunden sind. Nachdem wir so weit gekommen sind, wollen wir nun die Möglichkeit untersuchen, die Existenz dieses einen Wesens, das allgemein mit dem Namen Gott bezeichnet wird , unter den von den Orthodoxen streng definierten Bedingungen zu beweisen. Nachdem ich gezeigt habe, wie ich hoffe, dass die orthodoxe Vorstellung von Gott unvernünftig und absurd ist, wollen wir versuchen herauszufinden, ob beim gegenwärtigen Stand unserer Fähigkeiten *überhaupt eine* Vorstellung von Gott erreichbar ist, die diesen Namen einer Idee verdient.

Die orthodoxen Gottesgläubigen spalten sich in zwei Lager: Das eine vertritt die Ansicht, die Existenz Gottes sei durch jede mathematische Aussage beweisbar, das andere behauptet, seine Existenz sei mit dem Verstand nicht beweisbar. Ich wähle Dr. McCann, einen Mann von beträchtlichem Ruf, als Vertreter der ersten dieser beiden gegensätzlichen Denkschulen und gebe die Position des Doktors in seinen eigenen Worten wieder: „Der Zweck des folgenden Aufsatzes ist es, die Falschheit aller dieser Annahmen zu beweisen" (d . h., dass die Existenz Gottes ein unlösbares Problem ist), „indem wir zeigen, dass wir seine Existenz ebenso wenig leugnen dürfen wie jeden Beweis von Euklid. Derjenige, der behauptet, dass zwei beliebige Winkel eines Dreiecks zusammen größer sind als zwei rechte Winkel, würde als einer Widerlegung unwürdig erachtet werden. Wir würden uns damit begnügen zu sagen: „Der Mann ist verrückt" – zumindest mathematisch – und weitermachen. Wenn gezeigt werden kann, dass wir die Existenz einer Gottheit aus denselben Gründen bejahen, aus denen wir die Wahrheit eines geometrischen Satzes bejahen; wenn gezeigt werden kann, dass Ersteres ebenso beweisbar ist wie Letzteres – dann folgt daraus zwangsläufig, dass wir, wenn wir berechtigt sind, den Mann einen Narren zu nennen, der Letzteres leugnet, auch berechtigt sind, den Mann einen Narren zu nennen, der sagt, dass es keinen Gott gibt, und in und sich weigern , ihm entsprechend seiner Torheit zu antworten." Dieser Weg ist sehr praktisch, wenn Sie auf einen unbeholfenen Gegner treffen, den Sie nicht durch Gefühle und Deklamation zum Schweigen bringen können. Nochmals: "Zusammenfassend halten wir es für sehr wichtig, beweisen zu können, dass, wenn der Mathematiker berechtigt ist, zu behaupten, dass die drei Winkel eines Dreiecks zwei rechten Winkeln entsprechen, der Christ ebenso berechtigt ist, zu behaupten, dass er nicht nur gezwungen ist, an Gott zu glauben, sondern dass er ihn kennt. Und dass derjenige, der die Existenz der

Gottheit leugnet, einer ernsthaften Widerlegung ebenso wenig würdig ist wie derjenige, der einen mathematischen Beweis leugnet." ("Eine Demonstration der Existenz Gottes", eine Vorlesung gehalten am Victoria Institute, 1870, S. I und II.) Dr. McCann beweist seine sehr verblüffende These, indem er sechs Aussagen als Axiome festlegt, die, so einleuchtend sie für den christlichen Traditionalisten auch sein mögen, für den skeptischen Intellekt dunkel sind. Er scheint sich dieses Mangels seiner sogenannten Axiome bewusst zu sein, denn er fährt fort, jedes einzelne davon ausführlich zu beweisen, und vergisst dabei, dass die einfache Aussage eines Axioms unmittelbare Überzeugungskraft vermitteln sollte – dass es nur verstanden werden muss, um akzeptiert zu werden. Lassen wir dies jedoch beiseite: Unser Lehrer zieht, nachdem er seine Axiome dargelegt und „bewiesen" hat, seine Schlussfolgerungen daraus; und da seine Grundlagen nicht solide sind, ist es kaum verwunderlich, dass sein Überbau unsicher ist. Ich kenne keine so wirksame Methode, einen Gegner zu besiegen, wie alle aufgeworfenen Fragen zu beantworten, jeden Streitpunkt anzunehmen, Annahmen als Axiome zu bezeichnen und dann fortzufahren, von ihnen aus zu argumentieren. Es lohnt sich wirklich nicht, Dr. McCann im Detail zu kritisieren , da seine Vorlesung nichts weiter als eine Ansammlung von Trugschlüssen und unbewiesenen Behauptungen ist. Die christliche Höflichkeit erlaubt es ihm, diejenigen, die seinen Annahmen widersprechen, „Narren" zu nennen; und da diese Beschimpfungen von denen, die er als Ungläubige angreift, als unzulässig angesehen werden, ist es ein wenig schwierig, Dr. McCann „gemäß seinen" Verdiensten zu „antworten". Ich begnüge mich damit, denjenigen, die erfahren möchten, wie vorgetäuschte Argumentation als solides Argument durchgehen kann, wie inkonsequente Aussagen als Logik durchgehen können, diese Vorlesung besser zu studieren. Ich für meinen Teil gestehe, dass meine „Torheit" noch nicht so ausgeprägt ist, dass ich Dr. McCanns Schlussfolgerungen akzeptieren könnte.

Der beste Vertreter der zweiten orthodoxen Partei, derer, die zugeben, dass die Existenz Gottes nicht beweisbar ist, ist der verstorbene Dean Mansel . In seinen „Limits of Religious Thought", den Bampton Lectures von 1867, vertritt er eine absolut unangreifbare Position. Die Besonderheit dieser Position besteht jedoch darin, dass er, die Säule der Orthodoxie, der berühmte Verteidiger des Glaubens gegen deutsche Ungläubigkeit und alle Formen des Rationalismus, Gott aus genau demselben Blickwinkel betrachtet wie ein bekannter moderner „Atheist". Ich habe manchmal fast gezögert, welchen Autor ich zitieren sollte, so identisch sind ihre Gedanken. Wahrscheinlich würden weder Dean Mansel noch Mr. Bradlaugh mir dafür danken, dass ich ihre Namen in Klammern gesetzt habe; aber ich muss gestehen , dass die Argumente, die der eine verwendet, um die endlosen Absurditäten zu beweisen, in die wir geraten, wenn wir versuchen, die Natur Gottes zu verstehen, genau dieselben Argumente sind, die der andere verwendet, um zu beweisen, dass Gott, wie die Orthodoxen glauben, nicht existieren kann. Ich zitiere jedoch ausschließlich aus dem Werk des Dekans, weil es neuartig und angenehm zugleich ist, sich gerade dann von Mutter Kirche beschützt zu fühlen, wenn man ihre Grundlagen in Frage stellt; und auch, weil der Name des Dekans einen so orthodoxen Beigeschmack hat, dass seine Autorität erkennen lässt, wo dieselben Worte von jemandem, der außerhalb der Grenzen der Orthodoxie steht, mit Argwohn betrachtet würden. Dennoch möchte ich klarstellen, dass ich nie ein „ atheistischeres " Buch als diese Bampton-Vorlesungen – zumindest nicht den ersten Teil davon – gelesen habe; und hätte das Titelblatt den Namen eines bekannten Freidenkers getragen, wäre es in der religiösen Welt mit einem Sturm der Entrüstung aufgenommen worden.

Die erste Definition, die von den Orthodoxen als Merkmal Gottes aufgestellt wurde, ist, dass er ein unendliches Wesen ist. „Es gibt nur einen lebendigen und wahren Gott … von *unendlicher* Macht usw." (Artikel der Religion, 1.) Es wurde gesagt, dass *unendlich nur unbestimmt* bedeutet , aber ich muss gegen diese Schwächung eines wohldefinierten theologischen Begriffs protestieren. Der Begriff „ *unendlich* " wurde immer als weit mehr als unbestimmt verstanden; er bedeutet wörtlich *grenzenlos* : Das Unendliche hat keine Begrenzungen, keine möglichen Einschränkungen, keinen „Umfang". Menschen, die nicht über die Bedeutung der von ihnen verwendeten Wörter nachdenken, sprechen sehr frei und vertraut von der „Unendlichkeit" Gottes, als ob der Begriff keine Widersprüche implizierte. Wenn Sie leugnen, dass Gott unendlich ist, werden Sie sofort als Atheist bezeichnet, aber wenn Sie Ihren Gegner zu einer Definition des Begriffs drängen, werden Sie im Allgemeinen feststellen, dass er nicht weiß, wovon er spricht. Dean Mansel weist mit seiner präzisen Denkweise auf alles hin, was diese Eigenschaft Gottes impliziert, und es wäre gut, wenn diejenigen, die „an einen unendlichen Gott glauben", versuchen würden, zu erkennen , was sie damit ausdrücken. Die halbe Schlacht des Freidenkertums ist gewonnen, wenn die Menschen den Begriffen, die sie verwenden, eine bestimmte Bedeutung beimessen. Das Unendliche hat keine Grenzen; dann kann das Endliche nicht existieren. Warum? Weil Sie das Unendliche durch die bloße Anerkennung einer Existenz neben dem Unendlichen einschränken. Indem Sie sagen: „Dies ist nicht Gott", machen Sie ihn sofort endlich, weil Sie seiner Natur eine Grenze setzen; Sie unterscheiden zwischen ihm und etwas anderem, und durch die bloße Handlung schränken Sie ihn ein; das, *was nicht er ist,* ist wie ein Fels, der die Wellen des Ozeans aufhält; an dieser Stelle wird eine Grenze gefunden, und indem man eine Grenze findet, wird das Unendliche zerstört. Die Orthodoxen mögen entgegnen: „Dies ist nur eine Frage der Begriffe", aber es ist gut, sie dazu zu zwingen, die Dogmen zu erkennen , die sie uns unter so schrecklichen Strafen für die Ablehnung auferlegen. Ich weiß, was „ein unendlicher Gott" bedeutet, und da ich vom

Universum getrennt bin, fühle ich mich gezwungen, die Möglichkeit seiner Existenz zu leugnen. Es ist doch sicher fair, dass die Orthodoxen auch wissen, was die Worte bedeuten, die sie in diesem Zusammenhang verwenden, und den Begriff aufgeben, wenn sie an einem „persönlichen" Gott festhalten, der sich von der „Schöpfung" unterscheidet. – Außerdem – und hier zitiere ich Dean Mansel – muss das „Unendliche" so aufgefasst werden, dass es die Summe nicht nur aller tatsächlichen, sondern auch aller möglichen Seinsweisen in sich enthält. ... Wenn irgendeine mögliche Seinsweise verneint werden kann ... ist es in der Lage, mehr zu werden, als es jetzt ist, und eine solche Fähigkeit ist eine Einschränkung. (Die Lücke bezieht sich auf das „absolute" Sein Gottes, das besser getrennt betrachtet werden sollte.) „Eine nicht verwirklichte Möglichkeit ist notwendigerweise (eine Beziehung und) eine Grenze." So wird die Orthodoxie durch die mächtige Logik ihres eigenen Verfechters zerstört. Gott ist unendlich; in diesem Fall ist alles, was existiert, Gott; alle Phänomene sind Arten des göttlichen Seins; es gibt buchstäblich nichts, was nicht Gott ist. Werden die Orthodoxen diese Position akzeptieren? Das führt sie zwar in den extremsten Pantheismus, aber was soll das? Sie glauben an einen „unendlichen Gott" und sind deshalb zwangsläufig Pantheisten. Wenn sie dagegen Einwände haben, müssen sie die Vorstellung aufgeben, dass ihr Gott überhaupt unendlich ist; es steht ihnen keine Zwischenposition offen; er ist unendlich oder endlich, was von beidem?

Gott ist „vor allen Dingen", er ist das einzige absolute Wesen, das von nichts außerhalb seiner selbst abhängig ist; alles, was nicht Gott ist, ist relativ; das heißt, dass Gott allein existiert und nicht notwendigerweise mit irgendetwas anderem verbunden ist. Die Orthodoxen glauben sogar, dass Gott zu einem früheren Zeitpunkt (der kein Zeitraum ist, sagen sie, weil es damals keine Zeit gab – zu diesem verschwommenen „Zeitpunkt" existierte er jedoch) allein existierte, *d . h. als das, was man ein absolutes Wesen* nennt : Diese Vorstellung ist für alle notwendig, die in irgendeiner Weise an einen *Schöpfer glauben* .

„Du, in Deiner fernen Ewigkeit,

Lebtest und liebst du allein?"

So singt ein christlicher Minnesänger; und eines der Argumente, die für eine Dreifaltigkeit vorgebracht werden, ist, dass eine Vielzahl von Personen notwendig ist, damit Gott in der „Zeit", als er allein war, lieben konnte. Auf diesen Punkt gehe ich jetzt jedoch nicht ein. Aber was impliziert dieses Absolute? Eine einfache Unmöglichkeit der Schöpfung, genau wie das Unendliche; denn die Schöpfung impliziert, dass das Relative ins Dasein gebracht und so das Absolute zerstört wird. „Auch hier scheint uns die pantheistische Hypothese aufgezwungen zu sein. Wir können uns die

Schöpfung nur als eine Veränderung des Zustands dessen vorstellen, was bereits existiert, und daher ist die Kreatur nur als eine phänomenale Art des Seins des Schöpfers vorstellbar." So taucht einmal mehr das gefürchtete Gespenst des Pantheismus auf, „die trostlose Trostlosigkeit einer pantheistischen Wildnis"; und wer ist der Moses, der uns in diese Wüste geführt hat? Es ist ein Führer der Orthodoxie, ein Würdenträger der Kirche; Es ist Dekan Mansel , der seine Hand zum Universum ausstreckt und sagt: „Dies ist dein Gott, oh Israel."

Die beiden höchsten Eigenschaften Gottes führen uns also zum tiefsten Pantheismus. Bevor ich auf die anderen göttlichen Eigenschaften eingehe, möchte ich den Leser auffordern, innezuhalten und zu versuchen, dieses unendliche und absolute Wesen zu begreifen . „Dass ein Mensch sich des Unendlichen bewusst sein kann, ist also eine Annahme, die sich in den Begriffen, in denen sie ausgedrückt wird , selbst zunichte macht ... Das Unendliche muss, wenn es überhaupt begriffen werden soll, als potentiell alles – und tatsächlich nichts – begriffen werden; denn wenn es irgendetwas im Allgemeinen gibt, das es nicht werden kann, ist es dadurch begrenzt; und wenn es irgendetwas im Besonderen gibt, das es tatsächlich ist, ist es dadurch davon ausgeschlossen, irgendein anderes Ding zu sein. Aber es muss auch wiederum als tatsächlich alles und potentiell nichts begriffen werden; denn eine nicht verwirklichte Potentialität ist ebenfalls eine Begrenzung. Wenn das Unendliche" (in der Zukunft) „das sein kann, was es" (in der Gegenwart) „nicht ist, ist es durch eben diese Möglichkeit als unvollständig und einer höheren Vollkommenheit fähig gekennzeichnet. Wenn es tatsächlich alles ist, besitzt es kein charakteristisches Merkmal, durch das es von irgendetwas anderem unterschieden und als Objekt des Bewusstseins erkannt werden könnte." Ich denke also, dass wir uns, wie Dr. Mansel gezeigt hat , damit zufrieden geben müssen, anzuerkennen, dass Gott in seiner eigenen Natur – von diesem Standpunkt aus betrachtet – völlig außerhalb unserer Fähigkeit liegt; *in Bezug auf uns existiert er nicht* , da er nicht unterscheidbar und nicht wahrnehmbar ist . Die Kirche könnte mit Recht ausrufen: „Rette mich vor meinen Freunden!", wenn ein Dekan zugibt, dass ihr Gott ein sich selbst widersprechendes Phantom ist; seltsamerweise gefällt dies der Kirche jedoch und sie akzeptiert diese verhängnisvolle Vorherrschaft. Ich hätte dieses Argument ganz in meinen eigenen Worten vorbringen können, denn das Thema ist jedem vertraut, der versucht hat, sich eine klare Vorstellung von dem Wesen zu machen, das „Gott" genannt wird, aber ich habe es vorgezogen, meine eigene Meinung mit der Autorität eines so orthodoxen Mannes wie Dekan Mansel zu untermauern , im Vertrauen darauf, dass die Orthodoxen dadurch gezwungen werden könnten, zu erkennen, wohin die Logik sie führt. Alle, die sich für dieses Thema interessieren, sollten seine Vorlesungen sorgfältig studieren; es ist wirklich nicht schwierig, ihnen zu folgen, wenn der Student sich die Mühe macht, sich die von ihm verwendeten

Begriffe ein für alle Mal anzueignen. Das Buch wurde mir vor Jahren von einem Geistlichen geliehen und hat mehr als jedes andere Buch, das ich kenne, dazu beigetragen, mich zu dem zu machen, was man einen „Ungläubigen" nennt; es beweist auf anschauliche Weise, dass es uns unmöglich ist, eine logische, vernünftige und eindeutige Vorstellung von Gott zu haben, und dass es völlig hoffnungslos ist, zu versuchen, seine Existenz zu begreifen . Es scheint hier notwendig, einen kurzen Exkurs zu machen, um zum Nutzen derjenigen, die das Buch, aus dem ich zitiert habe, nicht gelesen haben, zu erklären, wie Dean Mansel es vermieden hat, ein „Atheist" zu werden. Es ist eine merkwürdige Tatsache, dass der letzte Teil dieses Buches wegen seiner Annahmen ebenso bemerkenswert ist wie der frühere Teil wegen seiner erbarmungslosen Logik. Wenn er mit gutem Grund sagen sollte: „Wir können nichts wissen und können daher nichts glauben", sagt er stattdessen: „Wir können nichts wissen und nehmen daher die Offenbarung als selbstverständlich hin." Ein atheistischer Denker überrascht uns plötzlich, indem er ein frommer Christ wird; der scheinbare Feind der Gläubigen „verwandelt sich in einen Engel des Lichts". Die Existenz Gottes „ist für die Vernunft unfassbar", und daher „ist der einzige Grund, der dafür sprechen kann, eine Darstellung davon einer anderen vorzuziehen, dass die eine offenbart und die andere nicht offenbart ist". Es ist das Eingeständnis einer zuvor gefassten *Entschlossenheit* , um jeden Preis zu glauben; es ist ein Wehklagen der Hilflosigkeit; die wahre Vergöttlichung der Verzweiflung. Wir können keine Geschichte haben, also lasst uns an ein Märchen glauben; wir können nichts entdecken, also lasst uns alles annehmen; wir können keine Wahrheit finden, also lasst uns den ersten Mythos nehmen, der uns in die Hände fällt. Hier fühle ich mich gezwungen, mich vom Dekan zu trennen und es ihm zu überlassen, an das zu glauben, es anzubeten und zu lieben, was er selbst als ununterscheidbar und unerkennbar bezeichnet hat ; es mag ein Akt des Glaubens sein, aber es ist eine Kreuzigung des Intellekts; es mag eine Befriedigung der Sehnsüchte des Herzens sein, aber es entthront die Vernunft und trampelt sie in den Staub.

Wir fahren mit unserer Untersuchung der Eigenschaften Gottes fort. Er wird als der Höchste Wille, die Höchste Intelligenz und die Höchste Liebe dargestellt.

Als der höchste Wille . Was meinen wir mit „Wille"? Im üblichen Sinne des Wortes beinhaltet Wille sicherlich die Macht und den Akt der Wahl. Uns stehen zwei Wege offen, und wir wollen lieber den einen als den anderen beschreiten. Aber können wir uns die Macht der Wahl im Zusammenhang mit Gott vorstellen? Von zwei Wegen, die uns offen stehen, muss einer notwendigerweise besser sein als der andere, sonst wären sie nicht zu unterscheiden und nur ein einziger; Vollkommenheit bedeutet, dass immer der höhere Weg eingeschlagen wird; was wird dann aus der Macht der Wahl?

Wir wählen, weil wir unvollkommen sind; wir wissen nicht alles, was mit der Angelegenheit zusammenhängt, auf die wir unseren Willen anwenden wollen; wenn wir alles wüssten, würden wir unweigerlich in eine Richtung getrieben, die der *bestmögliche Weg ist* . Je größer das Wissen, desto eingeschränkter der Wille; je edler die Natur, desto unmöglicher der niedrigere Weg. Spinoza weist am deutlichsten darauf hin, dass die Gottheit die Dinge *nicht* anders hätte machen können, als sie gemacht sind, weil jede Änderung in ihrem Handeln eine Änderung ihrer Natur bedeuten würde; Gott muss vor allem an die Notwendigkeit gebunden sein. Wenn wir überhaupt an einen Gott glauben, müssen wir ihm gewiss Vollkommenheit der Weisheit und Vollkommenheit der Güte zuschreiben; wir sind dann gezwungen, ihn uns - so seltsam es auch denen klingen mag, die nicht nur ohne zu sehen, sondern auch ohne zu denken an ihn glauben - als willenlos vorzustellen, weil er notwendigerweise immer den Weg verfolgen muss, der der weiseste und beste ist.

Als höchste Intelligenz . Die erste Frage lautet wiederum: Was meinen wir mit Intelligenz? Im üblichen Sinne des Wortes impliziert Intelligenz die Ausübung der verschiedenen intellektuellen Fähigkeiten und fasst die Ideen der Wahrnehmung, des Vergleichs, des Gedächtnisses, des Urteils usw. in einem Wort zusammen. Allein die Aufzählung dieser Fähigkeiten reicht aus, um zu zeigen, wie völlig unangemessen sie sind, wenn man sie in Verbindung mit Gott betrachtet. Nimmt Gott wahr, was er vorher nicht wusste? Vergleicht er eine Tatsache mit einer anderen? Zieht er aus dieser Korrelation von Wahrnehmungen Schlussfolgerungen und entscheidet so, was das Beste ist? Erinnert er sich, wie wir uns erinnern, an längst vergangene Ereignisse? Vollkommene Weisheit schließt aus der Idee Gottes alles aus, was beim Menschen Intelligenz genannt wird; sie beinhaltet Unveränderlichkeit, völlige Stille; sie impliziert ein Wissen um alles, was erkennbar ist; sie beinhaltet eine Kenntnis aller Tatsachen, eine Kenntnis, die in der Vergangenheit nie geringer war und in der Zukunft nie größer sein kann. Die Aufnahme eines neuen Gedankens oder einer neuen Idee zu irgendeinem Zeitpunkt ist unmöglich bis zur Perfektion, denn wenn sie jemals in der Zukunft erweitert werden könnte, ist sie in der Vergangenheit notwendigerweise etwas weniger als perfekt.

Als höchste Liebe . Hier kommen wir zum dunkelsten Problem der Existenz. Liebe, Herrscherin der Welt, die durch und durch von Schmerz, Leid und Sünde durchdrungen ist? Liebe, Triebfeder einer Natur, deren Grausamkeit manchmal entsetzlich ist? Liebe? Denken Sie an das „Märtyrertum des Menschen!" Liebe? Verfolgen Sie die Geschichte der Kirche! Liebe? Studieren Sie die Annalen des Sklavenhandels! Liebe? Gehen Sie durch die Höfe und Gassen unserer Städte! Es hat keinen Sinn, zu versuchen, diese Dinge wegzuerklären oder sie mit einem Schleier des Schweigens zu bedecken; es ist besser, ihnen ehrlich ins Gesicht zu sehen und unsere Glaubenssätze anhand unerbittlicher Tatsachen zu prüfen. Es ist töricht, eine empfindliche Stelle zu behalten, die nicht berührt werden darf; denn eine Stelle, die bei Berührung schmerzt, weist auf eine Krankheit hin: Es ist weitaus klüger, fest darauf zu drücken und, wenn dort Gefahr lauert, die Sonde oder das Messer zu verwenden. Wir haben kein Recht, das Edelste und Schönste im Menschen herauszupicken, diese Eigenschaften in den Raum zu projizieren und sie Gott zu nennen. Wir erschaffen nur so eine ideale Gestalt, einen geläuterten, geadelten, „vergrößerten" Menschen. Wir haben kein Recht, unsere Augen vor dem traurigen „ *revers de la medaille* " *zu verschließen* und die größere Hälfte seiner Schöpfung aus unseren Vorstellungen vom Schöpfer auszuklammern. Wenn wir den Arbeiter anhand seiner Werke entdecken wollen, dürfen wir nicht zwischen diesen Werken auswählen; wir müssen sie so nehmen, wie sie sind, „gut" und „schlecht". Wenn wir nur ein Ideal wollen, lasst uns auf jeden Fall eines erschaffen und es *Gott nennen* , wenn wir es so besser erreichen können, aber wenn wir eine wahre Induktion wollen, müssen wir *alle* Fakten in Betracht ziehen. Wenn Gott als Schöpfer des Universums betrachtet werden soll und wir durch seine Werke etwas über ihn erfahren wollen, dann müssen wir in unserer Vorstellung von ihm Platz schaffen für die Lawine und das Erdbeben, für den Tigerzahn und die Schlangenfalle, ebenso wie für die Zärtlichkeit der Frau und die Stärke des Mannes, den strahlenden Glanz des Sonnenscheins auf der goldenen Ernte und das sanfte Plätschern der Sommerwellen auf dem schimmernden Kiesstrand.*

* *„Ich weiß, es ist für die Orthodoxen üblich, wenn sie die*

moralischen Charakter ihres Gottes zu sagen: „Alles Böse, das

existiert, ist vom Menschen; Alles, was Gott getan hat, ist nur gut.' Aber

vorausgesetzt (was durch Fakten nicht belegt wird), dass der Mensch der

einziger Urheber des Leids und des Unrechts, das im Überfluss vorhanden ist in der

Welt, ist es schwer zu sehen, wie der Schöpfer frei sein kann

von der Zurechnung. Hat Gott nicht, der Orthodoxie zufolge, geplant

alle Dinge mit der unfehlbaren Wahrnehmung, dass die Ereignisse

Vorausgesehenes muss geschehen? Basierte diese genaue Voraussicht nicht auf

auf die Unbeugsamkeit der ewigen Absichten Gottes?

die Zwecke gingen in der natürlichen Ordnung zumindest dem

Voraussicht und bildete die Grundlage dafür, der Mensch ist geworden

umfassend das Instrument, Unheil in der Welt zu stiften

Was ist die Natur Gottes? Unendlich und absolut, entzieht er sich unserer Berührung; ohne menschlichen Willen, ohne menschliche Intelligenz, ohne menschliche Liebe, wo können seine Fähigkeiten — das Wort selbst ist eine Fehlbezeichnung — eine Begegnung mit unseren finden? Ist er alles oder nichts? Einer oder viele? *Wir wissen es nicht. Wir wissen nichts.* Zu dieser Schlussfolgerung treibt uns die Orthodoxie mit ihrem vorgetäuschten Glauben, der Leichtgläubigkeit ist, mit ihren vorgetäuschten Beweisen, die Annahmen sind. Sie definiert und skizziert die Vollkommenheiten der Gottheit, und sie lösen sich auf, wenn wir versuchen, sie zu begreifen; nirgends sind diese Ideen auch nur einen Augenblick haltbar; nirgends ist diese Position vertretbar. Die Orthodoxie treibt Denker in den Atheismus; müde von ihren Widersprüchen rufen sie: „Es gibt *keinen Gott*"; *der führende Denker der Orthodoxie führt uns selbst in den Atheismus. Kein logischer, unparteiischer Geist kann dem Unglauben durch die Falltür entkommen, die Dean* Mansel geöffnet hat : Er hat uns Vernunft gelehrt, und wir können die Vernunft nicht unterdrücken. Der „Schlangenintellekt" — wie ihn der Bischof von Peterborough nennt — hat sich fest um den Baum der Erkenntnis gewunden, und in diesem Typus sehen wir im Hebräischen nicht das Antlitz des Todes, doch in den älteren Glaubensrichtungen verehren wir ihn als Symbol des Lebens.

Es gibt noch eine weitere Tatsache, eine historische, die ebenfalls eher destruktiver Natur ist und die mir von größter Bedeutung zu sein scheint: die allmähliche Abschwächung des Gottesgedankens angesichts des wachsenden Lichts wahren Wissens. Für den Wilden ist alles göttlich; er hört die Stimme eines Gottes im Donnerschlag, die eines anderen im Tosen des Erdbebens, er sieht eine Gottheit in den Bäumen, eine Gottheit lächelt ihm aus den klaren Tiefen der Flüsse und Seen zu; jedes Naturphänomen ist die Wohnstätte eines Gottes; jedes Ereignis wird von einem Gott gelenkt; jedem Ereignis liegt göttlicher Wille zugrunde. Für ihn ist die Herrschaft der Götter eine strenge Realität; wenn er sie beleidigt, wenden sie die Naturgewalten gegen ihn; Flut, Hungersnot und Pest sind die Aushängeschilder des rächenden Zorns der Götter. Mit dem Fortschreiten der Zivilisation nimmt die Zahl der Gottheiten ab, die göttlichen Kräfte konzentrieren sich immer mehr in einem Wesen, und Gott herrscht über die ganze Erde, macht die Wolken zu seinem Wagen und regiert als König über den Wasserfluten . Physikalische Phänomene sind immer noch seine Agenten, die seinen Willen unter den Menschenkindern durchsetzen; er lässt große Hagelkörner vom Himmel auf seine Feinde regnen, er tötet ihre Herden und verwüstet ihre Länder, aber seine Auserwählten sind unter seinem Schutz sicher, selbst wenn sie von allen Seiten von Gefahren umgeben sind; „Du sollst dich nicht fürchten vor dem Schrecken der Nacht, vor dem Pfeil, der am Tag fliegt , vor der Pest, die im Dunkeln wandelt , vor der Krankheit, die am Mittag vernichtet . Tausend werden neben dir fallen und zehntausend zu deiner Rechten; aber es wird dich nicht erreichen ... Er wird dich unter seinen Flügeln beschützen, und du sollst unter seinen Federn sicher sein." (Psalm 101, Gebetbuch.) Die Erfahrung widersprach dieser Theorie ziemlich deutlich, und sie wich langsam der Logik der Tatsachen; sie ist jedoch bei uns immer noch mehr oder weniger weit verbreitet, wie wir sehen, wenn die Belagerung von Paris als Urteil über die Pariser Gottlosigkeit verkündet wird und wenn die ganze Nation auf die Knie fällt, um die Viehpest als verdiente Strafe für ihre Sünden anzuerkennen! Der nächste Schritt vorwärts war, das Physische vom Moralischen zu trennen und zuzulassen, dass physisches Leiden unabhängig von moralischer Schuld oder Rechtschaffenheit auftrat: Die Menschen, die unter dem eingestürzten Turm von Siloah zerquetscht wurden, erwiesen sich dadurch nicht als sündiger als ihre Landsleute. Die Geburt der Wissenschaft läutete die Totenglocke einer willkürlichen und ständig dazwischentretenden höchsten Macht. Die Theorie von Gott als Wundertäter wurde aufgelöst; wenn Gott von nun an überhaupt regierte, musste es wie in der Natur und nicht von außerhalb der Natur geschehen; er erlegte nicht länger etwas außerhalb seiner selbst Gesetze auf, die Gesetze konnten nur der notwendige Ausdruck seines eigenen Seins sein. Darüber hinaus stellte sich heraus, dass Gesetze in ihrer Wirkung unveränderlich sind und sich nicht durch Gebete ändern, sondern in ihrer Wirkung immer aufs Haar genau sind. Langsam, aber sicher stellt sich heraus, dass das Gebet zu Gott um die Veränderung physikalischer Phänomene einfach ein gut gemeinter Aberglaube ist; die Natur weicht nicht von unserem Flehen ab und wankt nicht auf ihrem Weg, auch nicht durch unser leidenschaftlichstes Flehen. Die „Herrschaft des Gesetzes" in physikalischen Angelegenheiten wird sogar von Theologen anerkannt. So wie das Wissen über *das Natürliche Schritt für Schritt* voranschreitet, so schwindet auch der Glaube an *das Übernatürliche Schritt für Schritt* ; so wie sich das Reich der Wissenschaft ausbreitet, so verschwindet das Reich der wundersamen Einmischung allmählich. Die Wirkungen, von denen man früher dachte, sie seien durch das direkte Handeln Gottes verursacht, werden heute als durch die

gleichmäßige und berechenbare Wirkung bestimmter Gesetze verursacht –
Gesetze, die, wenn sie entdeckt sind, unbedingt zu befolgen sind, Aufgabe
der Weisheit. Dinge, für die wir früher gebetet haben, erarbeiten und
erwarten wir heute, und wenn wir scheitern, bitten wir Gott nicht, uns seine
Kraft zu verleihen, sondern wir setzen uns hin und schmieden unsere Pläne
sorgfältiger. Wie soll das enden? Wird die Zukunft wie die Vergangenheit
sein und wird die Wissenschaft die Vorstellung eines persönlichen Gottes
endgültig auslöschen? Dies ist eine Frage, über die im Licht der Geschichte
nachgedacht werden sollte. Bisher war das Übernatürliche immer ein
Ausgleich für die menschliche Unwissenheit; ist es in Wahrheit dies und
nichts anderes?

Ich bin gezwungen, die gesamte obige Argumentation mit einigem
Widerstreben auf jede Denkschule anzuwenden, ob nominell christlich oder
nicht-christlich, die Gott als „verherrlichten Menschen" betrachtet. Dieselbe
strenge Logik schneidet in alle Richtungen und zerstört gleichermaßen die
trinitarische und die unitarische Hypothese, wo immer die Idee von Gott die
eines Schöpfers ist, der sozusagen außerhalb seiner Schöpfung steht. Der
liberale Denker scheint, unabhängig von seiner gegenwärtigen Position,
unfehlbar zu den obigen Schlussfolgerungen getrieben, sobald er sich daran
macht, seine Idee von seinem Gott zu verwirklichen . Die Gottheit muss
notwendigerweise jene eine und einzige Substanz sein, aus der alle Dinge
unter den ungeschaffenen Bedingungen und ewigen Gesetzen des
Universums entstanden sind; sie muss, wie Theodore Parker es etwas seltsam
ausdrückt, „die Materialität der Materie sowie die Spiritualität des Geistes"
sein; *d. h.*, beide müssen Produkte dieser einen Substanz sein: eine Wahrheit,
die bereitwillig akzeptiert wird, sobald man erkennt, dass Geist und Materie
nur unterschiedliche Formen einer Essenz sind. So identifizieren wir
Substanz mit der allumfassenden und belebenden Kraft der Natur und
reduzieren damit die Existenz des Wesens, das von den Orthodoxen als ein
Gott mit den Eigenschaften der Persönlichkeit beschrieben wird, einfach auf
eine physikalische Unmöglichkeit. Die Gottheit wird mit der Natur
identifiziert und erstreckt sich über dieselbe Ausdehnung wie das Universum;
aber der Gott der Orthodoxen existiert nicht mehr; wir können die
Bedeutung von Gott ändern und das Wort verwenden, um eine andere Idee
auszudrücken, aber wir können damit nicht mehr ein persönliches Wesen im
orthodoxen Sinne meinen, das eine Individualität besitzt, die es vom Rest des
Universums unterscheidet. Ich sage, dass ich diese Argumente „mit einiger
Zurückhaltung" verwende, weil viele, die in der Armee des Freidenkertums
edel und tapfer gekämpft haben und kämpfen und denen alle Freidenker viel
Ehre schulden , an einer Idee der Gottheit festzuhalten scheinen, die, wie
schön und poetisch sie auch sein mag, logisch nicht vertretbar ist, und wenn
man die orthodoxe Vorstellung von Gott angreift, greift man
notwendigerweise auch jede Idee einer „persönlichen" Gottheit an. Es gibt

einige Theisten, die aus dem dreieinigen Jehova lediglich den Sohn und den Heiligen Geist herausgeschnitten und die Gottheit in der Person des Vaters konzentriert haben; sie sind zur alten hebräischen Vorstellung von Gott, dem Schöpfer und Erhalter, zurückgekehrt, haben diese jedoch nur erweitert und betrachten Gott als Freund und Vater all seiner Geschöpfe und nicht nur des jüdischen Volkes. Diese Vorstellung hat viel Edles und Anziehendes, und sie wird möglicherweise als Übergangsreligion dienen, um den Schock des Wechsels vom Übernatürlichen zum Natürlichen abzufedern. Sie wird ausschließlich durch einen Prozess des Aufgebens erreicht; christliche Vorstellungen werden eine nach der anderen fallengelassen, und der Gott, an den geglaubt wird, ist der Überrest. Diese theistische Schule hat ihre Gottesvorstellung nicht aus einer allgemeinen Betrachtung der Natur oder aus philosophischer Schlussfolgerung aus Tatsachen gewonnen; sie hat sie nur dadurch gewonnen, dass sie von einer bereits im Geist vorhandenen Vorstellung alles Erniedrigende und Abstoßende an den Dogmen der Trinitätslehre entfernt hat . Es beginnt, wie ich anderswo bemerkt habe, mit einem sehr edlen Axiom: „Wenn es überhaupt einen Gott gibt, muss er mindestens so gut sein wie seine höchsten Geschöpfe", und damit wird die augustinische Idee eines Gottes – dieses von der theologischen Dialektik erfundene Monster – sofort hinweggefegt ; aber dennoch macht dasselbe Axiom Gott zum Bild des Menschen und schafft es nie, über eine menschliche Darstellung der Gottheit hinauszukommen. Es beginnt mit diesem Axiom, und dem Axiom geht ein „wenn" voraus. Es nimmt Gott an und argumentiert dann ziemlich genau, was sein Charakter sein muss. Und dieses „wenn" ist genau der Punkt, um den sich die Argumentation dieses Aufsatzes dreht.

„Wenn es einen Gott gibt", folgt der ganze Rest, aber *gibt es überhaupt einen Gott* in dem Sinne, in dem das Wort allgemein verwendet wird? Und damit komme ich zum zweiten Teil meines Problems; nachdem ich gesehen habe, dass die orthodoxe „Idee von Gott unvernünftig und absurd ist, gibt es dann irgendeine Idee von Gott, die es wert ist, als Idee bezeichnet zu werden, die im gegenwärtigen Zustand unserer Fähigkeiten erreichbar ist?"

Das Argument des Designs scheint mir nicht zufriedenstellend zu sein; es geht entweder zu weit oder nicht weit genug. Warum sollten wir bei der Argumentation aus den Beweisen der Anpassung annehmen, dass sie von einem Geist geplant werden? Es ist genauso einfach, sich Materie als selbstexistent vorzustellen, mit inhärenten Lebensgesetzen, die sie in verschiedene Phänomene formen , wie sich vorzustellen, dass ein intelligenter Geist Materie direkt formt, sodass „die Himmel die Herrlichkeit Gottes verkünden und das Firmament sein Handwerk zeigt ". Ich weiß, es ist üblich, über die Vorstellung schöner Formen, die ohne bewussten Designer existieren, zu spotten, die Anpassungen dieser Welt mit den

Anpassungen der Maschinerie zu vergleichen und dann triumphierend zu fragen: „Wenn aus dem einen Geschicklichkeit abgeleitet werden kann, warum sollte man das andere dem Zufall zuschreiben?" Wir glauben nicht an den Zufall; die stetige Wirkung von Gesetzen ist kein Zufall; die exquisiten Kristalle, die sich unter bestimmten Bedingungen bilden, sind keine „zufällige Ansammlung von Atomen": Die einzige Frage ist, ob die Gesetze, denen wir alle die Natur zuschreiben, der Natur immanent sind oder das Ergebnis eines intelligenten Geistes. Wenn es einen Gesetzgeber gibt, existiert er dann selbst oder braucht er, wie immer wieder von Positivisten, Säkularisten und Atheisten gefragt wurde, einen Schöpfer? Wenn wir einen Moment lang an den gewaltigen Geist denken, der in der Existenz eines Schöpfers des Universums steckt, ist es dann möglich zu glauben, dass ein solcher Geist das Ergebnis des Zufalls ist? Wenn der menschliche Geist einen Meistergeist voraussetzt, wie viel mehr dann der Gottesgeist? Natürlich scheint die Frage absurd, aber sie ist genauso relevant wie die Frage nach einem Weltschöpfer. Wir müssen irgendwo anhalten, und es ist genauso logisch, an einem Punkt anzuhalten wie an einem anderen. Das Argument des Designs wäre wertvoll, wenn wir, wie Herr Gillespie es versucht hat, die Existenz einer Gottheit a priori beweisen könnten.* Wenn dies bewiesen ist, könnten wir dann ziemlich deduktiv zu den verschiedenen offensichtlichen Anzeichen von Geist im Universum argumentieren. Wenn wir Design zulassen, müssen wir uns wiederum fragen: „Wie weit reicht Design?" Wenn einige Phänomene designt sind, warum dann nicht alle? Und wenn nicht alles, nach welchem Prinzip können wir dann das, was geplant ist, von dem, was nicht geplant ist, unterscheiden? Wenn Intellekt und Liebe einen Plan offenbaren, was offenbaren dann Brutalität und Hass? Wenn letztere nicht das Ergebnis eines Plans sind, wie gelangten sie dann ins Universum? Ich wiederhole, dass dieses Argument entweder zu viel oder zu wenig impliziert.*

*_„Die notwendige Existenz einer Gottheit."_

Es gibt nur ein Argument, das mir wirklich gewichtig erscheint, und das ist das Instinkt-Argument. Der Mensch hat Fähigkeiten, die gegenwärtig so erscheinen, als seien sie nicht dem Intellekt entsprungen, und es scheint mir unphilosophisch, diese Art von Tatsachen aus unserer Betrachtung der Natur auszuschließen. Die Natur des Menschen birgt gewisse Gefühle und Emotionen in sich, die ihn, ob vernünftig oder unvernünftig, mächtig und fortwährend beeinflussen; sie sind in der Tat seine stärksten Antriebskräfte, die die Denkfähigkeiten mit unwiderstehlicher Kraft überwältigen; sie brauchen zwar Disziplin und Kontrolle, aber sie müssen nicht zerstört werden und können es auch nicht. Die Gefühle der Liebe, der Ehrfurcht, der Anbetung lassen sich noch nicht auf logische Prozesse reduzieren; sie sind Intuitionen, spontane Emotionen, unverständlich für den scharfen und kalten Intellekt. Man mag über sie lachen oder sie leugnen, aber sie existieren trotz allem; Sie rächen sich, wenn sie nicht berücksichtigt werden, indem sie die besten Pläne zunichte machen, und sie zerreißen ständig die Seile, mit denen die Vernunft sie festzubinden versucht. Ich behaupte nicht, dass diese Intuitionen mit zunehmender psychologischer Kenntnis auf strenge Gesetze reduzierbar sein werden; wir nennen sie Instinkte und Intuitionen, einfach weil wir nicht in der Lage sind, sie bis zu ihrer Quelle zurückzuverfolgen, und dieser vage Ausdruck deckt die Vageheit unserer Ideen ab. Daher darf die Intuition nicht als zuverlässiger Führer akzeptiert werden, aber sie kann eine Hypothese nahelegen, und diese Hypothese muss dann der strengen Überprüfung durch beobachtete Tatsachen unterzogen werden. Wir sind noch nicht in der Lage zu sagen, worauf der Instinkt des Menschen zur Anbetung hinweist oder welche Realität auf sein Verlangen antwortet. Wir dürfen hoffen, dass uns zunehmendes Wissen offenbaren wird, wo die wahre Befriedigung dieses Instinkts liegt: Solange das Verlangen nur ein „Instinkt" ist, kann es nicht vorgeben, logisch vertretbar zu sein oder eine Glaubensregel festzulegen. Dennoch halte ich es für angebracht, darauf hinzuweisen, dass dieser Instinkt im Menschen vorhanden ist und in einigen der edelsten Seelen am stärksten ausgeprägt ist.

*„Gibt es im Menschen einen solchen Instinkt? Könnte nicht der allgemeine

Tendenz zur Verehrung einer Gottheit, überall das Ergebnis der

Einfluss, den Priester auf den Geist durch das Spiel der

geheimnisvolle Unbekannte und Jenseits auf anfällig

Vorstellungen? Was sollen wir außerdem über die immensen

Zahl der philosophischen Buddhisten und Brahmanen, für deren

Trost oder moralische Führung die Idee eines Gottes oder eines Jenseits

wird als völlig unnötig empfunden? Sie können es nicht verstehen,

und folglich würden Handlungen der Anbetung Gottes von

sie fanatisch. Es sind Traditionalisten, die entweder nicht

überhaupt denken, oder nur innerhalb eines engen, konfessionsgebundenen

Kreis, die sich am meisten der Anbetung der Gottheit widmen; und wenn

Hat also nicht die ganze Geschichte der Anbetung ihren Ursprung in

Aberglaube und Priestertum! In diesem Fall ist die Theorie eines

Der Instinkt der Anbetung fällt zu Boden."—Anmerkung des

Editor.

Von all den verschiedenen Gefühlen, die gegenwärtig so „intuitiv" sind, ist keines so mächtig, keines so überwältigend wie dieser Instinkt zur Anbetung, dieses Gefühl der Religion. Für den Menschen ist es ebenso natürlich anzubeten wie zu essen. Er wird es tun, ob es nun vernünftig oder unvernünftig ist. So wie das Baby alles in seinen Mund stopft, so beharrt der Mensch darauf, etwas anzubeten. Man könnte sagen, dass der Instinkt des Babys nicht beweist, dass es richtig ist, wenn es versucht, eine Streichholzschachtel zu verschlingen; das stimmt, aber er beweist die Existenz von etwas Essbarem; ebenso beweisen Fetischanbetung, Polytheismus, Theismus nicht, dass der Mensch richtig angebetet hat, aber beweisen sie nicht die Existenz von etwas Anbetbarem ? Das Argument erhebt natürlich nicht den Anspruch, eine Demonstration zu sein; es ist nichts weiter als die Andeutung einer Analogie. Sollen wir feststellen, dass das Angebot in der gesamten Natur mit der Nachfrage korreliert, und dennoch glauben, dass dieses bisher unveränderliche System plötzlich verändert wird, wenn wir den spirituellen Teil des Menschen erreichen? Ich leugne nicht, dass dieser Instinkt vererbt und durch Gewohnheit gefördert wird. Die Idee der Ehrfurcht vor Gott wird von den Eltern an die Kinder weitergegeben; sie wird in eine abnormale Entwicklung hineinerzogen und so fast unbegrenzt gestärkt; dennoch scheint es mir, dass die Neigung zur Anbetung ein integraler Bestandteil der menschlichen Natur ist. Manchmal wurde auch angenommen, dass dieser Instinkt seine Wurzel in dem Gefühl hat, dass das eigene individuelle Selbst nur ein „Teil eines gewaltigen Ganzen" ist; dass das sogenannte religiöse Gefühl, das durch eine großartige Aussicht oder eine helle, sternenklare Nacht hervorgerufen wird, nur die Erkenntnis der persönlichen Bedeutungslosigkeit und die Ehrfurcht ist, die in der Seele angesichts des mächtigen Universums aufsteigt, dessen Teil wir sind. Was auch immer die Wurzel und die Bedeutung dieses Instinkts sein mögen, es kann kein Zweifel an seiner Stärke bestehen; nichts weckt die Leidenschaften der Menschen so wie die Theologie; für die Religion stürzen sich die Menschen bereitwilliger und freudiger auf den Tod als für jede andere Sache; religiöser Fanatismus ist die tödlichste, die schrecklichste Macht der Welt. Beim Studium der Geschichte sehe ich auch die Aufwärtstendenz der Menschheit und bemerke jene Strömung, die Matthew Arnold als „jene Strömung der Tendenz, nicht wir selbst, die zur Gerechtigkeit führt" bezeichnet hat. Natürlich ist diese Tendenz ein Beweis für seinen moralischen Charakter, wenn es einen bewussten Gott gibt, da sie das Ergebnis seiner Gesetze wäre; aber auch hier fällt ein Argument, das wertvoll wäre, wenn die Existenz Gottes bereits bewiesen wäre, stumpf von der eisernen Mauer des Unbekannten. Die gleiche Aufwärtstendenz würde natürlich in jedem „Bereich des Gesetzes" existieren, auch wenn das Gesetz eine unbewusste Kraft wäre. Denn Gerechtigkeit ist nichts anderes als Gehorsam gegenüber dem Gesetz, und wo es Gehorsam gegenüber dem

Gesetz gibt, verleihen die mächtigen Kräfte der Natur dem Menschen ihre Kraft, und der Fortschritt ist gesichert. Nur durch Gehorsam gegenüber dem Gesetz kann Fortschritt erzielt werden, und diese Regel gilt natürlich sowohl für die Moral als auch für die Physik. Physische Gerechtigkeit ist Gehorsam gegenüber physikalischen Gesetzen; moralische Gerechtigkeit ist Gehorsam gegenüber moralischen Gesetzen: So wie physikalische Gesetze durch die Beobachtung natürlicher Phänomene entdeckt werden, so müssen moralische Gesetze durch die Beobachtung sozialer Phänomene entdeckt werden. Was das allgemeine Glück vermehrt, ist richtig; was dazu neigt, das allgemeine Glück zu zerstören, ist falsch. Der Nutzen ist der Maßstab für Moral. Aber ein Gesetz darf nicht aus einer einzelnen Tatsache oder einem Phänomen abgeleitet werden; Tatsachen müssen sorgfältig zusammengestellt und die allgemeinen Gesetze der Moral aus einer Verallgemeinerung von Tatsachen abgeleitet werden. Dieses Thema ist jedoch zu umfangreich, um hier darauf einzugehen, und es wird nur angedeutet, um darauf hinzuweisen, dass es, obwohl im Verlauf der Ereignisse eine moralische Tendenz erkennbar ist, eine ziemlich voreilige Annahme ist, als selbstverständlich anzunehmen, dass die fragliche Macht eine bewusste ist: es kann sein, und das ist meiner Meinung nach alles, was wir mit Recht und Vernunft sagen können.

Noch einmal zur Liebe. Ich habe oben gegen die Leichtigkeit protestiert, die leichtfertig von der höchsten Liebe spricht und dabei die Augen vor der höchsten Qual der Welt verschließt. Aber hier, um vorzubringen, was man zur anderen Seite der Frage sagen könnte, muss ich anmerken, dass es eine mögliche Erklärung für Kummer und Sünde gibt, die mit der Liebe angesichts der Unsterblichkeit von Mensch und Tier vereinbar ist, und der zukünftige Gewinn kann dann den gegenwärtigen Verlust überwiegen. Aber wir müssen bedenken, dass wir nur eine *Hoffnung* auf Unsterblichkeit haben können; wir haben keinen Beweis dafür, und dies ist daher nur eine Annahme, durch die wir einer Schwierigkeit entgehen. Wir sollten auch bereit sein anzuerkennen, dass es in der Natur Liebe gibt, obwohl es auch Grausamkeit gibt; es gibt Sonnenschein ebenso wie Sturm, und wir dürfen unsere Augen nicht nur auf die Dunkelheit richten und das Licht leugnen. In der Mutterliebe, in der Liebe zu Freunden, die trotz aller Zweifel treu ist, trotz Gefahr und Schwierigkeiten treu und am stärksten, wenn sie auf die Probe gestellt wird, sehen wir Schimmer von so göttlicher, so überirdischer Schönheit, dass unsere Herzen uns von einem universellen Herzen flüstern, das in der ganzen Natur pulsiert, und von dem wir in diesen seltenen Momenten nicht glauben können, dass es ein Traum ist. Aber es scheint auch eine vage Vorstellung zu geben, dass Liebe und andere Tugenden nicht existieren könnten, wenn sie nicht aus der Liebe usw. stammen. Es ist wahr, dass wir uns bestimmte Tugendideale vorstellen, die wir personifizieren und denen wir verschiedene Begriffe zuordnen, die Zuneigung implizieren; wir sprechen von Liebe zur Wahrheit, Hingabe an die Freiheit usw. Diese Ideale haben jedoch eine rein subjektive Existenz; sie sind keine objektiven Realitäten; es gibt nichts in der Außenwelt, das diesen Vorstellungen entspricht, und wir geben auch nicht vor, an ihre Individualität zu glauben. Aber wenn wir alle unsere Ideale, unsere edelsten Sehnsüchte zusammentragen und sie zu einer einzigen großen Idealgestalt zusammenfassen, die wir Gott nennen, dann schreiben wir ihr sofort eine objektive Existenz zu und beklagen uns über Kälte und Härte, wenn ihre Realität in Frage gestellt wird , und wir wollen wissen, ob wir eine Abstraktion lieben können? Die edelsten Seelen lieben Abstraktionen, leben in ihrer Schönheit und sterben für sie.

Es scheint auch die Möglichkeit eines Geistes in der Natur zu geben, obwohl wir gesehen haben, dass Intelligenz strenggenommen unmöglich ist. Es kann keine Wahrnehmung, kein Gedächtnis, keinen Vergleich und kein Urteil geben; aber könnte es nicht einen vollkommenen Geist geben, unveränderlich, ruhig und still? Unsere Fähigkeiten lassen uns im Stich, wenn wir versuchen, die Gottheit einzuschätzen, und wir geraten in Widersprüche und Absurditäten; aber folgt daraus, dass es sie nicht gibt? Es scheint mir, dass die Leugnung seiner Existenz die Grenzen unserer Denkkraft fast ebenso sehr überschreitet, wie der Versuch, sie zu definieren. Wir geben vor, das Unbekannte zu kennen, wenn wir es als das Unerkennbare erklären. Für uns gegenwärtig unerkennbar, ja! Für immer unerkennbar , in anderen möglichen Stadien der Existenz? – Wir haben eine Region erreicht, in die wir nicht vordringen können; hier lassen uns alle menschlichen Fähigkeiten im Stich; wir beugen unsere Köpfe an der „Schwelle des Unbekannten".

Und das Ohr des Menschen kann nicht hören, und das Auge des Menschen kann nicht sehen;

Aber wenn wir diese Vision sehen und hören könnten – wäre Er es nicht?

So singt Alfred Tennyson, der Dichter der Metaphysik: „Wenn wir sehen und hören könnten"; ach! Es ist immer ein „Wenn".

Wir kommen zurück zum Anfang dieses Essays: Was ist das praktische Ergebnis unserer Vorstellungen von der Gottheit und wie beeinflussen diese Vorstellungen das tägliche Arbeitsleben? Welche Schlüsse sollen wir aus der unbestreitbaren Tatsache ziehen, dass, selbst wenn es einen „persönlichen Gott" gibt, seine Natur und Existenz jenseits unserer Fähigkeiten liegen, dass „Wolken und Dunkelheit ihn umgeben", dass er in ewiges Schweigen gehüllt ist und sich den Menschen nicht offenbart? Die offensichtliche Schlussfolgerung ist sicherlich, dass er, wenn er wirklich existiert, sich vor den Bewohnern unserer Welt verbergen möchte. Ich wiederhole, dass, wenn die Gottheit existiert, sie nicht möchte, dass wir von ihrer Existenz erfahren. Es mag der Natur der Dinge nach unmöglich sein, dass er sich den Menschen offenbart; wir mögen nicht die Fähigkeiten haben, ihn zu begreifen; können wir der blinden Napfschnecke auf dem Felsen die Sterne und die wogenden Weiten des Ozeans offenbaren? Ob dies so ist oder nicht, sicher ist, dass die Gottheit sich nicht offenbart; entweder kann sie es nicht oder sie will es nicht. Und der Grund dafür – ich gehe der Argumentation halber für den Moment von seiner persönlichen Existenz aus – ist nicht weit zu suchen; er leuchtet hell in der Geschichte. Denn was war das Ergebnis der Theologie im Großen und Ganzen? Sie hat die Augen der Menschen von der Erde abgewandt und auf den Himmel gerichtet. Sie hat ihnen geboten, das Zeitliche zu vernachlässigen, und sie gleichzeitig dazu verleitet, nach dem Ewigen zu greifen. Sie hat Scharen dazu verleitet, glühende Gefühle für eine von Priestern erarbeitete Vorstellung eines unbegreiflichen Gottes zu verschwenden, während sie ihre Kräfte von den klaren Pflichten abzogen, die die Menschheit zu erfüllen hat. Sie hat sie gelehrt, für die kommende Welt zu leben, obwohl sie für die Welt um sie herum leben sollten . Sie hat das Unrecht der Erde erträglich gemacht in der Hoffnung auf die Herrlichkeit, die offenbart werden würde. Fürwahr, weise würde sich die Gottheit verbergen, wenn selbst ein Phantom von ihr solch verhängnisvolles Unheil angerichtet hat . und es wird nie wirklicher und stetiger Fortschritt erreicht werden, bis die Menschen sich diesem wohltätigen Gesetz ihrer Natur unterwerfen, das einen strengen Kreis der „Grenzen des religiösen Denkens" zieht und sie auffordert, ihre Aufmerksamkeit auf die Arbeit zu konzentrieren, die sie in dieser Welt zu tun haben, anstatt „ für immer in die Welt jenseits des Grabes zu spähen und darüber zu grübeln". „Was soll unsere Vorstellung von Moral sein, soll sie sich auf Gehorsam gegenüber Gott stützen oder soll sie um ihrer selbst und ihrer Auswirkungen willen gesucht werden?" Wenn wir zugeben, dass Gott jenseits unseres Wissens liegt, wird die Moral sofort notwendigerweise auf Nutzen oder die natürliche Anpassung bestimmter Gefühle und Handlungen zur Förderung des allgemeinen Wohls der Gesellschaft gegründet. Da uns keine Offenbarung als ein „unfehlbarer Maßstab für Richtig und Falsch" gegeben wird, müssen wir unsere Moral für uns selbst aus Gedanken und Erfahrungen bilden. Zum Beispiel sagt uns unsere moralische Natur, wie sie in der höchsten Zivilisation erzogen wurde , dass Lügen falsch ist;* mit dieser Hypothese im Kopf studieren wir Fakten und entdecken, dass Lügen Misstrauen, Anarchie und Verderben verursacht; Daher legen wir als moralisches Gesetz fest: „Lüge überhaupt nicht." Die Wissenschaft der Moral muss sich damit begnügen, wie andere Wissenschaften zu wachsen; zuerst eine Hypothese, um die wir unsere Fakten gruppieren, dann von den gesammelten und zusammengestellten Fakten ausgehend zu einem soliden Gesetz. Die wissenschaftliche Moral hat gegenüber der offenbarten Moral den großen Vorteil, dass sie auf festem, unangreifbarem Boden steht; neue Fakten werden ihre Details verändern, können aber niemals ihre Methode berühren; wie alle anderen Wissenschaften ist sie zugleich positiv und fortschrittlich.

Alle Männer denken nicht, Lügen falsch, z. B.. Schläger und alte

Spartaner. Es ist also nicht unsere moralische Natur, die

intuitiv sagt uns das, aber unsere moralische Natur als

durch die in der Gesellschaft vorherrschenden moralischen Vorstellungen instruiert

die wir gerade erleben. – Anmerkung des Herausgebers.

„ *Soll unsere geistige Haltung kniend oder stehend sein?* " Wenn wir zugeben, dass die Gottheit vor uns verborgen ist, wie können wir dann beten? Wenn wir sehen, dass dieses Gesetz unerbittlich ist, welchen Sinn hat es dann, gegen seine absolute Herrschaft zu protestieren? Wenn wir fühlen, dass alles, einschließlich uns selbst, nur Seinsformen sind, die eins und universell sind und in denen wir „leben und uns bewegen", wie sollen wir dann zu dem beten, was uns so nahe steht wie unsere eigene Seele, Teil unseres Selbst, untrennbar von unseren Gedanken, unser Bewusstsein teilend? Wir können genauso gut laut mit uns selbst sprechen wie zum universellen Wesen beten. Kinder *schreien* nach dem, was sie wollen; Männer und Frauen *arbeiten* dafür. Es gibt zwei Gesichtspunkte, von denen wir das Gebet betrachten können: Von dem einen aus ist es nur ein Stück Kindlichkeit, von dem anderen aus ist es reine Unverschämtheit. Was die gewaltige Ordnung der Natur, ihren großartigen, stillen, unveränderlichen Marsch betrifft – die Aufdringlichkeit, die sich gegen ihren unveränderlichen Fortschritt auflehnt, ist ein Zeichen der extremsten Kindlichkeit des Geistes; es zeigt jene völlige Respektlosigkeit des Geistes, der sich die Idee einer Größe nicht vorstellen kann, vor der die individuelle Existenz nichts ist, und jene kindische Eitelkeit, die sich einbildet, dass seine eigenen Pläne und Spielzeuge an Bedeutung mit den Kämpfen der Nationen und den Interessen ferner Welten konkurrieren. Die Gesetze der Natur für weiser als unsere eigenen Launen zu halten, ist eine grobe Unverschämtheit, die im Gebet ihren Ausdruck findet; wer sind wir, dass wir es auf uns nehmen sollten, die Natur an ihr Werk und Gott an seine Pflicht zu erinnern? Gibt es eine so extreme Unverschämtheit wie das Gebet, das die Gottheit „anfleht"? Es gibt nur eine Art von „Gebet", die vernünftig ist, und das ist die tiefe, stille Anbetung der Größe und Schönheit und Ordnung um uns herum, wie sie sich in den Reichen des nicht-rationalen Lebens und in der Menschheit offenbart; Wenn wir unsere Köpfe vor den Gesetzen des Universums beugen und unser Leben so gestalten , dass es ihrer Stimme gehorcht, spüren wir, wie ein starker, ruhiger Friede unsere Herzen überflutet, ein vollkommenes Vertrauen in den endgültigen Triumph des Rechts, eine stille Entschlossenheit, „unser Leben erhaben zu machen". Vor unseren eigenen hohen Idealen, vor jenen Leben, die uns zeigen, „wie hoch die Fluten des göttlichen Lebens in der menschlichen Welt gestiegen sind", stehen wir mit gedämpfter Stimme und verschleiertem Gesicht; aus ihnen schöpfen wir die Kraft, ihnen nachzueifern, und wagen es sogar, zu kämpfen, um sie zu übertreffen. Die Betrachtung des Ideals ist wahres Gebet; es inspiriert, es stärkt, es veredelt. Der andere Teil des Gebets ist Arbeit: von der Betrachtung zur Arbeit , vom Wald zur Straße. Studieren Sie die Gesetze der Natur, halten Sie sich an sie, arbeiten Sie im Einklang mit ihnen, und die Arbeit wird zu einem Gebet und einem Dank, einer Anbetung der universellen Weisheit und einem wahren Gehorsam gegenüber dem universellen Gesetz.

„ Soll die Triebfeder unseres Handelns die Idee der Pflicht gegenüber Gott sein oder die der Treue zum Gesetz und zum Wohlergehen des Menschen? " Wir können Gott nicht im eigentlichen Sinne dienen; wir haben Ehrfurcht vor dem Unbekannten, aber wir können ihm nicht *dienen* . Was können wir für den Mächtigen, für das Unbegreifliche tun? Aber wir können dem Menschen dienen, ja, und er braucht unseren Dienst; Dienst mit Geist und Hand, unermüdlicher und unaufhörlicher Dienst, Dienst durchs Leben und bis in den Tod. Die Rasse, der wir angehören (unsere eigenen Familien und Verwandten und dann die Gemeinschaft als Ganzes) hat den ersten Anspruch auf unsere Treue, einen Anspruch, von dem uns nichts entbinden kann, bis der Tod einen Schleier über unsere Arbeit legt.

Ich kann mit Sicherheit behaupten, dass mein Thema nicht unpraktisch ist und dass unsere Vorstellungen von der Natur und Existenz Gottes unser Leben auf sehr reale Weise beeinflussen. Wenn ich die Moral auf eine andere Grundlage gesetzt habe, auf der sie jetzt beruht, wenn ich eine andere Theorie des Gebets vorgeschlagen und ein anderes Motiv für die Pflicht angeboten habe, wirken sich diese Änderungen sicherlich auf das gesamte menschliche Leben aus. Und wenn diese Theorien eine nach der anderen von den Orthodoxen abgelehnt werden und sie sie ablehnen, weil sie das menschliche Leben von dem trennen, was als offenbarte Religion bezeichnet wird, ist dann meine Position nicht gerechtfertigt, dass die Vorstellungen, die wir von Gott haben, die bestimmenden Kräfte unseres Lebens sind? Dass es für das Wohlergehen der Menschheit von größter Bedeutung ist, dass eine falsche Theorie in diesem Punkt zerstört und ein vernünftigerer Glaube akzeptiert wird?

Wird irgendjemand ausrufen: „Sie nehmen dem menschlichen Leben alle Schönheit, alle Hoffnung, alle Wärme, alle Inspiration; Sie geben uns kalte Pflichten für kindlichen Gehorsam und unerbittliche Gesetze anstelle Gottes?" Alle Schönheit aus dem Leben? Ist denn keine Schönheit in der Vorstellung, Teil des großen Lebens des Universums zu sein, keine Schönheit in bewusster Harmonie mit der Natur, keine Schönheit in treuem Dienst, keine Schönheit in den Idealen jeder Tugend? „Alle Hoffnung?" Nun, ich gebe Ihnen mehr als Hoffnung, ich gebe Ihnen Gewissheit: Wenn ich Sie auffordere, für diese Welt zu arbeiten , dann in dem Wissen, dass diese Welt es Ihnen tausendfach zurückzahlen wird , weil die Gesellschaft reiner, die Freiheit gefestigter, das Gesetz mehr geachtet , das Leben erfüllter und freudiger wird. Was ist Ihre Hoffnung? Ein Himmel in den Wolken. Ich weise auf einen Himmel hin, der auf Erden erreichbar ist. „Alle Wärme?" Was! Sie dienen herzlich einem unbekannten und unsichtbaren Gott, in gewissem Sinne dem projizierten Schatten Ihrer eigenen Vorstellungen, und können Ihrem Bruder, den Sie an Ihrer Seite sehen, nur kalt dienen? Es ist nicht warm, das Schicksal der Traurigen aufzuhellen, Missstände zu beseitigen und gleiche Gerechtigkeit für Reiche und Arme zu schaffen? Sie finden Wärme in der Kirche, aber keine zu Hause? Wärme, wenn Sie sich die Wolkenpracht des Himmels vorstellen, aber keine, wenn Sie auf Erden greifbare Herrlichkeiten schaffen? „Alles Inspiration?" Wenn Sie Inspiration für Gefühle und Empfindungen suchen, sollten Sie sich vielleicht lieber an Ihre Bibel und Ihre Glaubensbekenntnisse halten; wenn Sie Inspiration für die Arbeit suchen, gehen Sie durch den Osten Londons oder die Seitenstraßen Manchesters. Sie werden zu Zärtlichkeit inspiriert, wenn Sie die Wunden Jesu betrachten, der vor langer Zeit in Judäa starb, und finden keine Inspiration in den Wunden der Männer und Frauen, die heute im England sterben? Sie „haben Tränen für ihn zu vergießen", aber keine für den Leidenden vor Ihrer Tür? Seine Leidenschaft weckt Ihr Mitgefühl, aber Sie sehen kein Pathos in der Leidenschaft der Armen? Pflicht ist kälter als „kindlicher Gehorsam"? Was meinen Sie mit kindlichem Gehorsam? Gehorsam gegenüber Ihrem Ideal von Güte und Liebe, nicht wahr? Wie kann die Pflicht dann kalt sein? Ich biete Ihnen Ideale, denen Sie huldigen sollen: hier ist die Wahrheit für Ihre Herrin, deren Erhöhung Sie Ihren Verstand widmen sollen; hier ist die Freiheit für Ihren General, für dessen Triumph Sie kämpfen sollen; hier ist die Liebe für Ihren Inspirator, der jeden Ihrer Gedanken beeinflussen soll; hier ist der Mensch für Ihren Meister – nicht im Himmel, sondern auf Erden –, dem Sie jede Fähigkeit Ihres Wesens weihen sollen. Unerbittliches Gesetz anstelle Gottes? Ja: eine strenge Gewissheit, dass Sie Ihr Leben nicht verschwenden, aber am Ende eine reiche Belohnung einheimsen sollen; dass Sie kein Elend säen, aber Freude ernten sollen; dass Sie nicht selbstsüchtig sein, aber mit Liebe gekrönt werden, dass Sie nicht sündigen, aber in der Reue Sicherheit finden sollen. Es stimmt, unser Glaubensbekenntnis ist streng, streng mit der schönen Strenge der Natur. Aber wenn wir im Recht sind, dann achten Sie auf sich selbst: Gesetze hemmen ihre Wirkung nicht aufgrund Ihrer Unwissenheit; Feuer wird nicht aufhören zu brennen, weil „Sie es nicht wussten".

Wir wissen nichts über die Natur hinaus; wir beurteilen die Zukunft anhand der Gegenwart und der Vergangenheit; wir geben uns damit zufrieden, jetzt zu arbeiten und lassen die kommende Arbeit warten, bis sie sich als die zu erledigende Arbeit erweist; wir stellen fest, dass unsere Fähigkeiten ausreichen, um die Aufgaben zu erfüllen, die in unserer Reichweite liegen, und wir können weder Zeit noch Kraft damit verschwenden, in undurchdringliche Dunkelheit zu starren. Wir müssen notwendigerweise gegen Aberglauben kämpfen, weil er den Fortschritt der Menschheit behindert, aber wir werden nicht dem Irrtum unserer Gegner verfallen und versuchen, das Undefinierbare zu definieren.

EUTHANASIE.

Ich habe Ihnen bereits erzählt, mit welcher Sorgfalt sie sich um ihre Kranken kümmern, sodass nichts unerledigt bleibt, was zu ihrer Gesundheit oder ihrem Wohlbefinden beitragen könnte. Und was diejenigen betrifft, die an unheilbaren Krankheiten leiden, so nutzen sie alle möglichen Mittel, um sie zu pflegen und ihnen das Leben so angenehm wie möglich zu machen; sie besuchen sie oft und geben sich große Mühe, ihnen die Zeit angenehm zu machen. Aber wenn jemand quälende, anhaltende Schmerzen hat, ohne Hoffnung auf Genesung oder Linderung, gehen die Priester und Beamten zu ihm und ermahnen ihn, da er nicht in der Lage ist, mit den Geschäften des Lebens fortzufahren, sich selbst und allen um ihn herum zur Last geworden ist und in Wirklichkeit sein Leben überlebt hat, sollte er eine tief verwurzelte Krankheit nicht länger pflegen, sondern sich für den Tod entscheiden, da er nicht anders kann, als in großem Elend zu leben; sie sind überzeugt, dass sie nach dem Tod glücklich sein werden, wenn sie sich so selbst von der Folter befreien oder es anderen erlauben, dies zu tun. Da sie dadurch keine der Freuden, sondern nur die Mühen des Lebens einbüßen, denken sie, dass sie nicht nur vernünftig, sondern auch im Einklang mit der Religion handeln; denn sie folgen dem Rat ihrer Priester, der Verkünder des Willens Gottes. Diejenigen, die sich von diesen Überredungen beeinflussen lassen, hungern entweder oder nehmen Laudanum. Aber niemand wird gezwungen, sein Leben auf diese Weise zu beenden; und wenn sie nicht dazu überredet werden können, wird die frühere Sorgfalt und Betreuung fortgesetzt. Und obwohl sie einen freiwilligen Tod, wenn er von einer solchen Autorität gewählt wird, als sehr ehrenhaft betrachten , ehren sie im Gegenteil, wenn jemand ohne Zustimmung des Priesters und des Senats Selbstmord begeht, ehren sie den Leichnam nicht mit einem angemessenen Begräbnis, sondern werfen ihn in einen Graben.*

** Memoiren. Eine Übersetzung der Utopie usw. von Sir Thomas*

Moore, Lord High Chancellor von England. Von A. Cayley, dem

Younger, S. 102, 103. (Ausgabe von 1808.)

Wenn wir für die Moralität der Euthanasie plädieren, scheint es nicht unklug zu zeigen, dass ein so durch und durch religiöser Mann wie Sir Thomas Moore diese Praxis für so vereinbar mit einer gesunden Moral hielt, dass er sie zu einer der Gepflogenheiten seines Idealstaates machte und sie der Billigung der Priesterschaft unterwarf. Als frommer Katholik würde sich der große Kanzler natürlich vorstellen, dass jede nützliche Neuerung mit Sicherheit die Unterstützung der Priesterschaft erhalten würde; und obwohl wir in diesem Punkt anderer Meinung sein mögen als er, da unsere tägliche Erfahrung *uns lehrt* , dass man auf den Priester als entschiedenen Gegner aller

Reformen zählen kann, ist es doch nicht unlehrreich festzustellen, dass das tiefe religiöse Gefühl, das diesen wahrhaft guten Mann auszeichnete, vor dieser Idee der Euthanasie nicht als vor einem Verstoß gegen die Moral zurückschreckte, noch träumte er anscheinend davon, dass ihr aus religiösen Gründen Widerstand geleistet werden würde (oder könnte). Der letzte Satz des Auszuges ist besonders wichtig; wenn wir die Moralität der Euthanasie diskutieren, diskutieren wir nicht die moralische Rechtmäßigkeit oder Rechtswidrigkeit des Selbstmords im Allgemeinen; wir können gegen Selbstmord protestieren und dennoch Euthanasie befürworten, und wir können sogar gegen das eine protestieren und das andere befürworten, und zwar auf genau demselben Prinzip, wie wir weiter unten sehen werden. Da das Größere das Kleinere einschließt, werden diejenigen, die der Ansicht sind, dass ein Mensch das Recht hat, zu entscheiden, ob er leben will oder nicht, und die daher jeden Selbstmord für rechtmäßig halten, natürlich Euthanasie gutheißen; aber es ist keineswegs notwendig, diese Doktrin zu vertreten, weil wir für die andere eintreten. *Zur allgemeinen Frage der Moralität des Selbstmords äußert sich in diesem Artikel überhaupt keine Meinung*. Darum geht es nicht, und wir befassen uns hier nicht damit. Dieser Aufsatz soll einfach und ausschließlich beweisen, dass es Umstände gibt, unter denen ein Mensch ein moralisches Recht hat, den unvermeidlichen Tod zu beschleunigen. Das Thema ist von einem dichten Nebel allgemeiner Vorurteile umgeben, und die Argumente dafür werden im Allgemeinen ungehört abgetan. Ich möchte den Leser daher um großzügige Geduld bitten, während ich ihm die Gründe vorlege, die viele religiöse und soziale Reformer dazu veranlassen, die Legalisierung der Euthanasie als wichtig zu erachten .

In der vierten Auflage eines Essays über Euthanasie von PD Williams jun. – einem Essay, der die Argumente für und gegen die fragliche Praxis eindringlich zusammenfasst und das gesamte Thema erschöpfend behandelt – finden wir die These, für die wir eintreten, in den folgenden expliziten Worten dargelegt:

anerkannte Pflicht des Arztes sein sollte , auf Wunsch des Patienten Chloroform oder ein anderes Narkosemittel zu verabreichen , das das Chloroform nach und nach ersetzen kann, um das Bewusstsein sofort zu zerstören und den Leidenden schnell und schmerzlos zu töten. Dabei sind alle notwendigen Vorsichtsmaßnahmen zu treffen, um jeden Missbrauch dieser Pflicht zu verhindern, und es sind Maßnahmen zu ergreifen, um zweifelsfrei nachzuweisen, dass das Heilmittel auf ausdrücklichen Wunsch des Patienten angewendet wurde."

Es ist sehr wichtig, von Anfang an die Grenzen der vorgeschlagenen medizinischen Reform klar darzulegen. Manchmal wird gedankenlos behauptet, die Befürworter der Euthanasie würden alle Menschen töten, die an unheilbaren Krankheiten leiden; keine Behauptung könnte ungenauer oder irreführender sein. Wir schlagen lediglich vor, dass dort, wo eine unheilbare Krankheit mit extremen Schmerzen einhergeht – Schmerzen, die nur durch den Tod gelindert werden können – Schmerzen, die mit dem Herannahen des unausweichlichen Schicksals nur noch schlimmer werden – Schmerzen, die fast in den Wahnsinn treiben und in der verstärkten Folter im Todeskampf enden müssen – diese Schmerzen sofort durch die Verabreichung eines Anästhetikums gelindert werden sollten , das nicht nur Bewusstlosigkeit hervorrufen sollte, sondern auch stark genug sein sollte, um ein Leben zu beenden, in dem die Wiedererlangung des Bewusstseins nur gleichzeitig mit der Wiedererlangung der Schmerzen erfolgen kann. Solange das Leben noch etwas Süße in sich trägt, ist die angebotene Gnade nicht erforderlich; Euthanasie ist eine Erleichterung von unerträglicher Qual, nicht die erzwungene Auslöschung einer noch immer ersehnten Existenz . Außerdem schlägt niemand vor, es für irgendjemanden verpflichtend zu machen; es wird nur betont, dass, wenn der Patient um die Gnade eines schnellen Todes statt eines verzögerten bittet, sein Gebet erhört werden kann, ohne dass die Gefahr besteht, dass die behandelnden Ärzte und Krankenschwestern wegen Mordes oder Totschlags bestraft werden. Ich werde dem Leser einen Fall vorlegen, der mir bekannt ist – und der wahrscheinlich durch die traurige Erfahrung fast jedes Einzelnen ergänzt werden kann –, in dem die Legalität der Euthanasie für die Leidende und ihre Familie gleichermaßen ein Segen gewesen wäre. Eine verwitwete Dame litt an Brustkrebs, und da der Fall für die übliche Behandlung mit dem Messer zu weit fortgeschritten war und da die führenden Londoner Chirurgen sich weigerten, eine Operation zu riskieren, die den Tod zwar beschleunigen, aber nicht verzögern könnte, beschloss sie, um ihrer Waisenkinder willen, einem Arzt eine schreckliche Operation zu überlassen, durch die er hoffte, ihr Leben um einige Jahre zu verlängern. Die Einzelheiten sind zu schmerzhaft, um unnötig darauf einzugehen; es genügt zu sagen, dass die Operation mit Hilfe von ungelöschtem Kalk durchgeführt wurde und dass die Verwendung von Chloroform unmöglich war. Als die Operation, die sich über mehrere Tage hinzog, erst zur Hälfte vorüber war, ließen die Kräfte der Leidenden nach und der Arzt musste zugeben, dass selbst eine Lebensverlängerung unmöglich war und dass die Durchführung der Operation den Tod nur beschleunigen konnte. So musste die Patientin unter fast unvorstellbaren Qualen weitermachen, wissend, dass die Schmerzen nur mit dem Tod enden konnten, und sah, wie ihre Verwandten vom Zusehen erschöpft waren und beim Anblick ihrer Leiden Qualen litten , und war dennoch gezwungen, von Stunde zu Stunde weiterzuleben, bis die Qualen schließlich im Tod gipfelten. Kann irgendjemand glauben, dass es falsch gewesen wäre, das unvermeidliche Ende zu beschleunigen und so die Qualen der Leidenden selbst zu verkürzen und ihren Pflegern auch Monate späterer Krankheit zu ersparen? In solchen Fällen wie diesem wäre Euthanasie nützlich. Es ist jedoch wahrscheinlich, dass alle zustimmen werden, dass der Nutzen, der durch die Legalisierung der Euthanasie entsteht, in vielen Fällen sehr groß wäre; viele sind jedoch der Meinung, dass die Einwände aus moralischen Gründen so schwerwiegend sind, dass kein physischer Nutzen das moralische Unrecht aufwiegen könnte. Diese Einwände lauten, soweit ich sie verstehen kann, wie folgt:

Das Leben ist ein Geschenk Gottes und daher heilig. Es darf nur vom Geber des Lebens zurückgenommen werden.*

Natürlich geht es uns hier nicht um theologische

Fragen zur Existenz oder Nichtexistenz einer Gottheit,

und äußern Sie keine Meinung dazu.

Euthanasie ist ein Eingriff in den Lauf der Natur und daher ein Akt der Rebellion gegen Gott.

Schmerz ist ein von Gott zugefügtes spirituelles Heilmittel und sollte daher geduldig ertragen werden .

Das Leben ist ein Geschenk Gottes und daher heilig und kann nur vom Geber des Lebens zurückgenommen werden . Dieser Einwand ist eine jener hochtrabenden Phrasen, die den sorglosen und gedankenlosen Zuhörer täuschen, indem sie eine Formulierung aufgreifen, die allgemein als unumstößliches Axiom akzeptiert wird, und daran eine unfaire Schlussfolgerung hängen. Der gewöhnliche Mann oder die gewöhnliche Frau würde beim Hören dieser Behauptung wahrscheinlich antworten: „Das Leben ist heilig? Ja, natürlich; von der Heiligkeit des Lebens hängt die Sicherheit der Gesellschaft ab; alles, was mit diesem Prinzip kollidiert, muss sowohl falsch als auch gefährlich sein." Und doch ist die Inkonsequenz der Gedankenlosen so groß, dass dieselbe Person fünf Minuten später vor leidenschaftlicher Bewunderung über eine edle Tat glüht, bei der die Heiligkeit des Lebens im Ruf der Ehre oder Menschlichkeit in den Wind geschlagen wurde, oder Worte empörter Verachtung über die Niedertracht ausspricht , die das Leben heiliger als Pflicht oder Grundsatz erachtet. Dass das Leben heilig ist, ist eine unbestreitbare Behauptung; jede natürliche Gabe ist heilig, *d . h.* ist wertvoll und darf nicht leichtfertig zerstört werden; das Leben, das alle natürlichen Gaben in sich vereint und alle Möglichkeiten der Nützlichkeit und des Glücks in sich birgt, ist unser heiligster physischer Besitz. Aber es ist *nicht* das Heiligste auf Erden. Märtyrer, die für Prinzipien getötet wurden, die sie nicht ehrlich verleugnen konnten; Patrioten, die für ihr Land gestorben sind; Helden, die sich für das Wohl anderer geopfert haben; – die Blüte und der Ruhm der Menschheit erheben sich in einer riesigen Menschenmenge, um zu protestieren, dass Gewissen, Ehre , Liebe und Selbstaufopferung für die Rasse wertvoller sind als das Leben des Einzelnen. Das Leben ist heilig, aber es kann für eine edle Sache geopfert werden; das Leben ist heilig, aber es muss sich der heiligeren Heiligkeit der Prinzipien beugen; das Leben, das zwar heilig ist, aber zerstört werden kann, ist nichts im Vergleich zu den unzerstörbaren Idealen, die von jeder edlen Seele das Opfer persönlichen Glücks, persönlicher Größe, ja, des persönlichen Lebens verlangen.*

*Das Wort „Leben" wird hier im Sinne von „persönlich" verwendet

Existenz in dieser Welt." Es ist natürlich nicht beabsichtigt,

behauptet werden, dass das Leben wirklich zerstörbar ist, sondern nur, dass

persönliche Existenz oder Identität kann zerstört werden. Und

weiter wird keine Meinung über die Möglichkeit des Lebens abgegeben

anderswo als auf diesem Globus; es wird von nichts gesprochen, außer

Leben auf der Erde unter den Bedingungen menschlicher Existenz.*

Man muss also allgemein zugeben, dass der Satz, dass das Leben heilig ist, mit vielen Einschränkungen akzeptiert werden muss: Der Satz läuft tatsächlich nur darauf hinaus, dass das Leben nicht freiwillig ohne schwerwiegenden und ausreichenden Grund aufgegeben werden darf. Was wir prüfen müssen, ist, ob bei einer vorgeschlagenen Euthanasie Bedingungen vorliegen, die die anerkannte Heiligkeit des Lebens überwiegen. Wir behaupten, dass diese Bedingungen in den Fällen vorliegen, in denen vorgeschlagen wird, den Tod zu beschleunigen.

Wir werden hier nicht auf die Frage eingehen, ob es Pflicht ist, Schmerzen zu ertragen, denn das werden wir später untersuchen. Aber ist es unwichtig, dass ein Leidender seine Pfleger zu einer längeren Belastung ihrer Gesundheit und Kraft verurteilt, um an einem Leben festzuhalten, das für andere nutzlos und für ihn selbst eine Last ist? Die Krankenschwester, die vielleicht wochenlang ein Bett voller Schmerzen pflegt, für das es kein Heilmittel außer dem Tod gibt – deren Sinne durch intensive Wachsamkeit strapaziert werden – deren Nerven durch das Miterleben von Folter, die sie nicht lindern kann, gequält werden – sät durch ihre Hingabe die Saat der Krankheit in ihre eigene Konstitution – das heißt, sie verkürzt absichtlich ihr eigenes Leben. Wir haben gesehen, dass wir das Recht haben, das Leben zu verkürzen, um einem Ruf der Pflicht nachzukommen, und man wird sofort sagen, dass die Krankenschwester einem solchen Ruf nachkommt. Aber hat die Krankenschwester das Recht, ihr eigenes Leben – und eine Gesundheitsschädigung ist ein Opfer des Lebens – für einen offensichtlich ungleichen Vorteil zu opfern? Da uns die Verletzung teilweise verborgen bleibt, vergessen wir leicht, dass wir die Heiligkeit des Lebens berühren, wenn wir die Gesundheit berühren: Jeder Fall von Überarbeitung, Überanstrengung, Überanstrengung ist sozusagen ein abgewandelter Fall von

Euthanasie. Die Quelle des Lebens zu vergiften ist ein ebenso realer Eingriff in die Heiligkeit des Lebens wie seinen Lauf zu hemmen. Die Krankenschwester begeht tatsächlich eine langsame Euthanasie. Entweder muss der Patient oder die Krankenschwester einen heroischen Selbstmord zum Wohle des anderen begehen – wer soll es sein? Soll das Leben geopfert werden, das für seinen Besitzer eine Qual ist, für die Gesellschaft nutzlos und dessen Grenzen bereits klar abgesteckt sind? Oder soll zusätzlich zu *dem, das bereits dem Untergang geweiht ist, ein starkes und gesundes Leben mit all seinen Zukunftsmöglichkeiten untergraben und geopfert werden?* Aber wenn man annimmt, dass die erhabene Großzügigkeit der Krankenschwester nicht ausreicht, um den Gewinn mit dem Verlust aufzuwiegen, sondern sich selbst angesichts eines menschlichen Bedürfnisses als nichts betrachtet, dann ist es sicherlich an der Zeit, sie darauf hinzuweisen, dass es ein Fehler ist, dieses Selbstopfer zuzulassen, und dass es ein Verbrechen ist, es anzunehmen. Wenn man annimmt, dass es falsch ist, Leben für einen offensichtlich ungleichen Gewinn wegzuwerfen, dann sollten wir uns nicht vor der Tatsache verschließen, dass es ein schwerer moralischer Fehler ist, ein gesundes Leben zu opfern, um ein dem Untergang geweihtes Leben um ein paar Wochen zu verlängern, wie sehr es im Einzelnen auch durch den Ruhm einer edlen Selbstaufopferung ausgeglichen werden kann. Wenn wir die Ehre , die dem Heldentum der Krankenschwester gebührt, in vollem Umfang anerkennen, was sollen wir dann dem Patienten sagen, der das Opfer annimmt? Was sollen wir von der Moral eines Menschen halten, der, um den elenden Rest seines Lebens zu bewahren, der ihm noch bleibt, zulässt, dass ein anderer sein Leben verkürzt? Wenn wir den Mann ehren , der sich selbst opfert, um seine Familie zu verteidigen, oder sein eigenes Leben riskiert, um ihre zu retten, müssen wir sicherlich den tadeln, der im Gegenteil diejenigen opfert, die ihm am meisten bedeuten sollten, um seine eigene, nun nutzlose Existenz zu verlängern. Das Maß unserer Bewunderung für den einen muss das Maß unseres Mitleids mit der Schwäche und Selbstsucht des anderen sein. Wenn es wahr ist, dass der Mann, der auf dem Schlachtfeld für seine Lieben stirbt, ein Held ist, dann ist derjenige, der freiwillig auf seinem Krankenbett für sie stirbt, ein nicht weniger tapferer Held. Aber es wird betont, dass *das Leben ein Geschenk Gottes ist und nur vom Geber des Lebens zurückgenommen werden kann.* Ich nehme an, dass in jedem Sinne, in dem die Aussage, dass das Leben ein Geschenk Gottes ist, nur vom Geber zurückgenommen werden kann – das heißt, dass Leben, genau wie es in Übereinstimmung mit bestimmten Gesetzen entsteht, auch nur in Übereinstimmung mit bestimmten anderen Gesetzen vernichtet werden kann. Das Leben ist nicht das direkte Geschenk einer höheren Macht: Es ist das Geschenk des Menschen an den Menschen und des Tieres an das Tier, hervorgebracht durch den Willen des Handelnden und nicht durch Gott, unter physischen Bedingungen, von deren Erfüllung allein die Entstehung des Lebens abhängt. Die physischen Bedingungen müssen eingehalten werden, wenn wir Leben hervorbringen wollen, und das gilt auch, wenn wir Leben zerstören wollen. In beiden Fällen ist der Mensch der Willen des Handelnden, in beiden Fällen ist das Gesetz das Mittel seines Handelns. Wenn das Geben des Lebens Gottes Werk ist, dann ist auch die Zerstörung des Lebens sein Werk. Aber das ist nicht die Absicht der Verfasser dieses Aphorismus. Wenn sie mir verzeihen, dass ich ihren etwas vagen Vorschlag in eine präzisere Sprache übersetzt habe, sagen sie, dass sie sich im Besitz einer bestimmten Sache namens Leben befinden, die von *irgendwoher gekommen sein muss; und da in der Umgangssprache das Unbekannte immer das Göttliche ist, muss es von Gott gekommen sein: Daher kann ihnen dieses Leben nur durch eine Ursache genommen werden, die ebenfalls von irgendwoher* kommt – d . h. von einer unbekannten Ursache – d . h. vom göttlichen Willen. Chloroform wird von einem sichtbaren Wirkstoff, vom Arzt oder der Krankenschwester, oder zumindest aus einer Flasche, die wir nach eigenem Ermessen einnehmen oder stehen lassen können, geliefert. Wenn wir es schlucken, ist die Todesursache bekannt und offensichtlich nicht göttlich; aber wenn wir ein Haus betreten, in dem Scharlach wütet, gehen wir zwar in diesem Fall freiwillig das Risiko ein, Gift zu sich zu nehmen, genauso wie wenn wir eine Dosis Chloroform schlucken, aber wenn wir an der Infektion sterben, können wir uns vorstellen, dass die Krankheit von Gott geschickt wurde. Wo immer wir denken, dass das Element des Zufalls eine Rolle spielt, können wir uns vorstellen, dass Gott direkt regiert. Wir übersehen völlig die Tatsache, dass es so etwas wie Zufall nicht gibt. Es gibt nur unsere Unkenntnis der Gesetze, keinen Bruch in der natürlichen Ordnung. Wenn unsere Konstitution für das bestimmte Gift empfänglich ist, dem wir sie aussetzen, bekommen wir die Krankheit. Wenn wir die Gesetze der Infektion so genau kennen würden wie die Gesetze, die Chloroform betreffen, könnten wir die unvermeidlichen Folgen mit gleicher Sicherheit vorhersehen; und unsere Unwissenheit macht die Wirkung dieser beiden Gesetze weder weniger unveränderlich noch göttlicher. Aber in der der Unwissenheit eigenen „sorglosen" Denkweise ignoriert der Christ die Tatsache, dass Ansteckung bestimmten Gesetzen unterliegt, und glaubt, dass Gesundheit und Krankheit der direkte Ausdruck des Willens seines Gottes sind und nicht die unveränderliche Folge obskurer, aber wahrscheinlich erkennbarer Vorbedingungen; daher geht er mutig in die Hinterhöfe Londons, um eine Familie zu pflegen, die an Fieber erkrankt ist, und geht wissentlich und absichtlich „das Risiko" einer Ansteckung ein – d . h., er geht wissentlich und absichtlich das Risiko ein, Gift zu nehmen oder vielmehr Gift in seinen Körper gegossen zu bekommen. Dies tut er im Vertrauen darauf, dass die Edelmut seiner Motive die Tat in Gottes Augen richtig machen wird. Ist es edler, das Leiden von Fremden zu lindern, als das Leiden seiner Familie zu lindern? oder ist es heldenhafter, an freiwillig zugezogenem Fieber zu sterben, als an freiwillig eingenommenem Chloroform?

Das Argument, dass *das Leben nur vom Lebensspender zurückgenommen werden kann* , würde, wenn es gewissenhaft umgesetzt würde, alle gefährlichen Operationen vollständig verhindern. Bei der Behandlung einiger Krankheiten gibt es Operationen, die entweder töten oder heilen: Die Krankheit muss sicherlich tödlich sein, wenn man sie in Ruhe lässt; während die vorgeschlagene Operation das Leben retten kann, kann sie es ebenso zerstören und so kann es einige Zeit dauern, bis das Leben vom Lebensspender zurückgenommen werden kann. Offensichtlich sollten solche Operationen also nicht durchgeführt werden, da die Gefahr einer so schwerwiegenden Beeinträchtigung der Wünsche des Lebensspenders besteht. Auch handeln Ärzte sehr falsch, wenn sie die Einnahme bestimmter beruhigender Medikamente erlauben, wenn alle Hoffnung verloren ist, die sie ablehnen, solange eine Chance auf Genesung besteht: Welches Recht haben sie, den Lebensspender zu *zwingen , seinen offensichtlichen Absichten zu folgen? In einigen Fällen schmerzhafter Krankheiten ist es heute üblich, durch die Injektion von* Morphium oder durch die Verwendung eines anderen Anästhetikums eine teilweise oder vollständige Bewusstlosigkeit herbeizuführen . So kannte ich einen Patienten, der dieser Behandlung unterzogen wurde, als er an einem Tumor in der Speiseröhre starb . Er wurde deshalb einige Wochen vor seinem Tod in einem Zustand fast völliger Bewusstlosigkeit gehalten, denn wenn man ihn wieder zu Bewusstsein kommen ließ, war seine Qual so unerträglich, dass er ihn in den Wahnsinn trieb. Er war also, obwohl er atmete, praktisch tot, bevor er starb. Angesichts eines Falles wie seinem können wir uns nur fragen, was die Leute meinen, wenn sie von „Leben" sprechen. Zum Leben gehören sicherlich nicht nur die unwillkürlichen tierischen Funktionen wie die Bewegungen von Herz und Lunge, sondern auch Bewusstsein, Denken, Fühlen und Emotionen. Von den verschiedenen Bestandteilen des menschlichen Lebens sind sicherlich nicht jene die „heiligsten", die wir mit dem Tier teilen, wie notwendig diese auch als Grundlage für den Rest sein mögen. Man ist also der Ansicht, dass wir zu Recht alles zerstören dürfen, was die Schönheit und Erhabenheit des menschlichen Lebens ausmacht. Wir dürfen das Denken töten, das Bewusstsein erschlagen, die Emotionen abstumpfen, das Fühlen stoppen. Wir dürfen all dies tun und auf dem Bett vor uns eine atmende Gestalt zurücklassen, der wir alle edlen Möglichkeiten des Lebens genommen haben. Doch dürfen wir die rein tierische Existenz nicht antasten. Wir dürfen zu Recht die Tätigkeit der Nerven und des Gehirns hemmen, doch dürfen wir es nicht wagen, die Gottheit dadurch zu verletzen, dass wir die Tätigkeit des Herzens und der Lungen hemmen.

Wir fordern deshalb die Legalisierung der Euthanasie, weil sie mit der höchsten bisher bekannten Moral im Einklang steht, nämlich jener, die die Pflicht zur Selbstaufopferung zum Wohle anderer lehrt, weil sie grundsätzlich durch jeden Dienst gerechtfertigt ist, der unter persönlicher

Gefahr und Verletzung geleistet wird, und weil sie dank moderner Fortschritte in der Medizinwissenschaft bereits teilweise praktiziert wird.

Euthanasie ist ein Eingriff in den Lauf der Natur und daher ein Akt der Rebellion gegen Gott. Bei der Prüfung dieses Einwands geraten wir in Schwierigkeiten, da uns nicht gesagt wird, welche Bedeutung unsere Gegner dem Wort „Natur" beimessen; und wir müssen noch einmal um Verzeihung bitten, dass wir diese vagen und hochtrabenden Argumente in eine demütigende Bedeutungspräzision zwängen. Natur im weitesten Sinne des Wortes umfasst alle Naturgesetze: und in diesem Sinne ist es natürlich unmöglich, überhaupt in die Natur einzugreifen. Wir leben, bewegen uns und haben unser Dasein in der Natur; und wir können uns ihr ebenso wenig entziehen wie allem anderen. In diese Natur können wir nicht eingreifen: Wir können ihre Gesetze studieren und lernen, wie man ein Gesetz gegen ein anderes ausbalanciert, um die Ergebnisse zu verändern; aber dies kann nur von und durch die Natur selbst geschehen. Der „Eingriff in den Lauf der Natur", der mit dem obigen Einwand gemeint ist, bedeutet natürlich nicht dieses unmögliche Vorgehen; und es kann dann nur ein Eingreifen in Dinge bedeuten, die ohne menschliches Zutun einen bestimmten Lauf nehmen würden, die aber durch menschliches Zutun in einen anderen Lauf gelenkt werden können. Wenn ein Eingreifen in den Lauf der Natur eine Auflehnung gegen Gott ist, dann rebellieren wir jeden Tag unseres Lebens gegen Gott. Jede Errungenschaft der Zivilisation ist ein Eingreifen in die Natur. Jeder künstliche Komfort, den wir genießen, ist eine Verbesserung der Natur. Jeder gibt vor, viele große Triumphe der Kunst über die Natur zu billigen und zu bewundern: die Verbindung von Küsten, die die Natur getrennt hatte, durch Brücken, die Trockenlegung ihrer Sümpfe, das Ausheben ihrer Brunnen, das Ans-Licht-Bergen dessen, was sie in unermesslichen Tiefen unter der Erde vergraben hat, das Abwehren ihrer Blitze durch Blitzableiter, ihrer Überschwemmungen durch Dämme, ihres Ozeans durch Wellenbrecher. Aber diese und ähnliche Leistungen zu loben, heißt anzuerkennen, dass die Wege der Natur besiegt und nicht befolgt werden müssen; dass ihre Kräfte dem Menschen oft in der Position von Feinden gegenüberstehen, denen er mit Gewalt und Einfallsreichtum das wenige abringen muss, was er für seinen eigenen Nutzen hat, und dass sie Beifall verdient, wenn dieses wenige mehr ist, als man von seiner körperlichen Schwäche im Vergleich zu diesen gigantischen Kräften erwarten könnte. Jedes Lob der Zivilisation , der Kunst oder der Erfindung ist ebenso viel Missbilligung der Natur; ein Eingeständnis der Unvollkommenheit, die zu korrigieren oder zu mildern es die Aufgabe und das Verdienst des Menschen ist .*

* *„Essay on Nature" von John Stuart Mill.*

Es ist schwer zu verstehen, wie jemand, der den Lauf der Natur betrachtet, ihn als Ausdruck eines göttlichen Willens betrachten kann, den der Mensch nicht verbessern darf. Das Naturgesetz ist im Wesentlichen unvernünftig und unmoralisch: Unermessliche Kräfte prallen von allen Seiten auf uns, unvernünftig und in ihrer Wirkung unveränderlich. Mit gleicher Leidenschaftslosigkeit erzeugen diese blinden Kräfte enorme Vorteile und verursachen enorme Katastrophen. Die Vorteile gehören uns, wenn wir sie erfassen können; aber die Natur kümmert sich nicht darum, ob wir sie annehmen oder in Ruhe lassen. Die Katastrophen können zu Recht abgewendet werden, wenn wir sie abwenden können; aber die Natur bleibt nicht ihr Schleifrad für unser Stöhnen. Selbst wenn man annimmt, dass eine höchste Intelligenz diese Kräfte ins Leben rief, ist es offensichtlich, dass sie nie beabsichtigte, dass der Mensch ihr Spielzeug ist oder ihnen huldigt; denn der Mensch ist mit der Vernunft zum Berechnen und mit dem Genie zum Voraussehen ausgestattet; und in die Hände des Menschen ist das Reich der Natur (in dieser Welt) gelegt, um es zu kultivieren, zu regieren und zu verbessern. Solange die Menschen glaubten, dass ein Gott den Blitz schwang, so lange wäre ein Blitzableiter eine Beleidigung Jupiters; solange ein Gott jede Naturgewalt lenkte, so lange wäre es gottlos, sich zu widersetzen oder zu versuchen , den göttlichen Willen zu regulieren. Erst als die Erfahrung nach und nach bewies, dass jede Verbesserung der Natur keine bösen Folgen hatte, wurden die Naturkräfte eine nach der anderen aus der Sphäre des Unbekannten und Göttlichen zurückgezogen. Jetzt wird sogar der Schmerz, der einst Gottes Geißel war, durch Chloroform gelindert, und nur der Tod bleibt der Natur überlassen, wie langwierig die Qual auch sein mag. Aber warum sollte der Tod, mehr als andere Übel, ganz und gar den plumpen, ununterstützten Prozessen der Natur überlassen werden? Warum sollten wir, nachdem wir unser ganzes Leben lang gegen die Natur gekämpft haben, sie im Tod ungehindert herrschen lassen? Es gibt einige Naturübel, die wir nicht abwenden können. Schmerz und Tod gehören dazu; aber wir können den Schmerz betäuben, indem wir die Gefühle betäuben, und wir können ihn lindern, indem wir seine Qualen verkürzen. Die Natur tötet durch langsame und langwierige Folter; wir können ihr trotzen, indem wir ein schnelles und schmerzloses Ende wählen. Es sind nur die Überreste des alten Aberglaubens, der die Menschen glauben lässt, Leben zu nehmen sei das besondere Vorrecht der Götter. Mit wunderbarer Inkonsequenz haben die Gegner der Euthanasie jedoch keine Skrupel, einerseits „in den Lauf der Natur einzugreifen", während sie uns andererseits verbieten, einzugreifen. Es ist richtig, den Schmerz durch Kunst zu verlängern, obwohl es falsch ist, ihn zu verkürzen. Wenn ein Mensch von einer furchtbaren und unheilbaren Krankheit heimgesucht wird, überlassen sie ihn nicht der Natur; im Gegenteil, sie hemmen und vereiteln die Natur auf jede mögliche Weise; sie pflegen das Leben, das die Natur zerstört hat; sie nähren die Kraft, die die Natur untergräbt; sie verzögern jeden Verfallsprozess, den die Natur in den ungeordneten Körper sät; sie streiten mit der Natur um jeden Zoll Boden, um das Leben zu erhalten; und dann, wenn das Leben Qual bedeutet und wir um Erlaubnis bitten, einzugreifen und diese Qual zu beenden, schreien sie, wir würden uns in die Natur einmischen. Wenn sie die Natur sich selbst überlassen würden, würde die Krankheit im Allgemeinen mit erträglicher Geschwindigkeit töten; aber das tun sie nicht. Sie werden die Kraft ihrer eigenen Argumente nur dann anerkennen, wenn sie auf der Seite dessen stehen, was sie für richtig halten. „Gegen die Natur" ist der Schrei, mit dem viele moderne Verbesserungen angebrüllt wurden; und er wird weiter erhoben werden, bis allgemein anerkannt ist, dass Glück und nicht die Natur der wahre Leitfaden zur Moral ist, und bis die Menschen erkennen , dass die Natur vor ihren Triumphwagen gespannt werden muss und ihre mächtigen Kräfte dazu eingesetzt werden müssen, den menschlichen Willen zu erfüllen.

Schmerz ist ein spirituelles Heilmittel, das von Gott auferlegt wird und deshalb geduldig ertragen werden sollte. Erträgt irgendjemand, außer einem selbstquälerischen Asketen, irgendeinen Schmerz, den er loswerden kann? Dies könnte als ausreichende Antwort auf diesen Einwand angesehen werden, denn der gesunde Menschenverstand gebietet uns immer, allen möglichen Schmerz zu vermeiden, und die tägliche Erfahrung lehrt uns, dass Menschen Schmerz ausnahmslos aus dem Weg gehen, wo immer dies möglich ist. Der Einwand sollte lauten: „Schmerz ist ein spirituelles Heilmittel, das von Gott auferlegt wird und das so schnell wie möglich loswerden muss, aber wenn es unvermeidlich ist, geduldig ertragen werden sollte." Schmerz als Schmerz hat keine Empfehlungen, weder spiritueller noch sonstiger Art; noch liegt der geringste Verdienst darin, sich freiwillig und unnötig dem Schmerz zu unterwerfen. Was seine heilenden und erzieherischen Vorteile betrifft, so verdirbt er häufig die Laune und verhärtet das Herz; Wenn eine Person große körperliche oder seelische Schmerzen mit unerschütterlicher Geduld erträgt und mit unverletzter Zärtlichkeit und Sanftheit daraus hervorgeht, können wir sicher sein, dass wir einer seltenen und schönen Natur von außergewöhnlicher Stärke begegnet sind. Als allgemeine Regel gilt, dass Schmerzen, insbesondere wenn sie geistiger Natur sind, den Charakter verhärten und rau machen. Die Verwendung von Anästhetika ist völlig unhaltbar, wenn körperliche Schmerzen als ein besonderes Mittel betrachtet werden sollen, mit dem Gott die menschliche Seele kultiviert. Wenn Gott direkt auf den Körper des Leidenden einwirkt und seine Seele erzieht, indem er seine Nerven strapaziert, mit welchem Recht darf der Arzt dann mit seinem gottlosen Anästhetikum dazwischentreten und Gott seines Schülers und den Menschen seiner Lektion berauben, indem er den Patienten bewusstlos macht? Wenn Schmerzen eine heilige Arche sind, über der die göttliche Herrlichkeit schwebt, muss es sicherlich eine sündige Tat sein, das Heilige zu berühren. Wir können unermesslichen spirituellen Schaden zufügen, indem wir den göttlichen Plan der Erziehung vereiteln, der körperliche Qual als spirituelles Mittel vorsah. Wenn dieses Argument also überhaupt etwas taugen soll, müssen wir von nun an alle Narkosemittel meiden , dürfen keine Schritte unternehmen, um menschliche Qualen zu lindern, dürfen es nicht wagen, in diese wohltätige Kraft einzugreifen, sondern müssen der Natur überlassen, uns zu quälen, wie sie will. Aber wir bestreiten entschieden, dass das unnötige Ertragen von Schmerzen auch nur ein Verdienst ist, geschweige denn eine Pflicht; im Gegenteil, wir glauben, dass es unsere Pflicht ist, den Schmerz so weit wie möglich zu bekämpfen, ihn zu lindern, wo wir ihn nicht ganz aufhalten können; und wo anhaltende und schreckliche Qualen nur mit dem Tod enden können, dem Leidenden die Erleichterung zu geben, nach der er sich sehnt, in dem Schlaf, der Gnade ist. „Es ist eine Gnade, dass Gott ihn zu sich genommen hat", ist ein Ausdruck, den man oft hört, wenn der gequälte Körper endlich ruhig liegt und die verzerrten Gesichtszüge sich langsam in das friedliche Lächeln des Toten verwandeln. Wir bitten darum, dass es dem Menschen gestattet sein sollte, dem Menschen Gnade zu erweisen, wenn menschliches Können und menschliche Zärtlichkeit ihr Bestes gegeben haben und wenn ihnen kein größerer Segen übrig geblieben ist als ein schneller und schmerzloser Tod.

legalisieren , Einwände erhoben wurden, die nicht unter eine dieser drei Kategorien fallen . Es wurde tatsächlich behauptet, dass es eine gefährliche Versuchung für diejenigen wäre, die ein besonderes Ziel verfolgen, indem sie eine lästige Person still und leise aus dem Weg räumen, wenn man diese „Macht über Leben und Tod" in die Hände eines Arztes legt. Dieser Einwand übersieht jedoch die Tatsache, dass der Patient selbst um das Mittel *bitten* muss, dass strenge Vorsichtsmaßnahmen getroffen werden können, um Euthanasie unmöglich zu machen, außer auf den ernsthaften oder sogar wiederholt geäußerten Wunsch des Patienten, dass jeder Arzt oder Pfleger, der diese Vorsichtsmaßnahmen versäumt, damals wie heute allen Strafen für Mord oder Totschlag unterliegen würde; und dass ein gewöhnlicher Arzt damals ebenso wenig bereit wäre, diese Strafen in Kauf zu nehmen wie heute, obwohl er jetzt zweifellos die Macht hat, den Patienten zu töten, ohne dass die Wahrscheinlichkeit einer Entdeckung gering ist. Euthanasie würde Mord nicht weniger gefährlich machen, als er es heute ist, denn niemand verlangt, dass eine Krankenschwester befugt sein könnte, einem Patienten eine Dosis zu verabreichen, die den Tod garantiert, oder dass es ihr erlaubt sein könnte, sich vor einer Bestrafung zu schützen, wenn der Patient dies wünscht. Wenn unsere Gegner sich die Mühe machen würden, herauszufinden, was wir wirklich verlangen, bevor sie unsere Vorschläge verurteilen, würde dies die öffentliche Diskussion erheblich vereinfachen, nicht nur in diesem Fall, sondern bei vielen vorgeschlagenen Reformen.

Es ist vielleicht auch gut, auf die breite Trennlinie zwischen Euthanasie und dem hinzuweisen, was gemeinhin als Selbstmord bezeichnet wird. Euthanasie ist wie Selbstmord ein freiwillig gewählter Tod, doch es besteht ein radikaler Unterschied zwischen den Motiven, die diese ähnliche Tat veranlassen. Wer Selbstmord begeht, macht sich dadurch für die Gesellschaft für künftige Zwecke nutzlos; er entzieht der Gesellschaft seine Dienste und entzieht sich selbstsüchtig den Pflichten, die ihm obliegen sollten; deshalb verurteilt das gesellschaftliche Empfinden Selbstmord zu Recht als Verbrechen gegen die Gesellschaft. Ich sage nicht, dass Selbstmord unter keinen Umständen gerechtfertigt sei; das ist nicht die Frage; aber ich möchte darauf hinweisen, dass er zu Recht als gesellschaftliches Vergehen angesehen wird. Doch genau das Motiv, das vom Selbstmord abhält, veranlasst zur Euthanasie. Der Leidende, der weiß, dass er für die Gesellschaft verloren ist, dass er seinen Mitmenschen nie wieder dienen kann; der außerdem weiß, dass er der Gesellschaft die Dienste derer vorenthält, die sich nutzlos für ihn verausgaben, und ihr weiter schadet, indem er die Gesundheit ihrer gesunden Mitglieder untergräbt, fühlt sich von eben jenen sozialen Instinkten, die ihn davon abhalten würden, Selbstmord zu begehen, wenn er gesund ist, dazu gedrängt, der Gesellschaft einen letzten Dienst zu erweisen, indem er sie von einer nutzlosen Last befreit. Daher lässt Sir Thomas Moore in dem Zitat, mit dem er diesen Aufsatz beginnt, die *sozialen Autoritäten* seines Idealstaates Euthanasie als Pflicht eines treuen Bürgers fordern, während sie doch den gewöhnlichen Selbstmord konsequent als *Majestätsbeleidigung* und Verbrechen gegen den Staat verurteilen. Das Leben des Einzelnen ist in gewissem Sinne das Eigentum der Gesellschaft. Der Säugling wird gepflegt, das Kind wird erzogen, der Mann wird von anderen beschützt; und als Gegenleistung für das so gegebene, entwickelte und bewahrte Leben hat die Gesellschaft das Recht, von ihren Mitgliedern eine loyale, selbstvergessene Hingabe an das Gemeinwohl zu verlangen. Der Menschheit zu dienen, die Rasse, der wir entstammen, zu fördern, jedes Talent, jede Kraft, jede Energie der Verbesserung und Steigerung des Glücks in der Gesellschaft zu widmen, das ist die Pflicht jedes einzelnen Mannes und jeder einzelnen Frau. Und wenn wir alles gegeben haben, was wir können, wenn die Kraft schwindet und das Leben versagt, wenn Schmerzen unsere Körper quälen und die schlimmere Qual, unsere Lieben in unserer Angst leiden zu sehen, unsere geschwächten Geister quält, wenn der einzige Dienst, den wir dem Menschen erweisen können, darin besteht, ihn von einer nutzlosen und schädlichen Last zu befreien, dann bitten wir darum, dass es uns gestattet sein möge, freiwillig und schmerzlos zu sterben und so ein edles Leben mit dem Lorbeerkranz eines aufopfernden Todes zu krönen.

ÜBER DAS GEBET.

Die Manie für Gebetsversammlungen hat in letzter Zeit stark zugenommen, und die ständigen Bemühungen,

„Bewege den Arm, der die Welt bewegt"

lenken natürlich die Aufmerksamkeit stark auf das Thema Gebet, auf seine Vernünftigkeit, Angemessenheit und Erfolgsaussicht. Wenn das Gebet zu Gott ehrfürchtig gegenüber der Gottheit ist, wenn es mit seiner Unveränderlichkeit, seinem Vorherwissen, seiner Weisheit und mit jeder Art von Vertrauen in seine Güte vereinbar ist – wenn es auch, was den Menschen betrifft, von der Wissenschaft erlaubt und durch Erfahrung bestätigt ist, dann kann es überhaupt keinen Zweifel daran geben, dass es eifrig praktiziert werden sollte und eine allgemeine Verpflichtung sein sollte. Aber wenn es zugleich nutzlos und absurd ist, wenn es von der Vernunft verboten und vom gesunden Menschenverstand missbilligt wird, wenn es den Menschen schwächt und respektlos gegenüber dem Wesen ist, an das es sich angeblich richtet, dann wird es für alle, die es praktizieren , gut sein , ihre Position zu überdenken und zumindest zu versuchen , einen soliden Grund dafür anzugeben, an einem Weg festzuhalten, der vom Verstand verurteilt und vom Herzen nicht benötigt wird.

Die Praxis des Gebets gründet sich im Allgemeinen auf die vermeintliche Stellung des Menschen – erstens als Geschöpf gegenüber seinem Schöpfer und zweitens als Kind gegenüber seinem Vater im Himmel. In seiner ersten Hinsicht ist es ein einfacher Akt der Ehrerbietung des Untergebenen gegenüber dem Höhergestellten, vergleichbar mit der Höflichkeit, die der Untertan dem Monarchen erweist; es ist ein Eingeständnis der Abhängigkeit und ein Zeichen der Dankbarkeit für die Gaben, die Gott dem Menschen angeblich freiwillig gibt – Gaben, für deren Verdienst der Mensch nichts getan hat, sondern die aus der freien Gabe des Gebers stammen. Wenn wir die ganze Frage nach Gott als Schöpfer beiseite lassen, die nicht der Streitpunkt ist, könnten wir argumentieren, dass er, da er uns ohne unsere Bitte und sogar ohne unsere Zustimmung in diese Welt gebracht hat, verpflichtet ist, dafür zu sorgen, dass wir alles haben, was wir für unser Leben und unser Glück in der Welt, in die er uns gesetzt hat, brauchen. Wir könnten argumentieren, dass die „Segen", die uns angeblich zuteil werden, wie Nahrung, Kleidung usw., nur durch eine Fiktion als „gegeben" bezeichnet werden können, da sie durch unsere eigene harte Arbeit gewonnen werden und niemals „Geschenke Gottes" im eigentlichen Sinne sind. Darüber hinaus könnten wir argumentieren, dass uns viele Dinge „gegeben" werden, die entschieden das Gegenteil von Segnungen sind, und dass, wenn Gott für einige Dinge Dankbarkeit gebührt, ihm für andere das Gegenteil von

Dankbarkeit gebührt; und dass, wenn Lob für das eine ihm zusteht, Tadel für das zweite sein Verdienst sein muss. Wir würden uns damit in die logische, aber etwas eigenartige Geisteshaltung des Wilden hineinversetzen müssen, der seinen Fetisch streichelt, wenn er seine Gebete hört, und ihn herzhaft bearbeitet , wenn er ihm nicht hilft. Aber wenn man die Position einnimmt, dass Gebete dem Menschen aufgrund seiner Kreaturenhaftigkeit zustehen , muss es sicherlich klar sein, dass es kein angemessener Weg sein kann, ein Gefühl der Unterlegenheit zu äußern, das Wesen zu erniedrigen, dem die Huldigung dargebracht wird. Doch Gebete sind im Grunde genommen entwürdigend für Gott, und die ihm zugeschriebene Eigenschaft, „ein Hörer und Beantworter von Gebeten" zu sein , ist eine äußerst herabwürdigende Vorstellung von Gott. Wenn Gott Gebete hört und beantwortet, bedeutet das, dass das Gebet sein Handeln ändert und ihn dazu bringt, Dinge zu tun, die er sonst unterlassen hätte; es bedeutet, dass der Mensch weiser als Gott ist und ihn in seiner Pflicht unterweisen kann; und es bedeutet, dass Gott weniger liebevoll ist, als er sein sollte, und seinem Geschöpf nicht das geben wird, was gut für ihn ist, es sei denn, er wird dazu gedrängt. Uns wird gesagt, dass Gott unveränderlich ist, „derselbe gestern, heute und für immer "; „Gott ist kein Mensch, dass er lügen sollte, noch ein Menschensohn, dass er bereuen sollte." Wenn dies wahr ist – und sicherlich muss die Unveränderlichkeit der Absicht ein notwendiges Merkmal eines allweisen und allgütigen Wesens sein –, wie kann Gebet mehr sein als ein kindisches Aufbegehren gegen das Unvermeidliche? Der Unveränderliche hat eine bestimmte Vorgehensweise geplant und führt sie stetig aus; in leidenschaftsloser Gelassenheit geht er seinen Weg; dann bricht der Mensch mit seinen schwachen Schreien und launischen Vorwürfen dazwischen und bringt Gott tatsächlich von seinem Vorhaben ab und ändert den Lauf seiner Vorsehung. Wenn das Gebet dies nicht tut, tut es überhaupt nichts; entweder ändert es Gottes Meinung oder nicht. Wenn es das tut, steht Gott der Laune des Menschen zur Verfügung; wenn nicht, ist es vollkommen nutzlos und könnte genauso gut unerledigt bleiben. Das Gleichnis, das Christus über den ungerechten Richter erzählt (Lukas 18, 1-8), ist eine höchst außergewöhnliche Darstellung Gottes: „Weil diese Witwe mir Mühe macht , will ich ihr Recht verschaffen, damit sie mich nicht durch ihr ständiges Kommen ermüdet … Und sollte Gott nicht seinen Auserwählten Recht verschaffen, die Tag und Nacht zu ihm schreien?" Wahrlich, das Bild der göttlichen Gerechtigkeit ist kein ansprechendes! Der Richter tut seine Pflicht, nicht weil es seine Pflicht ist, nicht weil die Witwe seine Hilfe braucht, nicht weil ihre Sache gerecht ist, sondern damit sie ihn nicht durch ihr ständiges Kommen ermüdet. Daraus lässt sich nur eine Moral ziehen, nämlich, dass Gott sich nicht um seine „Auserwählten" kümmert, weil sie „sein Eigentum" sind; dass er sie nicht beschützen wird, weil es seine Pflicht ist; sondern dass er sich um sie kümmert, wenn sie Tag und Nacht zu ihm schreien, weil ihn das ständige Schreien ermüdet und er es zum Schweigen bringen möchte. Auf die gleiche Weise ändert sich der unveränderliche Gott beim Klang des Gebets, nicht weil die Änderung besser oder weiser sein wird, sondern weil das Schreien des Menschen ihn „ermüdet" und er ruhig sein wird, wenn seine Bitte erfüllt wird. Sicherlich ist die Idee so erniedrigend wie nur möglich; Es stellt Gott auf eine Stufe mit den unklugen menschlichen Eltern, die sich vom Geschrei ihrer Kinder leiten lassen und den verwöhnten Kindern nur dann eine Gunst erweisen, wenn diese mit ihrer bockigen Hartnäckigkeit ermüdend genug sind.

Voraussicht Gottes vereinbar ? Eine der Gott zugeschriebenen Eigenschaften ist, dass er alles weiß, bevor es geschieht, und dass die Zukunft ebenso klar vor ihm liegt wie die Vergangenheit. Wenn dies so ist, ist es dann vernünftiger, für Dinge in der Zukunft zu beten als für Dinge in der Vergangenheit? Niemand ist so völlig irrational, dass er Gott, mit vielen Worten, anflehte, die Dinge zu ändern, die vergangen sind, oder die Aufzeichnungen der Vergangenheit zu verändern. Aber ist es vernünftiger, ihn zu bitten, die Dinge zu ändern, die kommen, und die bereits geschriebene Karte der Zukunft zu ändern? In Wirklichkeit hält der Mensch, da seine eigenen Augen geblendet sind, seinen Gott für einen wie sich selbst, und wo er nicht *sehen kann* , kann er sich erlauben zu *hoffen* . Aber es gibt keine Entschuldigung für die unerbittliche Logik, die uns mit dem einen oder anderen Horn dieses Dilemmas durchbohrt, wie sehr wir uns auch in unseren Bemühungen winden mögen, ihr zu entkommen; entweder kennt Gott die Zukunft, oder er kennt sie nicht; wenn er es weiß, kann es nicht geändert werden, also hat es keinen Sinn, darüber zu beten, da alles bereits festgelegt ist; wenn er es nicht weiß, ist er nicht Gott, er ist nicht weiser als der Mensch. Aber dann, argumentieren einige Christen, hat er im Voraus bestimmt, dass er diesen Segen als Antwort auf das Gebet geben wird, und er kennt das Gebet sowie seine Antwort im Voraus. Dann ist es schließlich im Voraus bestimmt, ob wir in einem bestimmten Fall beten werden oder nicht, und wir müssen nur dem Weg folgen, auf den uns ein unwiderstehliches Schicksal treibt; also steht die Angelegenheit über jede Diskussion, und die Macht zu beten oder nicht zu beten, liegt nicht in uns; wenn ein Segen auf uns wartet, der den Arm des Gebets braucht, um ihn vom Baum zu pflücken, an dem er hängt, werden wir unvermeidlich im richtigen Moment darum beten, und so hat sich der betende Christ – in seinem Bemühen, einer Schwierigkeit zu entgehen – in eine noch schlimmere gestürzt, denn absolutes Vorherwissen impliziert vollständigen Determinismus und verhindert jede menschliche Verantwortung jeglicher Art.

Ist das Gebet mit der *Weisheit* Gottes vereinbar? Was bedeutet Gebet, wenn man es kühn ausdrückt? Es bedeutet, dass der Mensch denkt, er wisse es besser als Gott, und deshalb sagt er Gott, was geschehen sollte. Gibt es eine so unerträgliche Selbstgefälligkeit wie die, die vorgibt, sich vor demjenigen in den Staub zu beugen, der die unendlichen Welten, aus denen das Universum besteht, erschaffen und aufrechterhält, und die sich dann daran macht, die Ordnung dessen zu korrigieren, der die Umlaufbahnen der Planeten nachgezeichnet und die Regel der Sonnen gemessen hat? Endliche Weisheit, die unendliche Weisheit unterrichtet; sterbliche Vernunft, die den Kurs der unsterblichen Vernunft vorgibt; niedrige Intelligenz, die höchste Intelligenz leitet; der Mensch, der Gott unterrichtet. All dies ist in der Tatsache des Gebets enthalten, und jeder Mensch, der gebetet hat und an Gott glaubt, sollte sich in leidenschaftlicher Demütigung vor der Weisheit niederwerfen, die er beleidigt und angefochten hat, und um Verzeihung für die unverschämte Anmaßung bitten, die es wagte, Hand an das Ruder des Höchsten zu legen und zu träumen, der Mensch könne weiser sein als Gott. Zumindest sollten diejenigen, die an Gott glauben, demütig genug sein, seine Überlegenheit über sich selbst anzuerkennen, und wenn sie verlangen, dass ihre Brüder ihm huldigen, sollten sie auch bekennen, dass er weiser und erhabener ist als sie selbst.

dem Vertrauen in die Güte Gottes vereinbar? Das Gebet ist sicherlich eine eindeutige Ablehnung des Vertrauens und eine Erklärung, dass wir glauben, wir könnten es besser für uns selbst machen, als Gott es für uns tun wird. Wenn Gott „gütig und liebevoll zu jedem Menschen" ist, ist es offensichtlich, dass er, ohne dass Druck auf ihn ausgeübt wird, für jeden das Beste tun wird, was nur möglich ist. Die Menschen in Madagaskar sind in dieser Hinsicht weiser als die Menschen, die unsere Kirchen und Kapellen bevölkern, denn sie wenden sich an den guten Geist: „Wir brauchen nicht zu dir zu beten, denn du wirst uns ohne unsere Gebete alles geben, was gut für uns ist." Und dann wenden sie sich an den bösen Geist und sagen, dass sie zu *ihm* beten müssen, damit er ihnen sonst keinen Schaden zufügt und ihnen Schwierigkeiten bereitet. Das Gebet impliziert, dass Gott alle guten Gaben beurteilt und sie zurückhält, wenn sie nicht aus seinen widerstrebenden Händen gerissen werden. Es leugnet, dass er seine Geschöpfe liebt und zu allen gut ist. Darüber hinaus bedeutet es auch, dass wir ihm nicht vertrauen, wenn es darum geht, zu entscheiden, was das Beste für uns ist. Im Gegenteil, wir ziehen es vor, selbst zu entscheiden und unseren eigenen Weg zu gehen. Wenn ein Problem auftritt, wird dagegen gebetet und Gott gebeten, „seine schwere Hand zu entfernen". Was bedeutet das anderes, als dass, wenn Gott Kummer schickt, der Mensch nach Freude schreit, und wenn Gott es für das Beste hält, dass sein Kind weint, das Kind einen Grund zum Lächeln verlangt? Wenn die Menschen Gott vertrauten, wie sie vorgeben, ihm zu vertrauen – wenn die Redewendungen des Sonntags die Praxis der Woche wären – wenn die Menschen glaubten, dass Gottes Wege höher sind als die Wege des Menschen und seine Gedanken höher sind als ihre Gedanken – dann würde kein Gebet jemals von der Erde zum „Thron der Gnade" aufsteigen, und der Mensch würde Freude und Kummer, Frieden und Sorge, Reichtum und Armut willkommen heißen, wie weise Menschen die Ordnung der Natur willkommen heißen, wenn der Regen fällt, um die Saat für die Ernte anschwellen zu lassen, und die Sonne auf die Erde scheint, um das goldene Korn zu polieren.

Aber, sagen die betenden Christen, selbst wenn das Gebet nicht als Huldigung des Geschöpfes an den Schöpfer vertretbar ist, da es unsere Vorstellung von Gott herabsetzt, muss es doch natürlich sein wie der instinktive Schrei des Kindes zum Vater im Himmel; und dann folgen Argumente aus der Familie und dem Zuhause und dem Bedürfnis nach Gemeinschaft zwischen Eltern und Kind. Tatsächlich finden wir – wenn wir die Analogie nehmen, so unvollkommen sie auch ist – in den besten und glücklichsten Familien viel Gebet, wie von Kind zu Eltern; *ist nicht die Menge der Bitten das genaue Maß für die Unvollkommenheit der Beziehung?* Je weiser und freundlicher die Eltern, desto weniger wird das Kind bitten; vielmehr lernt es aus der Erfahrung, der älteren Weisheit zu vertrauen und sich mit der Liebe zufrieden zu geben, die immer unaufgefordert alle guten Dinge gibt. Höchstens ist der einfache Ausdruck des Wunsches des Kindes alles, was nötig ist, wenn das Kind sich etwas wünscht, woran die Eltern nicht gedacht haben; und selbst diese bloße Äußerung eines Wunsches ist immer noch das Ergebnis von *Unvollkommenheit, d . h.* , der Mangel an Wissen seitens der Eltern über den Verstand und das Herz des Kindes. In diesem Fall gibt es kein Flehen, kein Drängen; die einzige Bitte und die einzige Antwort genügen; es gibt nichts, was der Vorstellung des Propheten entspricht, zu Gott zu beten und ihm „keine Ruhe zu lassen", bis er die Bitte erhört. In einem wohlgeordneten Zuhause würde das Kind, das beharrlich auf seiner Bitte beharrt, einen Tadel für seinen Mangel an Vertrauen und seine eingebildete Selbstgenügsamkeit erhalten; und doch ist *dies* die Analogie, auf der das Gebet zu Gott aufbaut, und auf diese Weise werden „natürliche Instinkte" herangezogen, um übernatürliche und künstliche Gelüste zu unterstützen.

Lassen wir das Gebet beiseite, da es die Beziehung des Menschen zu Gott beeinflusst, und betrachten wir es nun in Bezug auf die Beziehung des Menschen zu den Dingen um ihn herum und fragen uns, ob es durch unser wissenschaftliches Wissen erlaubt und durch Erfahrung und Geschichte bestätigt wird. Die wichtigste Lehre der Wissenschaft ist, dass alle Dinge nach Gesetzen funktionieren, dass wir in einem Reich der Gesetze leben und dass *nichts* dem Zufall unterliegt. Die gesamte Wissenschaft baut auf dieser Idee auf; Wissenschaft ist nicht möglich, wenn diese Grundregel nicht richtig ist; Wissenschaft ist nur die kodifizierte Erfahrung der Menschheit, die beobachtete Abfolge des Heute, die zur Orientierung des Morgens aufgezeichnet wurde, die Lehren der Vergangenheit, die zur Verbesserung der Zukunft aufgegriffen wurden. Aber all diese Ansammlung und Korrelation von Fakten wird nutzlos, wenn Gesetze gebrochen werden können – d . h. wenn diese beobachtete Abfolge von Phänomenen plötzlich durch das Eingreifen einer unbekannten und unkalkulierbaren Kraft unterbrochen werden kann, die sporadisch wirkt und von keiner erkennbaren Handlungsordnung geleitet wird. Wissenschaft ist unmöglich, wenn diese „vorsehungsvollen Ereignisse" in jedem Moment eintreten können. Ein Arzt wählt beim Verschreiben seines Rezepts die Arzneimittel aus, die sich erfahrungsgemäß als geeignetes Heilmittel für die Krankheit seines Patienten erwiesen haben . Diese Arzneimittel haben eine bestimmte Wirkung auf das Gewebe des menschlichen Körpers, und der Arzt rechnet damit, dass diese Wirkung auch eintreten wird. Wenn aber das Gebet ins Spiel kommt, welchen Nutzen hat dann die Wissenschaft des Arztes? Hier wird plötzlich – bildlich gesprochen – ein neues Arzneimittel von unbekannter Kraft eingeführt, und die Wirkung von Medizin und Gebet kann in keiner Weise berechnet werden. Das Rezept ist entweder wirksam oder nicht wirksam. Ist es wirksam, ist Gebet unnötig, da die Heilung auch ohne es eintreten würde. Ist es nicht wirksam und gleicht Gebet den Mangel aus, ist die medizinische Wissenschaft nicht erforderlich, da die Wirkungslosigkeit der Arzneimittel immer durch die Wirksamkeit des Gebets ausgeglichen werden kann. Dieses Argument kann für jede Wissenschaft verwendet werden. Man betet für ein Schiff, das zur See fährt. Entweder ist das Schiff für die Gefahren gerüstet, denen es ausgesetzt ist, oder es ist nicht tauglich. Ist es gerüstet, kommt es auch ohne Gebet sicher an. Wenn es, obwohl untauglich, unter Gebetsschutz ankommt, dann wird das Gebet zu einem Faktor in den Berechnungen des Schiffsbauers, und solides Holz und starke Nieten verlieren an Bedeutung. Wenn argumentiert wird, dass man so spricht, ist ein unfairer Umgang mit dem Gebet, weil es unsere Pflicht ist, alle geeigneten Maßnahmen zu ergreifen, um die Sicherheit zu gewährleisten, was soll das anderes bedeuten als zu sagen, dass das Gebet letzten Endes nur eine Fiktion ist, und dass wir, während wir unsere Knie vor Gott beugen und so tun, als würden wir uns auf *ihn* verlassen, um Sicherheit zu erhalten, in Wirklichkeit auf das starke Holz des Schiffsbauers und das Können des Kapitäns vertrauen?

Die Wissenschaft lehrt auch, dass alle Phänomene das Ergebnis vorangegangener Phänomene sind und dass eine ununterbrochene Folge von Ursache und Wirkung weiter zurückreicht, als unsere armseligen Gedanken reichen können. Die ganze Natur bewegt sich in majestätischer Harmonie und entwickelt ein Glied nach dem anderen der endlosen Kette, wobei jedes Glied fest mit seinem Vorgänger verbunden ist und wiederum seinem Nachfolger dieselbe Unterstützung bietet. In den Kirchen wird um schönes Wetter gebetet; aber Regen und Sonnenschein folgen nicht zufällig aufeinander, sie gehorchen einem unveränderlichen Gesetz. Das Wetter von heute zu ändern bedeutet, das Wetter unzähliger Gestern zu ändern, die eines nach dem anderen „im unendlichen Azurblau der Vergangenheit" verblasst sind. Das Wetter von heute ist das Ergebnis all dieser längst vergangenen Temperaturphasen, und wenn sie nicht geändert würden, wäre keine Änderung möglich . heute möglich . Das Gebet, das in englischen Kirchen erklingt, sollte eigentlich lauten: „O Gott, wir bitten Dich, alles zu ändern, was Du in der Vergangenheit getan hast. Wir sind heute in dieser kleinen Ecke Deiner Welt mit Deiner Ordnung unzufrieden. Wir bitten Dich daher, dass Du, um unsere Phantasie zu erfreuen, die Aufzeichnungen der Vergangenheit aufrollst und ihre ganze Ordnung änderst und ihre Geschichte so umgestaltest , dass sie uns heute passt." Es ist schwer zu sagen, was schlimmer ist, die Selbstgefälligkeit, die ihre eigenen kleinen Bedürfnisse einer solchen Gefälligkeit gegenüber Gott für würdig hält, oder die Unwissenheit, die die Absurditäten vergisst, die in ihrer Bitte stecken. Aber letzten Endes ist es die Unwissenheit, die schuld ist: Diese Gebete wurden geschrieben, als die Wissenschaft gerade erst geboren war. in jenen Tagen war Gott die unmittelbare Ursache aller Phänomene: Er sandte Regen vom Himmel, wenn es ihm gefiel, er donnerte vom Himmel gegen seine Feinde, er ließ Hagelkörner vom Himmel regnen, um seine Widersacher zu töten, er öffnete und schloss die Fenster des Himmels, um einen bösen König zu bestrafen oder einem zornigen Propheten einen Gefallen zu tun. In jenen Tagen war der Himmel der Erde sehr nah: so nah, dass der sterbende Stephanus, als er sich öffnete, die Gestalt und Züge des Menschensohnes sehen und erkennen konnte; so nah, dass Gott selbst herabsteigen und die Bauleute verwirren musste, damit der Mensch nicht einen Turm bauen konnte, der bis dorthin reichte. All diese Dinge stimmten für die Schriftsteller, deren Worte in den englischen Kirchen des 19. Jahrhunderts wiederholt werden, und sie glaubten natürlich, dass Gott das, was er in alten Tagen bewirkt hatte, auch unter ihnen wirken konnte. Aber die Erkenntnis hat das Märchengefüge, das die Phantasie aufgebaut hatte, zerstört; Die Astronomie baute Türme – nicht von Babel – von denen aus die Menschen den Himmel abschätzen konnten, und sie fanden heraus, dass sich durch den grenzenlosen Äther unzählige Welten bewegten und dass dort, wo der Thron Gottes hätte zu sehen sein sollen, Sonnen und Planeten ihre unaufhörlichen Runden drehten. Immer weiter zurück wurde der alte Gott, der unter den Menschen lebte, zurückgedrängt, bis jetzt schließlich kein Platz mehr für sporadische göttliche Lösungen ist, sondern die mächtige Ordnung der Natur ununterbrochen weitergeht, in einer Stille, die nicht durch Stimmen unterbrochen und nicht durch wundersame Willensäußerungen gestört wird, gebunden durch eine goldene Kette unantastbaren Gesetzes. Die gelehrtesten und nachdenklichsten Christen erkennen jetzt an, dass Gebete im Umgang mit der „natürlichen Ordnung" fehl am Platz sind; aber es ist sicherlich an der Zeit, dass sie ihre Stimme deutlich erheben, um diese veralteten Vorstellungen, die aus einer Unwissenheit entstanden sind, die die

Welt inzwischen hinter sich gelassen hat, aus dem Gebetbuch zu streichen. Nur wenige *glauben* wirklich an die Macht des Gebets über das Wetter, aber die Menschen machen aus reiner Gewohnheit weiter und wiederholen wie Papageien Phrasen, die ihre Bedeutung verloren haben, weil sie zu träge sind, um nachzudenken, oder zu sehr durch die Gewohnheit gefesselt, um das Sonntagsgebet an den Maßstäben der Woche zu messen. Wenn die Menschen anfangen, über das *nachzudenken* , was sie so leichtfertig wiederholen, ist die Schlacht des freien Denkens gewonnen.

erkennen zwar die Tatsache an, dass man nicht beten sollte, um Regen, schönes Wetter und dergleichen zu erreichen, glauben aber dennoch, dass man es durchaus einsetzen kann, um „spirituelle Vorteile" zu erlangen. Ist diese Idee nicht ebenfalls das Produkt von Unwissenheit? Als die Menschen noch nichts von Naturgesetzen wussten, glaubten sie, sie könnten durch Beten natürliche Vorteile erlangen; jetzt, da die Menschen noch nichts von „spirituellen" Gesetzen wissen, glauben sie, sie könnten durch Beten „spirituelle" Vorteile erlangen. In jedem Fall entspringt das Beten der Unwissenheit. Ist es wirklich vernünftiger, zu erwarten, durch Beten wundersame spirituelle Kraft zu erlangen, als zu erwarten, durch Beten durch Fieber geschwächte Arme wieder zu stärken ? Wachstum, langsam und stetig, ist das Gesetz der Natur; plötzliche Sprünge sind nicht möglich; und kein Gebet wird jene spirituelle Statur verleihen, die sich nur durch ständige Anstrengung und „geduldiges Fortbestehen im Guten" entwickelt. Der Geist – was wahrscheinlich im Allgemeinen mit dem Wort „Geist" gemeint ist – hat seine eigenen Gesetze, nach denen er wächst und stärker wird; Es wird, wie der Körper, durch das Zusammenspiel der ihn umgebenden Umstände und durch die Organisation , mit der es auf die Welt kommt und die es von einer langen Ahnenreihe geerbt hat, geformt , gestaltet und entwickelt . Auch hier umgibt ein unerbittliches Gesetz alles, und im Geist wie in der Materie ist die „Herrschaft des Gesetzes" allumfassend und allbezwingend.

Wird das Gebet durch Erfahrung bestätigt? Es scheint hier notwendig, auf die Erfahrung einiger zu verweisen, die sagen, dass das Gebet ihnen die Kraft gegeben hat, einer Schwierigkeit zu begegnen, die sie gefürchtet hatten, oder eine Pflicht zu erfüllen, für die ihre eigenen Fähigkeiten nicht ausreichten. Dies scheint sehr wahrscheinlich zu sein, aber der Grund ist nicht weit zu suchen, und da die Erklärung für die erhöhte Kraft rein natürlich sein kann, scheint es unnötig, nach einer übernatürlichen Ursache zu suchen. Wenn das Gebet ernst und von Herzen kommt, scheint es eine Art Reflexwirkung auf die betende Person auszuüben, wobei die Bitte nicht den Himmel durchdringt, sondern auf die Erde zurückfällt. Eine Pflicht muss erfüllt oder eine Schwierigkeit bewältigt werden; die betroffene Person betet um Hilfe, und durch die intensive Konzentration ihrer Gedanken und durch die Leidenschaft ihres Verlangens gewinnt sie natürlich eine Kraft, die sie nicht hatte, als sie weniger tief und gründlich ernst war. Auch die innere Überzeugung, dass eine olivgrüne Kraft auf ihrer Seite ist, stärkt ihr Herz und stärkt ihren Mut: Der Soldat kämpft mit zehnfachem Mut, wenn er sicher ist, dass Ausdauer den Sieg zur Gewissheit machen wird. Aber all dies ist kein Beweis dafür, dass Gott Gebete hört und beantwortet. Wäre dies der Fall, würde es auch beweisen, dass die Jungfrau Maria und alle Heiligen, Buddha, Brahma und Vishnu gleichermaßen Hörer und Beantworter von Gebeten waren. In allen Fällen gewinnt der aufrichtige Anbeter Kraft und Trost und findet die gleiche „Antwort" auf sein Gebet. Doch wird sicherlich niemand behaupten, dass all dies „Gebete hörende und Gebete beantwortende" Götter sind? Diese eingebildete Antwort ist kein Beweis für die Wahrheit des Glaubens des Anbeters, sondern nur ein Beweis *seiner Überzeugung von seiner Wahrheit* . Nicht die Stichhaltigkeit des Glaubens, sondern die Aufrichtigkeit der Überzeugung wird durch das Glühen und die Begeisterung bewiesen , die dem Akt des Gebets folgen. Alle schlummernden Energien werden geweckt; die ganze Kraft der Seele wird freigesetzt; der Anbeter wird durch das Feuer erwärmt, das aus seinem eigenen Herzen entfacht wird, und ist begeistert von der Elektrizität, die in seinem eigenen Körper wohnt. Bis hierhin wird das Gebet erhört, so wie jede starke Überzeugung, wie irrtümlich sie auch sein mag, dem, der sie besitzt, mehr Kraft und Stärke verleiht. Aber abgesehen davon erweist sich das Gebet nicht als wirksam, wenn es durch Erfahrung geprüft wird. Wie viele Gebete sind von seinen Kindern, die im Meer überschwemmt wurden, in Fluten ertranken und vom Feuer umzingelt waren, zum Vater im Himmel aufgestiegen? Wie viele leidenschaftliche Appelle von Patrioten und Märtyrern, von Verbannten und Sklaven? Wie viele Schmerzensschreie neben den Betten der Sterbenden und den frischen Gräbern der kürzlich Verstorbenen? Vergeblich das Wehklagen der Frau um ihren Mann, das Flehen der Mutter für das einzige Kind; keine Stimme hat geantwortet: „Weine nicht", kein Befehl hat geantwortet: „Steh auf"; Die Gebete fielen auf das gebrochene Herz zurück, auf die armen weißgeflügelten Vögel, die versuchten, zum Himmel zu fliegen, aber nur auf die Erde zurücksanken, ihre Brüste zerschrammt und blutend vom Aufprall auf die Eisenstangen eines erbarmungslosen und unerbittlichen Schicksals. So oft hat das Gebet keine Antwort erhalten, dass sich die Christen trotz der Klarheit und Kraft der biblischen Versprechen in Bezug darauf gezwungen sahen, ihren Umfang zu begrenzen und zu sagen, dass Gott entscheidet, ob es für den Anbeter von Vorteil ist, die Bitte zu erfüllen, und wenn das Gebet falsch ist, wird er aus Barmherzigkeit die erbetene Gabe zurückhalten. Natürlich verhindert dies, dass das Gebet jemals durch Erfahrung geprüft wird, denn wenn ein Gebet unbeantwortet bleibt, ist die Antwort bereit, dass „es nicht dem Willen Gottes entsprach". Das bedeutet, dass wir den Wert des Gebets in keiner Weise prüfen können; wir müssen seinen Wert ganz und gar als Glaubenssache akzeptieren; wir müssen beten, weil es uns befohlen wird, und eine nutzlose Form ausfüllen, die keine greifbaren Ergebnisse liefert. In diese traurige Lage bringt uns ein Appell an die Erfahrung, der uns vor die Herausforderung stellt, den Wert des Gebets zu prüfen.

Die Antwort der Geschichte ist sogar noch eindringlicher. Die Zeitalter des Gebets sind die dunklen Zeitalter der Welt. Als das Wissen ausgelöscht wurde und Aberglaube überhand nahm, als Weisheit als Hexerei bezeichnet wurde und Priester Europa regierten, stieg das Gebet immer zu Gott auf aus den zahllosen Klöstern, in denen Männer zu Mönchen verkümmerten, und aus den Nonnenklöstern, in denen Frauen zu Nonnen verkümmerten . Der Klang der Glocke, die zum Gebet rief, verstummte nie, und die Zeit, die für die Arbeit benötigt wurde, wurde mit Gebeten vergeudet, und im Bemühen, Gott zu dienen, wurde der Dienst am Menschen vernachlässigt und verachtet.

Es gibt eine offensichtliche Tatsache, die die Absurdität des Gebets deutlich macht. Zwei Menschen beten um genau entgegengesetzte Dinge. Wessen Gebete werden erhört? Zwei Armeen bitten um den Sieg. Welches soll gekrönt werden? Unter uns ist die Kirche in zwei gegnerische Lager gespalten. Während die Ritualisten Gott um Schutz anflehen, schreien auch die Evangelikalen nach seiner Hilfe. Wem soll er zuhören? Welches Gebet soll er beantworten? Beide berufen sich auf seine Versprechen. Beide betonen, dass er ihnen durch sein Wort seine Ehre zugesichert hat. Dennoch ist es einfach unmöglich, dass er das Gebet beider erhört, denn das Gebet des einen ist der direkte Widerspruch zum Gebet des anderen.

Und keiner der Gläubigen scheint zu bedenken, dass es Wahnsinn wäre, überhaupt zu beten, wenn es wahr wäre, dass das Gebet eine so mächtige Waffe ist – wenn es wahr wäre, dass der Mensch durch das Gebet Gott besiegen kann. Beten wäre so gefährlich, wie einem Kind ein Kavallerieschwert in die Hand zu geben, das gerade stark genug ist, es zu heben, aber nicht in der Lage ist, es zu kontrollieren oder die Gefahr seiner Schläge zu verstehen. Wer kann alle Folgen für sich selbst und andere benennen, die sich aus einem erhörten Gebet ergeben können, einem Gebet, das zwar mit aller Ehrlichkeit, aber aus Unwissenheit und Kurzsichtigkeit gesprochen wird? Wenn Gebete wirklich Antworten brächten, wäre es höchst rücksichtslos, überhaupt zu beten, so rücksichtslos, als würde ein Mann, um seinen Durst für einen Moment zu löschen, ein Loch in ein Wasserreservoir bohren, das über einer Stadt thront.

Aber trotz aller Argumente, trotz allem, was die Vernunft vorbringen und die Logik beweisen kann, ist es wahrscheinlich, dass viele immer noch an der Praxis des Gebets festhalten werden, weil sie sich nach der Erleichterung sehnen, die es den Gefühlen des Herzens verschafft, wie sehr es auch vom Urteil des Verstandes verurteilt werden mag. Sie scheinen zu glauben, dass sie eine große Inspiration für die Arbeit verlieren, wenn sie die „Gemeinschaft mit Gott" aufgeben, und dass sie die Glut der Begeisterung vermissen werden , die sie glauben, durch das Gebet erlangt zu haben. Aber man kann ihnen sicherlich zu Recht klarmachen, dass nichts wirklich Gutes daraus entstehen kann, eine Praxis fortzusetzen, die man bei sorgfältiger Analyse nicht verteidigen kann . Das Gebet ist wie ein künstliches Stimulans, das erregt, aber nicht stärkt, und eine künstliche Heiterkeit verleiht, der eine tiefere Depression folgt. Diejenigen, die am meisten gebetet haben, haben oft erklärt, dass „Zeiten besonderer Segnungen" im Allgemeinen von „besonderen Versuchungen Satans" gefolgt werden. Die Reaktion folgt auf die unwirkliche Erregung, und die Seele, die im Himmel geflogen ist, kriecht auf der Erde. Dem Patienten, der infolge einer langen Krankheit geschwächt und niedergeschlagen ist, erscheint die helle Morgenluft frostig und kalt, und er sehnt sich nach der Wärme der künstlichen Stimulanzien, an die er sich gewöhnt hat. Dennoch ist es für ihn besser, durch die Morgenbrise Gesundheit zu erlangen und durch den fröhlichen, klaren Sonnenschein Anregung zu erhalten, als dem Verlangen nachzugeben, das ein Relikt seiner Krankheit ist. Wenn diejenigen, die in der Gemeinschaft mit Gott eine Süße finden, die ihnen in der Gemeinschaft mit ihren Brüdern fehlt – wenn diejenigen, die ihre Abhängigkeit von Gott pflegen, die wahre Abhängigkeit des Menschen vom Menschen erlernen würden – wenn diejenigen, die sich nach dem Unsichtbaren sehnen, ihre Energien auf das Sichtbare konzentrieren würden – dann würden sie bald in der Arbeit eine Süße finden , die die Mattigkeit des Gebets ausgleicht, und sie würden lernen, aus der Freude, den Menschen zu dienen, und aus der heiteren Kraft eines ernsthaften Lebens eine Wärme der Inspiration, eine leidenschaftliche Inbrunst , eine unerschöpfliche Quelle der Energie zu schöpfen, neben der alle aus dem Gebet stammende Inbrunst stumpf und kraftlos erscheint, in deren Schein die eingebildete Wärme der Gemeinschaft mit Gott wie der blasse, kalte Mondschein im Glanz der aufgehenden Sonne erscheint.

KONSTRUKTIVER RATIONALISMUS.

Es ist eine verbreitete Klage gegen die rationalistische Denkschule, dass sie zerstören, aber nicht aufbauen können; dass sie niederreißen, aber nicht aufbauen; dass sie nur mit der Axt und dem Schwert bewaffnet sind, nicht aber mit der Maurerkelle und der Maurerschnur. „Wir haben genug von Verneinungen", ist ein verbreiteter Ruf; „gebt uns etwas Positives." Vieles von diesem Gefühl ist töricht und unvernünftig; die Verneinung des Irrtums, wo der Irrtum überwiegt, ist notwendig, bevor die Behauptung der Wahrheit möglich werden kann. Bevor ein Stück Land mit Weizen besät werden kann, muss es von dem Unkraut befreit werden, das es befällt; bevor ein solides Haus an der Stelle einer zerfallenden Ruine gebaut werden kann, muss der alte Schutt weggebracht und die morschen Mauern gründlich niedergerissen werden. Destruktive Kritik ist notwendig und heilsam; der schwere Rammbock der Wissenschaft muss gegen die Mauern der Kirchen donnern; die schnellen Pfeile der Logik müssen auf die schwarzgekleidete Armee regnen; die scharfen Lanzenspitzen der Ironie müssen das Lederwams des Aberglaubens durchbohren. Aber nachdem die Zerstörung des orthodoxen Christentums vollzogen ist, bleibt dem Rationalisten noch viel zu tun. Er muss einen Kodex aufstellen, der an die Stelle des Kodex von Moses und Jesus treten soll; er muss eine Moral begründen, die die Moral der Bibel ersetzen soll; er muss ein Ideal konstruieren, das ebenso anziehend sein soll wie das Ideal der Kirchen; er muss Gesetze verkünden, die die Offenbarung ersetzen sollen: mit einem Wort, er muss die Religion der Menschheit aufbauen.

Während der Rationalist über die streitenden Armeen des Glaubens und der Vernunft blickt, erkennt er allmählich die Tatsache, dass seine neue Religion, wenn sie als Band der Einheit dienen soll, auf festem Boden stehen muss, abseits der kriegerischen Heerscharen. Um die Idee Gottes tobt der heißeste Lärm der Schlacht. Der alte, populäre und traditionelle Glaube ist zu Tode verwundet und haucht langsam sein Leben aus. Die philosophischen Feinheiten des Metaphysikers sind für Leute, die hauptsächlich mit gewöhnlicher Arbeit beschäftigt sind, unerreichbar. Die neue Schule der Theisten, die an einen „spirituellen persönlichen Gott" glauben, steht auf einem rutschigen Abhang, auf dem sie keinen festen Halt hat. Sie breitet einfach einen sentimentalen Schleier poetischer Vorstellungen über die Abgründe des Denkens aus und verneigt sich vor einem seligen und himmlischen Menschen, dessen Bild sie aus dem Gedankenmarmor ihrer erhabensten Bestrebungen geformt hat. Wenn die Idee Gottes so umstritten, so veränderlich und so unsicher ist, ist es klar, dass die neue Religion ihre Grundlage nicht auf diesem schwankenden und umstrittenen Boden finden kann. Während die Theologen über Gott streiten, blicken die einfachen

Menschen sehnsüchtig auf die zerbrochenen Götzenbilder, um das Ideal zu finden, an dem sie sich festhalten können. Die neue Religion, die die verschiedenen Phasen der Gottesidee studiert, greift also ihr einziges beständiges Element auf, ihre idealisierte Ähnlichkeit mit dem Menschen, ihre Verkörperung der höchsten Menschlichkeit; und diesen Gedanken erfassend, wendet es sich den Menschen zu und sagt: „Indem ihr Gott liebt, liebt ihr nur euer eigenes höchstes Selbst; indem ihr euch dem göttlichen Bild anpasst, passt ihr euch nur euren eigenen höchsten Idealen an; den unbekannten Gott, den ihr unwissend anbetet, den erkläre ich euch ; indem ihr eurer Familie, euren Nachbarn , eurem Land dient , dient ihr diesem unbekannten Gott; dieser Gott ist die Menschheit, die Rasse, zu der ihr gehört; dies ist der verhüllte Gott, den alle Generationen im Himmel angebetet haben, während er in jeder menschlichen Gestalt die Welt um sie herum betrat; dies ist der einzige Gott, der Gott, der sich im Fleisch manifestiert: „—

„Es gibt keinen Gott, oh Sohn, wenn es dich nicht gibt.“

Die erste große konstruktive Anstrengung der neuen Religion besteht daher darin, die Idee Gottes umzuwandeln und alle Sehnsüchte, Hoffnungen und Arbeiten der Menschen in diesen Kanal der Hingabe an die Menschheit umzulenken, so dass das praktische Ergebnis der neuen Antriebskraft ein stetiger Fluss liebevoller und tatkräftiger Arbeit für den Menschen sein kann, Arbeit, die in der Familie beginnt und sich in immer größeren Kreisen über die ganze Menschheit ausbreitet.

Diese Transformation der zentralen Figur transformiert notwendigerweise auch die gesamte Idee der Religion, die ihre Farbe von diesem Zentrum beziehen muss . Da Offenbarung vom Himmel nicht mehr möglich ist, muss sie durch das Studium auf der Erde ersetzt werden; da offenbarte Gesetze nicht mehr erreichbar sind, wird es zur Pflicht des Humanisten, Naturgesetze zu entdecken. Diese Pflicht ist umso ermutigender angesichts des offensichtlichen Versagens offenbarter Gesetze, wie es im populären Christentum veranschaulicht wird. „Gesetz“ bedeutet im Mund des Offenbarungsgläubigen einen von Gott erlassenen Befehl; die „Naturgesetze“ sind die von Gott festgelegten Regeln, nach denen sich alle Dinge bewegen; sie sind die Gebote des Schöpfers der Natur, die Kontrolldrähte des Mechanismus, die von der Hand Gottes gehalten werden. Aber „Gesetz“ bedeutet im Mund des Rationalisten nichts weiter als die beobachtete und registrierte, unveränderliche Abfolge von Ereignissen. So heißt es: „Ein Stein fällt gemäß dem Gesetz der Schwerkraft zu Boden.“ Mit dem „Gesetz der Schwerkraft“ würde der Christ meinen, dass Gott angeordnet hat, dass alle Steine so fallen *sollen* . Der Rationalist würde einfach meinen, dass alle Steine so *fallen* , und diese unveränderliche Reihenfolge nennt er das „Gesetz der Schwerkraft“. Der Gehorsam gegenüber den

Naturgesetzen ersetzt in der Religion der Menschheit den Gehorsam gegenüber den Gesetzen Gottes. Da es keine inspirierte Offenbarung dieser Gesetze gibt, muss der Schüler sie sorgfältig und geduldig ermitteln, entweder durch direkte Beobachtung oder, was am häufigsten vorkommt, in den Büchern derjenigen, die ihr Leben der Aufklärung des Codes der Natur gewidmet haben. Wissenschaftliche Bücher werden tatsächlich die Bibel ersetzen, und durch das Studium der Gesetze der Gesundheit, sowohl der physischen, moralischen als auch der geistigen, wird der Rationalist die ihn umgebenden Bedingungen ermitteln, denen er sich anpassen muss, wenn er seine körperliche, moralische und geistige Kraft behalten möchte . Dieser Unterschied in der Autorität, der gehorcht wird, führt natürlich zu dem Unterschied in der Moral zwischen dem orthodoxen Christen und dem Rationalisten. Die christliche Moral besteht im Gehorsam gegenüber dem Willen Gottes, wie er in der Bibel offenbart wird. Die große Schwierigkeit in Bezug auf diesen Gehorsam besteht darin, dass der Wille Jehovas, wie er den Juden zu verschiedenen Zeiten offenbart wurde, von Zeitalter zu Zeitalter so sehr variiert, dass selbst der eifrigste Christ es versäumen muss, all den widersprüchlichen Geboten zu gehorchen, denen ein „So spricht der Herr" vorangestellt ist . Gott würde natürlich niemals jemandem befehlen, etwas zu tun, was direkt falsch ist, doch Gott hat deutlich gesagt: „Du sollst eine Hexe nicht am Leben lassen"; und Gott hat die Sklaverei genehmigt, und Gott hat die Verfolgung aufgrund religiöser Überzeugungen befohlen: Zwar behaupten Christen, dass all diese Gesetze überholt sind, aber was bedeutet das anderes, als anzuerkennen, dass die offenbarte Moral überholt ist, *d. h .* dass sie nie von Gott offenbart wurde. Denn ein Befehl zur Verfolgung muss entweder richtig oder falsch sein: Wenn er richtig ist, ist es die Pflicht der Christen, ihm zu gehorchen und die Pfähle von Smithfield für Ketzer und Ungläubige erneut zu erheben; wenn er falsch ist, kann er nie von Gott gekommen sein und muss ihm blasphemisch zugeschrieben werden. In Gott, sagen uns die Christen, gibt es keine Veränderlichkeit, keinen Schatten der Veränderung; dann würde ihm das, was ihm in längst vergangenen Zeiten gefiel, auch heute noch gefallen, und was er gestern befahl, wäre auch heute richtig. So versagt die offenbarte Moral auf fatale Weise, wenn sie geprüft wird, und es wird unmöglich zu wissen, welchem besonderen „Willen Gottes" er uns gehorchen lassen möchte. Jetzt erfährt der Rationalist noch einmal die Vorteile seiner neuen Antriebskraft; er muss der Menschheit dienen und ist nicht durch die Schwierigkeiten belastet, die damit einhergehen, „Gott zu gefallen". Nicht das Wohlwollen Gottes, sondern das Wohl des Menschen ist die Grundlage seiner Moral. Die offenbarte Moral ist wie ein Kinderkleid, in das man versuchen sollte, die Glieder eines erwachsenen Mannes hineinzuzwängen; es ist die Moral der Vergangenheit, stereotypisiert für den Gebrauch von heute, und sie ist plump, archaisch, halb unleserlich durch das Alter. Die rationale Moral hingegen wächst mit dem

Wachstum derjenigen, die ihren Vorschriften folgen; seine Fehler werden durch umfassendere Erfahrung korrigiert, seine Auslassungen werden durch die unwiderlegbaren Argumente der Notwendigkeit ausgefüllt. Sie gründet sich auf die Bedürfnisse des Menschen; sein Glück ist sein einziges Ziel; nicht nur sein physisches Glück, nicht nur die Erfüllung der Wünsche des Körpers nach Bequemlichkeit und Komfort, sondern auch die Befriedigung aller Sehnsüchte seiner intellektuellen und moralischen Kräfte, die Liebe zur Wahrheit, die Liebe zur Schönheit, die Liebe zur Gerechtigkeit. Eine Moral, die auf dieser Basis gründet, kann niemals umgeworfen werden; sie bietet einen sicheren Test, anhand dessen man über die Moralität oder Unmoral einer bestimmten Handlung entscheiden kann: „Ist sie dem Menschen nützlich? Trägt sie zur Förderung des menschlichen Glücks bei?" Der Wille Gottes ist zweifelhaft und immer umstritten, und deshalb kann er niemals die Grundlage eines universellen Moralsystems bilden, eines Kodex, der alle Menschen in Gehorsam vereint. Ein Kodex, der alle Menschen vereint, muss notwendigerweise auf jenen menschlichen Interessen beruhen, die allen Menschen gemeinsam sind. Ein solcher Kodex ist der utilitaristische. Denn das Glück des Menschen ist auf Erden und kann erkannt und verstanden werden; die Förderung dieses Glücks ist ein verständliches Ziel; der Moraltest kann von jedem angewendet werden ; es ist ein System, das jeder verstehen kann und das der gesunde Menschenverstand eines jeden gutheißen muss, denn dadurch lebt der Mensch für den Menschen, arbeitet der Mensch für den Menschen, sind die Bemühungen eines jeden auf das Wohl aller gerichtet und nur im Glück des Ganzen kann das Glück jedes einzelnen Teils vollkommen und vollständig sein.

In Bezug auf den Utilitarismus gibt es viele weit verbreitete Missverständnisse: „Nutzen" soll nur jene materiellen Dinge umfassen, die für den Körper nützlich sind und dazu neigen, den physischen Komfort zu erhöhen. Aber der Nutzen umfasst alle Kunst; denn Kunst kultiviert den Geschmack und verfeinert die Natur. So verleiht sie dem Leben tausend Reize, vertieft, mildert und reinigt das menschliche Glück. Der Nutzen umfasst alle Studien, denn Studien erwecken und schulen die intellektuellen Fähigkeiten und erhöhen daher die möglichen Quellen des Glücks für den Menschen. Der Nutzen umfasst alle Wissenschaft; denn die Wissenschaft ist die wahre Vorsehung des Menschen, die die Gefahren vorhersieht, die ihn bedrohen, und ihn vor ihren Schocks schützt. Die Wissenschaft führt den Menschen zu jenen intellektuellen Höhen, wo es für den müden Bewohner der überfüllten Straßen der Stadt ist, eine Weile zu verweilen und die scharfe, klare Luft einzuatmen, nachdem er in der trüben Atmosphäre der täglichen Mühen und Sorgen verweilt hat. Der Nutzen umfasst alle Liebe und Suche nach der Wahrheit; denn die Entdeckung einer Wahrheit ist das größte Vergnügen, für das der edelste Geist empfänglich ist. Es umfasst alle erhabensten Tugenden; denn Selbstaufopferung und Hingabe ergeben die reinsten Formen des Glücks, die auf Erden zu finden sind. Kurz gesagt, Nützlichkeit umfasst alles, was *dazu beiträgt* , eine großartigere Männlichkeit und Weiblichkeit aufzubauen, die weiser, reiner, wahrer und zärtlicher ist als die, die wir heute haben.

Dies ist die Grundlage der Moral, die die übernatürliche Moral der Kirchen ablösen soll. Eine Moral, die für dieses Leben und für diese Welt gilt, da wir dieses Leben haben und in dieser Welt sind. Eine Moral, die das menschliche Glück diesseits des Grabes sicherzustellen sucht, statt davon im Jenseits zu träumen. Eine Moral, die versucht , hier feste Himmel zu erschaffen, statt sie in fernen Wolkenländern zu sehen, weiß und weich und schön, aber dennoch nur Wolken.

Ein großer Vorteil dieser humanitären Philosophie ist, dass sie versucht , die Menschen zur Selbstlosigkeit zu erziehen, anstatt dem populären christlichen Plan zu folgen, das Selbst zum zentralen Gedanken zu machen. Das Selbst wird im Neuen Testament auf Schritt und Tritt angesprochen: Wenn wir aufgefordert werden, uns unter Verfolgung zu freuen, dann deshalb, weil „groß ist euer Lohn im Himmel". Wenn wir zum Beten aufgefordert werden, dann deshalb, weil „dein Vater, der ins Verborgene sieht , dich öffentlich belohnen wird". Wenn wir wohltätig sein sollen, dann deshalb, weil es beim Gericht ein Königreich als Belohnung bringen wird. Wenn wir auf unser Zuhause oder unseren Reichtum verzichten sollen, dann deshalb, weil wir „hundertfach in diesem Leben und in der kommenden Welt ewiges Leben" erhalten werden. Selbst der Geber eines Bechers kalten Wassers „wird in keiner Weise um seinen Lohn kommen". Es ist ein einziges System der Bestechung, das den Gedanken an persönlichen Schmerz mit jeder Anstrengung menschlicher Verbesserung und menschlichen Glücks vermischt und dadurch direkt Selbstsucht fördert und ermutigt und sie mit dem Namen Religion und Frömmigkeit übertüncht. Die humanitäre Moral hingegen nutzt das natürliche und berechtigte Verlangen nach individuellem Glück als Triebkraft und strebt jeden daran zu gewöhnen , auf das Glück aller zu achten und dafür zu arbeiten , und dieses allgemeine Glück zum Ziel des Lebens zu machen. Auf diese Weise werden die selbstsüchtigen Tendenzen allmählich geschwächt und die sozialen gefördert, wobei das edle Ideal immer dadurch aufrechterhalten wird, dass allein die Betrachtung seiner Schönheit seine Anhänger in sein Ebenbild verwandelt. „Vivre pour au- trui " ist das Motto des utilitaristischen Kodex; und indem man so das erfüllteste und glücklichste Leben für sich selbst führt, erreicht man tatsächlich das erfüllteste und glücklichste Leben; die Bande, die die Menschen zusammenhalten, sind so eng, dass Glück und Unglück voneinander abhängen, und während der allgemeine Glücksstandard immer höher steigt, laufen die Räder des sozialen Lebens immer leichter, mit weniger Reibung, weniger Erschütterungen und daher mit zunehmendem Komfort für jedes einzelne Mitglied. Während das Christentum durch seinen ständigen Ruf „Rette dich selbst" Selbstsucht entwickelt , entwickelt der Utilitarismus allmählich Selbstlosigkeit durch das edlere Flüstern „Rette andere, und indem du dies tust, wirst du selbst gerettet werden." Der Utilitarismus ist frei von jeder erniedrigenden Angst vor einer unerkennbaren und unergründlichen Macht und arbeitet mit einem einzigen Herzen und Auge für das Glück der Menschheit. Er stempelt jede Handlung, deren allgemeine Wiederholung der Gesellschaft schaden würde oder deren Tendenz schädlich ist, als „falsch" ab und versiegelt jede Handlung, die das menschliche Leben erhellt und das allgemeine Glück vollkommener und weiter verbreitet macht, als „richtig". Je höher die Moral steigt, desto schärfer und reiner wird das menschliche Urteil, und in Zukunft werden wahrscheinlich viele Handlungen, die jetzt von allen Seiten gebilligt werden, als schädlich angesehen und daher als unmoralisch gebrandmarkt, während andererseits Handlungen, die jetzt als falsch angesehen werden, weil sie „Gott beleidigen", als vorteilhaft für den Menschen angesehen und daher von allen als moralisch akzeptiert werden. Daher kann die utilitaristische Moral niemals ein Hindernis für den Fortschritt sein, denn sie wird höher und edler, je weiter der Mensch aufsteigt. Die offenbarte Moral ist wie ein Meilenstein auf dem Weg des Vorwärtsmarsches der Welt: Sie markiert, wie weit die Welt gekommen war, als die Gesetzestafeln erstmals an ihrem Platz aufgestellt wurden. Als Meilenstein ist sie nützlich, interessant und lehrreich, und niemand würde den Wunsch haben, sie zu zerstören. Wird der Meilenstein jedoch von seinem Platz entfernt, um eine Entfernung zu markieren, und quer über die Straße gelegt als Barriere, die künftig niemand mehr übersteigen darf , dann wird es für die Pioniere des Fortschritts notwendig, ihn in Stücke zu hauen, damit die Menschen ihren Weg ungehindert fortsetzen können. Diese offenbarte Moral liegt nun quer über dem Weg nach oben in der Welt und muss mit dem Hammer der Logik und der Axt des gesunden Menschenverstands in Stücke geschlagen werden, damit wir immer höher den Berg des Fortschritts erklimmen können, dessen Gipfel in ewigen Wolken verborgen ist.

Und was hat der konstruktive Rationalismus uns zu sagen, wenn wir dem mächtigen Zerstörer aller Lebewesen Auge in Auge gegenüberstehen? „Ihr Glaube mag gut genug sein, um danach zu leben", sagen Gegner, „aber ist er gut genug, um danach zu sterben?" Ein Glaube, der im Leben gut ist, muss notwendigerweise auch im Tod gut sein, und noch nie wurde ein Heldenleben durch einen feigen Tod beendet. Was kann das Bett des Sterbenden besser trösten als das Wissen, dass die Welt durch sein Leben glücklicher ist, dass er sie besser hinterlässt, als er sie vorgefunden hat, dass er geholfen hat, sie aufzubauen und zu reinigen? Auf welchem Kissen könnte man den sterbenden Kopf besser zur Ruhe legen als auf der Erinnerung an ein nützliches Leben? Der Rationalist hat keine Angst, die um sein Sterbebett lauert; kein grelles Leuchten aus einer Hölle auf der anderen Seite erhellt ihn, wenn ihm der Atem ausgeht; kein zorniger Gott blickt ihn von seinem großen weißen Thron aus finster an; kein Teufel steht neben ihm, um ihn in den bodenlosen Abgrund hinabzuziehen; ruhig, friedlich, glücklich, ohne Angst und Furcht scheidet er aus dem Leben. So ruhig wie das müde Kind sich in den Armen seiner Mutter zum Schlafen hinlegt und in traumlose Bewusstlosigkeit verfällt, so ruhig legt sich der Rationalist in die Arme der mächtigen Mutter und verfällt an ihrer Brust in traumlose Bewusstlosigkeit.

Für den Rationalisten ersetzt die Zukunft der Menschheit in seinen Gedanken die Zukunft des Einzelnen; dafür denkt er, dafür plant er, dafür arbeitet er . Ein Himmel auf Erden für diejenigen, die nach ihm kommen – das ist seine Inspiration für Anstrengung und Hingabe. Er sucht das Lächeln der Menschen statt des Lächelns Gottes und findet im Gedanken an eine glücklichere Menschheit den Ansporn, den Christen in dem Gedanken suchen, Gott zu gefallen. Seine Hoffnungen für die Zukunft breiten sich weit und breit vor ihm aus, aber es ist eine Zukunft, die seine Kinder in derselben Welt erben werden, in der er selbst lebt; ein freieres und erfüllteres Leben, umfassenderes Wissen, eine vertiefte und verfeinerte Kultur – all dies soll das Erbe der kommenden Generationen sein, und es ist seine Aufgabe, dieses Erbe durch jeden großartigeren Gedanken und jede edlere Tat, die er heute vollbringen kann, noch reicher zu machen.

Stellen wir die Dogmen des Christentums und die treibende Kraft des Rationalisten einander gegenüber und sehen wir, wer von beiden das Leben des Menschen glücklicher gestaltet . Das Christentum hat einen allmächtigen und allweisen Gott im Himmel, der in vergangenen Zeiten das Universum schuf und alles vorherbestimmte, was in Zukunft geschehen sollte; der Mann und Frau mit einer Schlange schuf, um sie zu verführen, und ihnen die Gelegenheit gab, zu fallen; der sie zwang, nachdem er die Gelegenheit geschaffen hatte, sie zu ergreifen. Es wird gesagt, dass Adam und Eva freie Wesen waren, aber das waren sie nicht, denn das Lamm wurde von Grund auf geschlachtet: Das Opfer wurde dargebracht, bevor die Sünde begangen wurde; und da das Opfer dargebracht wurde, war die Sünde die notwendige Folge davon. Wäre Adam frei gewesen, hätte er vielleicht nicht gesündigt, und dann hätte es ein geschlachtetes Lamm gegeben und keine Sünde, für die er büßen könnte; aber Gott, der den Erlöser bereitgestellt hatte , war verpflichtet, den Sünder bereitzustellen, und deshalb schuf er den Baum der Erkenntnis und sandte den Versucher, um die Eltern der Menschheit in die Falle zu locken. Sie fielen gemäß Gottes Vorherbestimmung und wurden so verflucht, doch dann offenbarte sich der wartende Erlöser und „der göttliche Plan" war vollendet. Verflucht für eine Sünde, an der sie keinen Anteil hatten, werden die Kinder Adams mit böser Natur geboren, und da sie böse sind, handeln sie böse und sinken dadurch immer tiefer; zu ihren Füßen gähnt ein bodenloser Abgrund, und der Weg dorthin ist breit, bequem und angenehm; über ihren Köpfen leuchtet ein üppiger Himmel, und der Pfad ist schmal, steil und rau. Ihre Natur – allen von Gott gegeben – zieht sie nach unten; der Heilige Geist – einigen von Gott gegeben – zieht sie nach oben: Unsterblichkeit ist ihr Erbe, und „nur wenige finden" ewiges Glück, während „viele hineingehen" durch das Tor der Hölle in ewiges Leid; eine Trennung, bitterer als alle irdische Bitterkeit des Abschieds, steht allen bevor, denn am großen Tag des Gerichts „wird einer genommen und der andere zurückgelassen werden", und es wird keine Familie geben, deren Mitglieder nicht für immer verloren sein werden . Ewiges Leben bedeutet für die überwiegende Mehrheit ewige Qual, und sie werden „mit Feuer gesalzen", brennend, doch nie verbrannt, immer verzehrend, doch nie verzehrt. Alle menschlichen Anstrengungen müssen darauf gerichtet sein, den Himmel zu gewinnen, der Hölle zu entgehen. „Was nützt es einem Menschen, wenn er die ganze Welt gewinnt, aber seine Seele verliert?" Das ganze Leben muss darauf ausgerichtet sein, „durch die enge Pforte einzugehen, denn viele werden hineingehen wollen und es nicht können". Armut, Unterdrückung, Elend, was macht das schon? „Die leichte Trübsal, die nur einen Augenblick dauert, bewirkt eine ewige, weit überragende Herrlichkeit." So wird diese Welt zugunsten einer anderen vergessen, aus dem Blickfeld gedrängt unter der überwältigenden Erhabenheit der Ewigkeit. Der Ansporn zu menschlicher Anstrengung wird durch die infinitesimale Bedeutung der Zeit im Vergleich zur Ewigkeit gedämpft; schlechte Regierung, schlechte Gesetze, Ungerechtigkeit, Tyrannei, Armut, Elend, all diese Dinge brauchen uns nicht zu bewegen, denn „wir suchen ein besseres Land, nämlich ein himmlisches"; wir sind „Fremde und Pilger"; „hier haben wir keine bleibende Stadt, aber wir suchen eine zukünftige"; „unsere Staatsbürgerschaft ist im Himmel" und dort ist auch unsere Heimat. Es stimmt, dass Christen diese Sätze und Gedanken ihres Glaubens nicht im täglichen Leben umsetzen, aber insofern sie dies nicht tun, sind sie weniger christlich und mehr vom Geist des Rationalismus durchdrungen. Die überwiegende Mehrheit von ihnen sind sechs Tage in der Woche Rationalisten und nur am Sonntag Christen. Aus diesen Träumen der alten Welt herauszukommen und in den Rationalismus zu kommen, ist wie nach einem Treibhausbesuch ins Freie zu kommen. Der Rationalismus räumt den schrecklichen Gott der Orthodoxie, den Sündenfall, die Schlange, den Erlöser , die Hölle, den Teufel weg. „Arbeite, mühe dich, kämpfe", ruft es dem Menschen zu; "Die Übel um Sie herum sind nicht Gottes Wille, nicht die Folgen seines Fluchs; sie entstehen aus Ihrer eigenen Unwissenheit und können alle durch Ihr eigenes Studium und Ihre eigene Anstrengung beseitigt werden. Rettung? Ja, Sie brauchen Retter , aber die Retter müssen Sie vor irdischem Leid und nicht vor dem Zorn Gottes retten; retten Sie sich selbst durch Nachdenken, durch Weisheit, durch Ernsthaftigkeit. Erlösung? Ja, Sie brauchen Erlösung, aber die

Erlösung, die Sie wollen, ist die Erlösung vom Laster, von der Unwissenheit, von der Armut und muss durch menschliche Anstrengung erreicht werden. Gebet? Ja, Sie müssen darum beten, aber das Gebet, das Sie wollen, ist Arbeit, die das Ergebnis erzwingt; nicht das Schreien nach dem, was Sie sich wünschen, sondern das Gewinnen durch Arbeit und Mühe. Die Welt erstreckt sich weit vor Ihnen und kann Sie tausendfach für alles entlohnen, was Sie für sie tun. Das Leben liegt in Ihren Händen, voller herrlicher Möglichkeiten; werfen Sie Ihre Träume vom Himmel weg und machen Sie den Himmel hier; lassen Sie Visionen des kommenden Lebens beiseite und machen Sie das Leben schön. Leben, das ist."

Voller Hoffnung, voller Freude, stark zur Arbeit , geduldig zum Ertragen, mächtig zum Siegen, geht der neue freudige Glaube in die traurige, graue christliche Welt hinaus; bei seiner Berührung werden die Gesichter der Männer weicher und reiner, und die Augen der Frauen lächeln, anstatt zu weinen; endlich, endlich erhebt sich der Erbe, um das Seine anzunehmen, und die Negierung der usurpierten Souveränität des populären und traditionellen Gottes über die Welt entwickelt sich zur Bestätigung der rechtmäßigen Monarchie des Menschen.

DIE SCHÖNHEIT DES GEBETSBUCHS.

MORGENGEBET.

„Gewohnheit ist die zweite Natur", sagt ein altes, weises Sprichwort. Es muss also Gewohnheit sein, dass es für Kirchenleute ganz natürlich geworden ist, Woche für Woche dieselben offensichtlichen Widersprüche und Absurditäten zu wiederholen. Ein vernünftiger, kluger Geschäftsmann legt seine Papiere am Samstagabend beiseite und schließt seinen Geist anscheinend mit ihnen in seinem Schreibtisch ein. Sicher ist, dass er

„Geht am Sonntag in die Kirche,

Und sitzt unter seinen Jungs;

Er hört den Pfarrer beten und predigen.

und doch entdeckt er nie, dass seine Jungen die widersprüchlichsten Antworten wiederholen, während der Pfarrer die verblüffendsten Behauptungen als Axiome verkündet.

Wenn die einleitende Stille in der Kirche durch die „Urteile" gebrochen wird, sind die ersten Worte, die über die Lippen des Geistlichen kommen, eine deutliche Erklärung der Bedingungen der Erlösung: „Wenn der Böse sich von seiner Sünde, die er begangen hat, abwendet und tut, was recht und gut ist, wird er seine Seele am Leben erhalten." Und wir werden weiter über unsere Sünden belehrt: „Wenn wir unsere Sünden bekennen, ist Er treu und gerecht, dass Er uns unsere Sünden vergibt und uns von aller Ungerechtigkeit reinigt." Diese sehr klaren Aussagen nehmen einen hohen und verständlichen Standpunkt ein. Man nimmt an, dass Gott möchte, dass der Mensch gerecht ist, und ist daher natürlich zufrieden, wenn „der Böse von seinem Weg ablässt und der Ungerechte von seinem Pfad." Wir fahren also mit der Beichte unserer Sünden fort, und nachdem Frau A., deren Augen nach dem Hut ihrer Nachbarin schweifen , bekannt hat, dass sie wie ein verlorenes Schaf in die Irre geht und in die Irre geht, und Frau B., die einen Weg ersinnt, ein altes Kleid wie neu aussehen zu lassen, klagend zugegeben hat, dass sie den Plänen ihres eigenen Herzens folgt; und Gutsherr C. mit dem rotbraunen Gesicht und den breiten Schultern volltönend bemerkt hat, dass er nicht gesund sei, und sein Sohn mit dem freudigen Gesicht freudig zugegeben hat, dass er ein erbärmlicher Sünder ist — nachdem diese sehr angemessenen und vernünftigen Bekenntnisse gegenüber einem göttlichen Wesen, das „ das Herz sieht " und daher für das halten kann, was sie wert sind, ordnungsgemäß abgelegt wurden, sind wir etwas verblüfft, als wir den Geistlichen verkünden hören, dass Gott „ allen vergibt und sie freispricht , die wahrhaftig bereuen *und aufrichtig an sein heiliges Evangelium glauben* ". Was ist dieser plötzliche Anhang zu den zuvor erklärten Bedingungen der Erlösung? Uns wurde gesagt, dass Gott uns aufgrund seiner Treue und Gerechtigkeit vergeben würde, wenn wir unsere Sünden bekennen. Hier haben wir dies ordnungsgemäß getan, und die Sprache ist sicherlich stark genug. Doch plötzlich werden wir aufgefordert , als Voraussetzung für die Vergebung an ein „heiliges Evangelium" zu glauben. Aber wir sind, um es mit einem umgangssprachlichen Ausdruck auszudrücken, noch nicht über den Berg. Denn während wir launisch über diesen Bruch unseres Vertrags nachdenken, vergeht die Zeit unbemerkt, und da es ein Feiertag ist, werden wir von einer strengen Stimme aufgeschreckt, die uns die heitere Nachricht überbringt: „Wer gerettet werden will, muss *vor allem* den katholischen Glauben haben. Wenn nicht jeder diesen Glauben vollständig und unbefleckt bewahrt, wird er ohne Zweifel für immer verloren gehen." „Vor allem?" vor der Reue? bevor wir uns von unserer Schlechtigkeit abwenden? bevor wir tun, was rechtmäßig und richtig ist? Und was ist dieser „Glaube", den wir vollständig und unbefleckt bewahren müssen, wenn wir unsere Seelen am Leben erhalten wollen? Ein verwirrendes Durcheinander von Dreiergruppen und Einheiten, vermischt in unentwirrbarer Verwirrung. Aber da derjenige, der „gerettet werden will, so an die Dreifaltigkeit denken muss", werden wir versuchen, den Faden der Erlösung zu entwirren. „Der Vater ist Gott, der Sohn ist Gott und der Heilige Geist ist Gott", sagt der Pfarrer. „Sie sind nicht drei Götter, sondern ein Gott", schreien die Leute. Wir sind gezwungen, „jede Person für sich als Gott und Herrn anzuerkennen", wiederholt der Pfarrer. „Die katholische Religion verbietet uns, zu sagen, dass es drei Götter oder drei Herren gibt", beharren die Leute hartnäckig. Dann, nach einigen ziemlich aufdringlichen Einzelheiten über die familiären (und sehr komplizierten) Beziehungen des Vaters zum Sohn und beider zum Heiligen Geist, wird uns gesagt, dass „so" – warum so? – „es einen Vater gibt, nicht drei Väter, einen Sohn, nicht drei Söhne, einen Heiligen Geist, nicht drei Heilige Geister." Soweit wir der Bedeutung oder vielmehr der Nichtbedeutung der vorhergehenden Sätze folgen konnten, sagte niemand etwas über drei Väter, drei Söhne oder drei Heilige Geister. Der bestimmte Artikel „der" *wurde* in jedem Fall mit einem Singular-Substantiv verwendet. Wir nehmen an, dass der Satz eingefügt worden sein muss, weil die Gemeinde zu diesem Zeitpunkt alle Vorstellungen über die Bedeutung von Zahlwörtern so hoffnungslos verloren hatte, dass es notwendig wurde, zu bemerken, dass „der Vater" einen Vater und nicht drei meinte. Die Liste der Erfordernisse für die Erlösung ist noch nicht vollständig, denn „außerdem ist es für die ewige Erlösung notwendig, dass er auch richtig an die Menschwerdung unseres Herrn Jesus Christus glaubt." Es ist also weit davon entfernt, dass die Aussage, dass der Böse, der sich von seinen Sünden abwendet, seine Seele am Leben erhält, sondern wir müssen feststellen, dass unser Sünder auch an das Evangelium glauben, widersprüchliche arithmetische Behauptungen akzeptieren, auf eine Weise an die Dreifaltigkeit denken muss, die jedes Denken zu einer lächerlichen Unmöglichkeit macht, und alle Einzelheiten der Methode, durch die ein göttliches Wesen zu einem menschlichen Wesen wurde, *richtig* glauben muss. Wenn ein Sünder nach dem ersten Satz zufällig die Kirche verlässt und vom Trunkenbold zum Mäßigen, vom Lügner zum Wahrhaftigen, vom Ausschweifenden zum Keuschen wird und törichterweise einbildet, er tue dadurch Gottes Willen und rette so seine Seele am Leben, wird er gemäß dem Athanasianischen Glaubensbekenntnis sicherlich aus seiner angenehmen Täuschung erwachen und sich im ewigen Feuer wiederfinden. Als Skeptiker brauchen wir keine Meinung darüber abzugeben, was richtig ist, das Glaubensbekenntnis oder der Text; wir legen nur nahe, dass beides nicht richtig sein kann und dass es zufriedenstellender wäre, wenn die Kirche in ihrer Weisheit ihren ehrwürdigen Entschluss fassen würde, welcher der richtige Weg ist, und ihn dann beibehalten würde. Nach all dem sind wir keineswegs überrascht, aus einer Kollekte zu erfahren, dass die Erlösung von einer ganz neuen Stütze abhängt, nämlich von unserem Wissen über Gott. Wie viele weitere Dinge zur Erlösung notwendig sein mögen, lässt sich an dieser Stelle nicht sagen, aber das Morgengebet gibt uns jedenfalls nichts weiter. Es wäre jedoch voreilig, daraus zu schließen, dass wir alles erfüllt hätten, denn die Kirche hat noch einiges mehr in ihrem Gebetbuch verstreut. Das Endergebnis all dieser Doppelzüngigkeit ist, dass wir nie sicher sein können, dass wir wirklich jede Bedingung erfüllt haben. Die traurige Erfahrung lehrt uns, dass die Kirche, wenn sie sagt: „Tu dies und das, und du wirst errettet werden", in der Zwischenzeit leise flüstert: „Vorausgesetzt, du tust auch alles andere."

Wir erkennen auch nicht die Vernünftigkeit des ständigen Rufes „um Jesu Christi willen" oder „durch Jesus Christus". Wir bitten darum, dass wir um *Seinetwillen „ein frommes, gerechtes und besonnenes Leben" führen dürfen* ; aber genau das wünscht Gott, wie uns gesagt wird, bereits. Warum also sollte man Ihn bitten, es um jemand anderen willen zu gewähren, als ob Er nicht wolle, dass wir gerecht seien, und nur von einem Lieblingssohn dazu überredet werden könne, uns dies zu gestatten ? Auf die gleiche Weise sollen wir durch Jesus zu Gottes „ewiger Freude" gelangen, was übrigens eine weitere dieser endlosen Bedingungen der Erlösung ist. Wir bitten darum, „durch die Macht Jesu Christi" vor unseren Feinden beschützt zu werden, als ob Gott selbst nicht stark genug für diese Aufgabe wäre; und Gott wird gedrängt, Seinen heilsamen Geist zur „Ehre unseres Fürsprechers und Vermittlers" herabzusenden, obwohl eben dieser Fürsprecher Seinen Jüngern sagte, dass Gott diesen Geist immer denen geben würde, die darum baten. Für den Kritiker von außen erscheinen diese ständigen Verweise auf Jesus – als ob Gott ihm alle guten Gaben missgönnte – als eine große Unehre gegenüber dem „Vater im Himmel".

Ist es notwendig, Gott vehement zur Eile zu drängen? „O Gott, beeil dich, uns zu retten. O Herr, eile, uns zu helfen." Wird Gott nicht von sich aus die Dinge zum bestmöglichen Zeitpunkt tun? Und ist es einem göttlichen Wesen überhaupt möglich, sich zu beeilen?

Es wird vielleicht als überkritisch angesehen, Einwände gegen die Versikel zu erheben : „Gib Frieden in unserer Zeit, oh Herr, denn es gibt keinen anderen, der kämpft für uns, aber nur du, oh Gott." Was wollen sie mehr als eine allmächtige Verstärkung? „Keiner sonst?" Nun, wir hätten uns einbilden sollen, dass Gott und jemand anders wirklich mehr wären, als nötig wäre. Auf jeden Fall klingt es sehr beleidigend, zu Gott zu sagen: „Bitte gib uns Frieden, da wir auf keine andere Hilfe als die Deine zählen können."

Zu den Gebeten für die königliche Familie haben wir nichts zu sagen, außer dass sie keine sehr ansprechenden Ergebnisse zeigen und dass es Georg IV. sehr erbaut haben muss, als er von ihm als „äußerst frommer und gnädiger König" gesprochen wurde. Nie wurde sicherlich für eine Familie so viel gebetet, aber *cui bono?* Wenn die „Bischöfe, Pfarrer und alle Gemeinden" Gott wirklich gefallen, ist er die einzige Person, die sie zufriedenstellen können, denn die Bischöfe missbrauchen den Klerus, und der Klerus missbraucht die Bischöfe, und die Gemeinden missbrauchen beide. Beim letzten Gebet müssen wir das außerordentliche Versagen der Petition zur Kenntnis der Wahrheit anerkennen, und wir können nicht umhin, uns zu wundern , warum sie, wenn sie wirklich die Wahrheit wissen wollen, jede ernsthafte Suche nach der Wahrheit, jede Bemühung um klareres Licht so ausnahmslos missbilligen und zu unterdrücken versuchen . Von allen Dingen, die der Kirche zustoßen könnten, wäre die Erkenntnis der Wahrheit für sie am wenigsten „hilfreich", denn sie würde vor dem Sonnenschein der Wahrheit vergehen, so wie die Geister angeblich beim Hahnenschrei davonfliegen, der die Morgendämmerung ankündigt.

Eine Kritik des Morgengebets ist kaum vollständig, wenn man nicht ein paar Worte zu den Lobgesängen einfügt, die die Gläubigen täglich zur Ehre Gottes singen sollen. Etwas Lächerlicheres als diese kann man sich aus dem Mund unserer Gemeinden kaum vorstellen. Das *Venite* (Psalm 15,15) ist das erste, an dem wir teilnehmen sollen, und der erste Schock kommt, wenn wir uns dabei ertappen, wie wir singen: „Der Herr ist ein großer Gott und ein *großer König über alle Götter* ." „Über alle Götter!" Welcher schrecklichen Ketzerei haben wir uns unwissentlich hingegeben? Gibt es nicht nur einen Gott – oder zumindest können es drei sein –, aber wenn es drei sind, sind sie gleichberechtigt und keiner steht über dem anderen; wer sind diese „allen Götter", über die „der Herr" „König" ist? Wir erinnern uns einen Augenblick daran, dass man, als dieser Psalm geschrieben wurde, glaubte, dass die Götter der Völker um Israel herum eine reale Existenz hätten, und dass es daher kein Widerspruch war, wenn der Hebräer sich darüber freute, dass sein

Nationalgott Herrscher über die Götter anderer Völker war. Diese Erklärung ist vernünftig, aber sie erklärt nicht, warum wir, die wir nicht an diese Vielzahl von Gottheiten glauben, so tun sollten, als ob wir es täten. Unsere Gelassenheit wird durch den nächsten Satz nicht wiederhergestellt: „In seiner Hand sind alle Ecken der Erde", aber die Erde ist eine Kugel und hat keine Ecken. Eine verschwommene Erinnerung an Irenäus , der sagte, es gebe vier Evangelien, weil die Erde vier Ecken und vier Winde habe; aber seit seiner Zeit haben sich die Dinge geändert und die Ecken wurden geglättet. Ist es ganz ehrlich, zu Gottes Lob etwas zu sagen, von dem wir wissen, dass es nicht wahr ist, und müssen wir unwissenschaftlich sein, weil wir fromm sind? Dann hören wir, dass unsere Väter vierzig Jahre in der Wildnis verbrachten, obwohl wir wissen, dass sie überhaupt nicht dort waren, es sei denn, die Leute – die allgemein als liebenswürdige Verrückte angesehen werden – haben recht, wenn sie behaupten, dass die englische Nation von den zehn verlorenen Stämmen Israels abstammt. Warum sollten wir vor Gott vorgeben, wir seien Juden, wenn Er und wir ganz genau wissen, dass wir nichts dergleichen sind? Wir kommen zum *Te Deum* , das angeblich von S. Ambrosius zur Taufe von S. Augustinus verfasst wurde: „Zu dir rufen Cherubin und Seraphin unaufhörlich." Wenn wir die offensichtliche Ermüdung sowohl für Gott als auch für die Rufer beiseitelassen, die die unaufhörliche Wiederholung dieser Worte mit sich bringt, und die entwürdigende Vorstellung von Gott, die in dem Gedanken steckt, dass es Ihm Freude bereitet, ständig seiner Heiligkeit versichert zu sein, als ob es eine zweifelhafte Angelegenheit wäre, können wir nicht umhin zu fragen: „Wer sind diese Cherubin und Seraphin ?" Der Bibel zufolge sind es sechsflügelige Wesen, die ihr Gesicht mit zwei Flügeln und ihre Füße mit zwei weiteren bedecken und mit dem verbleibenden Paar fliegen: Auf Bildern der Arche sieht man sie, wie sie auf ihren die Füße bedeckenden Flügeln das Gleichgewicht halten und sich vor dem Fallen bewahren, indem sie sich mit einem anderen Paar stützen. „Herr, Gott der Heerscharen "; ist das ein vernünftiger Name für jemanden, der ein „Gott des Friedens" sein soll? Die älteren jüdischen und christlichen Gottesvorstellungen geraten hier in direkten Konflikt: Einer zufolge ist „der Herr ein Mann des Krieges" (Ex. xv.), während die andere ihn als „den ewigen Vater, den Fürsten des Friedens" darstellt (Jes. ix.). Das *Te Deum* ändert mittendrin den Gegenstand seines Liedes und richtet sich an den Sohn statt an den Vater. Inwieweit dies zulässig ist, ist sehr umstritten. Sicher ist, dass in den frühen Zeiten des Christentums das Gebet *nur an den Vater gerichtet war* und dass einer der Väter* diejenigen, die zum Sohn beten, scharf tadelt, da sie dadurch dem Vater die Ehre entziehen , die nur ihm gebührt. Wie das sein kann, wenn Vater und Sohn eins sind, wollen wir nicht erklären. Dann folgen jene merkwürdigen Einzelheiten in Bezug auf Christus, die wir später bei der Behandlung des Apostolischen Glaubensbekenntnisses ansprechen werden. Wir bitten derzeit darum, „diesen Tag ohne Sünde" zu erhalten; doch sind wir uns die ganze Zeit über vollkommen bewusst, dass Gott nichts dergleichen tun wird und dass alle Christen glauben, dass sie jeden Tag sündigen. Warum lehrt die Kirche ihre Kinder, dies morgens zu singen und dann eine „Beichte" für den Abend vorzubereiten, wenn sie nicht vollkommen sicher ist, dass Gott ihrem Gebet keine Beachtung schenken wird? Die ermüdende Wiederholung im *Benedicite* ist so allseits bekannt , dass man sie in der Kirche nur sehr selten hört, während dem *Benedictus* (Lukas 1) ebenso wie dem *Venite* der Vorwurf der Unwirklichkeit gemacht wird , nämlich dass es sich um ein Lied handele, das nur den Juden vorbehalten sei.

** Origenes.*

Es ließen sich noch viele andere Fehler und Absurditäten aufzählen, die das Morgengebet entstellen, selbst wenn man die ganze Idee des Gebets unberührt lässt. Die Gebete des Gebetbuchs entehren Gott durch ihre Kindlichkeit, ihre Unwirklichkeit, ihre Torheit, ihren Widerspruch zu gesundem Wissen. Selbst wenn man davon ausgeht, dass Gebete vernünftig sein können, sind diese Gebete unvernünftig; selbst wenn man davon ausgeht, dass Gebete ehrfürchtig sein können, sind diese Gebete respektlos; selbst wenn man davon ausgeht, dass Gebete aufrichtig sein können, sind diese Gebete unaufrichtig. Sie sind Fragmente einer früheren Zeit, die in die Gegenwart verpflanzt wurden, und sie sind so lächerlich, wie es Männer wären, die heute in der Rüstung des Mittelalters, des Zeitalters der Dunkelheit und des Gebets, durch unsere Straßen laufen.

ABENDGEBET.

Die Kirche fürchtet in ihrer Weisheit, dass die seltsamen Einbildungen und Unmöglichkeiten, auf die wir hingewiesen haben, die —

„Juwelen, die die Gemahlin des ewig glorreichen Königs schmücken",

von ihren Kindern nicht ausreichend geschätzt und bewundert werden sollte, wenn sie es nur einmal täglich ihrer Anbetung unterziehen, hat für die Gläubigen ein Abendgebet bestimmt, das in seinen Hauptmerkmalen mit dem identisch ist, was jeden Morgen „gesagt oder gesungen" werden soll. Sätze, Ansprache, Bekenntnis, Absolution, Vaterunser und Versikel sind alle genau wiedergegeben, und Psalmen und Lesungen folgen zu gegebener Zeit, wobei sie von Tag zu Tag variieren. Den ganzen Psalter zu nehmen und zu analysieren , wäre eine Aufgabe, die zu lange für unsere eigene Geduld oder die unserer Leser wäre, also greifen wir nur ein paar auffällige Absurditäten heraus und fragen, warum englische Männer und Frauen Sätze singen, die keine Schönheit haben, die sie empfiehlt, und keine Bedeutung, die sie würdigt. Wir werden nicht die Eigenartigkeit einer Gemeinde betonen, die aufsteht und ernsthaft singt: „Oder wenn deine Töpfe jemals mit Dornen heiß werden, so lass ihn Zorn quälen wie etwas Rohes" (Ps. 58); Wir werden nicht fragen, was der Geistliche meint, wenn er seiner Gemeinde vorliest: „Wenn ihr auch zwischen den Töpfen liegt, so sollt ihr doch wie die Flügel einer Taube sein." (Ps. 68) Dies sind isolierte Passagen, die eine Feder ausradieren könnte, wobei der Hauptteil des Psalters erhalten bliebe: Wir gehen weiter und stellen ihn als Ganzes in Frage, indem wir behaupten, dass er als Liederbuch für vernünftige Menschen lächerlich ungeeignet ist, selbst wenn diese Menschen den Wunsch haben, zu Gott zu beten oder ihn zu preisen. Unsere Kritik richtet sich hier nicht gegen das Gebet als Gebet, sondern einfach gegen diese besondere Form des Gebets. Erstens ist der Psalter nur für eine einzige Nation geschrieben; er ist voller lokaler Anspielungen und Verweise auf die israelitische Geschichte, die nur im Mund eines Juden vernünftig sind. Mit welchem Maß an Verstand kann eine englische Gemeinde jeden 15. Abend des Monats einen Psalm wie den 68. singen, in dem alle Wunder der Plagen und des Exodus geschildert werden, oder am nächsten Tag Gott um Hilfe anflehen, weil „die Heiden in Dein Erbe eingedrungen sind, Deinen heiligen Tempel entweiht und Jerusalem zu einem Steinhaufen gemacht haben" (Ps. 69). Bringt man Gott Respekt entgegen, wenn man ihm sagt: „Wir sind eine offene Schande für unsere Feinde geworden, ein Hohn und Spott für die, die um uns herum sind" (Vers 4), wenn die Sprecher in Wirklichkeit nichts dergleichen geworden sind? Kann man es als mit der Ehrfurcht vor Gott vereinbar erachten, diese außergewöhnlichen Behauptungen in Gebeten zu ihm aufzustellen und dann die dringendsten Bitten um seine sofortige Hilfe darauf zu stützen? denn wir sehen die Gemeinde fortfahren: „Hilf uns, o Gott unseres Heils, um der Herrlichkeit Deines Namens willen; befreie uns und sei gnädig mit unseren Sünden um Deines Namens willen … Lass die Rache für das vergossene Blut Deines Dieners vor unseren Augen an den Heiden offen zutage treten . Lass das traurige Seufzen der Gefangenen vor Dich kommen; bewahre nach Deiner großen Macht die, die zum Tode bestimmt sind" (Vers 9, 10, 11). Was bedeutet das nun in aller nüchternen Ernsthaftigkeit? Ist dies an Gott gerichtet oder nicht? Wenn ja, ist es dann richtig und angemessen, Worte an ihn zu richten, die absolut unwahr sind, und dringend um Hilfe zu flehen, die nicht erforderlich ist und die Er unmöglich geben kann? Wenn nicht, ist es dann anständig, feierlich Sätze zu singen oder zu lesen, die scheinbar an Gott gerichtet sind, aber in Wirklichkeit nicht von ihm beachtet werden sollen, Sätze, die Seinen Namen verwenden, als ob man ernsthaft an Ihn appellieren würde? Es kann nicht gesund sein, so mit Worten zu jonglieren und emotionale Gebete zu sprechen, die völlig bedeutungslos sind. Einige fromme Menschen sprechen sehr freimütig über die Schlechtigkeit der Gotteslästerung, aber ist diese Art von Spiel mit Gott, in wahrheitslosen Klagen, in Bitten, die nicht erhört werden sollen, nicht eine weitaus wahrere Gotteslästerung im Mund eines jeden , der an Ihn als Erhörer der Gebete glaubt, als die sogenannte Gotteslästerung derer, die deutlich behaupten, dass der populäre und traditionelle „Gott" für sie ein Phantom ist und dass sie keinen Grund sehen, an Seine Existenz zu glauben? Wenn wir von diesem ernsteren Aspekt der Verwendung des Psalters als Gemeindeliedbuch absehen, bemerken wir, wie rein komisch uns viele der Psalmen erscheinen würden, wenn wir nicht durch unsere Lebensgewohnheiten daran gewöhnt wären, sie wie Papageien zu wiederholen, ohne den so leichtfertig vorgetragenen Worten die geringste Bedeutung beizumessen. „Jede Nacht wasche ich mein Bett und tränke mein Lager mit meinen Tränen" (Ps. 6), wird unschuldig von lachenden Mädchen und fröhlichen Jugendlichen gesungen, deren strahlender Lebensstrom nicht durch den Schatten der Trauer getrübt wird. „Bringt dem Herrn, ihr Helden, bringt dem Herrn junge Widder" (Ps. 29), wird feierlich vom Landgeistlichen vorgelesen, der über alle Maßen erstaunt wäre, wenn seine Anweisung befolgt würde. Dann sehen wir die Gemeinde die sicherlich unwahre Behauptung aufstellen: „Moab ist mein Waschtopf; über Edom will ich meinen Schuh werfen; Philistäa, freue dich meiner!" (Ps. 96). Ein anderes Mal rufen sie: „Oh, klatscht in die Hände, alle Völker!" (Ps. 47); sie sprechen von Prozessionen, die gar nicht existieren: „Die Sänger gehen voran, die Spielleute folgen hinterher, in der Mitte sind die Mädchen, die auf den Pauken spielen " (Ps. 68). Ein weiterer Aspekt dieses Psalters, der eher anstößig als komisch ist, ist die Gewohnheit des Fluchens und Verfluchens, die ihn durchdringt; wir finden Christen, denen befohlen wird, ihre Feinde zu lieben und diejenigen zu segnen, die sie verfluchen, aber dabei Flüche der furchtbarsten Art ausstoßen und den rücksichtslosesten Hass zeigen: „Der Gerechte wird sich freuen, wenn er die Rache sieht ; er wird seine Schritte im Blut der Gottlosen baden" (Ps. 68). „Lass sie von einer Bosheit in die andere fallen und nicht zu Deiner Gerechtigkeit gelangen" (Ps. 69). Ein schönes Gebet, wahrlich, wenn ein Mann für seinen Bruder zu einem heiligen Gott betet, von dem man annimmt, dass er Gerechtigkeit im Menschen wünscht. Dann gibt es noch jene furchtbare Verwünschung in Psalm 59, die zu lang ist, um sie hier zu zitieren, wo der rachsüchtige und grausame Zorn nicht nur den Täter selbst verflucht, sondern auch auf seine Kinder übergeht: „Es soll niemand sein , der Mitleid mit ihm hat und sich seiner waise Kinder erbarmt." Natürlich meinen die Menschen diese schrecklichen Dinge, die sie Tag für Tag wiederholen, nicht wirklich ernst; die Menschheit ist zu edel, um solche Flüche vom Himmel herabbeschwören zu wollen; die Menschen haben den bösen Geist jener grausamen Zeit, in der der Psalter geschrieben wurde, überwunden und ihre Herzen sind liebevoller geworden; aber es ist sicher nicht gut, dass Männer und Frauen in ihren Gebeten auf einer niedrigeren Ebene stehen als in ihrem Leben; sicher sollten die Momente, die die edelsten sein sollten, nicht mit einer Sprache verbracht werden, deren sich die Sprecher in ihrem täglichen Leben schämen würden; sicher sollte die Anbetung des Ideals nicht unter die Ausübung des Realen erniedrigt werden oder die Vorstellung von Gott weniger erhaben sein als das Leben des Menschen. Indem sie ihre Anbetung unwirklich machen, indem sie in ihren religiösen Gefühlen weniger ehrlich sind, indem sie Worte verwenden, die sie nicht meinen, und indem sie Gefühle vortäuschen, die sie nicht empfinden, werden die Menschen zur Unaufrichtigkeit erzogen und verlieren die seltene und schöne Tugend der instinktiven und gründlichen Ehrlichkeit. Wenn das Gebet nicht das Verlangen des Herzens widerspiegelt, dann entwickelt sich die Gewohnheit, das Wort nicht wirklich zum Repräsentanten des Gedankens zu machen, das Gefühl nicht zum Maßstab des Ausdrucks zu machen. Ein Großteil der Heuchelei der heutigen Zeit, ein Großteil der sozialen Unaufrichtigkeit, ein Großteil der vorherrschenden Unwirklichkeit kann diesem Verbrechen der Kirchen zugeschrieben werden, die Menschen Worte sprechen lassen, die für den Sprecher bedeutungslos sind, und sie lehren, in den Momenten unwahr zu sein, in denen es am wahrsten und reinsten sein sollte. Zu einem anderen Zeitpunkt könnten wir das Gebet als Ganzes anfechten; wir könnten dagegen argumentieren, entweder als Widerspruch zur Unveränderlichkeit und Weisheit Gottes, wenn man an einen Gott glaubt, der Gebete hört und Gebete beantwortet, oder als völlig sinnlos und durch die Erfahrung als wertlos erwiesen. Doch hier plädieren wir lediglich für Aufrichtigkeit im Gebet, wo auch immer gebetet wird ; wir fordern lediglich, dass zumindest das Gebet aufrichtig sein soll und dass die Lippen dem Herzen gehorchen.

Genau derselbe Einwand gilt für die „Canticles", die in modernen Worten absolut sinnlos sind. Welche Bedeutung hat das „Lied der gesegneten Jungfrau Maria" aus einer gewöhnlichen englischen Gemeinde? Warum sollten die Engländer davon sprechen, dass Gott „unseren Vorfahren, Abraham und seinen Nachkommen für immer " seine Gnade versprochen hat, wenn Abraham überhaupt nicht ihr Vorfahr ist? Warum sollten sie Gott bitten, sie „in Frieden scheiden" zu lassen, wenn sie nicht den geringsten Wunsch haben, überhaupt zu scheiden, und warum sollten sie ihm gegenüber behaupten, sie „haben dein Heil gesehen", wenn sie nichts dergleichen gesehen haben? Beim immer wiederkehrenden *Gloria* fragt man sich unweigerlich, was es bedeutet; wann war „der Anfang", und ist das „es", das zu dieser Zeit war, die „Ehre", die dem Vater, dem Sohn und dem Heiligen Geist gewünscht wird; und was nützt es ferner, Ihm – oder Ihnen – Ehre zu wünschen, wenn Er – oder Sie – sie immer gehabt haben und immer haben werden? Wenn wir eine Gemeinde das Glaubensbekenntnis rezitieren hörten, fragten wir uns manchmal, welche Bedeutung sie dem beimaßen. „Der Schöpfer des Himmels und der Erde." Versuchen die Menschen jemals, sich in die Zeit vor dieser „Erschaffung" zurückzuversetzen und sich die Zeit vorzustellen , als nichts existierte? Ist es möglich, sich vorzustellen, dass Dinge ins Dasein kamen, „etwas" aus dem hervorging, wo vorher „nichts" war? Und dann Jesus, der einzige Sohn, empfangen vom Heiligen Geist, der aus sich selbst hervorgeht, und daher nicht Sohn „des Vaters", sondern jenes Geistes, der nur in und durch „den Vater und den Sohn" existiert. Und wie kann ein „Geist" einen materiellen Körper empfangen? Wenn die ganze Angelegenheit ein Wunder ist, warum versucht man dann, Kompromisse mit der Natur einzugehen, indem man diese Art von Pseudo-Vater erschafft? Sicherlich wäre es einfacher, es als ein komplettes Wunder zu belassen und die Jungfrau als alleinigen Elternteil zu belassen. Abgesehen davon, dass die Geschichte besser mit der älteren griechischen Mythologie übereinstimmt, besteht keine Notwendigkeit, einen Paten in die Angelegenheit einzuführen; ein Kind ohne Vater ist nicht bemerkenswerter als eine Mutter, die Jungfrau bleibt. Dieser Versuch der Vernunft macht das Ganze nur noch unerhörter unnatürlicher und provoziert Kritik, die besser vermieden werden sollte. Ein Gott, der litt, gekreuzigt wurde, starb, begraben wurde, der auferstand und aufstieg, ist für uns ein völliges Rätsel. Konnte Er, der Leidenslose, leiden? Konnte Er, der Ungreifbare, gekreuzigt werden? Konnte Er, der Unsterbliche, sterben? Konnte Er, der Allgegenwärtige, an einem Ort der Erde begraben werden, von dort auferstehen und an einen Ort aufsteigen, an dem er im Moment zuvor nicht war? Was für ein Gott ist das, der an einen Ort „wiederkommen" soll, an dem Er jetzt nicht ist? Wenn die Antwort lautet, dass sich all dies auf die Menschheit Jesu bezieht, dann fragen wir: „Ist Christus geteilt?" Wenn Er ein Gott mit dem Vater ist, dann wurde alles, was Er tat, ebenso vom Vater wie von Ihm selbst getan; wenn Er es nur als

Mensch tat, dann kam Gott nicht vom Himmel, um die Menschen zu retten; dann ist dies überhaupt kein göttliches Opfer; dann kann ein einfacher Mensch nicht für die Sünden der Welt gesühnt haben. Und wo ist „die rechte Hand" des allmächtigen Gottes? Sitzt Jesus zur Rechten eines reinen Geistes, der weder Körper noch Glieder hat? Und da er eins mit Gott ist, sitzt er dann zu seiner eigenen Rechten? Solche Fragen werden als blasphemisch bezeichnet; aber wir werfen denen, die uns zwingen wollen, ein so absurdes Glaubensbekenntnis zu rezitieren, Gotteslästerung vor. Wir weigern uns, Worte zu wiederholen, die für uns keine Bedeutung haben und an denen wir nicht schuld sind, wenn jede Untersuchung der Bedeutung Dilemmata hervorbringt, die den Orthodoxen so unbequem sind. Wir sind auch verpflichtet, an „die" heilige katholische Kirche zu glauben, aber wir kennen keine solche Körperschaft. Katholisch bedeutet universell, und es gibt keine universelle Kirche: An etwas zu glauben, das nicht existiert, wäre in der Tat ein Glaube ohne Sicht. Es gibt die orthodoxe Kirche, aber sie wird von der römischen Kirche mit dem Bann belegt ; es gibt die römische Kirche, aber sie ist in den Augen der Protestanten die „scharlachrote Hure Babylons"; Es gibt protestantische Sekten, aber sie sind viele und nicht eine, eine Vielgestalt in Uneinigkeit. Wir werden aufgefordert, eine „Gemeinschaft der Heiligen" anzuerkennen, und wir sehen, wie diejenigen, die sich einzeln als Heilige bezeichnen, sich gegenseitig exkommunizieren; eine „Vergebung der Sünden", aber die Natur sagt uns, dass es keine Vergebung gibt, und wir sehen, dass Leiden ausnahmslos auf die Missachtung des Gesetzes folgt; eine „Auferstehung des Körpers", aber wir wissen, dass der Körper verwest, dass seine Gase und Säfte im Destillierkolben der Natur in neue Existenzformen umgewandelt werden; ein „ewiges Leben", wenn der dunkle Schleier der Unwissenheit das „Jenseits des Grabes" umhüllt. Nur die Gedankenlosen können das Glaubensbekenntnis wiederholen; nur die Unwissenden können die Unmöglichkeiten nicht sehen, an die es zu glauben vorgibt.

Die beiden Kollekten, die sich im Abendgebet von denen im Morgengottesdienst unterscheiden, erfordern keine besondere Bemerkung, außer dass sie – wie alle Gebete – keinen praktischen Unterschied im menschlichen Leben machen. Der fromme Christ ist vor „allen Gefahren und Gefährdungen dieser Nacht" nicht besser geschützt als der sorgloseste Atheist; außerdem ist es klug, wenn der Christ, nachdem er sein Gebet gesprochen hat, vorsichtig um sein Haus herumgeht und die Riegel und Stangen untersucht, im Bewusstsein, dass diese alltäglichen Abwehrmaßnahmen gegen Einbrecher wahrscheinlich wirksamer sind als der schützende Arm des Allerhöchsten.

Der Rest des Gottesdienstes ist derselbe wie am Morgen und bedarf daher keiner weiteren Bemerkung. Wenn sich die Menschen nur die Mühe machen würden, über ihre Religion *nachzudenken* ; wenn man sie nur dazu bringen oder sogar provozieren könnte, das zu verwirklichen, was sie angeblich glauben, dann würden die Grundlagen der Volksreligion schnell untergraben und das Banner des Freidenkertums würde bald stolz über den zerbröckelnden Ruinen dessen wehen, was einst eine Kirche war.

DIE LITANEI.

Die Litanei hat einen Fehler, der sich durch das ganze Gebetbuch zieht, nämlich die „vergebliche Wiederholung", die laut dem Evangelium von Jesus von Nazareth angeprangert wurde; der Refrain „Guter Herr, erlöse uns" und „Wir bitten Dich, erhöre uns, guter Herr" kehrt mit ermüdender Wiederholung wieder und wird von der Gemeinde eintönig wiederholt, von der wahrscheinlich nur wenige wüssten, wovon sie um Erlösung bitten, wenn der Geistliche anhalten und eine so unerwartete Frage stellen würde. Die Götter Vater, Sohn und Heiliger Geist werden einzeln gebeten, sich der elenden Sünder zu erbarmen, die zu ihnen beten, und dann wird die Dreifaltigkeit als Ganzes gebeten, dasselbe zu tun. Inwieweit diese Trennung mit der Einheit der Gottheit vereinbar ist und ob wir, wenn wir zum Sohn beten, implizit zum Vater beten oder nicht und *umgekehrt*, können uns nur diejenigen sagen, die das „Geheimnis der Heiligen Dreifaltigkeit" verstehen. Nach dieser Einleitung ist der Rest der Litanei an „Gott den Sohn" gerichtet, den „guten Herrn", der durchweg angerufen wird, trotz seines Tadels gegenüber dem jungen Mann, der vor ihm kniete und ihn „guter Meister" nannte: „Warum nennst du mich gut?" In den folgenden Versen wird auf verschiedene Dogmen angespielt, an die heute nur noch wenige gebildete Menschen glauben. Wie viele möchten wirklich „von den Listen und Angriffen des Teufels" erlöst werden oder glauben überhaupt an die Existenz des Teufels? Er ist eines jener Phantome, die nur in der Dunkelheit zu finden sind und die verschwinden, wenn die Sonne aufgeht. Wie viele glauben an die „ewige Verdammnis" im selben Vers oder glauben wirklich, dass sie auch nur im Geringsten in Gefahr sind? Niemand, der an die Hölle glaubt, könnte mit unbekümmerter Stimme darum beten, davon erlöst zu werden, denn die geringste Möglichkeit dieses schrecklichen Schicksals würde selbst den unbekümmertesten Zuhörern einen Schreckensschrei entlocken. Ist es konsequent, Christus zu bitten, uns von seinem Zorn zu erlösen? Wenn Er die Menschen so sehr liebte, dass Er für sie starb, scheint es, als ob seit Seiner Himmelfahrt eine große Veränderung in Seinem Geist vorgegangen sein muss, wenn Er wirklich so dringend gedrängt werden muss, keine „Rache zu nehmen" und uns zu verschonen und uns vor Seinem Zorn zu bewahren. Was ist richtig, der Zorn oder die Liebe? Denn sie sind nicht vereinbar; und sieht Gott es wirklich gern, wenn Menschen auf diese Weise vor Ihm kauern und Seine Barmherzigkeit preisen, während sie zittern, dass Er über sie „herausbrechen" könnte? Wenn wir zu übertriebener Kritik neigen würden, könnten wir behaupten, dass das Gebet, von „aller Lieblosigkeit" befreit zu werden, einen traurigen Beweis für die Unzulänglichkeit des Gebets liefert; die Antwort darauf kann man wöchentlich in den *Church Times* und insbesondere in den Beiträgen der Geistlichen im *Rock* lesen. *Auch die anderen Bitten sind seltsam wirkungslos: „Von aller falschen Lehre, Häresie und Schisma" wird in diesen* rationalisierenden Tagen so offensichtlich am Thron der Gnade angenommen . Jesus schwört dann ab, seine Bittsteller durch die Erinnerung an seine Tage auf Erden zu erlösen, und wir erhalten die alte Idee eines fleischgewordenen Gottes, die allen östlichen Religionen so gemeinsam ist, und das merkwürdige Bild eines Gottes, der geboren wird, beschnitten wird, getauft wird , fastet, versucht wird, leidet, stirbt , begraben wird, aufersteht und aufsteigt. Wie Gott all dies tun kann, bleibt ein Rätsel, aber diese leidenden und dann siegreichen Götter sind allen Lesern von Mythologien vertraut; wir erfahren weiter, dass Gott, der Heilige Geist, an einen Ort kommen kann, an dem er vorher nicht war, obwohl er der unendliche Gott ist und daher allgegenwärtig. Wahrlich, es ist notwendig, dass unser Glaube groß ist. Nachdem die Gemeinde ausreichend erlöst wurde, geht sie zu einer Reihe weiterer Bitten über, von denen die erste leider ein ebenso großer Misserfolg ist wie die vorhergehenden, denn sie betet darum, dass die Kirche „auf den richtigen Weg" geführt werden möge; und wenn man die Vielzahl der Kirchen bedenkt, von denen jede beharrlich ihren eigenen Weg geht, ist es offensichtlich, dass sie nicht alle Recht haben können, da sie alle unterschiedlich sind. Dann folgen Gebete für die königliche Familie und die Regierung und eine allgemeine Bitte, „alles Dein Volk zu segnen und zu beschützen"; eine Bitte, die systematisch missachtet wird. In diesen Tagen der „aufgeblähten Rüstung" ist es zumindest angenehm, in der Kirche davon zu träumen, dass „allen Nationen Einheit, Frieden und Eintracht" gegeben wird. Die „reine Zuneigung", mit der Gottes Wort empfangen wird, ist ebenfalls vollkommen eingebildet; diejenigen, die es nicht glauben, kritisieren und nörgeln; diejenigen, die es glauben, schlafen darüber ein. Der letzte Teil dieser Verse scheint einfach dazu gedacht zu sein, für alle rundherum zu beten, und als dies zufriedenstellend erreicht wurde, stoßen wir auf eine weitere Spur eines alten Glaubensbekenntnisses: „Lamm Gottes, das du hinwegnimmst die Sünden der Welt"; Dies ist ein Fragment der Sonnenanbetung, das auf den Sonnengott anspielt, wenn er, indem er das Zeichen des Lammes annimmt, alle Kälte und Dunkelheit der Wintermonate hinwegträgt und der Welt Leben gibt. Der Rest der Litanei ist von demselben schmerzlich unterwürfigen Charakter wie die früheren Teile; Gott scheint als wilder Tyrann angesehen zu werden, der sich danach sehnt, seine Wut an der Menschheit auszulassen, und nur durch unaufhörliches Flehen davon abgehalten wird. Alle möglichen Übel scheinen auf die Gemeinde niederzuprasseln, und wenn man die Augen schließt, könnte man sich eine traurig blickende, sorgenvolle, abgezehrte Gruppe von Covenanters oder Hugenotten vorstellen, statt der modischen Menge, die die Kirchenbänke füllt; und wenn man sie bitten hört, dass ihnen „keine Verfolgungen zugefügt werden", ist man geneigt, grimmig zu murmeln: „Ihr seid alle in Sicherheit, Mutter Kirche, und ihr seid der Verfolger, nicht der Verfolgte." Der Gottesdienst endet mit dem gleichen unwirklichen Geschwätz über Leiden und Gebrechen, bis man fast den Eindruck haben möchte, eine zornige Amme würde einem lästigen Kind gegenüber sagen: „Wenn du nicht sofort aufhörst zu weinen, werde ich dir einen Grund zum Weinen geben." Wenn die Menschen in der Kirche nur so echt wären wie außerhalb; wenn sie nachdenken und meinen würden, was sie sagen, dann wäre dieser erbärmlichen Burleske schnell ein Ende gesetzt und sie würden nicht länger das Opfer der Lügenlippen darbringen, von denen es heißt, sie seien „ein Gräuel für den Herrn".

GEBETE UND DANKSAGUNGEN ZU VERSCHIEDENEN ANLÄSSEN.

Diese besonderen Gebete sind vielleicht im Großen und Ganzen die kindischsten aller kindischen Gebete im vorliegenden Kirchenbuch. Ein Gebet „um Regen", ein Gebet „um schönes Wetter": Es ist fast zu spät, ernsthaft gegen Gebete wie diese zu argumentieren, außer dass ungebildete Menschen immer noch glauben, dass Gott das Wetter Tag für Tag regelt und in seinen Anordnungen durch das Gebet eines Wetterkritikers von unten beeinflusst werden kann. Doch es ist eine buchstäbliche Tatsache, dass Sturmsignale vor dem nahenden Sturm fliegen und die Menschen auf sein Kommen vorbereiten, so dass die Schiffe, die sonst unter seiner Wut gesunken wären, sicher im Hafen sind, wenn er über unsere Meere fegt; die Meteorologie macht von Tag zu Tag Fortschritte und wird immer perfekter, aber diese Wissenschaft – wie jede andere Wissenschaft – wäre unmöglich, wenn Gott durch Gebet beeinflusst werden könnte; ein Sturmsignal wäre unnötig, wenn Gebet den Sturm aufhalten könnte, und wäre unzuverlässig, wenn ein Gebet plötzlich mitten auf dem Ozean den Verlauf des Unwetters aufhalten könnte. Wissenschaft ist nur möglich, wenn man zugibt, dass „Gott nach Gesetzen wirkt", *d. h.* dass sein Wirken überhaupt nicht berücksichtigt werden muss. Die Gesetze des Wetters sind ebenso unveränderlich wie alle anderen Naturgesetze, denn Gesetze sind nichts anderes als die festgestellte Abfolge von Ereignissen; erst wenn sich durch lange Beobachtung herausgestellt hat, dass diese Abfolge unveränderlich ist, erhält sie den Titel „Gesetz". Da das Wetter von heute das Ergebnis des Wetters unzähliger gestriger Tage ist, können Gebete um Veränderung nur dann wirksam sein, wenn Gott das gesamte Wetter der Vergangenheit ändert und so neue Ursachen neue Ergebnisse hervorbringen lässt; aber dies scheint, gelinde gesagt, ein ziemlich großes Gebet zu sein und könnte vom fleischlichen Verstand als etwas anmaßend angesehen werden. In den Gebeten „in Zeiten der Not und des Hungers" finden wir die alte barbarische Vorstellung, dass die moralischen Sünden der Menschen durch physische „Heimsuchungen Gottes" bestraft werden und dass Gottes Segen anstelle des Todes Überfluss spendet: Wenn die Menschen hart arbeiten, werden sie mehr bekommen, als wenn sie inbrünstig beten, und selbst vor langer Zeit im Garten Eden konnte Gott seine Pflanzen nicht wachsen lassen, weil „kein Mensch da war, der den Boden bestellte"; so steht es zumindest in der Bibel. Das Gebet „in Zeiten des Krieges" ist auffallend schön, es bittet den Allvater, den Stolz zu mäßigen, die Bosheit zu besänftigen und die Pläne einiger seiner Kinder zum Vorteil der anderen zu durchkreuzen. Der „religiöseste und gnädigste" Herrscher, der der Obhut Gottes anvertraut wurde, war bekanntlich ein König wie Georg IV., und doch sprachen Geistliche und Volk Tag für Tag so von ihm zu einem Gott, der „ die Herzen erforscht ". In einem merkwürdigen alten Gebetbuch wird zu diesem Gebet für das Oberste Gericht des Parlaments vermerkt, dass „die richtige Anordnung der Herzen der Gesetzgeber von Gott ausgeht" und dass „sowohl Unglaube als auch Unwissenheit furchtbare Fortschritte gemacht haben müssen, wo dieser Grundsatz nicht anerkannt wird ". In letzter Zeit befürchten wir, dass Unglaube und Unwissenheit dieser Art sehr erhebliche Fortschritte gemacht haben. Die Danksagungen laufen Seite an *Seite* mit den Gebeten in den Themen und sind daher der gleichen Kritik ausgesetzt. Keines dieser Gebete oder Lobpreisungen kann durch Vernunft oder Argumente verteidigt werden; die Vernunft zeigt uns ihre völlige Torheit und ihre völlige Nutzlosigkeit. Ist es klug, den Menschen weiterhin Worte in den Mund zu legen, die jede Bedeutung verloren haben und die die Menschen, wenn sie sich die Mühe machen, überhaupt darüber nachzudenken, sofort als falsch erkennen ? Alle Gefahr des Fortschritts liegt in der hartnäckigen Beibehaltung von Dingen, die ihre Zeit überlebt haben; So wie ein Strom, der friedlich dahinfließt, Fülle und Fruchtbarkeit verbreitet und von Natur aus breiter und voller wird, bei zu starkem Aufstau irgendwann den Damm durchbricht und als Sturzbach vorwärts rauscht und Zerstörung und Verderben mit sich trägt, so wird eine allmähliche und sanfte Reform alter Gewohnheiten alles ändern, was geändert werden muss, ohne abrupte Veränderungen, und den Gedankenstrom breiter und voller werden lassen; aber wenn alle Reformen verzögert werden, wenn alle Veränderungen verboten werden, wenn der Damm des Vorurteils, der Sitte, der Gewohnheit den Strom zu lange versperrt, dann schleudert ihn das Denken mit dem Krachen der Revolution hinab, und vieles geht in dem wirbelnden Strom verloren, was lange hätte bleiben und das menschliche Leben hätte verschönern können. Wenige Dinge rufen lauter nach Reformen als unsere bisher so laut gepriesene Reformation.

DER KOMMUNIONSGOTTESDIENST.

KEINE Lehre hat vielleicht so viel zur Spaltung der Kirche beigetragen wie die Lehre von der Kommunion, die im Abendmahl des Herrn verankert ist. In der Idee ein Fest der Liebe, war es in Wirklichkeit vor allem ein Fest des Hasses, und um dieses „letzte Erbe des Erlösers" wurden die heftigsten Kämpfe geführt. Bis zur Zeit der Reformation war es der zentrale Gottesdienst der universalen Kirche, der östlichen wie der westlichen: Es war die Liturgie, die sich durch diesen unverwechselbaren Namen von jedem anderen Gottesdienst unterschied. Um diesen Ritus drehten sich alle anderen Gottesdienste, wie die Wochentage um den Tag des Herrn; bei seiner gebührenden Durchführung wurde mit allem Schönen und Prachtvollen geprahlt, was Reichtum bringen konnte; süßester Weihrauch, harmonischste Musik, reichste Gewänder, selten mit Juwelen verzierte Gefäße, prachtvolle Prozessionen, prachtvolle Zeremonien, alles brachte seinen Glanz und seine Schönheit mit, um den Empfang des gegenwärtigen Gottes großartig zu machen. In den reformierten Kirchen wurde das Fest seiner Pracht beraubt; es wurde wieder einmal das einfache „Abendmahl des Herrn", kein Gedächtnisopfer, sondern nur ein Gedenkritus; kein Kommen des Herrn zu den Menschen, sondern nur ein Zeichen der Verbindung des Gläubigen mit dem Erlöser durch den Glauben . Gegenwärtig tobt der alte Streit, sogar innerhalb der Reformierten Kirche von England; eine Partei hält noch immer am älteren Glauben an eine wirkliche Gegenwart Christi in den Elementen selbst oder in unauflöslicher Verbindung mit ihnen fest und feiert daher den Gottesdienst mit viel von der alten Pracht, während die andere Partei diese sogenannte Abgötterei vehement ablehnt und den Gottesdienst so kahl und einfach wie möglich gestaltet. Beide Parteien können Teile des Abendmahls als Bestätigung ihrer speziellen Ansichten beanspruchen, denn der englische Gottesdienst hat viel Herumdoktern von oben und unten durchgemacht und behält die Spuren der von beiden vorgenommenen Änderungen.

Für diejenigen außerhalb der Kirche ist dieses Amt besonders attraktiv, da es in besonderer Weise eine Verbindung zwischen Vergangenheit und Gegenwart darstellt und voller Spuren der alten Religion der Welt ist, jener katholischen Sonnenanbetung, deren modernisierte Wiederbelebung das Christentum ist. Vom Nicänischen Glaubensbekenntnis an, in dem Jesus als „Gott von Gott, Licht vom Licht, wahrer Gott vom wahren Gott, gezeugt, nicht geschaffen, eines Wesens mit dem Vater, durch den alle Dinge geschaffen sind" beschrieben wird – von diesem Punkt an atmen wir die volle Atmosphäre der älteren Welt und finden uns in der Anbetung jenes Lichts vom Licht wieder, das als Bild des unsichtbaren Gottes, des Erstgeborenen aller Geschöpfe, seit Jahrhunderten als Mensch in Mithra, in Christna , in Osiris, in Christus angebetet wird. Wir danken für „die Erlösung der Welt durch den Tod und das Leiden des ‚Sonnen- Erlösers ‘, der für uns am Kreuz gelitten hat‘, der in der Dunkelheit und im Schatten des Todes lag“; wir preisen Ihn, der Himmel und Erde mit Seiner Herrlichkeit erfüllt, der als „das Osterlamm“ auferstanden ist und „die Sünde der Welt hinweggenommen“ hat, indem Er im Zeichen des Lammes die Dunkelheit und Trostlosigkeit des Winters hinwegtrug; wir erinnern uns an den Heiligen Geist, den frischen Frühlingswind, der „wie ein gewaltiger Wind“ kam, um uns „aus der Dunkelheit“ in „das klare Licht“ der Sonne zu bringen; dann sehen wir den Priester, mit dem Gesicht der aufgehenden Sonne zugewandt, Brot und Wein, die Symbole Gottes, nehmen und sie als Nahrung für die Menschen segnen, wobei diese Symbole in die wahre Substanz der Gottheit verwandelt werden, denn stammen sie nicht in Wahrheit von Ihm allein? „Wie natürlich drückt sich das ewige Werk der Sonne, das täglich erneuert wird, in solchen Zeilen aus wie

„Seine Hitze wird in Brot verwandelt,

In edlem Wein sein Licht.‘

Und wenn man sich die Sonne als Person vorstellt, ist die Veränderung in „Fleisch“ und „Blut“ unvermeidlich. während die Tatsache, dass die Sonnenkräfte tatsächlich in Nahrung verwandelt werden, ohne ihren Sonnencharakter einzubüßen, in den Lehren der Transsubstantiation und der Realpräsenz zum Ausdruck kommt.“ („Keys of the Creeds“, Seite 91.) Nach dieser Vereinigung mit der Gottheit, indem wir an ihm selbst teilhaben, preisen wir noch einmal das „Lamm Gottes, das die Sünden der Welt hinwegnimmt “ und „am höchsten in der Herrlichkeit Gottes des Vaters“ ist. Die Ähnlichkeit wird noch größer in den Kirchen, wo viel Zeremoniell zu finden ist (obwohl in allen erkennbar, da diese Ähnlichkeit in den Formeln selbst stereotyp ist; aber in den aufwendigeren Aufführungen sind die alten Riten deutlicher erkennbar) im tonsurierten Kopf des Priesters, in den Sonnen, die oft auf Gewänder und Altartücher gestickt sind, in den Strahlen, die das heilige Monogramm auf den Gefäßen umgeben, in dem Kreuz, das auf das Brot geprägt ist und jedes Utensil kennzeichnet, in den brennenden Kerzen, in der Weinrebe, die in den Kelch gemeißelt ist – in all diesen und in vielen anderen Symbolen lesen wir die ganze Geschichte des Sonnengottes, geschrieben in Hieroglyphen, die für den Eingeweihten ebenso leicht zu entziffern sind, wie das Zeugnis der Felsen für den Geologen .

Aber wir lassen diese altertümliche Seite des Amtes beiseite und untersuchen es als einen Dienst, der für die Verwendung durch gebildete und nachdenkliche Menschen in der heutigen Zeit geeignet ist. Die Rubrik, die dem Amt vorangeht, ist eine jener unglücklichen Regeln, die hinsichtlich ihrer Praxis veraltet sind, und die dennoch – aufgrund ihrer Erhaltung – für einfältige Pfarrer dazu bestimmt zu sein scheinen, durchgesetzt zu werden, wodurch die besagten Pfarrer in die Fänge des Gesetzes geraten und schwer leiden. „Einem offenen und notorischen Übeltäter" darf es nicht gestattet sein, zum Tisch des Herrn zu kommen, und dieser Ausdruck scheint in der Mahnung zum Offizium erklärt zu werden, in der wir lesen: „Wenn einer von euch ein Gotteslästerer, ein Verhinderer oder Verleumder seines Wortes, ein Ehebrecher oder boshaft oder neidisch ist oder ein anderes schweres Verbrechen begeht, so bereut eure Sünden oder kommt nicht zu diesem heiligen Tisch; sonst fährt der Teufel, nachdem ihr dieses heilige Sakrament empfangen habt, in euch, wie er in Judas fuhr, und erfüllt euch mit aller Sünde und bringt euch ins Verderben an Leib und Seele." In einem neueren Fall wurde das Sakrament jemandem verweigert, der nicht an den Teufel glaubte und Gottes Wort verleumdete, und zwar aus genau diesen Gründen, und es scheint ein Akt christlicher Nächstenliebe zu sein, es so zu verweigern; denn wenn man sagt, dass Teile von Gottes Wort „gegen Religion und Anstand" verstoßen, dann ist das sicherlich eine Verleumdung, wenn Worte überhaupt eine Bedeutung haben, und Menschen, die nicht an den Teufel glauben, sollten kaum an einem Ritual teilnehmen, nach dem der Teufel mit so traurigen Folgen in sie eindringt. Es scheint konsequenter, entweder die Formeln zu ändern oder sie durchzuführen; zwar schrieb ein Geistlicher, dass die Verantwortung beim unwürdigen Empfänger liege, der „nichts anderes tue, als seine „Verdammnis" zu vergrößern, aber es ist kaum eine angenehme Vorstellung, dass der Geistliche dasteht, um Menschen zum Tisch des Herrn einzuladen, und einem derjenigen, die ihn annehmen, kühl den Leib Christi reicht und sagt: „Der Leib unseres Herrn Jesus Christus bewahre deinen Leib und deine Seele zum ewigen Leben", wenn er – in der feinfühligen Sprache, die der oben erwähnte Geistliche verwendet – meint: „Der Leib unseres Herrn Jesus Christus verdammt deinen Leib und deine Seele zum ewigen Tod." Niemand außer einem Geistlichen könnte sich ein derart anstößiges und für Gläubige noch dazu so furchtbar schreckliches Vorgehen vorstellen.

Die Zehn Gebote, die im Vordergrund des Gottesdienstes stehen, sind in Bezug auf einige von ihnen sehr fehl am Platz, ganz zu schweigen von der mangelnden Wahrhaftigkeit der Behauptung, dass „Gott diese Worte sprach " usw. Im zweiten Gebot ist es uns verboten, ein geschnitztes Bild oder irgendein Abbild von irgendetwas zu machen , ein Gebot, das alle Kunst zerstören würde und von dessen Befolgung kein Mitglied der Gemeinde auch nur die geringste Vorstellung haben kann. Die Juden, die die Cherubim über der Bundeslade machten, auf der Gott saß, sollen dieses Gebot im Allgemeinen nicht missachtet haben, weil die Cherubim nicht das Abbild von irgendetwas im Himmel, auf der Erde oder im Wasser waren: Sie waren wie Einhörner unentdeckte und unentdeckbare Geschöpfe. Doch in direktem Widerspruch zu diesem Gebot ließ Salomo eherne Ochsen bauen, um sein ehernes Meer zu stützen (1. Könige 7, 25, 29), und Löwen auf die Stufen seines Elfenbeinthrons (10. Könige 19, 20), und Gott selbst soll Moses befohlen haben, eine eherne Schlange zu bauen. Gott wird in diesem Gebot als „eifersüchtiger Gott" beschrieben – was entschieden unmoralisch und unangenehm ist, der „die Sünden der Väter an den Kindern heimsucht, bis in die dritte und vierte Generation derer, die mich hassen". Die Gerechtigkeit dieser Aussage ist so offensichtlich, dass kein Kommentar dazu notwendig ist. Das vierte Gebot ist ein weiteres, an das niemand auch nur im Traum denkt. Erstens halten wir den siebten Tag überhaupt nicht, und zweitens verrichten unser Knecht, unsere Magd und unser Vieh an dem Tag, den wir als Sabbat halten, alle möglichen Arbeiten. Außerdem, wer glaubt heutzutage, dass „der Herr in sechs Tagen Himmel und Erde schuf, das Meer und alles, was darinnen ist, und am siebten Tag ruhte"? Geologie, Astronomie und Ethnologie haben uns etwas anderes gelehrt, und unter denen, die die Antwort auf dieses Gebot in einer Londoner Kirche wiederholen, findet man wahrscheinlich keinen, der glaubt, dass es wahr ist. Das fünfte Gebot ist ebenso fehl am Platz, denn pflichtbewusste Kinder leben nicht länger als pflichtvergessene. Die übrigen betreffen einfache moralische Pflichten, die von allen Glaubensrichtungen gleichermaßen gefordert werden, und fallen durch Auslassungen und nicht durch Erfüllung auf: Die Einfügung des buddhistischen Gebots gegen Trunkenheit wäre beispielsweise eine Verbesserung, obwohl ein solches Gebot natürlich bei einem so groben und sinnlichen Volk wie den alten Juden nicht zu finden ist. Die alternativen Gebete für die Königin, die als nächstes folgen, sind nur deshalb erwähnenswert, weil das erste die Lehre vom Gottesgnadentum verankert, die seit langem tot und begraben ist, außer in der Kirche; und der andere sagt, „dass die Herzen der Könige in deiner Herrschaft und Regierung sind", und legt den Gedanken nahe, dass es, wenn das so ist, besser ist, außerhalb dieser „Herrschaft und Regierung" zu sein, da die Auswirkungen auf die Herzen der Könige nicht besonders attraktiv waren. Das Nicänische Glaubensbekenntnis kommt als nächstes und ist den Einwänden ausgesetzt, die zuvor gegen das Apostolische Glaubensbekenntnis erhoben wurden; die letzten Klauseln, die sich auf den Heiligen Geist beziehen, sind historisch interessant, da das „und der Sohn" das *Filioque bildet*, das die östliche von der westlichen Christenheit trennte;*

** Ein kurzer, aber sehr anschaulicher Bericht über die beschämende*

Transaktion, durch die die Filioque- Klausel sozusagen

in das Nicänische Glaubensbekenntnis eingeschmuggelt, findet sich im ersten

zehn oder zwölf Seiten der Schilling-Broschüre von

Edmond S. Fouldes , BD, mit dem Titel „Das Glaubensbekenntnis der Kirche oder

das Credo der Krone".... sieht auch klar vor, dass die

Die römische Kirche war einst der Ansicht, der Heilige Geist ströme nur vom Vater, da der Dominus darin nur den

Vater.

„Der mit dem Vater und dem Sohn zusammen" „angebetet und verherrlicht" werden sollte, wäre der Wahrheit näher als „wird", da der Heilige Geist von der modernen Christenheit leider ignoriert wird und nur einen sehr geringen Anteil an Gebeten oder Hymnen hat: dennoch ist er der Ehemann der Jungfrau Maria und der Vater Jesu Christi; er ist daher eine sehr wichtige, wenn auch rätselhafte Person in der Gottheit, da er der Vater dessen ist, von dem er selbst ausgeht: Dies ist ein Geheimnis und kann nur durch Glauben verstanden werden. Die folgenden Texte sind bemerkenswert für ihre raffinierte Auswahl: „Der in den Krieg zieht " usw. (Kor. 9,7); „Wenn wir gesät haben" usw. (1. Kor. 9,9); „Wisst ihr" usw. (1. Kor. 9,13); „Wer wenig sät " usw. (2. Kor. 9,6); „Wer unterrichtet ist, der möge es tun" (Gal. 6,6). auch der durchdringende Egoismus der Motive ist nichts wert : Gib jetzt, damit du später etwas bekommst. „Wende dein Gesicht nie von einem Armen ab, *dann wird sich das Gesicht des Herrn nicht von dir abwenden .*" „Wer sich des Armen erbarmt, der leiht dem Herrn, *und siehe, was er gibt , wird ihm zurückgezahlt .*" „Wenn du viel hast, gib reichlich; wenn du wenig hast, gib gern von dem Wenigen, *denn so hast du dir am Tag der Not eine gute Belohnung verschafft .*"* Kein freies, freudiges Geben hier; keine bereitwillige, freudige Hilfe für einen ärmeren Bruder, weil er braucht, was ich geben kann; kein bereitwilliges Angebot eines Bechers kalten Wassers, einfach weil der Durstige da ist und die Erfrischung braucht; immer kommt das hasserfüllte Flüstern: „Du sollst auf keinen Fall deine Belohnung verlieren." Diese zeitdienlichen Opfergaben werden dann Gott dargeboten, indem sie „auf den Heiligen Tisch" gelegt werden, und dann folgt ein weiteres Gebet für die Königin, christliche Könige, Autoritäten, Bischöfe und das Volk im Allgemeinen, das mit Danksagung für die Toten endet, kein freudiges Thema, für das man Gott preisen kann, wenn zufällig ein Trauernder anwesend ist, dessen Herz vom Verlust eines geliebten Menschen schmerzt. An diesem Punkt soll der Gottesdienst enden, wenn keine Feier der Heiligen Kommunion beabsichtigt ist, und hier finden wir zwei Ermahnungen oder Hinweise zur Feier, von denen wir die erste bereits zitiert haben:** In der zweiten können wir nicht umhin, die unwürdige Stellung zu bemerken, in die Gott gestellt wird; es ist eine „schmerzliche und unfreundliche Tat", nicht zu einem üppigen Fest zu kommen, wenn man dazu eingeladen wird, weshalb wir fürchten müssen, dass wir, indem wir uns von diesem heiligen Abendmahl zurückziehen, „Gottes Zorn gegen uns reizen". „Bedenkt bei euch selbst, wie viel Schaden ihr Gott zufügt": was für ein sehr merkwürdiger Ausdruck. Ist Gott so der Gnade des Menschen ausgeliefert? Dann muss das Schicksal Gottes sicherlich das traurigste aller Lebewesen sein, wenn sein Glück und seine Herrlichkeit in den Händen eines jeden Mannes und einer jeden Frau liegen. Je größer sein Wissen, desto größer das Elend, und da sein Wissen vollkommen ist und die überwiegende Mehrheit der Menschheit nichts von ihm weiß und sich nicht um ihn schert, muss sein Elend vollkommen sein.

*Als ob die Geistlichen, mit sehr wenigen Ausnahmen, nicht

durch den Zehnten usw. ausreichend versorgt werden, ohne

betteln gehen wie Buddhisten oder Katholiken

Mönche, für die PP und PM nicht unangemessen sind

angewandt (Professoren für Armut und Praktiker für

Bettelei).

** Es ist jedoch nur gerecht zu sagen, dass dieser Teil davon

enthalten zwischen "Der Weg und die Mittel dazu" und "Straftaten

in Gottes Händen" ist einer der besten Abschnitte des ganzen

Gebetbuch, und das weit über die Allgemeinheit der

Predigten, die man danach hört.

Nachdem alles bereit ist, beginnt der Geistliche mit einer weiteren Ermahnung, die etwas bedrohlich klingt: „Die Gefahr ist groß, wenn wir es unwürdig empfangen. Denn dann sind wir schuldig am Leib und Blut Christi, unseres Erlösers ; wir essen und trinken unsere eigene Verdammnis, ohne den Leib des Herrn zu beachten; wir entfachen Gottes Zorn gegen uns; wir provozieren ihn, uns mit verschiedenen Krankheiten und verschiedenen Todesarten zu plagen." (Sicherlich können wir nicht von mehr als einer Todesart gleichzeitig geplagt werden, und wir können nicht mehrmals sterben, nicht einmal nach der Kommunion.) Man fragt sich fast, warum jemand diese sehr bedrohliche Einladung annimmt, obwohl den „Teilnehmern" Vorteile versprochen werden. Die High Church-Partei hat in der Tat das Recht, viel über die wirkliche Gegenwart zu sprechen, da gewöhnliches Brot und Wein keine dieser furchtbaren Strafen mit sich bringen, die mit dem Essen und Trinken verbunden sind, und es muss eine merkwürdige Veränderung in ihnen stattgefunden haben, bevor all diese schrecklichen Folgen eintreten können. Was würde geschehen, wenn aus Versehen etwas geweihtes Brot und Wein zurückgelassen würden und ein verirrter Besucher in der Sakristei es unwissentlich verspeist? Man denke an Anne Askew, die, als man ihr sagte, dass eine Maus, die einen von der Hostie gefallenen Krümel frisst, unfehlbar verdammt wäre, antwortete: „Ach, arme Maus!" Dann folgt ein Geständnis der unterwürfigsten Art, das nur für die

Lippen eines feigen Bittstellers geeignet ist, der zu Füßen eines östlichen
Monarchen kauert; es ist erstaunlich , dass freie englische Männer und Frauen
ihre Lippen zu so äußerst erniedrigenden Sätzen formulieren können, sogar
gegenüber einem Gott; Männlichkeit in der Religion ist dringend
erforderlich, es sei denn, Gott wäre etwas Kleineres als der Mensch und hätte
Gefallen an der für menschliche Augen schmerzhaften Erniedrigung. Das
Weihegebet ist der zentrale Punkt der Verordnung; früher beteten sie um die
Herabkunft des Heiligen Geistes auf die Elemente, „denn was der Heilige
Geist berührt, das wird geheiligt und rein" – es wird nicht erklärt, wie der
Heilige Geist, da er allgegenwärtig ist, es schafft, alles nicht zu berühren –
und jetzt bittet der Priester darum, dass wir beim Empfang von Brot und
Wein „Teilhaber" des Leibes und Blutes Christi werden, und wiederholt die
Worte „Dies ist mein Leib", „Dies ist mein Blut", wobei er seine Hand
abwechselnd über Brot und Wein legt: Wenn dies nun etwas bedeutet, wenn
es nicht bloßer Spott ist, dann bedeutet es, dass Brot und Wein nach der
Wandlung anders sind als vorher; wenn es dies nicht bedeutet, dann ist das
ganze Gebet einfach eine Farce, eine unter den gegebenen Umständen kaum
anständige Schauspielerei. Aber Fleisch und Blut! Wenn man die extreme
Abstoßung der Idee, die Grobheit der Tat, die völlige Unangenehmheit des
Fleischessens und Bluttrinkens beiseite lässt, die alle durch Gewohnheit und
Mode nicht mehr ekelhaft sind und deren Widerwärtigkeit kaum ein
Gläubiger begreifen kann – wenn man all dies beiseite lässt, gibt es irgendeine
Veränderung bei Brot und Wein? Untersuchen Sie es, analysieren Sie es,
testen Sie es auf jede erdenkliche Weise; immer noch antwortet es dem
Fragenden: „Brot und Wein." Werden unsere Sinne getäuscht? Dann
probieren Sie hundert verschiedene Personen aus; nicht alle können
gleichermaßen getäuscht werden. Sofern nicht jedes Ergebnis der Erfahrung
unzuverlässig ist, haben wir es hier mit Brot und Wein zu tun und mit nichts
anderem. „Aber Glaube ist erforderlich." Ach ja! Das ist das Geheimnis: kein
Fleisch und Blut ohne Glauben; kein Wunder ohne Leichtgläubigkeit.
Wunderwirkende Priester sind nur unter leichtgläubigen Menschen
erfolgreich; Wunder können nur von denen empfangen werden, die es für
weniger wahrscheinlich halten, dass die Natur lügt, als dass der Mensch
täuscht; Diejenigen, die an diese Veränderung durch die Weihe glauben,
können durch Argumente nicht berührt werden; sie haben ihre Augen
geschlossen, um nicht zu sehen, ihre Ohren, um nicht zu hören; kein Wissen
kann sie erreichen, denn sie haben die Tore verschlossen, durch die es
eindringen könnte; sie sind buchstäblich tot in ihrem Aberglauben, begraben
unter dem Stein ihres Glaubens. Nachdem der Empfang des Leibes und
Blutes Christi vorüber ist und die Menschen sich zum Essen und Trinken
hinknieten, wie es sich nur gehört, wenn man Christus isst und trinkt
(Johannes 6,57), wird das Vaterunser zum zweiten Mal gesprochen, es folgt
ein Gebet und Dankgebet, beschränkt auf „uns und deine ganze Kirche",

denn der Geist ist derselbe wie der des Gebets Christi: „Ich bitte nicht für die Welt, sondern für die, die du mir gegeben hast" (Johannes 17,9), und dann endet der Gottesdienst mit dem *Gloria in Excelsis* und dem Segen. Dies ist die „verpflichtende Pflicht und der Dienst", den die Kirche Gott erweist, wobei der zentrale Akt dieses Dienstes entweder eine Farce oder eine Lüge sein muss und daher eine Beleidigung für den Gott, dem er dargebracht wird. Als Dienst an Gott betrachtet, ist das gesamte Abendmahl im höchsten Maße anstößig; als Überbleibsel einer Antike betrachtet ist es sehr interessant und lehrreich; es ist sicherlich an der Zeit, es an seinen richtigen Platz zu stellen und seinen wahren Ursprung anzuerkennen . Die Tage dieser barbarischen, wenn auch poetischen Zeremonien sind vorbei; „Fleisch und Blut", das ein kühnes Sinnbild für die Hitze und das Licht der Sonne war, werden roh, wenn man es in Gedanken mit einem Menschen verbindet; Zeremonien, die zur Kindheit der Welt passten, sind im Mannesalter fehl am Platz, so wie das Spiel, das für ein Kind anmutig ist, für einen Mann verächtlich wäre; Diese Riten sind die Babykleidung der Welt und können nicht so weit gezogen werden, dass sie den kräftigen Gliedern des reiferen Alters passt. Sie können ihrer Form keine Anmut und ihrem ernsteren Gang keine Würde verleihen.

DIE TAUFFÖRDER.

Für alle Zwecke der Kritik können die Ämter für die „öffentliche Taufe von Säuglingen, die in der Kirche verwendet werden soll", für die „private Taufe von Kindern in Häusern" und für die „Taufe für solche, die reiferen Alters sind und für sich selbst verantwortlich sind" als ein und dasselbe behandelt werden, wobei die Grundidee jedes Gottesdienstes identisch ist. Diese Idee wird klar und deutlich im Vorwort zum Amt dargelegt: „Meine Lieben, da alle Menschen in Sünde empfangen und geboren sind und unser Erlöser Christus sagt : Niemand kann in das Reich Gottes eingehen, es sei denn, er wird wiedergeboren und von neuem aus Wasser und dem Heiligen Geist geboren. Ich bitte euch, Gott den Vater durch unseren Herrn Jesus Christus anzurufen, damit er in seiner großzügigen Barmherzigkeit diesem Kind das gewährt, was es von Natur aus nicht haben kann." Gemäß der Lehre der Kirche ist die Taufe also absolut notwendig für die Erlösung: „ *Niemand kann eingehen ... es sei denn, er wird ... von neuem aus Wasser geboren.*" so bricht das Urteil der Verdammnis über die gesamte Menschheit herein, mit Ausnahme des Teils davon, der aus dem christlichen Taufbecken gesprenkelt wird; hier ist kein Ausweichen möglich; keine Ausnahme zugunsten heidnischer Völker; keine Gnade für diejenigen, die keine Gelegenheit zur Taufe haben; niemand kann eintreten, außer durch „das Bad der Wiedergeburt". Können irgendwelche Worte zu stark sein, um eine so beschämende Lehre, eine so eklatante Ungerechtigkeit anzuprangern? Ein Kind wird in die Welt geboren; es ist nicht seine Schuld, dass es in Sünde empfangen wurde; es ist nicht seine Schuld, dass es in Sünde geboren wurde; seine Zustimmung wurde nicht eingeholt, bevor es in die Welt gebracht wurde; ihm wurde kein Angebot gemacht, das er von diesem schrecklichen Geschenk eines verdammten Lebens ablehnen könnte; er wird ohne sein Wissen, ohne seinen Willen in eine Welt geschleudert, die unter dem Fluch Gottes liegt, ein Kind des Zorns und Erbe der Verdammnis. „Von Natur aus kann er *nicht* haben." Warum sollte Gott dann zornig auf ihn sein, weil er nicht hat? Die ganze Anordnung ist von Gott selbst gemacht. Er hat die Geburt vorherbestimmt; er hat das Leben gegeben; das hilflose, bewusstlose Kind liegt dort, das Werk seiner eigenen Hände; ob gut oder böse, er ist dafür verantwortlich; Erbe der Liebe oder des Zorns, er hat es zu dem gemacht, was es ist; es ist ebenso ganz sein Werk, wie das bewusstlose Gefäß das Werk des Töpfers ist; Gott kann mit ebenso viel Recht auf das Kind zornig sein, wie der Töpfer auf den Ton schwören kann, den er ungeschickt geformt hat : wenn das Gefäß schlecht ist, beschuldige den Töpfer; wenn das Geschöpf schlecht ist, beschuldige den Schöpfer. Die Gemeinde betet, dass Gott „in seiner großzügigen Barmherzigkeit", „um Deiner unendlichen Barmherzigkeit willen", das Kind retten möge, „damit es, von Deinem Zorn erlöst", gesegnet sei. Es ist keine Frage der Barmherzigkeit, mit der wir es hier zu tun haben; es ist eine Frage schlichter Gerechtigkeit und nichts weiter; wenn Gott, zu seinem eigenen "Wohlgefallen" oder in Verfolgung der Pläne seiner unendlichen Weisheit, dieses unglückliche Kind in eine so schreckliche Lage gebracht hat, ist er durch jedes Band der Gerechtigkeit, durch jeden heiligen Anspruch des Rechts verpflichtet, das schuldlose Opfer zu befreien und es an einen Ort zu bringen, wo es eine faire Chance auf Wohlergehen hat. "Es ist gewiss durch Gottes Wort", heißt es in der Rubrik, "dass Kinder, *die getauft werden* und sterben, bevor sie eine tatsächliche Sünde begehen, zweifellos gerettet sind." Und jene, die nicht getauft werden? Die Heilige Römische Kirche schickt diese an einen heiteren Ort namens Limbus, und die Babyseelen wandern im frostigen Zwielicht umher, verflucht mit der Unsterblichkeit, für immer ausgeschlossen von den Freuden des Paradieses. Viele Leser werden sich an Lowells ergreifendes Gedicht zu diesem Thema und an die grausige Taufe erinnern; sie werden auch wissen, auf welche verworrenen Pfade argumentativer Unanständigkeit sich die Kirche begeben hat, wenn sie über das Schicksal ungetaufter Kinder entschied; wie, wenn Mütter bei der Geburt starben, die noch ungeborenen Kinder getauft wurden, um sie vor dem schrecklichen Schicksal zu retten, das ihr Vater im Himmel über sie verhängt hatte, noch bevor sie das Licht der Welt erblickten; wie gesagt wurde, dass in Fällen, in denen Mutter und Kind nicht beide gerettet werden können, die Mutter geopfert werden sollte, damit das Kind nicht ungetauft stirbt. Auf die Einzelheiten dieser Argumente können wir nicht eingehen; sie sind nur für orthodoxe Christen geeignet, in deren Seiten sie jeder lesen kann, der es möchte. Wahrlich, der Herr ist ein eifersüchtiger Gott, der die Sünden der Väter an den Kindern heimsucht, da ungeborene Kinder für den vorzeitigen Tod ihrer Mutter und ungetaufte Säuglinge für die Nachlässigkeit ihrer Eltern oder Ammen verurteilt werden. Natürlich glaubt die Mehrheit der englischen Geistlichen nichts dergleichen; aber warum lesen sie dann einen Gottesdienst, der dies impliziert? Warum verwenden sie Wörter in einem nicht-natürlichen Sinn? Warum legen sie ihre Ehrlichkeit beiseite, wenn sie ihre Chorhemden anziehen?

Und warum wollen die Laien ihre Gedanken zu diesen und allen anderen anstößigen Teilen des Gottesdienstes nicht äußern? Im Amt für Erwachsene kommen hinsichtlich der Notwendigkeit des Sakraments die Worte vor: „wo es zu haben ist", aber der Satz liest sich, als sei er von einer gütigen Seele am Rand geschrieben worden und von dort in den Text eingedrungen, denn er steht im direkten Widerspruch zur gesamten Argumentation der Ansprache, in der er vorkommt, und zum Rest des Amtes, wie auch zu den beiden anderen Ämtern für Kinder. Die Betonung der richtigen Taufe, d. h. der Taufe mit Wasser, begleitet vom „Namen des Vaters und des Sohnes und des Heiligen Geistes", erscheint besonders im Amt, das auf die private Taufe eines Kindes folgt, sollte das Kind leben; denn die Rubrik bestimmt, dass, wenn irgendwelche Zweifel über die Verwendung des Wassers und der

Formel bestehen, „die wesentliche Teile der Taufe sind", der Priester die Taufzeremonie mit den Worten durchführen soll: „Wenn du noch nicht getauft bist, taufe ich dich" usw. Sicherlich sprechen solche Sorgfalt und Mühe, um eine korrekte Taufe sicherzustellen, mit ausreichender Deutlichkeit über die Bedeutung, die die Kirche diesem Initiationsritus beimisst; diese Bedeutung gibt sie ihm auch an anderen Stellen: Kein Ungetaufter darf sich ihrem Altar nähern, um das „Brot des Lebens" zu nehmen; kein Ungetaufter darf von ihren Priestern begraben werden, „ in sicherer und gewisser Hoffnung auf die Auferstehung zum ewigen Leben". Die Getauften befinden sich in der Arche der Kirche; die Ungetauften kämpfen draußen in den Wogen von Gottes Zorn; keine Hand kann ausgestreckt werden, um sie zu retten; sie sind Fremde, Ausländer im Bund der Verheißung; sie sind ohne Hoffnung. Das ganze Gottesdienstgebet für die Kinder liest sich wie ein Theaterstück: Der Geistliche bittet darum, dass das Kind „Vergebung seiner Sünden" erhält; welche Sünden? Die Menschen werden ermahnt, „die Taufe ihrer Kinder nicht länger als bis zum ersten oder zweiten Sonntag nach ihrer Geburt aufzuschieben". Welche Sünden kann ein einwöchiges Baby begangen haben? Von welchen Sünden kann es Erlösung brauchen? Für welche Sünden kann es um Vergebung bitten? Und dennoch liegt hier eine ganze Gemeinde vor dem allmächtigen Gott nieder und betet, dass einem winzigen Baby im langen Gewand vergeben werden möge, dass ihm die Sünden vergeben werden, die es verursacht hat – dass es auf die Welt kam, als Gott es sandte! Die Zeremonie wäre lächerlich, wenn sie nicht so erbärmlich wäre. Und angenommen, das Kind braucht Vergebung und hat Sünden, die abgewaschen werden müssen, warum sollten dann ein paar Tropfen Wasser, die auf das Gesicht – oder die Haube – des Babys gesprenkelt werden, oder sogar das Eintauchen seines Körpers in das Taufbecken die Sünden seiner Seele abwaschen? Das Wasser ist „geheiligt"; wir beten: „Heilige dieses Wasser zur mystischen Abwaschung der Sünden." Wie es in der Hymne so schön heißt:

„Das Wasser in diesem Taufbecken

Ist Wasser, von groben Sterblichen beäugt;

Doch im Glauben gesehen, ist es Blut

Von der Seite eines lieben Freundes."

Wieder einmal Blut! Wie Christen an den abstoßenden Bildern eines vergangenen und barbarischen Zeitalters grober Vorstellungen festhalten. Und wenn es im Glauben angewendet wird, reinigt es die Seele des Kindes von der Sünde. Nun, das Ganze ist folgerichtig: Die unsichtbare Seele wird durch unsichtbares Blut von unsichtbarer Sünde reingewaschen, und nach außen hin bleibt das Kind nach der Taufe genau das, was es vorher war – außer dass es, wie wir wissen, durch die freie Verwendung von Wasser durch die Hochkirche eine Lungenentzündung bekommt, was vielleicht die versprochene Feuertaufe ist. Die Versprechen der Paten stehen in völliger Übereinstimmung mit dem Rest des Gottesdienstes; Versprechen, die von anderen Leuten im Namen des Kindes hinsichtlich seines zukünftigen Verhaltens gemacht werden, über das sie keine Kontrolle haben. Das Baby entsagt dem Teufel und all seinen Besitztümern, glaubt an das Apostolische Glaubensbekenntnis und antwortet „das ist mein Wunsch", wenn es gefragt wird, ob es getauft werden will; all das ist „sehr hübsches Schauspiel", steht aber etwas im Widerspruch zu dem Gefühl der Realität, das den Umgang eines Gläubigen mit seinem Gott charakterisieren sollte. Das Kind, das getauft und mit dem Kreuz versehen wird, „ist wiedergeboren", gemäß der Erklärung des Priesters. Einige behaupten, dass die Church of England die Wiedergeburt durch Taufe nicht lehrt, aber es ist schwer zu verstehen, wie jemand diesen Gottesdienst lesen und dann die Lehre leugnen kann; er ist klarer und umfassender als die Lehre ihrer Stimme zu den meisten Themen. Die Zeremonie der Taufe und die Idee der Wiedergeburt sind beide von der Sonnenanbetung abgeleitet, von der bereits so viele Spuren aufgezeigt wurden: Die Anbeter des Mithra praktizierten die Taufe, und sie ist den verschiedenen Phasen des Sonnenglaubens gemeinsam. In manchen Gegenden, besonders in Indien, wurde die Wiedergeburt auf andere Weise erreicht: Ein Loch in einem Felsen oder ein schmaler Durchgang zwischen zweien war der heilige Ort, und ein Anbeter, der sich durch eine solche Öffnung zwängte, wurde wiedergeboren und wurde, durch diese wörtliche Darstellung der Geburt, ein zweites Mal geboren, in ein neues Leben hineingeboren, und die Sünden des früheren Lebens wurden ihm nicht mehr angerechnet. Viele solcher Löcher sind in Indien noch erhalten und werden verehrt, und es kann wenig Zweifel daran bestehen, dass die alten druidischen Überreste Spuren davon aufweisen, dass sie für diese gleiche Zeremonie verwendet wurden, obwohl ein natürlicher Spalt anscheinend schon immer als der heiligste galt.*

** Sogar in diesem Land, bei Brimham Rocks, in der Nähe von Ripon, in*

Yorkshire, die tote Form des Brauchs ist oder war bis

in letzter Zeit, durch den Führer aufrechterhalten, der alle Besucher schickt, die

entschieden sich, dieses Privileg zu nutzen, durch eine solche

Spalt.

Man sollte die Einleitung zum ersten Gebet im Taufgottesdienst kaum unbeachtet lassen: „In Deiner großen Barmherzigkeit hast Du Noah und seine Familie in der Arche vor dem Untergang durch das Wasser gerettet und auch die Kinder Israels, Dein Volk, sicher durch das Rote Meer geführt und damit Deine heilige Taufe symbolisiert. Durch die Taufe Deines geliebten

Sohnes Jesus Christus im Jordan hast Du das Wasser geheiligt zur geheimnisvollen Reinigung der Sünden." In den ersten beiden Beispielen scheint die Wahl der Kirche besonders unglücklich zu sein, da in jedem Fall Wasser das Element war, dem man entgehen musste , und es eine Quelle des Todes, nicht des Lebens war. Vielleicht hat das Rote Meer jedoch eine subtile Bedeutung, es weist auf das Blut Christi hin. Andererseits ertranken im Roten Meer Menschen, und das Gegenbild ist doch sicher nicht so gefährlich? Es muss ein Mysterium sein. Es wäre interessant zu wissen, wie viele der gebildeten Geistlichen, die dieses Gebet lesen, an die Geschichte der Sintflut und der wundersamen Durchquerung des Roten Meeres glauben; und weiter, wie viele von ihnen glauben, dass Gott durch diese Fabeln seine heilige Taufe symbolisierte. Wird das 19. Jahrhundert jemals genug Energie aufbringen, um diese Überreste eines toten Aberglaubens abzuschütteln, und ehrlich genug sein, eine Formulierung nicht mehr zu verwenden, die kein Glaubensträger mehr ist? Als das Gebetbuch zusammengestellt wurde, hatten diese Worte eine Bedeutung; heute haben sie keine mehr. Wird eine zweite Reformation diese toten Glaubenssätze nicht hinwegfegen, so wie die erste für ihre eigene Zeit die Phrasen hinwegfegte, die einen früheren und gröberen Glauben repräsentierten?

DIE REIHENFOLGE DER BESTÄTIGUNG.

„Diese Zeichen werden denen folgen, die glauben: In meinem Namen werden sie Teufel austreiben; sie werden in neuen Zungen reden; sie werden Schlangen aufheben; und wenn sie etwas Tödliches trinken, wird es ihnen nicht schaden; sie werden den Kranken die Hände auflegen, und sie werden gesund werden." In jenen bemerkenswerten Tagen hätte die „Ordnung der Firmung" im Einklang mit ihrer Umgebung stehen können, ein Zustand, der weit von der heutigen Situation entfernt ist. Mr. Spurgeon, der für Straßenprediger schrieb, wies kürzlich sehr vernünftig darauf hin, dass sie, da der Heilige Geist nicht mehr die Gabe der Zungenrede verlieh, „besser bei ihrer Grammatik bleiben" sollten, und in diesen degenerierten Tagen wird ehrliche Anstrengung wahrscheinlich zufriedenstellendere Ergebnisse zeigen als jene, die sich aus dem Auflegen der Hände der Bischöfe ergeben. Als die Apostel diese Zeremonie durchführten, die der Bischof jetzt nach ihrem Beispiel durchführt, sollen eindeutige Beweise für ihre Wirksamkeit gesehen worden sein; so sehr sogar, dass Simon, der Zauberer, etwas Geld in himmlische Sicherheiten investieren wollte, damit „jedem, dem ich die Hände auflege, der Heilige Geist empfange". Ein Simon würde heutzutage offensichtlich nie bereit sein, einen Bischof für die Macht zu bezahlen, die Wirkung der Firmung hervorzurufen. Soweit das fleischliche Auge sehen kann, kehren die weißgekleideten, verschleierten jungen Damen und die beschämten, schwarzgekleideten Jungen, die an einem Firmungstag die Kirche bevölkern, vom Altar in dem gleichen Zustand zurück, in dem sie ihn betreten haben: niemand beginnt, in Zungen zu sprechen; wenn sie es täten, würde der Kirchendiener wahrscheinlich eingreifen und den Geist mit größter Schnelligkeit auslöschen. Sie sollen einige besondere Gaben erhalten haben: „den Geist der Weisheit und des Verstehens; den Geist des Rates und der geistigen Stärke; den Geist des Wissens und der wahren Frömmigkeit"; und zusätzlich zu diesen sechs Geistern gibt es noch einen weiteren: „den Geist deiner heiligen Furcht". Nicht weniger als sieben Geister treten also in diese Jungen und Mädchen ein. Weisheit und Verständnis sind leicht wahrnehmbar: Sind sie nach der Firmung weiser als vorher? Verstehen sie schneller? Wissen sie mehr? Wenn es keinen wahrnehmbaren Unterschied gibt, ist die Gegenwart des Heiligen Geistes dann wirkungslos? Wenn sie wirkungslos ist, kann seine Gegenwart dann irgendeinen Nutzen haben, den geringsten Vorteil? Wenn sie nutzlos ist, warum dann all diese Aufregung um die Gabe einer Sache, deren Gabe den Empfänger nicht reicher macht als vorher? Außerdem, welche Gewissheit kann es geben, dass der Heilige Geist überhaupt gegeben wird? Wenn man annimmt – was einem Außenstehenden als grobe Respektlosigkeit erscheint – dass der Heilige Geist in den Händen des Bischofs ist, um verschenkt zu werden, wenn es ihm passt, oder dass er sich in einer Art Reservoir befindet, aus dem der Bischof den Hahn dreht und den Strom der Gnade herabfließen lässt – wenn man all dies als möglich annimmt, sollte dann nicht ein „Zeichen denen folgen, die glauben"? Wie können wir sicher sein, dass der Bischof kein Betrüger ist, der die Gesten und das Gemurmel eines Zauberers durchmacht und keine magischen Ergebnisse erzielt? Wenn im normalen Alltagsleben jemand zu uns käme und uns einige wertvolle Dinge anböte, von denen er sagte, dass er sie besitze, und dann so vorginge, als würde er sie uns geben und sagen: „Hier sind sie; bewahre und bewahre sie für den Rest deines Lebens"; und die ausgestreckte Hand enthielte überhaupt nichts und wir hätten nichts in der Hand, sollten wir uns dann mit seiner Versicherung zufrieden geben, dass wir sie wirklich bekommen hätten, obwohl wir sie vielleicht nicht sehen könnten und wir genügend Glauben haben sollten, um ihm zu glauben? Sollten wir uns nicht gänzlich weigern zu glauben, dass wir etwas bekommen hätten, wenn wir nicht einen Beweis dafür hätten und dadurch in irgendeiner Weise besser oder schlechter wären? Die Wahrheit ist, dass die Religion der Menschen für sie eine Angelegenheit von so geringer Bedeutung ist, dass sie sich nicht um Beweise kümmern – der Glaube genügt, um sie zu trösten; die sechs Wochentage erfordern ihren Verstand, ihre Anstrengungen, ihr Denken: Der Sonntag ist der Tag des Herrn, und er muss alles sehen : Die Erde braucht ihre ganze ernsthafte Aufmerksamkeit, aber der Himmel muss für sich selbst sorgen; die Gültigkeit eines irdischen Titels ist wichtig, und die Bestätigung eines Erbrechts auf Besitz wird in dieser Welt sehnlichst begrüßt, doch die Bestätigung eines himmlischen Erbes ist eine reine Farce, die man im Alter von etwa fünfzehn Jahren durchmacht, was aber nur eine Mode ist, die Bestätigung eines Glaubens an nichts Besonderes an ein unsichtbares Erbe von überhaupt nichts.

Die Form der Eheschließung.

Einer der merkwürdigsten Fehler des orthodoxen Christentums ist, dass es dazu tendiert, die Frauen aufzuwerten. Tatsächlich sind die östlichen Vorstellungen über Frauen im Christentum verkörpert, und diese Vorstellungen sind im Wesentlichen entwürdigend und entwürdigend. Von der Zeit an, als Paulus Frauen befahl, ihren Ehemännern zu gehorchen, Augustins Mutter widerstandslos von Augustins Vater geschlagen wurde, Hieronymus vor den Reizen der Frauen floh und Mönche gegen die Töchter Evas wetterten, bis zum heutigen Tag, an dem Petrus' Autorität gegen das Frauenwahlrecht eingesetzt wird, hat das Christentum die Frau stets als ein dem Mann untertanes Geschöpf betrachtet, weil sie, getäuscht, als erste die Sünde begangen hat. Der kirchliche Gottesdienst bei der Eheschließung erinnert an diese barbarische Idee, ein Relikt aus einer Zeit, als Männer sich Frauen mit Gewalt nahmen oder sie kauften, sodass die Frauen buchstäblich Eigentum ihrer Ehemänner wurden. Wir erfahren, dass die Ehe „von Gott in der Zeit der Unschuld des Menschen eingesetzt wurde , um uns die mystische Verbindung zwischen Christus und seiner Kirche zu verdeutlichen". Es wäre interessant zu wissen, wie viele von denen, die sich der Kirche angeschlossen haben, an die Paradiesgeschichte von der Unschuld und dem Sündenfall des Menschen glauben. Es scheint, dass Christus den heiligen Stand durch sein erstes Wunder in Kana geschmückt hat; aber die Verzierung ist eher zweifelhafter Natur, wenn wir bedenken, dass die wahrscheinliche Wirkung des Wunders eine etwas zu fröhliche Szene sein würde, angesichts der enormen Menge Wein, die Christus für Männer zubereitete, die bereits „gut betrunken" waren. Christi Billigung der Ehe kann durchaus als zweifelhaft angesehen werden, wenn wir bedenken, dass eine Jungfrau als seine Mutter ausgewählt wurde, dass er selbst unverheiratet blieb und dass er in Matthäus 19,11-12 das Zölibat deutlich höher einstuft als die Ehe, wo er drängt: „Wer es empfangen kann, der empfange es." Auch der heilige Paulus rät, obwohl er es seinen Konvertiten zugesteht, zur Jungfräulichkeit: „Den Unverheirateten und Witwen sage ich: Es ist gut für sie, wenn sie so bleiben wie ich." „Wer sie nicht verheiratet, tut besser" (siehe durchgehend 1. Kor. 7). Die Gründe für die Ehe sind sicherlich fehl am Platz; zuletzt heißt es, die Ehe sei „für die gegenseitige Gesellschaft, Hilfe und den Trost bestimmt, den der eine vom anderen haben soll"; hier müsste statt „drittens" „erstens" stehen. „Als Heilmittel gegen die Sünde und zur Vermeidung der Unzucht, damit solche Personen, die nicht die Gabe der Enthaltsamkeit haben , heiraten können" ist kein Grund, der dem Ehestand sehr ehrenhaft ist , und auch nicht sehr feinfühlig, um ihn einer jungen Braut und einem jungen Bräutigam vor einer gemischten Gemeinde vorzulesen; Die unbedachte Grobheit dieses Vorworts wird als so stark verwerflich empfunden, dass es in vielen Kirchen ganz weggelassen wird, obwohl es —

wie alle Überreste einer gröberen Zeit – im von der Autorität veröffentlichten Gebetbuch beibehalten wird. Das zwischen den Vertragsparteien ausgetauschte Versprechen ist von viel zu weitreichender Natur und unmoralisch, weil es die Macht der Versprechenden übersteigt, etwas zu versprechen; „zu lieben", „solange ihr beide lebt", und „bis dass der Tod uns scheidet", ist ein viel zu weit gefasstes Versprechen; Liebe bleibt nicht durch Versprechen bestehen, noch ist Liebe ein Gefühl, das man auf Befehl machen kann. Ein Versprechen, für immer zusammenzuleben, könnte gemacht werden, obwohl das in dieser sich verändernden Welt unklug wäre, und die endlosen Prozesse vor dem Scheidungsgericht sind eine Satire auf dieses sogenannte von Gott Zusammengefügte; „was Gott zusammengefügt hat", „trennt" der Mensch ständig, und es wäre klüger, den Gottesdienst an die veränderten Umstände der Zeit, in der wir leben, anzupassen. Auch das Versprechen von Gehorsam und Dienst seitens der Frau sollte abgeschafft werden, und der Vertrag sollte ein einfaches Treueversprechen zwischen zwei gleichberechtigten Freunden sein. Die Erklärung des Mannes, als er der Frau den Ring an den Finger steckt, ist ebenso archaisch wie der Rest dieses fossilen Dienstes und ungefähr genauso wahr: „Mit all meinen weltlichen Gütern beschenke ich dich", sagt der Mann, als er tatsächlich in den Besitz des gesamten Eigentums seiner Frau gelangt und sie nicht in den Besitz seines Eigentums gelangt. Eines der abschließenden Gebete ist ein wunderbares Beispiel für die Wissenschaft des Gebetbuchs: „O Gott, der du aus deiner gewaltigen Kraft alle Dinge aus dem Nichts erschaffen hast." Wie war die allgemeine Lage der Dinge, als es „nichts" gab? Wie konnte etwas entstehen, wo vorher „nichts" war? Wenn Gott den ganzen Raum ausfüllte, war er dann „nichts"? Ist die Existenz von Nichts eine vorstellbare Idee? „Können Menschen an nichts denken, außer wenn sie überhaupt nicht denken?" der du auch (nachdem andere Dinge in Ordnung gebracht worden waren) bestimmt hast, dass aus dem Mann (geschaffen nach deinem eigenen Bild und Gleichnis) die Frau ihren Anfang nehmen solle: „Aus dem Mann", das heißt aus einer der Rippen des Mannes; hat irgendjemand versucht, sich die Szene vorzustellen: Der allmächtige Gott, der weder Körper noch Teile hat, nimmt eine von Adams Rippen, verschließt das Fleisch und „machte aus der Rippe eine Frau". Gott, ein reiner Geist, hält die Rippe eines Mannes, nicht in seinen Händen, denn er hat keine, und „macht" daraus eine Frau, indem er aus der Rippe einen Schädel, Arme, Rippen und Beine formt. Kann man sich eine lächerlichere Situation vorstellen; und Adam? Was wurde aus seiner inneren Ökonomie? Wurde er ursprünglich mit einer Rippe zu viel geschaffen, um für den Notfall vorzusorgen, oder blieb er für den Rest seines Lebens mit einer Rippe zu wenig? Und die Church of England unterstützt diese lächerliche Fabel aus der alten Welt. Der Mensch wurde „nach deinem eigenen Bild und Gleichnis" geschaffen. Was ist das Bild Gottes? Er ist ein Geist und hat keine Ähnlichkeit. Wenn der Mensch nach seinem Bild geschaffen ist, muss Gott ein himmlischer Mensch sein und kann unmöglich allgegenwärtig sein. Außerdem steht in Genesis 1 ... 27, wo es heißt, dass „Gott den Menschen nach seinem Bild schuf", heißt es weiter: „Nach dem Bild Gottes schuf er ihn; als *Mann und Frau* schuf er sie." Somit ist die Frau ebenso nach Gottes Bild geschaffen wie der Mann, und Gottes Bild ist „männlich und weiblich". Alle Gelehrten wissen, dass die alten Vorstellungen von Gott ihm diese doppelte Natur verleihen und dass keine Dreifaltigkeit ohne die Hinzufügung des weiblichen Elements vollständig ist; aber die frommen Verfasser des Gebetbuchs hatten wahrscheinlich nicht die Absicht, die einfache alte Naturverehrung in ihre Trauungszeremonie zu übertragen. Im nächsten Gebet hören wir erneut von Adam und Eva, und wir können nicht umhin zu denken, dass Eva, wenn man all die Schwierigkeiten bedenkt, die sie ihrem Mann durch ihren Flirt mit der Schlange bereitete , zu einer etwas zu prominenten Figur in der Trauungszeremonie gemacht wird. Die Zeremonie endet mit einer langen Ermahnung, die aus Zitaten aus den Episteln besteht, über die Pflichten von Ehemännern und Ehefrauen. Ehemänner sollen ihre Frauen lieben, weil Christus eine Kirche liebte – ein Grund, der nicht besonders relevant erscheint, da *Ehemänner* nicht gefordert, für ihre Frauen zu sterben oder sich herrliche Frauen zu präsentieren, die weder Flecken noch Runzeln oder dergleichen haben (!); auch würden die meisten Ehemänner nicht wünschen, dass die Unterhaltung ihrer Frauen mit Furcht verbunden wäre." Warum sollten Frauen gelehrt werden, sich auf diese Weise zu erniedrigen? Ihnen wird als Belohnung versprochen, dass sie die Töchter Sarahs sein werden; aber das ist kein großes Privileg, und englische Frauen werden ihre Männer wahrscheinlich auch nicht „Lord" nennen; wenn sie sich nicht mit geflochtenen Haaren und hübscher Kleidung schmücken würden, würden ihre Ehemänner sicher murren, und die einzige Verteidigung , die man für diese absurde Ermahnung machen kann, ist, dass niemand jemals darauf hört.

Unter den verschiedenen Reformen, die im Ehegesetz notwendig sind, ist eine, die unbedingt notwendig ist, dass alle Ehen zu zivilen Verträgen werden – das heißt, dass der Vertrag, der von Bürgern des Staates geschlossen wird und der die Interessen des Staates betrifft, vor einem weltlichen Staatsbeamten geschlossen werden sollte; wenn die Parteien danach eine religiöse Zeremonie wünschen, können sie in ihren eigenen Kirchen und Kapellen jede beliebige Vereinbarung treffen, aber der zivile Vertrag sollte obligatorisch sein und der einzige, der vom Gesetz anerkannt wird . Natürlich könnte die Kirche ihre besondere Ehe so lange aufrechterhalten, wie sie wollte, aber sie würde wahrscheinlich bald aus der Mode kommen, wenn sie vom Staat nicht als bindend anerkannt würde.

Die Ordnung für den Krankenbesuch.

Von allen Gottesdiensten im Gebetbuch ist dies vielleicht das auffälligste Relikt der Barbarei, dasjenige, das am stärksten im Widerspruch zu gesundem und vernünftigem Denken steht. Der Geistliche betritt ein Krankenhaus, und als er das Zimmer des Kranken betritt und ihn erblickt, kniet er nieder und ruft, als sei er entsetzt: „Gedenke nicht, Herr, unserer Sünden noch der Sünden unserer Vorfahren; verschone uns, guter Herr, verschone dein Volk, das du mit deinem kostbarsten Blut erlöst hast, und sei nicht ewiglich zornig auf uns . " Dieser Geistliche erinnert einen an nichts so sehr wie an einen von Hiobs Freunden, die eine noch schmerzhaftere Plage gewesen zu sein scheinen als Hiobs Geschwüre. Die Krankheit, so wird dem Patienten gesagt, „ist eine Heimsuchung Gottes", und „aus welchem Grund auch immer diese Krankheit zu Ihnen geschickt wird: sei es, um Ihren Glauben als Beispiel für andere auf die Probe zu stellen … oder um Sie zu korrigieren und zu bessern, was auch immer die Augen Ihres himmlischen Vaters beleidigt; wissen Sie gewiss, dass, wenn Sie Ihre Sünden aufrichtig bereuen und Ihre Krankheit geduldig ertragen, … sie sich zu Ihrem Vorteil wenden und Sie auf den rechten Weg führen wird, der zum ewigen Leben führt ." Man könnte die Gerechtigkeit des allmächtigen Gottes in Frage stellen, wenn die Theorie richtig ist, dass die Krankheit geschickt werden könnte, „um Ihre Geduld als Beispiel für andere auf die Probe zu stellen"; warum sollte ein unglückliches Opfer nur gequält werden, damit andere den Vorteil haben, zu sehen, wie gut es es erträgt? Wenn wir uns bemühen, uns dem Bild Gottes anzupassen, dann würden wir anscheinend das Richtige tun, wenn wir unsere Nachbarn gelegentlich quälen, um „ihre Geduld als Beispiel für andere auf die Probe zu stellen". Und ist die Vorstellung von Gott eine ehrfürchtige? Was sollen wir von einem irdischen Vater halten, der eines seiner Kinder foltert, um den anderen beizubringen, wie man Schmerzen erträgt? Wenn wir den irdischen Vater als bösartig grausam verurteilen, warum sollte dieselbe Tat dann gerecht sein, wenn sie vom Vater im Himmel begangen wird? Wenn wir den zweiten Grund für die Krankheit akzeptieren, ist es schwer, die Logik dahinter zu erkennen. Warum sollte eine Krankheit des Körpers eine Krankheit des Geistes heilen? Heilt Schmerz Gereiztheit oder erhöht Fieber die Wahrhaftigkeit? Bringt Krankheit nicht eher geistige Fehler zum Vorschein und verstärkt sie, als dass sie sie schwächen? Und inwieweit ist es wahr, dass Krankheit in irgendeinem Sinne die Heimsuchung Gottes für moralische Verfehlungen ist? Ist es nicht im Gegenteil wahr, dass ein Mensch lügen, rauben, betrügen, verleumden, tyrannisieren und dennoch, wenn er die Gesundheitsgesetze beachtet, bei kräftiger Kraft bleiben kann , während ein aufrechter, aufrichtiger, ehrlicher und wahrhaftiger Mensch, der diese Gesetze missachtet, erbärmlich geschwächt sein und einen frühen Tod erleiden kann? Ist es eine Tatsache, dass im Mittelalter, als die Menschen viel beteten und wenig lernten, als die Bauern zur Heilung zum Tempel statt zum Arzt gingen, als Hygiene unbekannt war und Sauberkeit eine undenkbare Tugend war – ist es eine Tatsache, dass damals Tausende von Menschen von Pest und Pest dahingerafft wurden, während diese schrecklichen Plagen in der Neuzeit durch angemessene Hygienemaßnahmen , verbesserte Abwasserkanäle und eine sauberere Lebensführung praktisch ausgerottet wurden? Wie kann das eine Heimsuchung Gottes für moralische Übertretungen sein, die der Mensch verhindern kann, wenn er die Naturgesetze beachtet? Ist die Macht des Menschen größer als die Gottes und kann er so mit den Blitzen des göttlichen Missfallens spielen? Der Geistliche betet, dass „das Bewusstsein seiner Schwäche seinem Glauben Stärke verleihen möge". Welch schöne Ironie liegt hierin, dass der Glaube stärker wird, wenn Körper und Geist schwächer werden; wenn ein Mensch weniger denken kann, ist er eher bereit zu glauben. Es ist unmöglich, die Stelle der Ermahnung aus dem Hebräerbrief ohne ein Wort der Kritik zu übergehen, in der es heißt: „Denn sie (unser leibliches Vaterland) haben uns für wenige Tage nach ihrem eigenen Belieben gezüchtigt." Gute irdische Väter züchtigen ihre Kinder nicht zu ihrem eigenen Vergnügen, während Gott es „zu unserem Nutzen" tut; im Gegenteil, sie tun es zur Verbesserung ihrer Kinder, während Gott allein, wenn es eine Hölle gibt, seine Kinder zu seinem eigenen Vergnügen und ohne Nutzen für sie quält. Der folgende Teil der Ermahnung, dass „unser Weg zur ewigen Freude darin besteht, hier mit Christus zu leiden", ist voll von jener traurigen Askese, die seit Christi Geburt so viel zur Verdunkelung der Welt beigetragen hat; die Menschen waren so sehr damit beschäftigt, nach der „ewigen Freude" zu suchen, dass sie das Elend hier unbeachtet ließen; sie waren so damit beschäftigt, im Himmel Blumen zu pflanzen, dass sie hier Unkraut wachsen ließen; ja, und sie haben sich über das Elend und das Unkraut gefreut, weil sie nur Fremde und Pilger waren, und die Trübsal, die nur zeitlich war, erhöhte das Gewicht der Herrlichkeit, die ewig war. So hat das Christentum die Blumen dieser Welt verdorben und die Stirnen seiner Anhänger mit Dornenkränzen umrankt. Der abschließende Teil der Ermahnung befasst sich mit der Pflicht der Selbstprüfung und Selbstanklage, damit Sie „in diesem furchtbaren Gericht nicht angeklagt und verurteilt werden". Eine sehr heilsame Lehre für einen kranken Menschen; Krankheit macht einen Menschen immer krankhaft, und die Kirche greift ein, um das ungesunde Gefühl zu fördern; Krankheit macht einen Menschen immer furchtsam und entnervt, und die Kirche greift ein, um von einem „furchtbaren Gericht" zu sprechen, und verwirrt und betäubt das verwirrte Gehirn durch die schrecklichen Bilder, die der Gedanke an den letzten Tag in den Sinn bringt.

Doch es kommt noch schlimmer; denn nachdem der Kranke erklärt hat, dass er fest an das Glaubensbekenntnis glaubt, wird der Geistliche durch die Rubrik aufgefordert, „zu prüfen, ob er seine Sünden wirklich bereut und mit der ganzen Welt barmherzig ist". Stellen Sie sich einen Kranken vor, der durch eine Prüfung dieser Art beunruhigt wird, wenn man von der groben Unverschämtheit der ganzen Angelegenheit absieht. Außerdem „sollte der Pfarrer nicht versäumen, fähige Personen ernsthaft dazu zu bewegen, den Armen gegenüber großzügig zu sein". Wenn man sich an die schrecklichen Skandale vergangener Tage erinnert, als Priester die Güter der Sterbenden in die Netze der Kirche zogen und mit der Drohung der Hölle und dem Versprechen des Himmels das gewannen, was für die Witwen und Waisen übrig geblieben wäre, wundert man sich, dass eine solche Rubrik die Raubgier und Gier der Kirche in Erinnerung ruft und Priester dazu einlädt, nach dem Reichtum zu greifen, der den Sterbenden aus den Händen gleitet. Und hier soll der Kranke „zu einer besonderen Beichte seiner Sünden bewegt werden, wenn er das Gefühl hat, sein Gewissen sei durch eine wichtige Angelegenheit geplagt ", und der Priester wird aufgefordert, ihm die Absolution zu erteilen, denn Christus „hat seiner Kirche die Macht überlassen, durch seine mir anvertraute Autorität die Absolution zu erteilen", sagt der Priester, „ich spreche dich frei." Beichte, übertragene Autorität, priesterliche Absolution, das ist die Lehre der Kirche von England: Alle unausgesprochenen Abscheulichkeiten der Beichte sind in dieser Rubrik und diesem Urteil enthalten; denn wenn der Mann einem anderen Mann einmal die Absolution erteilen kann, kann er es auch ein anderes Mal tun. Die kostbare Macht sollte sicherlich nicht ungenutzt und verschwendet bleiben; wann immer die Sünde drängt, sehen Sie das Heilmittel, und so sind wir auf dem Weg und in voller Fahrt. Aber nie wieder wird die Beichte in England blühen; nie wieder werden englische Frauen durch die widerlichen Fragen der Priester verdorben; nie wieder werden Engländer ihre geistige Kraft und Männlichkeit durch eine solche Erniedrigung verlieren. Möge die Kirche fallen, die solch eine verfluchte Sache duldet, und möge die englische Reinheit und der englische Mut ungehindert wachsen und gedeihen.

Der Teufel ist in diesem Dienst mit großer Macht vertreten, wie es sich für ein im Allgemeinen so barbarisches Amt gehört: „Lass den Feind ihn nicht übervorteilen", „schütze ihn vor der Gefahr des Feindes", „erneuere in ihm, was durch den Betrug und die Bosheit des Teufels verdorben ist", „die Listen Satans", „befreie ihn von der Furcht vor dem Feind". All dies muss dem Kranken die heitere Vorstellung vermitteln, dass der Teufel um sein Bett herum lauert und versucht, ihn zu erwischen, bevor es zu spät ist, ihn in die Hölle zu ziehen.

Hat der Ausdruck „der allmächtige Herr ..., dem sich alle Dinge im Himmel, auf der Erde und *unter der Erde* beugen und gehorchen" überhaupt irgendeine Bedeutung? Wo ist „unter der Erde"? Für manche Menschen befindet sich die Sonne zu einem bestimmten Zeitpunkt unter einem Teil der Erde; die Sterne sind je nach dem Blickwinkel, von dem aus man sie betrachtet, darunter oder darüber. Natürlich ist der Ausdruck nur ein Überbleibsel aus einer Zeit, als die Erde flach war und sich der bodenlose Abgrund darunter befand; es scheint nur schade, dass man weiterhin Ausdrücke verwendet, die fast ihre Bedeutung verloren haben und jetzt völlig lächerlich sind. Die Menschen scheinen zu glauben, dass alle alten Dinge gut genug sind, um Gott zu dienen. Die letzten beiden Gebete sind vor allem wegen ihres melancholischen und feigen Tons gegenüber Gott bemerkenswert: „Wir empfehlen dich demütig ", „flehen dich demütigst an". Sicherlich soll Gott kein östlicher Despot sein, der sich diese Art des Untertauchens vor seinen Füßen wünscht. Doch das „Gebet für Menschen, die in ihrem Geist oder Gewissen betrübt sind" ist ein einziges klägliches Wehklagen, als ob Gott nur durch leidenschaftliches Flehen zur Gnade bewegt werden könnte, und er sehnte sich danach, zuzuschlagen, und konnte sich nur mit Mühe davon abhalten, sich zu rächen. Wann werden die Menschen lernen, aufrecht auf ihren Füßen zu stehen, anstatt so auf ihren Knien zu kauern? Wann werden sie lernen, danach zu streben, edel zu leben, und dann weder im Leben noch im Tod den Zorn des Himmels zu fürchten?

DIE REGELUNG ZUR BEERDIGUNG DER TOTEN.

Es ist ein wenig schwierig, eine kritische Bemerkung über ein Trauerfest zu schreiben, einfach weil die Gefühle der Menschen so stark damit verbunden sind, dass jede Kritik als Grausamkeit und jede Einmischung als Unverschämtheit erscheint. Rund um das offene Grab sollten alle Kontroversen verstummen, damit sich keine schrillen Geräusche in das Schluchzen der Trauernden mischen und kein Streit die zerrissenen Herzen der Hinterbliebenen zerreißt. Unsere Kritik an diesem Fest wird daher kurz und ernsthaft sein.

Die ersten Verse erscheinen uns zunächst als offensichtlich unpassend: „Wer lebt und an mich glaubt, wird nimmermehr sterben." Doch der Tote wird in diesem Vers zu seiner letzten Ruhestätte getragen, und die Worte wirken wie ein Hohn, der angesichts einer Leiche gesprochen wird. Im vierten Evangelium gehen sie der Auferweckung des Lazarus voraus und sind damals natürlich sehr bedeutsam, aber heute erweckt keine Macht unsere Toten, keine Stimme Jesu sagt den Trauernden: „Weine nicht." Der zweite Vers aus dem Buch Hiob ist – wie allgemein bekannt ist – eine völlige Fehlübersetzung: „Ohne mein Fleisch" käme der Wahrheit näher als „in meinem Fleisch", und „Würmer" und Körper werden im Original überhaupt nicht erwähnt. Es scheint schade, dass in solch ernsten Momenten bekannte Unwahrheiten verwendet werden.

Das ganze Argument im 15. Kapitel des Korintherbriefes ist das Gegenteil von überzeugend. Christus ist nicht die Erstlingsfrucht derer, die schliefen. Ein Toter war auferstanden, als er die Gebeine von Ehsa berührte (2. Könige 12). Elisa hatte zu seinen Lebzeiten den toten Sohn der Schunemiterin auferweckt (2. Könige 4); vor ihm hatte Elias den Sohn der Witwe von Zarpat auferweckt (2. Könige 17); Christus hatte Lazarus auferweckt, die Tochter des Jairus und den Sohn einer Witwe. Wenn die Schriften der Christen wahr sind, kann man also in keiner Weise sagen, dass Christus die Erstlingsfrucht geworden ist, der Erstgeborene von den Toten. „Denn durch den Menschen kam der Tod"; aber der Tod kam nicht durch den Menschen; Myriaden von Zeitaltern, bevor der Mensch auf der Welt war, wurden Tiere geboren, lebten und starben, und sie haben ihre versteinerten Überreste hinterlassen, um die Falschheit des Volksglaubens zu beweisen. Wir bemerken auch, dass „Fleisch und Blut das Reich Gottes nicht erben können". Wenn das so ist, was wird dann aus der „Auferstehung des Fleisches", von der in den Tauf- und Visitationsgebeten die Rede ist? Was ist aus dem „Fleisch und den Knochen" geworden, die Christus nach seiner Auferstehung hatte und mit denen er gemäß dem 4. Artikel in den Himmel auffuhr? Kann Christus nicht „das Reich Gottes erben"? Es ist schwer zu verstehen, wie die Auferstehung

Christi in irgendeiner Weise als Beweis für die Auferstehung des Menschen angesehen werden kann. Christus war nur 36 oder 37 Stunden tot, bevor er angeblich wieder auferstanden ist; es gab keine Zeit für körperlichen Verfall, keine Zeit für Verwesung, um seinen Körper zu zerstören: Wie könnte die Wiederbelebung eines Menschen, dessen Körper vollkommen erhalten war, die Möglichkeit der Auferstehung der Körper beweisen, die sich vor langer Zeit in ihre Bestandteile aufgelöst haben und andere Körper gebildet und anderen Existenzformen Gestalt gegeben haben? Die Menschen sprechen so hochmütig von der Auferstehung, dass sie sich nie die Mühe machen, sich an die notwendigen Einzelheiten zu erinnern oder darüber nachzudenken, wo genügend Stoff zu finden ist, um am Morgen der Auferstehung alle menschlichen Seelen zu bekleiden. Die Körper der Toten machen die Erde fruchtbarer; sie nähren die Pflanzenwelt; verwandelt in Gras, ernähren sie Schafe und Rinder; verwandelt in diese, ernähren sie die Menschen; verwandelt in diese, bilden sie wieder neue Körper und durchlaufen von Geburt zu Tod und wieder von Tod zu Geburt, ein perfekter Kreislauf des Lebens, der durch die Alchemie der Natur von Form zu Form umgewandelt wird. Kein Mensch hat freien Besitz über seinen Körper; er besitzt ihn nur ein Leben lang, und dann geht er in andere Hände über. Das melancholische Klagelied, das diesem Kapitel folgt, klingt wie ein Wehklagen der Verzweiflung: Der Mensch „hat nur noch eine kurze Zeit zu leben und ist voller Elend. Er wächst auf und wird wie eine Blume abgeschnitten; er flieht wie ein Schatten und bleibt nie an Ort und Stelle." Kann irgendeine Lehre ungesünder sein? Es ist das Bekenntnis der vollkommensten Hilflosigkeit, die Erkenntnis der Sinnlosigkeit aller Mühen. Und dann das qualvolle Flehen: „O Herr, heiligster Gott, o Herr, mächtigster Gott, o heiliger und barmherziger Erlöser, übergib uns nicht den bitteren Qualen des ewigen Todes." Aber wenn er der barmherzigste ist, woher dann all dieses Weinen und Wehklagen? Wenn er der barmherzige ist, welche Gefahr können dann die bitteren Qualen des ewigen Todes sein? Und wieder erhebt sich der Schrei: „Verschließe deine barmherzigen Ohren nicht vor unserem Gebet; sondern verschone uns, heiligster Herr, o Gott, mächtigster Gott, o heiliger und barmherziger Erlöser , du würdigster ewiger Richter, lass uns in unserer letzten Stunde nicht durch irgendwelche Todesqualen von dir abfallen." Es ist nichts als das Wehklagen der Menschheit, die der Todesangst ins Auge blickt, ihre völlige Hilflosigkeit vor dem großen Feind spürt und sich an jeden Strohhalm klammert, der in Reichweite des Ertrinkenden schwimmt; Es ist der Schrecken des Lebens angesichts des Todes, ein Schrecken, den anscheinend nur die Lebenden empfinden, nicht aber die Sterbenden. Es ist das Zurückweichen voller Lebenskraft vor der Stille und Kälte des Grabes.

Danach kommt es zu einem plötzlichen Tonwechsel, und den Trauernden wird von Gottes „großer Barmherzigkeit" erzählt, die die Verstorbenen zu sich genommen hat, und von der „Last des Fleisches", und sie werden aufgefordert, „herzlich zu danken" dafür, dass die Toten „aus dem Elend dieser sündigen Welt" erlöst wurden. Kann etwas unwirklicher sein? Es gibt dort keinen Trauernden, der an der großen Barmherzigkeit teilhaben möchte, der von der Last des Fleisches befreit werden möchte oder der sich Erlösung vom Elend dieser Welt wünscht. Warum sollten die Leute so eine Farce am Grab spielen? Erwarten sie, dass Gott ihnen glaubt, oder lassen sie sich von solcher Heuchelei täuschen?

Manche behaupten, die Kirche könne keine „sichere und gewisse Hoffnung auf die Auferstehung zum ewigen Leben" haben, was einige derer betrifft, die sie mit diesem Gottesdienst begräbt. Und es ist offensichtlich, dass, wenn die Bibel wahr ist, Trunkenbolde und andere, die in den Feuersee geworfen werden, kaum gleichzeitig zum ewigen Leben auferstehen können. Deshalb hat die Kirche kein Recht, eine Hoffnung auszudrücken, wenn Gott sie verurteilt hat. Die Rubrik schließt nur die Hoffnung aus, die Ungetaufte , Exkommunizierte und Selbstmörder; alle anderen haben ein Recht auf ein Begräbnis durch sie und auf die Hoffnung auf eine freudige Auferstehung, der Bibel zum Trotz.

Wir dürfen hoffen, dass der Tag bald kommt, an dem Menschen in England sterben und in Frieden begraben werden können, ohne dass dieser Schmerzensschrei und Aberglaube über ihren Gräbern zu hören ist. Wo immer Friedhöfe in angemessener Entfernung liegen, kann der Rationalist jetzt liebevoll und ehrfürchtig begraben werden, ohne dass das Echo dessen, woran er zu Lebzeiten nicht glaubte, über seinem Grab ertönt; in vielen Kleinstädten und Dörfern ist der Begräbnisgottesdienst der Kirche jedoch praktisch obligatorisch und wird durch klerikale Bigotterie durchgesetzt. Aber das Totengeläut der Kirche ertönt immer deutlicher, und bald werden diejenigen, die ihre Dienste zu Lebzeiten abgelehnt haben, von ihrer Seelsorge am Grab befreit sein.

Eine Anprangerung oder Anklage des Zorns Gottes und seiner Urteile gegen

SÜNDER.

DIESER Gottesdienst ist zu schön, um ihn ohne ein Wort der Ehrerbietung zu übergehen; der Anblick der tobenden und fluchenden Kirche ist zu erbaulich, um ihn undankbar zu ignorieren. „Brüder, in der Urkirche gab es eine fromme Disziplin, dass zu Beginn der Fastenzeit solche Personen, die einer offenkundigen Sünde überführt waren, öffentlich Buße tun und in dieser Welt bestraft wurden, damit ihre Seelen gerettet werden konnten … Stattdessen (bis die besagte Disziplin wieder eingeführt werden kann, was sehr wünschenswert wäre) wird es für gut erachtet" usw. Das heißt mit anderen Worten: „In vergangenen Tagen konnten wir nicht nur bellen, sondern auch beißen. Jetzt, wo uns der Mund versperrt ist, können wir nur noch knurren. Aber bis die alte Macht zurückkommt, was sehr zu wünschen wäre, wollen wir, da wir nicht beißen können, unsere Zähne zeigen und so bösartig wie möglich knurren, damit die Leute verstehen, dass es nur an der Macht mangelt und nicht am Willen, und dass wir, wenn wir könnten, genauso heftig foltern und brennen würden, wie wir verfluchen und verdammen." Und sofort beginnt der Priester mit seinen Flüchen, und alle Leute sagen Amen: Was für ein schöner Anblick – eine ganze Kirche voller Christen, die einmütig ihre Nachbarn verfluchen ! Dann folgt eine Ermahnung; da so viele Flüche umherfliegen, müssen wir auf unsere Köpfe aufpassen: „Lasst uns, im Gedenken an das schreckliche Gericht, das über unseren Köpfen schwebt und *stets bereit ist, über uns herzufallen* , zu unserem Herrn Gott zurückkehren." Immer bereit zu fallen; aber lauert Gott dann immer darauf, uns zu stolpern und uns mit seinen Urteilen zu zermalmen? Bestraft er gern und hält seinen Schlag zurück, um bei der ersten Gelegenheit zu fallen, die ihm unsere Schwäche bietet? Wenn das so ist, lasst uns auf keinen Fall zu unserem Herrn Gott zurückkehren, sondern lasst uns vielmehr versuchen, eine beträchtliche Distanz zwischen ihn und uns zu bringen, und uns bemühen , wie der Prophet Jona, vor der Gegenwart des Herrn zu fliehen. „Es ist furchtbar, in die Hände des lebendigen Gottes zu fallen; er wird regnen lassen auf die Sünder, Feuer und Schwefel, Sturm und Unwetter." Und wer hat die Sünder erschaffen? Wer hat sie ohne ihre eigene Zustimmung in die Welt gerufen? Wer hat ihnen eine böse Natur verliehen? Wer hat sie geformt wie der Töpfer den Ton? Wer hat es ihnen unmöglich gemacht, zu Jesus zu gehen, es sei denn, er zog sie an und hat sie dann nicht angezogen? Wenn Gott Feuer und Schwefel auf jemanden schütten will, sollte er es auf sich selbst schütten, denn er hat die Sünder erschaffen und ist für ihre Existenz und ihre Sünde verantwortlich. „Es wird zu spät sein, anzuklopfen, wenn die Tür geschlossen ist; zu spät, um Gnade zu flehen, wenn die Zeit der Gerechtigkeit gekommen ist." Wie abstoßend ist dieses Bild des beliebten und traditionellen Gottes: wie schwarz sind die Farben , mit denen dieser Moloch gemalt ist; sicherlich muss der Künstler ein Bild des Teufels gezeichnet haben und versehentlich den Namen Gottes darunter geschrieben haben, obwohl er den Namen Satan hätte schreiben sollen. Wenn wir uns jedoch unterwerfen und auf seinen Wegen wandeln und seine Herrlichkeit suchen und ihm gebührend dienen – das heißt , wenn wir Ungerechtigkeit als Gerechtigkeit, Grausamkeit als Gnade und Böses als Gutes anerkennen – dann werden wir „dem äußersten Fluch entgehen, der über diejenigen kommen wird, die zur Linken stehen." Im Großen und Ganzen werden tapfere Männer und Frauen es vorziehen, hier das Richtige und Gerechtigkeit zu tun, sich viel darum zu kümmern, den Menschen zu dienen, und nicht darum, einen solchen Gott zu verherrlichen, und den Fluch in Ruhe zu lassen, in der Gewissheit, dass einen Menschen für sein edles Leben keine Strafe treffen kann und dass auf dem Sterbebett desjenigen, der sein Leben zu einem Segen für die Menschheit gemacht hat, keine Furcht herrschen muss.

Natürlich folgen nach dieser ganzen Einleitung kriechende Sündenbekenntnisse. Der 51. Psalm macht den Anfang, denn die Gemeinde ist inzwischen so verwirrt, dass sie keinen Widerspruch darin sieht, wenn sie sagt, wenn Gott die Mauern Jerusalems gebaut hat, wird er Gefallen an Brandopfern und Speisopfern finden, und dass „man dann junge Stiere auf deinem Altar opfern wird". Tatsächlich haben sie überhaupt nicht die Absicht, junge Stiere zu opfern – Stiere sind zu nützlich geworden, um sie auf diese Weise zu verschwenden, aber sie haben den Bereich des gesunden Menschenverstands so sehr verlassen, dass sie sich der Absurditäten, die sie wiederholen, nicht mehr bewusst sind. Die grobe Übertreibung der abschließenden Gebete muss jedem auffallen; sie sind voll von der Hysterie, die als Frömmigkeit durchgeht. „Wir sind betrübt und ermüdet von der Last unserer Sünden", obwohl die meisten Gemeindemitglieder diese Last völlig vergessen werden, bevor sie die Kirche verlassen: Wir sind „abscheuliche Erde und elende Sünder"; wir „gestehen demütig unsere Abscheulichkeit". Man möchte sie alle aufrütteln und ihnen sagen, sie sollen sich wie Männer und Frauen erheben, statt wie Feiglinge zu kriechen und über ihre Niederträchtigkeit zu jammern. Wenn sie niederträchtig sind, warum bessern sie sich dann nicht, anstatt jedes Jahr dasselbe zu sagen? Sie sollten sich schämen, Gott Jahr für Jahr von ihrem elenden Zustand zu erzählen, wenn seine Gnade für sie ausreicht und sie vollkommen sein könnten wie ihr Vater im Himmel.

Die Kirche erinnert in all ihren Gottesdiensten an nichts so sehr wie an eine böse alte Frau, die dem Pfarrer gegenüber jammert und alle Kinder ausschimpft. In vergangenen Tagen war die alte Frau der Schrecken des

Dorfes, und ihr kräftiger Arm war auf vielen blauen Augen und verletzten Gesichtern zu sehen; jetzt kann sie nicht mehr zuschlagen, sie kann nur noch fluchen; sie kann nicht mehr tyrannisieren , sie kann nur noch finster blicken; ihre gelähmte Zunge murmelt immer noch die Flüche, die ihr verkümmerter Arm nicht mehr in die Tat umsetzen kann, und in ihren trüben Augen, in ihren runzeligen Wangen, in ihrem zitternden Körper lesen wir die Geschichte einer bösen Jugend, in der sie ihre Kraft missbraucht hat, und wir sehen, wie die Düsternis eines entehrten Zeitalters und die Nacht einer unergründlichen Verzweiflung über sie hereinbricht.

GEBETSFORMEN FÜR DIE SEEFAHRT.

Es gibt jetzt einen besonderen Gottesdienst beim Stapellauf der Kriegsschiffe Ihrer Kaiserlichen Majestät, der noch nicht ins Gebetbuch aufgenommen wurde. Beim Betrachten dieser Art, verbunden mit dem Gottesdienst, der „täglich in der Marine Ihrer Majestät" abgehalten werden soll, kommen einem merkwürdige Gedanken in den Sinn. Wie beschützt Gott „unsere Personen, deine Diener und die Flotte, in der wir dienen?" Macht das Gebet schlechte Schiffe seetüchtiger oder ersetzt es dickes Eisen und solides Holz? Wenn das Schiff ohne Gebet nicht sicher ist, wird das Gebet es dann sicher machen?

Wenn nicht, was nützt es dann, darüber zu beten? Entweder ist das Schiff seetüchtig oder nicht; wenn ja, wird es ohne Gebet sicher segeln; wenn nicht, wird das Gebet das morsche Schiff durch den Sturm bringen? Wenn Gebete so wirksam sind, wäre es dann nicht billiger, weniger Holz und mehr Gebete zu verwenden? Schlechte Materialien, grob zusammengefügt, würden genügen, denn ein Vikar wäre billiger als ein Schiffbauer, und viel Gebet würde uns ermöglichen, auf viel Arbeit zu verzichten . Bei „Stürmen auf See" muss ein besonderes Gebet gesprochen werden: „O allmächtiger und glorreicher Herrgott, auf dessen Befehl die Winde wehen und die Wellen des Meeres erheben und der dessen Wut stillt:" „O sende dein Befehlswort, um die wütenden Winde und das tosende Meer zu tadeln." Ist dies nicht das Gebet völliger Unwissenheit, das Gebet eines unwissenschaftlichen Zeitalters? Denn was bedeutet das Gebet? Nur die bescheidene Bitte, dass der Zustand der Atmosphäre rund um den gesamten Globus so verändert werden möge, dass er den Bedürfnissen eines kleinen Schiffes entspricht! Und nicht nur das, sondern auch, dass der gesamte Verlauf des Wetters sich während unzähliger gestriger Tage ändern kann, während das heutige Wetter nur eine Folge davon ist. Solche Gebete wurden früher von Menschen gesprochen, die nichts von der Unantastbarkeit der natürlichen Ordnung wussten und sich vorstellten, das Wetter könne sich auf ihr Geheiß ändern, so wie der Kirchendiener die Zeiger der Kirchenuhr dreht. Die Seeleute sind in ihrem Bekenntnis sehr offen: „Als wir in Sicherheit waren und alles ruhig um uns herum sahen, haben wir dich vergessen, unser Gott ... Aber jetzt sehen wir, wie furchtbar du bist in all deinen Wunderwerken; der große Gott, der über alles gefürchtet werden muss." Auf jeden Fall kann man sie nicht der Heuchelei in ihrem Umgang mit Gott bezichtigen! Und das ist noch nicht alles. Für diejenigen, die keine Zeit für die langen haben, sind kurze Gebete vorgesehen; und wenn die Gefahr sehr groß wird, soll jeder, der entbehrlich ist, an einem besonderen Sündenbekenntnis teilnehmen, das dem Abendmahl entnommen ist. Es wäre sicher gut, eine sehr fromme Mannschaft zu meiden, da sie die Zeit mit Gebeten verschwenden könnte, die das Schiff durch Arbeit retten könnten. Ein ernster Gedanke drängt sich im Zusammenhang mit dieser angeblichen Macht Gottes, die stürmischen Wogen zu glätten, auf. Viele Schiffe gehen Jahr für Jahr unter; viele Tausende versinken im erbarmungslosen Ozean; viele bittere Klagen ertrinkender Mannschaften erheben sich; wie unheimlich grausam, eine solche Macht zu haben und das Schiff im Sturm sinken zu sehen! Wie eisig steinig, eine solche Macht zu haben und ungerührt dem Todeskampf der Untergehenden zuzusehen!

Die Gebete gegen den Feind sind wunderschöne Ergüsse; einige der Kinder beten zum Allvater, damit er ihnen ermöglicht, seine anderen Kinder zu töten: „Erwecke deine Kraft, oh Herr, und komm und hilf uns." Was für eine merkwürdige Bitte! Muss der Allmächtige seine Kraft erst aufwecken, bevor er ein paar Männer vernichten kann? „Richtet zwischen uns und unseren Feinden." Aber angenommen, der Feind hat Recht, was dann? Angenommen, die englischen Seeleute sind auf der falschen Seite, wie im Streit zwischen Georg III. und den amerikanischen Kolonien, dann wird ein solches Gebet zu einem Gebet um Niederlage und nicht zu einem ermutigenden Gedanken, mit dem man in die Schlacht ziehen kann. Die Gebete sind auch wegen ihres feigen Tons anstößig: „Lass unsere Sünden jetzt nicht nach Rache gegen uns schreien; sondern höre uns, deine armen Diener, die um Gnade betteln und dich um Hilfe anflehen." Die Lobpreisungen nach dem Sieg sind ebenso anstößig wie die Gebete zuvor: „Der Herr hat unsere Häupter bedeckt und uns am Tag der Schlacht standhaft gemacht." Und was ist mit den armen Verwundeten, die unten im Cockpit stöhnen und deren Köpfe der Herr nicht bedeckt hat? „Der Herr hat unsere Feinde niedergeworfen und diejenigen, die sich gegen uns erhoben, in Stücke geschlagen." Wie durch und durch wild und blutrünstig ist dieser Dank! Soll Gott sich über die Leiden der Besiegten freuen? Soll ihm dafür gedankt werden, dass er seine Geschöpfe tötet? Und dann soll der Sieg zur „Förderung deines Evangeliums" ausgenutzt werden; das Evangelium des sogenannten Friedens und des guten Willens soll mit Kanonenkugeln und Torpedos, mit Säbeln und Entermessern vorangetrieben werden. Sie müssen wirklich glauben, dass Jesus kam, um ein Schwert durch die Erde zu schicken. Und doch ist dies der wahre Geist des Christentums; des Glaubens, der mehr Menschenblut vergossen hat als jeder andere Glaube; des Glaubens, der sich mit dem Kruzifix in der einen und der Streitaxt in der anderen Hand seinen Weg durch Europa bahnte; des Glaubens, der unzählige Opfer auf der Folterbank folterte und der die Scheiterhaufen der Märtyrer entzündete; des Glaubens, dessen Kreuz immer karmesinrot war, nicht mit dem Blut eines Menschen, der starb, um die Menschheit zu retten, sondern mit dem Blut einer Menschheit, die zur Ehre Gottes geopfert wurde.

Die Form und Art der Ernennung, Weihe und Einsetzung von Bischöfen,

PRIESTER UND DIAKONEN GEMÄSS DER ORDNUNG DER VEREINIGTEN KIRCHE VON ENGLAND UND IRLAND.

Wenn die Kirche von England sich in ihren Ämtern auf Ämter beschränken würde, die eine nachweisbare Wirkung hätten, wäre ihr Beruf verloren. Diese Ordinationsämter stehen auf einer Stufe mit denen der Firmung. In beiden wird der Heilige Geist durch Auflegen bischöflicher Hände gespendet; in beiden folgen auf die Gabe keine nennenswerten Ergebnisse. Das Vorwort zu diesen Ämtern lautet: „Es ist allen Menschen, die die Heilige Schrift und die alten Autoren fleißig lesen, klar, dass es seit der Zeit der Apostel diese Dienstgrade in der Kirche Christi gegeben hat: Bischöfe, Priester und Diakone." Der „Beweis" dafür erscheint zweifelhaft, da alle Presbyterianer keinen solchen dreifachen Dienstgrad anerkennen und Bischöfe als eine Erfindung des Teufels und „den Stolz der Prälatur" als „einen Lumpen der scharlachroten" Dame betrachten. Die drei Ämter vor uns können im Grunde als eins behandelt werden, denn sie sind die fortschreitenden Stufen der Leiter, die von der Erde bis zum Himmel reicht, vom armen Diakon-Kurat auf 70 *l*. pro Jahr am unteren Ende, bis zum Erzbischof, der sich 15.000 *Pfund* pro Jahr gönnt. Die Einleitung ist eine Menge feierlicher Farce: Der Archidiakon stellt dem Bischof die Kandidaten für die Ordination vor, und der ehrwürdige Vater in Gott, der sie hat prüfen lassen, der alles über sie weiß und wahrscheinlich am Abend zuvor mit ihnen gespeist hat, antwortet ernst: „Achtet darauf, dass die Personen, die Ihr uns vorstellt, geeignet und fähig sind, zu lernen und sich fromm zu unterhalten, um ihren Dienst ordnungsgemäß auszuüben, zur Ehre Gottes und zur Erbauung seiner Kirche." Was die Bildung einiger junger Geistlicher angeht, so ist es besser, nicht zu viel darüber zu sagen, aber die Vorgestellten haben die Prüfung des Bischofs zumindest knapp bestanden und werden jetzt nicht zurückgewiesen. Die Frage ist einfach eine Farce, und sowohl Kandidaten als auch Bischof wären völlig erstaunt, wenn der Archidiakon antworten würde, dass einer von ihnen mangelhaft sei.

Danach folgt die Litanei und dann das Abendmahl mit einer besonderen Kollekte, Epistel und einem Evangelium. Nach dem Suprematseid prüft der Bischof die Kandidaten für das Diakonat: „Vertrauen Sie darauf, dass Sie innerlich vom Heiligen Geist bewegt werden, dieses Amt zu übernehmen?", wird jeder gefragt, und jeder antwortet: „Ich vertraue darauf." Dies sollte eine ernste Frage sein: Innerlich vom Heiligen Geist bewegt zu werden, ist sicherlich eine wichtige Sache; und wenn man bedenkt, wie wenig viele dieser jungen Männer, frisch von der Uni, über diese Angelegenheit nachzudenken scheinen, und wie der eine die Kirche wählt, weil sie „gentlemanhaft" ist, ein anderer, weil ein dicker Mann in der Familie lebt, und ein dritter, weil er für jeden anderen Beruf zu dumm ist, können wir kaum umhin, uns über die Wirkungen des Heiligen Geistes im Herzen des Menschen zu wundern. Sie werden auch gefragt, ob sie „ aufrichtig an alle kanonischen Schriften glauben". Wenn sie ihnen bei ihrer Ordination wirklich glauben, muss sich im späteren Leben viel ändern, wenn man nach der Skepsis unter den Geistlichen urteilt. Ein Großteil der Schuld liegt darin, dass junge Männer von dreiundzwanzig Jahren zum absoluten Glauben an Dinge verpflichtet werden, die sie wahrscheinlich nur wenig studiert haben. Auf dem College werden sie nur in christlichen *Beweisen unterrichtet* , nicht in Angriffen auf das Christentum. Sie wissen wirklich nur wenig über die antichristlichen Argumente und sind daher natürlich erschüttert, wenn sie später davon erfahren. Dann soll der Diakon in der Kirche Predigten halten und verspricht, dies zu tun, obwohl er das Versprechen nie einhält, und er gelobt, seinen „ordinarischen und anderen obersten Geistlichen der Kirche zu gehorchen … und ihren göttlichen Ermahnungen mit frohem Herzen und Willen zu folgen". Wie gut die Diakone und Priester dieses Versprechen einhalten, kann man an den täglichen Kämpfen zwischen ihnen und ihren Bischöfen sehen und an der Notwendigkeit, ein Gesetz zur Regulierung des öffentlichen Gottesdienstes zu erlassen, um rebellische Priester leichter unterdrücken zu können. Zwischen dem Diakonat und dem Priesteramt muss ein Jahr liegen, und wenn dieses Jahr um ist, stellt sich der jugendliche Anwärter auf die Schlüsselgewalt noch einmal vor den Vater in Gott, und dieselbe Farce aus Fragen und Antworten wiederholt sich. Der Gottesdienst verläuft bis nach dem Suprematseid wie der für Diakone, mit Ausnahme der besonderen Epistel und des Evangeliums; und dann folgt eine lange Ermahnung, in der uns der völlige Gegensatz zwischen dem Priester in Theorie und Praxis am meisten auffällt: „Wenn es der Kirche oder einem ihrer Mitglieder durch eure Nachlässigkeit zu Schaden oder Beeinträchtigung kommen sollte, so wisst ihr, wie schwerwiegend der Fehler ist und welche schreckliche Strafe darauf folgen wird. Achtet darauf, dass ihr eure Arbeit , eure Sorgfalt und euren Eifer nicht einstellt, bis ihr alles getan habt, was in eurer Verantwortung liegt , nämlich alle, die euch anvertraut sind oder werden sollen, zu dieser Übereinstimmung im Glauben und in der Erkenntnis Gottes und zu dieser Reife und Vollkommenheit des Alters in Christus zu führen, sodass unter euch kein Platz bleibt für Irrtümer in der Religion oder für Lasterhaftigkeit im Leben." Jetzt ändern wir die Szene und spielen sechs Wochen später: Unser junger Priester spielt Krocket und flirtet sanftmütig mit den Töchtern seines Pfarrers, ohne zu wissen, welche „schreckliche Strafe" er von Hodge erfährt, der sich im Wirtshaus ungestraft betrinkt. „Bedenkt, wie fleißig ihr die Heilige Schrift lesen und lernen solltet … und aus eben diesem Grund, wie ihr alle weltlichen Sorgen und Studien (so weit ihr könnt) aufgeben und beiseite legen solltet." Wehe der besonderen

Eitelkeit der Landgeistlichen; der eine ist Botaniker, der andere Zoologe , ein anderer Geologist, ein vierter widmet sich seinem Garten, ein fünfter seiner Geflügelzucht und ein sechster seiner Landwirtschaft, ganz zu schweigen von denen, die die Richterbank schmücken und böse Wilddiebe, sündige alte Frauen, die Stöcke aufheben, und Kinder, die Blumen stehlen, streng verurteilen. Man könnte argumentieren, dass keine Gruppe von Männern das Leben führen könnte, das in dieser Ermahnung skizziert wird: zugegeben; aber warum dann so tun, als seien sie verpflichtet, es zu leben, und mit schrecklichen Strafen drohen, wenn sie das Unmögliche nicht vollbringen ? Außerdem drückt der Bischof seine Hoffnung aus, dass sie die ganze Angelegenheit gut überlegt und „klar beschlossen haben, dass Sie sich durch Gottes Gnade ganz dieser einen Sache widmen und all Ihre Sorgen und Studien darauf richten werden". Als die Zeit kommt, den Kandidaten die Fragen zu stellen, ist genau dieser Punkt einer davon: „Werden Sie fleißig beten und die Heilige Schrift lesen und solche Studien durchführen, die zur Kenntnis derselben beitragen, und das Studium der Welt und des Fleisches beiseite lassen?" Und die Kandidaten versprechen feierlich, das zu tun, wovon sie wissen müssen, dass sie es nicht beabsichtigen. Man könnte weiter argumentieren, dass die ständige Einmischung, die dem Priester in diesem Amt auferlegt wird, diesen zu einer echten Plage für seine Gemeindemitglieder machen würde, wenn er versuchen würde, sie in die Praxis umzusetzen, und dass er wahrscheinlich sehr oft feststellen würde, dass seine Dienste durch unangenehme Nachdrücklichkeit unterbrochen würden. Die Weihe folgt zu gegebener Zeit: „Empfange den Heiligen Geist für das Amt und die Arbeit eines Priesters in der Kirche Gottes ... Wem du die Sünden vergibst, dem sind sie vergeben; und wem du die Sünden behaltest, dem sind sie behalten." Und dennoch behaupten manche Leute, dass die Kirche von England ein Priesteramt mit Absolution nicht gutheißt! Wenn diese Worte irgendeine Bedeutung haben, dann bedeuten sie, dass den jungen Männern, die jetzt geweiht sind, die furchtbarste Macht in die Hände gegeben wird, dass sie in Wahrheit den Himmel verschließen und öffnen können, denn durch ihre Absolution kann der vergebene Sünder eintreten, während er durch ihre Behalte seiner Sünden ausgeschlossen werden kann. Wie gewaltig ist dann die Autorität, die so in die Hände so junger und unerfahrener Menschen gegeben wird! Und sicherlich darf eine solche Macht nicht verschwendet werden? Sicherlich ist es die Pflicht dieser Priester, die Menschen ständig zu drängen, Absolution zu suchen und ständig Absolution zu erteilen. Warum sollte ein Sünder ohne Beichte sterben, wenn ein solcher Tod durch den Fleiß des Priesters verhindert werden kann? Das Leben wäre unmöglich, wenn all dies wirklich geglaubt würde; welcher Priester könnte in angemessenem Komfort leben, wenn dies wahr wäre und verwirklicht würde ? Alle irdischen Dinge würden in Bedeutungslosigkeit versinken, und das Leben würde zu einem verzweifelten Kampf um Rettung und Vergebung der

Untergehenden werden; wahrer Glaube würde seine Tage in einer Irrenanstalt beenden.

Die Weihe zum Erzbischof oder Bischof ist etwas zeremonieller, hat aber denselben Charakter wie die vorhergehenden Ämter. Das Versprechen, alle falschen und seltsamen Lehren, die dem Wort Gottes widersprechen, zu verbannen und zu vertreiben, bringt unglücklichen Bischöfen heutzutage viel Ärger im Fleisch ein. Denn wenn ein Colenso „wie ein Wolf auf die Herde losgeht" und ein treuer Bischof von Oxford ihm verbietet, die Lämmer seiner Herde zu zerreißen, murmeln die Leute sofort „fanatisch", „engstirnig", „Tyrannei" und diverse andere unangenehme Adjektive und Substantive. Doch kann es keinen Zweifel daran geben, dass der Bischof von Oxford nur seinem Ordinationsgelübde gehorchte. In Wahrheit steht der gegenwärtige Geist der Freiheit im völligen Widerspruch zum Geist dieser Ämter, und die einzige Folge ihrer Beibehaltung ist die Schaffung von Heuchlern und Gelübdebrechern. Es ist auch nicht fair, diejenigen, die diese törichten Gelübde brechen, zu hart zu verurteilen , denn ein Mann mag ehrlich glauben, dass er seiner Generation am besten als Geistlicher dienen kann, und er mag einen allgemeinen Glauben an das Christentum haben, und er mag dann argumentieren, dass er sich nicht durch ein paar überholte Gelübde aus einem weiten Bereich der menschlichen Würde ausschließen lassen kann. Es ist schade, dass Männer, deren gesunder Menschenverstand zu stark ist, um sich durch törichte Versprechen, die sie in ihrer Jugend in Unwissenheit abgelegt haben, binden zu lassen, nicht ernsthaft zusammenarbeiten, um diesen Stolperstein vor den Füßen der nächsten Generation zu beseitigen, damit sie, wenn sie ihre Kirche für wertvoll erachten, sie erhalten können, indem sie sie den Realitäten des 19. statt des 16. Jahrhunderts anpassen und ihre Gottesdienste zu mehr als einer Farce und ihre Zeremonien zu etwas Besserem als einer Show machen können.

DIE ARTIKEL.

Es ist ein wenig schwierig zu erkennen, inwieweit die 39 Artikel der Church of England – „die vierzig Streifen außer einem" – für ihre Mitglieder bindend oder nicht bindend sind. Es besteht natürlich kein Zweifel daran, dass sie ihre Lehren genau umreißen und dass alle ihre treuen Kinder sie mit frommer Frömmigkeit annehmen und glauben sollten, aber kaum ein Dogma kann den Laien per Gesetz aufgezwungen werden, da der gesamte Zeitgeist einer solchen Durchsetzung direkt entgegensteht. Es besteht jedoch kein Zweifel daran, dass diese Artikel sowohl rechtlich als auch moralisch für die Geistlichen bindend sind, da sie sich ihnen freiwillig unterwerfen und ihren vollen und freien Glauben an sie erklären, wenn sie in den Genuss einer Wohltat der Einrichtung kommen. Die den Artikeln vorangestellte königliche Erklärung ist umfassend und entschieden genug. „Die Artikel der Church of England enthalten die wahre Lehre der Church of England, die mit Gottes Wort übereinstimmt; wir ratifizieren und bestätigen sie daher, indem wir von allen unseren liebenden Untertanen verlangen, in ihrem einheitlichen Bekenntnis dazu fortzufahren, und die geringste Abweichung von den besagten Artikeln verbieten." Nach dieser eindeutigen Erklärung wird uns geboten: „Keiner soll künftig drucken oder predigen, um den Artikel in irgendeiner Weise abzuändern, sondern er soll sich ihm in seiner klaren und vollen Bedeutung unterwerfen und nicht seinen eigenen Sinn oder Kommentar als Bedeutung des Artikels verwenden, sondern ihn im wörtlichen und grammatikalischen Sinn verstehen." Wenn ein Außenstehender diese Erklärung gelesen hat, wird es für ihn zu einem der Mysterien des Glaubens, wie es kommt, dass englische Gentlemen, in jeder anderen Hinsicht ehrliche, ehrenhafte Männer, es schaffen, Pfründen unter der Bedingung anzunehmen, dass sie ihre volle Übereinstimmung mit diesen Artikeln erklären, und sie dann absichtlich in unnatürliche Bedeutungen verdrehen, damit sie je nach Meinung der Leser römisch-katholisch oder latitudinarisch sein können. Es kann sicherlich zugegeben werden, dass der „wörtliche und grammatikalische Sinn" sehr oft Unsinn ist und daher nicht geglaubt werden kann; das ist vollkommen richtig: aber diese ehrlichen Männer haben kein Recht, das Gewicht ihrer Bildung und ihrer Güte einzusetzen, um diese fallende Kirche zu stützen, deren Dogmen sie niemals akzeptieren können, außer indem sie ihre Unvernunft in Vernunft und ihre Torheit in Weisheit verwandeln. Viele, die unwissend, sorglos und unkultiviert sind, bleiben nominell Mitglieder der anglikanischen Kirche, weil die Geistlichkeit der Broad Church einen Zauber darüber wirft; aber ihre Position kann nicht stark genug verworfen werden, *solange sie keine Anstrengungen unternehmen, das zu ändern, woran sie nicht glauben, solange sie stillschweigend Aberglauben unterstützen, der ohne ihre Hilfe schon vor langer Zeit in Trümmer zerfallen wäre.*

Artikel I befasst sich mit dem „Glauben an die Heilige Dreifaltigkeit". Die meisten Glaubensbekenntnisse, sicherlich alle orientalischen Glaubensbekenntnisse, gruppieren sich um eine Dreifaltigkeit; die Wurzel der Anbetung der Dreifaltigkeit ist tief in der Natur des Menschen verwurzelt, denn es ist die Anbetung des universellen Lebens, lokalisiert im Geber des individuellen Lebens, unter dem Symbol des phallischen Emblems, dem Schöpfer jeder neuen Existenz. Die christliche Dreifaltigkeit ist natürlich der ursprünglichen Barbarei der Naturanbetung entwachsen, bewahrt jedoch die Dreifaltigkeit in Einheit: „Es gibt nur einen lebendigen und wahren Gott, ewig, ohne Körper, Teile oder Leidenschaften ... und in der Einheit dieser Gottheit gibt es drei Personen, von einer Substanz, Macht und Ewigkeit: den Vater, den Sohn und den Heiligen Geist." Bis hierher sind wir unter der Führung der Kirche gereist, und wir haben vor unserem geistigen Auge einen Gott, körperlos , leidenschaftslos, unteilbar und doch in drei „Personen" geteilt, was drei Individualitäten impliziert, die die eine von der anderen trennen. Denken wir daran, dass der Vater Gott ist, der Sohn Gott ist und der Heilige Geist Gott ist, aber da es nur einen Gott gibt, ist der Vater der Sohn und der Sohn der Heilige Geist, und da der Vater derselbe ist wie der Sohn und der Sohn derselbe wie der Heilige Geist, müssen der Vater und der Heilige Geist notwendigerweise identisch sein. Artikel II lehrt uns, dass „der Sohn, der das Wort des Vaters ist, von Ewigkeit her vom Vater, dem wahren und ewigen Gott, gezeugt und von einem Wesen mit dem Vater, die menschliche Natur im Leib der gesegneten Jungfrau, von ihrem Wesen, annahm"; der Sohn: das heißt, die zweite Person in der ungeteilten und unteilbaren Dreifaltigkeit: „von Ewigkeit her vom Vater gezeugt"; aber der Vater ist eins mit dem Sohn, denn beide sind Gott, und doch gibt es nur einen Gott, und deshalb sind Sohn und Vater austauschbare Begriffe; der Sohn ist also von Ewigkeit her aus sich selbst gezeugt, denn in dem einen wahren Gott ist keine Trennung möglich, und „so wie der Vater ist, so ist auch der Sohn"; und weiter, der Sohn, der der Sohn ist und zugleich identisch mit seinem eigenen Vater, nimmt die Natur des Menschen an: dann müssen auch der Vater und der Heilige Geist die Natur des Menschen annehmen, denn „wie der Sohn, so ist der Vater, und so ist der Heilige Geist": und Gott, „ohne Körper", nimmt den Körper des Menschen an, und „ohne Teile" wird gekreuzigt, und „ohne Leidenschaften" leidet. Aber der Sohn stirbt, „um seinen Vater mit uns zu versöhnen"; aber er ist sein Vater, und sein Vater ist er selbst. Kann der eine lebendige und wahre Gott sterben, um sich mit sich selbst zu versöhnen, und sich selbst ein Opfer darbringen, um seinen eigenen Zorn zu besänftigen? Der Körperlose wird ans Kreuz genagelt: der Leidenslose leidet: der Unsterbliche stirbt: der eine Gott auf Erden wird dargeboten, um den einen Gott im Himmel zu besänftigen, und es gibt nur einen lebendigen und wahren Gott. Wenn das so ist, muss entweder der Gott im Himmel oder der Gott auf Erden ein falscher Gott gewesen sein, denn es gibt nur einen wahren Gott: und der Vater, der Sohn und der Heilige Geist, die in Gedanken unteilbar bleiben müssen, hängen am Kreuz als Opfer für den Vater, den Sohn und den Heiligen Geist und rufen als der einzig wahre Gott zu „meinem Gott, meinem Gott", der sich selbst verlassen hat. Und all dies, „um den Vater mit uns zu versöhnen": der Vater, der „ohne Leidenschaften" ist und daher nicht wütend sein oder Versöhnung brauchen kann. „Wie Christus für uns gestorben und begraben wurde, so ist auch zu glauben, dass er in die Hölle hinabgestiegen ist." *Hinab* in die Hölle; welcher Weg führt von einer runden Kugel hinab? In der antiken Vorstellung vom Universum war die Erde flach, mit dem Himmel oben und der Hölle darunter, und Korah , Dathan und Abiram „stiegen lebend in die Hölle hinab", als die Erde ihren Mund öffnete : Hat Jesus dasselbe getan? Aber am Kreuz hängend sagte er zu dem reuigen Dieb: „ *Heute* wirst du mit mir im Paradies sein": Ist das Paradies dasselbe wie die Hölle? Und ist der Himmel mit beiden identisch? Jesus stieg auf, stieg in den Himmel auf, nicht hinab: Wenn das so ist, könnte es unterwegs nicht zu Verwirrung kommen, denn eine Seele, die von Australien aus auf dem Weg zur Hölle aufbricht, könnte nach ein paar Stunden Reise von England aus aufsteigend angetroffen werden. Sind Himmel und Hölle beide rund um die Welt, und wenn ja, warum ist der eine „oben" und der andere „unten"? Rom war richtig und weise, als es sich entschieden gegen die heliozentrische Theorie stellte; eine sich drehende Erdkugel zerstört alle alten Vorstellungen vom „Himmel oben", vom „Wasser unter der Erde" und von der Hölle unten; und es war ein starkes Argument gegen die Kugelgestalt der Erde, dass „am Tag des Jüngsten Gerichts die Menschen auf der anderen Seite der Erdkugel den Herrn nicht durch die Luft herabsteigen sehen konnten". Der vierte Artikel lehrt uns, dass Christus „seinen Leib wieder annahm, mit Fleisch, Gebein und allem, was zur vollkommenen menschlichen Natur gehört, *womit* er in den Himmel auffuhr und sich dort niederließ ". Leib, Fleisch, Gebein und alles, was zur menschlichen Natur gehört; Wünsche, Appetit und Bedürfnisse, Herz und Lunge zum Beispiel; und er nahm diese mit über die Atmosphäre hinaus? Lungen zum Atmen, wo es keine Luft gibt? Herz zum Pulsieren, wo kein Sauerstoff das Blut reinigen kann? Fleisch und Gebein unter reinen Geistern? Die Gestalt des Menschen, der auf dem Thron Gottes sitzt? und dieses Fleisch, diese Knochen usw., alles eins mit dem Unteilbaren, vom Gott ohne Körper und Teile, und Jesus, der Sohn der Maria, der gekreuzigte Mensch, der in seinem Fleisch und seinen Knochen im Himmel sitzt, um in Gedanken nicht von dem einen lebendigen und wahren Gott getrennt zu werden, ohne Körper, Teile oder Leidenschaften.* Dies ist der „wörtliche und grammatische Sinn" der ersten vier Artikel, und den fünften, „des Heiligen Geistes", zu analysieren , würde einfach bedeuten, alles zu wiederholen, was oben gesagt wurde, denn „so ist der Sohn, so ist der Heilige Geist." Kann man nicht mit Recht sagen, dass der Glaube an die

Dreifaltigkeit in der Einheit die Negation des Denkens ist und dass Glaube nur dort möglich ist, wo die Vernunft endet?

1. Kor. 15,50.

Artikel VI befasst sich mit der „Zulänglichkeit der Heiligen Schrift für die Erlösung" und legt den Kanon fest, dass von niemandem etwas verlangt werden darf, das nicht durch die Bibel bewiesen werden kann, „um es als Glaubensartikel zu glauben oder als Voraussetzung oder Notwendigkeit für die Erlösung zu betrachten". Die Umkehrung dieser Behauptung, dass Dogmen, die daraus bewiesen werden können, für die Erlösung notwendig *sind*, gilt als für die Kirche nicht bindend, und einige namhafte „Verderber" der Heiligen Schrift haben es erfolgreich geschafft, diesen Artikel zu umgehen. Die Liste der Bücher, die als diejenigen aufgeführt werden, „an deren Autorität in der Kirche nie ein Zweifel bestand", scheint schwerwiegenden Einwänden ausgesetzt zu sein, da die Autorität vieler der Bücher, die jetzt als kanonisch gelten, deutlich in Frage gestellt wurde. „Die Geschichte des Jona ist so ungeheuerlich, dass sie absolut unglaublich ist." „Hiob hat also nicht so geredet, wie es in seinem Buch geschrieben steht." „Jesaja hat seine ganze Kunst und sein ganzes Wissen von David geliehen." So schrieb Luther, neben vielen anderen nüchternen Kritikpunkten . Noch weiter zurückzugehen bedeutet, viel scharfe Kritik zu finden. Die Echtheit des Hebräerbriefs ist höchst zweifelhaft. Der 2. Brief des Petrus und der des Judas sind umstritten. Die Offenbarung des heiligen Johannes wurde sehr langsam angenommen, und die beiden kürzeren Briefe, die seinen Namen tragen, werden nur zweifelhaft anerkannt . Wenn nur die Bücher angenommen werden sollen, an denen „in der Kirche nie Zweifel bestanden", muss die kanonische Liste von den meisten Verzierungen befreit werden. Wenn uns Artikel VII sagt, dass die zeremoniellen und zivilen Vorschriften des Alten Testaments für uns nicht bindend sind, scheint es schade, dass kein Test gegeben wird, anhand dessen ungebildete Menschen zwischen den „Geboten, die als moralisch bezeichnet werden" und den anderen unterscheiden können. Ist das Gebot, Ungläubige an Jehova zu verfolgen (Deut. xiii., xvii. 2–7), heute bindend? Ist das Gebot, Hexen zu töten (Lev. xx. 27), heute bindend? John Wesley sagte, dass der Glaube an Hexerei für alle verpflichtend sei, die an die Bibel glaubten, und wenn Hexerei damals möglich war, warum nicht heute? Oder hat Gott seine Meinung über die richtige Vorgehensweise im Umgang mit solchen Personen geändert? Sind die Gebote, die Sklaverei vorschreiben und regeln (Ex. 21:2–6 und 20, 21; Lev. 25:44–46; Deut. 15:12–18), als Orientierung für heutige Sklavenhalter gedacht? Was macht die „Gebote, die moralisch genannt werden" – womit vermutlich die Zehn Gebote gemeint sind – für „christliche Menschen" verbindlicher als die anderen Teile des Gesetzes? Das vierte Gebot ist im Wesentlichen jüdisch und wird von Christen nicht befolgt. Das zweite Gebot wird ausnahmslos ignoriert und das fünfte verspricht eine Belohnung, die nicht gegeben wird. Die Gebote über Mord, Ehebruch, Diebstahl und Lügen sind nicht nur dem mosaischen Gesetzbuch vorbehalten. Sie finden sich in allen moralischen Gesetzen und sind bindend – nicht weil sie von Moses oder Buddha gelehrt wurden, sondern weil ihre Einhaltung für die Existenz der Gesellschaft notwendig ist. Von den drei Glaubensbekenntnissen der Kirche haben wir bereits gesprochen, also gehen wir zu Artikel IX über, „von der Erbsünde oder Geburtssünde". Es scheint, dass ein Fehler und eine Verderbtheit der Natur natürlicherweise „von den Nachkommen Adams erzeugt werden" und dass dieser Fehler „in jedem Menschen, der in die Welt geboren wird, Gottes Zorn und Verdammnis verdient ". Das scheint kaum gerecht, da die Zustimmung des Kindes nicht eingeholt wird, bevor es in die Welt geboren wird, und der Fehler der Geburt daher nicht seins ist. Wie kann das Baby dann Gottes Zorn und Verdammnis *verdienen ?* Und da uns der nächste Artikel (X.) darüber informiert, dass unser Zustand so ist, dass ein Mensch „sich nicht durch seine eigene natürliche Kraft und gute Werke dem Glauben und der Anrufung Gottes zuwenden und vorbereiten kann", erscheint es schrecklich ungerecht, dass entweder ein Kind oder ein Mann verflucht werden sollte, weil sie nicht tun, wozu Gott sie unfähig gemacht hat. Es wäre ebenso vernünftig, einen Menschen zu foltern, weil er ohne Flügel nicht fliegen kann, wie wenn Gott den Menschen dafür bestrafen würde, dass er aus Adams Geschlecht geboren wurde und sich nicht Gott zuwendet, wenn ihm die Kraft dazu verwehrt wird; denn „wir haben *keine Kraft, gute Werke zu tun* ... ohne die Gnade Gottes durch Christus", und wenn uns diese Gnade nicht gegeben wird, liegen wir hilflos und kraftlos da und sind unfähig, das Richtige zu tun. Auch kann keine unserer Taten uns zu würdigen Empfängern der Gnade Gottes machen, denn (Artikel XIII) „Werke, die vor der Gnade Christi und der Eingebung seines Geistes getan wurden, *sind* Gott nicht angenehm ... noch machen sie die Menschen fähig, Gnade zu empfangen ... ja, vielmehr *zweifeln wir nicht daran, dass sie die Natur der Sünde haben , weil sie nicht getan werden, wie Gott es gewollt und befohlen* hat." Wenn also ein guter und edler Heide, der nie von Christus gehört hat und dessen gute Taten daher nicht „dem Glauben an Jesus Christus entspringen können", eine hochgesinnte Tat vollbringt oder freundliche Nächstenliebe zeigt, sind seine guten Taten „von der Natur der Sünde" und bringen ihn tatsächlich eher noch schlechter da als zuvor: Wie Melanchthon sagte, sind seine Tugenden nur „großartige Laster", weil sie ohne Glauben an eine Person getan werden, von der er nie gehört hat. Denn (Art. XVIII) diejenigen, „die zu sagen wagen, dass jeder Mensch durch das Gesetz oder die Sekte, zu der er sich bekennt , errettet wird, wenn er sich bemüht, sein Leben nach diesem Gesetz und dem Licht der Natur auszurichten" (Art. XI), „werden wir vor Gott *nur* durch den Glauben als gerecht angesehen (Art. XI) , und *nicht durch unsere eigenen Werke und Verdienste*

." So lernen wir, dass Gott sich nicht um ein gerechtes Leben kümmert, sondern nur um blinden Glauben, und dass er uns in eine Welt hinausschickt, die unter seinem Fluch steht, ohne jede Chance auf Erlösung, außer durch das Erlangen eines Glaubens, den er uns nach seinem Belieben gibt oder vorenthält, und den wir aus eigener Kraft nicht verdienen, geschweige denn erlangen können. Als Krönung dieser schönen Theorie lernen wir – Artikel XVII. „von Vorherbestimmung und Erwählung" – Vorherbestimmung zum Leben, so scheint es, „ist der ewige Vorsatz Gottes, durch den er (bevor die Grundfesten der Welt gelegt wurden) durch seinen uns verborgenen Ratschluß ständig beschlossen hat, diejenigen, die er in Christus aus der Menschheit erwählt hat, von Fluch und Verdammnis zu befreien und sie durch Christus zur ewigen Erlösung zu führen, als Gefäße, die zur Ehre gemacht sind." Aber wenn das wahr ist, hat der Mensch in dieser Angelegenheit keinerlei Wahl; denn nicht nur ist die Gnade, das Richtige zu tun, das Geschenk Gottes, sondern die Annahme des Geschenks durch den Menschen ist auch obligatorisch. Gott hat festgelegt, bevor er die Welt schuf, wie viele und wen er retten wird. Was wird dann aus dem gepriesenen freien Willen des Menschen? Vor der Schöpfung zeichnete Gott den Plan für jedes menschliche Leben, und wie der Töpfer den formbaren Ton in die von ihm gewünschte Form bringt , so formt Gott seine menschliche Keramik nach seinem eigenen Willen in „Gefäße, die zur Erlösung gemacht sind" oder zur Unehre gemacht sind . Von der Freiheit des Menschen zu sprechen, ist eine Verhöhnung. Welche Freiheit hatten Adam und Eva im Paradies? „Sie hätten stehen können" – nein, denn war nicht „das Lamm geschlachtet von Grundlegung der Welt an"? Bevor die Sünde begangen wurde, hatte Gott die Sühne dafür geleistet. Wenn Adam frei gewesen wäre, nicht zu sündigen, dann wäre es möglich, dass er nicht gesündigt hätte, und dann hätte Gott ein unnötiges Opfer dargebracht und einen Erlöser gehabt , ohne jemanden zu retten, so dass es notwendig gewesen wäre, einen Sünder bereitzustellen, um das Opfer zu nutzen . Jede Vorstellung von Gerechtigkeit ist hier schrecklich unmöglich; Gott hat einige Menschen *aus der Menschheit vorherbestimmt* . Diese „zu gegebener Zeit" ruft er; „durch Gnade gehorchen sie der Berufung"; „sie werden umsonst gerechtfertigt … und erlangen schließlich durch Gottes Barmherzigkeit ewige Glückseligkeit." Und der Rest – diejenigen, die *nicht* vorherbestimmt sind; diejenigen, die *nicht* berufen sind; diejenigen, denen *keine* Gnade zuteil wird; diejenigen, die *nicht* umsonst gerechtfertigt sind; diejenigen, denen Gottes Barmherzigkeit nicht hilft – was ist mit ihnen? Von Gott geschaffen, die Geschöpfe seiner Hand, die Gefäße seiner Form , der Ton seiner Gestalt – werden sie in den Schwefelsee geworfen, in das Feuer, das niemals erlöschen wird, nur weil Gott in „seiner Souveränität" sie – unbewusst – verflucht und dort gelassen hat, und so zur Grausamkeit der Schöpfung noch die grausamere Grausamkeit der Erhaltung hinzugefügt hat? Nein! Ob solche Taten nun von Gott oder Menschen begangen werden, sie wären grundfalsch. Allmächtige Macht ist keine Entschuldigung für Verbrechen, und der Gott der Artikel der Church of England ist ein gigantischer Verbrecher, der seine Allmacht nutzt, um Leben zu erschaffen, um es zu quälen, und um fühlende Wesen zu erschaffen, die von vornherein zu bitterster Qual, zu tiefstem Leid verurteilt sind. Solch ein schrecklicher Machtmissbrauch kann nur auf die schärfste Missbilligung aller moralischen Wesen stoßen; unbegrenzte Macht, die zu bösen Zwecken eingesetzt wird, kann uns niedertrampeln und in Hilflosigkeit zermalmen, aber sie kann uns niemals zur Anbetung zwingen oder uns zwingen, anzubeten.

Man kann sagen, dass diese ersten achtzehn Artikel der Kirche die wichtigsten Punkte der Lehren der Kirche enthalten, und es ist unnötig, darauf hinzuweisen, dass es für vernünftige und sanftmütige Männer und Frauen völlig unmöglich ist, an den in ihnen skizzierten „Plan der Erlösung" zu glauben. Sie sind von der grausamen Theologie Calvins und Zwinglis durchdrungen und implizieren (obwohl sie es nicht so deutlich ausdrücken) die Ansicht der Lambeth-Artikel von 1595, dass „Gott von Ewigkeit her bestimmte Menschen zum Leben vorherbestimmt hat, *bestimmte aber verworfen hat* ". Diese anglikanischen Artikel müssen so verstanden werden, dass sie die Vorherbestimmung zur Verdammnis ebenso wie zur Erlösung lehren, da diejenigen, die nicht zum Leben berufen werden, unweigerlich dem Tod verfallen müssen. Der nächste Abschnitt – sozusagen – der Artikel befasst sich mit kirchlichen Angelegenheiten, definiert die Autorität von Kirchen und Konzilen und erklärt die „Lehre der Sakramente". Mit diesen ist die Partei der High Church hauptsächlich uneins, denn der einundzwanzigste Artikel, der anerkennt, dass Allgemeine Konzile irren können und geirrt haben, trifft die Unfehlbarkeit der Universalkirche, die der Priesterseele so teuer ist, an der Wurzel. Auch die Artikel über die Sakramente tendieren etwas zur Sicht der Low Church und befassen sich mehr mit dem Glauben des Empfängers als mit der Weihe des Priesters. Der Artikel (XXXIII), der sich gegen „exkommunizierte Personen" richtet und befiehlt, dass eine solche „aus der gesamten Menge der Gläubigen als Heide und Zöllner genommen werden soll, bis sie öffentlich durch Buße versöhnt wird", wird von den Geistlichen gebührend geglaubt und unterzeichnet, hat aber heute keine wirkliche Bedeutung mehr. Wenn der fünfunddreißigste Artikel in Kraft gesetzt würde, würden einige Kuriositäten der englischen Literatur die Kirchen beleben; denn dieser Artikel fordert die Geistlichkeit auf, die Predigten zu lesen: „Wir sind der Ansicht, dass sie in den Kirchen von den Geistlichen sorgfältig und deutlich vorgelesen werden müssen, damit sie vom Volk verstanden werden ." Es ist wirklich schade, dass diese Anweisung nicht befolgt wird, denn dann würden einige der barbarischen Lehren des Volkschristentums so gesehen, wie sie von Männern beschrieben werden, die fest an sie glauben, statt nur so bekannt zu sein, wie sie uns heute präsentiert werden, wobei einige ihrer Missgestalten unter den Gewändern verborgen sind, die die moderne Zivilisation für sie gewebt hat , in der die Menschheit dem alten Christentum entwachsen ist und die Vernunft der Menschen ihren Glauben züchtigt. Die letzten drei Artikel berühren zivile Angelegenheiten, erkennen die königliche Vorherrschaft an und behandeln andere Angelegenheiten, die Cäsar betreffen, aber im Grenzbereich zwischen ihm und Gott liegen.

Das sind die Artikel der Kirche; nur wenige glauben daran, viele kennen sie nicht, alle ignorieren sie, denn Religion ist den meisten praktisch gleichgültig, und während Sitte und Mode dazu zwingen, sich an die Kirche zu halten, macht sich das Gehirn nicht die Mühe, die Behauptung zu analysieren oder die Bedingungen der Treue abzuwägen. Die Menschen sind so skeptisch geworden , dass sie allen Glaubensbekenntnissen gleichgültig gegenüberstehen, und der halbherzige Unglaube der Geistlichen, die mit geistigen Vorbehalten seufzen und ihren Glauben formell bekräftigen, wo Gedanken und Lippen auseinandergehen, scheint das Herz aller religiösen Ehrlichkeit in England herausgefressen zu haben, und Menschen belügen Gott, die sich dagegen auflehnen würden, den Menschen zu belügen. Wenn der Glaube an die Artikel nun der Vergangenheit angehört, dann sollten auch die Artikel verschwinden; wenn die Kirchenmänner diesen Dogmen entwachsen sind, warum lassen sie es dann zu, dass sie ihr Gebetbuch verunstalten, „die Pfeile des Skeptikers treffen und dem Spott des Spötters Macht verleihen"?

KATECHISMUS DER KIRCHE VON ENGLAND

WEISE Menschen in der heutigen Zeit bemühen sich ernsthaft und eifrig, die Religion so weit wie möglich von der einengenden und abstumpfenden Wirkung von Glaubensbekenntnissen und Formelsammlungen zu befreien, damit sie sich mit dem wachsenden Denken der Zeit ausdehnen kann. Glaubensbekenntnisse sind wie eiserne Formen , in die Gedanken gegossen werden; sie mögen für die Art und Weise, wie sie gestaltet werden, geeignet genug sein; sie mögen geeignet genug sein, um die Gedankenrichtung, die sie entworfen hat, zu verankern; aber sie sind absolut ungeeignet und untauglich für die Tage, die lange danach liegen, und für das Denken der darauffolgenden Jahrhunderte. „Niemand füllt neuen Wein in alte Schläuche; sonst zerreißt der neue Wein die Schläuche, und der Wein wird verschüttet, und die Schläuche werden verdorben; sondern neuer Wein muss in neue Schläuche gefüllt werden." Der neue Wein des Denkens des 19. Jahrhunderts wird in die alten Schläuche der Glaubensbekenntnisse des 4. Jahrhunderts und der Formeln des 16. Jahrhunderts gegossen, und der starke neue Wein lässt die Schläuche platzen, während der schwache neue Wein, der sie nicht platzen lassen kann, in ihnen zu Essig gärt und oft schädlich und giftig wird. Gießen wir den neuen Wein in neue Schläuche; lassen wir das neue Denken seinen eigenen Ausdruck finden ; dann werden die alten Schläuche unversehrt als kuriose Beispiele der Antike erhalten bleiben, anstatt in Stücke geschlagen zu werden, weil sie der Welt im Weg stehen. Nichts ist in einer neuen und lebendigen Bewegung mehr zu verachten als die Formulierung der Gedanken, die sie inspirieren, in Glaubensbekenntnisse und die Auferlegung dieser Glaubensbekenntnisse auf diejenigen, die sich ihr anschließen. Das Äußerste, was man tun kann, um einer großen Bewegung Kohärenz zu verleihen, ist die Erklärung einiger Kardinallehren, die die volle Freiheit abweichenden Denkens nicht beeinträchtigen. So könnten Rationalisten ihren zentralen Gedanken, dass „die Vernunft das Höchste ist", als Erklärung betrachten, doch sie würden die Zukunft des Rationalismus zerstören, wenn sie eine der Schlussfolgerungen, zu denen ihre eigene Vernunft sie in der Gegenwart geführt hat, in ein Glaubensbekenntnis umsetzen würden, denn damit würden sie das Denken des 19. Jahrhunderts als Einschränkung des Denkens des 20. Jahrhunderts verallgemeinern, das umfassender, umfassender und gebildeter sein wird als ihr eigenes. Freidenker können das Recht zu denken und das Recht, ihre Gedanken auszudrücken, als ihr Symbol beanspruchen, doch sollten sie nie die Erklärung anderer zu irgendeiner besonderen Form des Freidenkens beanspruchen, bevor sie diese als Freidenker anerkannt haben. Gruppen von Menschen, die sich zu einem bestimmten Zweck zu einer Gesellschaft zusammenschließen, können durchaus ein Glaubensbekenntnis formulieren, dem die Mitglieder zustimmen müssen, aber sie müssen immer bedenken, dass ein solches Glaubensbekenntnis in Zukunft seine Kraft verlieren wird, und dass es zwar ihrer Bewegung jetzt Kraft und Bedeutung verleiht, aber auch seine nützliche Dauer begrenzt, wenn es als unabänderlich aufrechterhalten werden soll, denn mit den sich ändernden Umständen werden unterschiedliche Bedürfnisse entstehen, und eine neue Formulierung der Mittel zur Befriedigung dieser Bedürfnisse wird notwendig werden. Eine weise Gesellschaft wird bei der Formulierung eines Glaubensbekenntnisses ihren Mitgliedern die volle Macht überlassen, es zu überarbeiten, zu ergänzen und zu verändern, damit das lebendige Denken innerhalb der Gesellschaft immer freien Spielraum hat. Ein Glaubensbekenntnis muss der Ausdruck *lebendigen Denkens sein* und von diesem geprägt sein , und nicht das Skelett toten Denkens, das den Intellekt seiner Erben prägt . Die Stärke einer Gesellschaft liegt in der Vielfalt und nicht in der Einheitlichkeit des Denkens ihrer Mitglieder, denn Fortschritt kann nur durch ketzerisches Denken erzielt werden, *d . h* . Denken, das im Widerspruch zum vorherrschenden Denken steht. Jede Wahrheit ist irgendwann einmal neu, und deshalb sollte die freie und furchtlose Meinungsäußerung nachdrücklich gefördert werden, da nur durch diese Meinungsäußerung die Verbreitung neuer Wahrheiten möglich ist. Ein Zeitalter des Fortschritts ist immer ein Zeitalter der Häresie; denn Fortschritt entsteht durch Hinterfragen, und Hinterfragen entspringt dem Zweifel, und daher gehen Fortschritt und Häresie immer Hand in Hand, während ein Zeitalter des Glaubens auch ein Zeitalter der Stagnation ist.

Jedes Argument, das gegen einen stereotypen Glauben für Erwachsene vorgebracht werden kann, spricht zehnfach gegen einen stereotypen Katechismus für Kinder. Wenn es schon schlimm genug ist, das Denken derjenigen zu formen , deren Reife sie vor äußerem Druck schützen sollte, dann ist es sicher noch schlimmer, das Denken derjenigen zu formen , deren noch unausgereifter Verstand in der Hand des Trainers formbar ist. Ein Katechismus ist eine Art Zwangsweste, die Kindern angelegt wird und die jegliche Handlungsfreiheit einschränkt. Und obwohl das Gehirn des Kindes kultiviert und entwickelt werden sollte, sollte es nie darauf trainiert werden, in einer speziellen Denkrichtung zu laufen. Die Erziehung sollte Kinder lehren, *wie* man denkt, aber ihnen nie vorschreiben, *was* sie denken sollen. Sie sollte die Instrumente des Denkens schärfen und polieren, sie aber nicht zu einer Maschine machen, die dazu bestimmt ist, eine spezielle Denkform auszuschneiden. Er sollte die Jugend mit scharfem Urteilsvermögen, klarem Blick, nachdenklich, wissbegierig und wissbegierig in die Welt hinausschicken, aber nicht mit vorgefertigten Antworten auf alle Fragen, mit vorgefertigten Meinungen und in ihre Gehirne gehämmerten Dogmen. Die meisten Kirchen haben Katechismus-Sägemehl zur Ernährung der Lämmer ihrer Herde bereitgestellt; Katholiken, Anhänger der Church of England, Presbyterianer, sie haben alle ihre kindlichen Formen . Der Katechismus der Church of England ist vielleicht der am wenigsten schädliche von allen, denn die Church of England ist das Ergebnis eines Kompromisses und hat die anstößigsten Teile ihrer Dogmen aus den öffentlichen Formeln entfernt. Sie trägt eine kleine Schürze aus Feigenblättern, aus Respekt vor der Wirkung, die das Essen vom Baum der Erkenntnis hervorruft. Aber dennoch ist der Katechismus der Church of England schlimm genug: Er bringt dem Kind bei, die unmöglichsten Dinge zu glauben, bevor es alt genug ist, ihre Unmöglichkeit zu prüfen. Für ein Zeitalter, das an Hans und die Bohnenranke und die Abenteuer von Aschenputtel glaubt, ist alles möglich. Ob Jona im Bauch des Wals oder Däumling im Magen der roten Kuh – alles wird mit blindem Glauben geschluckt. Die Kinder wachsen auf natürliche Weise aus Däumling heraus, aber aus Jona dürfen sie nicht herauswachsen.

Wenn das Baby zum Taufbecken gebracht wird, um verschiedene Versprechen abzulegen, von denen es sich gar nicht bewusst ist – so laut es auch manchmal seinen völligen Ekel über die ganze Prozedur zum Ausdruck bringen mag –, werden die Paten und Patinnen angewiesen, dafür zu sorgen, dass das Kind „zum Bischof gebracht wird, um von ihm gefirmt zu werden, sobald es das Glaubensbekenntnis , das Vaterunser und die Zehn Gebote in der Volkssprache aufsagen und weiter im zu diesem Zweck aufgestellten Katechismus der Kirche unterrichtet werden kann." Es ist kaum nötig zu sagen, dass diese Worte – da sie im Gebetbuch stehen – nicht wörtlich zu nehmen sind und dass der Bischof sehr erstaunt wäre, wenn alle kleinen Kinder in der Sonntagsschule, die die erforderliche Lektion flüssig nachsprechen können, zu ihm zur Firmung gebracht würden. Tatsächlich kümmert sich die große Mehrheit der Paten und Patinnen überhaupt nicht darum, dass ihre Patenkinder zur Konfirmation gebracht werden. Die Kinder werden mit etwa fünfzehn Jahren in die Konfirmation geschickt. Zu diesem Zeitpunkt sind die meisten von ihnen, die über die Klasse der Sonntagsschule hinaus sind, schnell mit dem Katechismus „vollgestopft", den sie nach dem Konfirmationstag ebenso schnell wieder vergessen.

Als Antwort auf die erste Frage des Katechismus wird der Taufname des Kindes genannt, und die zweite Frage lautet: „Wer hat dir diesen Namen gegeben?" Das Kind soll antworten: „Meine Paten und Patinnen bei meiner Taufe, durch die ich ein Glied Christi, ein Kind Gottes und ein Erbe des Himmelreichs wurde." Somit ist die erste Lektion, die sich dem Kind ins Gedächtnis einprägt, eines der verwerflichsten Dogmen der Kirche, nämlich die der Wiedergeburt durch die Taufe. Bei der Taufe wird es zu etwas „gemacht"; dann wird es zu etwas, was es vorher nicht war; gemäß dem Taufamt wird ihm bei der Taufe „das gegeben, was es von Natur aus nicht haben kann", und da es unter dem Zorn Gottes steht, wird es von diesem Fluch befreit und als Gottes „eigenes Kind durch Adoption" angenommen; es wird auch in die „heilige Kirche" „eingegliedert" und wird so „ein Glied Christi", indem es zu einem Teil des Leibes gemacht wird, dessen Haupt

Christus ist; Wenn dies geschieht, ist er natürlich durch die „Adoption" ein „Erbe des Himmelreichs".

So wird dem Kind beigebracht, dass es von Natur aus böse und von Gott verflucht ist; dass es als Kind so böse war, dass seine Eltern seine Sünden abwaschen mussten, bevor Gott es lieben würde. Wenn es fragt, was für ein Übel es angerichtet hat, dass es gereinigt werden muss, wird ihm gesagt, dass es Adams Sünde geerbt hat; wenn es fragt, warum es für seine Geburt verflucht sein sollte und warum es, da es durch Gottes Willen in Gottes Welt geboren wurde, von Natur aus nicht Gottes Kind sein sollte, wird ihm gesagt, dass Gott zornig auf die Welt ist und dass jeder von Natur aus böse ist, wenn er geboren wird; so lernt es seine erste Lektion über die Unwirklichkeit der Religion; er wird für Adams Sünde verflucht, an der er keinen Anteil hatte, und ihm wird vergeben für die gute Tat seiner Eltern, bei der er nicht mitgeholfen hat. Für ihn ist die ganze Sache ein Theaterstück, das er in seiner Kindheit aufgeführt hat und in dem er eine Marionette war, in dem Gott zornig auf ihn war wegen dem, was er nicht getan hatte, und erfreut über ihn wegen dem, was er nicht gesagt hatte, und er fühlt folglich, dass er an der ganzen Angelegenheit weder Anteil noch Anteil hat und dass ihn die Sache nichts angeht; ist er furchtsam und abergläubig, wird er seine Religion anderen überlassen und darauf vertrauen, dass der Priester für ihn vollendet, was Adam und seine Eltern begonnen haben, und ihnen allen eine Verantwortung aufbürden, von der er fühlt, dass sie in Wirklichkeit nicht bei ihm liegt.

Die Unwirklichkeit wird noch größer in der nächsten Antwort, die ihm in den Mund gelegt wird: „Was haben deine Paten und Patinnen dann für dich getan?" „Sie haben drei Dinge in meinem Namen versprochen und gelobt: Erstens, dass ich dem Teufel und all seinen Werken, dem Pomp und den Eitelkeiten dieser bösen Welt und allen sündigen Begierden des Fleisches abschwören soll. Zweitens, dass ich an alle Artikel des christlichen Glaubens glauben soll. Und drittens, dass ich Gottes heiligen Willen und seine Gebote halten und alle Tage meines Lebens danach leben soll." Wenn wir uns wieder dem Taufgottesdienst zuwenden, sehen wir, dass die Paten gefragt werden: „ Verzichtest du *im Namen dieses Kindes* auf" usw. und sie antworten einzeln: „Ich verzichte auf sie alle", „All dies glaube ich fest"; und auf die Frage, ob sie Gottes heiligen Willen halten wollen, antworten sie immer noch für das Kind: „Ich werde." Welche bindende Kraft können solche Versprechen auf das Gewissen eines Menschen haben, wenn er erwachsen wird? Die Versprechen wurden ohne seine Zustimmung gemacht; warum sollte er sie halten? Der Glaube wurde geschworen, bevor er ihn geprüft hatte; warum sollte er ihn bekennen? Kein Versprechen, das im Namen eines anderen gemacht wird, kann für jemanden bindend sein, der keine Vollmacht für eine solche Verwendung seines Namens erteilt hat, und das unbewusste Baby, das nichts von dem weiß, was getan wird, kann niemals gerechterweise für den Bruch eines Vertrags haftbar gemacht werden, an dessen Abschluss es keinen Anteil hatte. Bentham protestiert zu Recht und mit Recht gegen „die implizite – die notwendigerweise implizite – Annahme, dass es in der Macht jeder Person liegt – nicht nur mit der Zustimmung des Vaters oder eines anderen Vormunds, sondern auch ohne eine solche Zustimmung – einem Kind bei seiner Geburt aufzuerlegen und es, lange bevor es selbst überhaupt in der Lage ist, seine Zustimmung zu irgendetwas zu geben, mit der Zustimmung zweier anderer Personen, die sich ebenfalls selbst ernannt haben, mit einer Reihe von Verpflichtungen zu beladen – Verpflichtungen von höchst furchterregender und entsetzlicher Art – Verpflichtungen in der Art von Eiden, von denen nur so viel und nicht mehr sichtbar gemacht wird, als ausreicht, um sie furchterregend zu machen – Verpflichtungen, denen weder quantitativ noch qualitativ Grenzen gesetzt werden sollen oder können."

Diese Verpflichtung, die dem Kind in seiner Unwissenheit auferlegt wird, versetzt es in eine weitaus schlimmere Lage, sollte es später die christliche Religion ablehnen, als wenn eine solche Verpflichtung nicht in seinem Namen eingegangen worden wäre. Es wird zum „Abtrünnigen" und gilt als jemand, der seinen Glauben auf schändliche Weise gebrochen hat; es unterliegt rechtlichen Nachteilen, die es sich sonst nicht zugezogen hätte, denn es werden strenge Gesetze gegen diejenigen verhängt, die, nachdem sie sich zur christlichen Religion bekannt haben, dagegen schreiben oder sprechen. So wird dem Kind im frühen Kindesalter eine Kette um den Hals geschmiedet, die es sein ganzes Leben lang fesselt, und die Unwissenheit des Babys wird ausgenutzt, um es schrecklichen Strafen zu unterwerfen. Im englischen Recht wird ein Minderjähriger aufgrund seiner Jugend geschützt; sicherlich brauchen wir eine kirchliche Minderjährigkeit, vor deren Ablauf keine eingegangenen spirituellen Verträge durchsetzbar sein sollten. Aus religiöser Sicht ist Abtrünnigkeit weitaus fataler als einfache Nichtchristenheit. Keble schreibt:

„Eitler Gedanke, das soll überhaupt nicht sein

Ich lehne ab oder gehorche,

Unsere Ohren haben den Ruf des Allmächtigen gehört,

Wir können nicht so sein wie sie. "

Ist es fair, das Kind nicht um seine Zustimmung zu bitten, bevor man seine Lage schlimmer macht als die der Heiden, sollte es künftig den Glauben ablehnen, an den es nach dem Versprechen seiner Paten glauben soll?

sein Taufgelübde nicht zu brechen , wenn es überhaupt kein solches Gelübde abgelegt hat; wie können die Paten sicherstellen, dass das Kind dem Teufel abschwört, an das Christentum glaubt und Gott gehorcht? Es ist töricht genug, ein solches Versprechen für sich selbst zu machen, wenn veränderte Umstände uns dazu zwingen könnten, es zu brechen, aber es ist purer Wahnsinn, ein solches Versprechen im Namen eines anderen zu machen. Das Versprechen, „alle Artikel des christlichen Glaubens zu glauben", kann erst wirksam werden, wenn das Urteil reif genug ist, um es zu prüfen, anzunehmen oder abzulehnen, und wer dann für seinen Bruder sagen kann: „Er wird glauben." Glaube ist keine Frage des Willens, sondern eine Frage des Beweises; wenn genügend Beweise eine Behauptung stützen, müssen wir sie glauben, während wir sie bezweifeln müssen, wenn die Beweise nicht ausreichen. Glaube ist weder eine Tugend noch ein Laster; er ist einfach die Folge ausreichender Beweise. Theologischer Glaube wird bei unzureichenden Beweisen gefordert; Ein solcher Glaube wird theologisch „Glaube" genannt, aber in gewöhnlichen Angelegenheiten würde man ihn „Leichtgläubigkeit" nennen. An erster Stelle der Entsagungen steht „der Teufel und alle seine Werke". Bentham sagt: „Der Teufel, wer oder was ist er, und wie kommt es, dass man ihm abschwört *?* Die Werke des Teufels, was sind sie, und wie kommt es, dass man ihnen abschwört? Auf den Teufel angewendet, wer oder was auch immer er ist – auf die Werke des Teufels angewendet, was auch immer sie sein mögen – was für eine Art von Vorgang ist *Entsagung oder Entsagung?* "

Sicherlich relevante Fragen, und keine davon kann beantwortet werden. Ein Gericht befasste sich kürzlich mit dem Teufel und konnte ihn nicht finden. „Wie soll der Christ dem Kind erklären, wem er in seiner Kindheit abgeschworen hat? Und an erster Stelle der Teufel selbst – von dem so entschieden und vertraut die Rede ist, als ob ihn jeder kennt – wo lebt er? Wer ist er? Was ist er? Hat das Kind ihn jemals gesehen? Wurde er jemals von jemandem gesehen, zu dem das Kind im Rahmen der Untersuchung Zugang hat? Hat das Kind jemals mit ihm zu tun gehabt? Befindet es sich in irgendeiner Gefahr, zu irgendeinem Zeitpunkt, soweit es weiß, mit ihm zu tun gehabt zu haben? Wenn nicht, welchen Zweck hat dann dieser *Verzicht?* Und noch einmal, was ist damit gemeint?"

Aber angenommen, es gäbe einen Teufel und angenommen, er hätte Werke, wie könnte das Kind ihm abschwören? Der Teufel ist nicht im Besitz des Kindes, so dass es ihn aufgeben könnte, als wäre er ein schädliches Spielzeug. In vergangenen Tagen hatte der Ausdruck eine bestimmte Bedeutung; man nahm an, dass die Menschen in der Lage waren, mit dem Teufel Handel zu treiben, mit vertrauten Geistern zu kommunizieren und Kobolde zu beschwören, um ihren Befehlen zu gehorchen; „dem Teufel und all seinen Werken abzuschwören" war damals ein Versprechen, nichts mit Hexerei, Zauberei oder Magie zu tun zu haben; den Teufel als Feind zu betrachten und seine Hilfe nicht zu nutzen. All diese Glaubenssätze sind längst in den

„alten Raritätenladen" des kirchlichen Unsinns übergegangen, aber Kinder werden immer noch gelehrt, die alten Sätze zu wiederholen, um die trockenen Knochen zu klappern, die das Leben so lange hinterlassen hat. Den „ Prunk dieser bösen Welt" könnten Christen abschwören, wenn sie dies wollten, aber sie zeigen eine seltsame Vergessenheit ihres Taufgelübdes. Ein Empfang bei Hofe ist ein so gutes Beispiel für den Verzicht auf den eitlen Pomp und Ruhm dieser bösen Welt, wie wir es uns nur wünschen können, und wenn wir bedenken, dass die Kinder, die in ihrer Kindheit den Katechismus lernen, in ihrer Jugend und Reife darauf ausgerichtet sind, diesen Pomp zu erlangen , lernen wir die Tatsache zu schätzen, dass spirituelle Dinge nur spirituell erkannt werden können. Wäre es nicht gut, wenn die Kirche eine „Erklärung des Katechismus" veröffentlichen würde, damit die Kinder wissen, worauf sie verzichtet haben?

„ Meinst du nicht, dass du verpflichtet bist zu glauben und zu tun, was sie dir versprochen haben?" „Ja, wahrlich; und mit Gottes Hilfe werde ich das tun. Und ich danke unserem himmlischen Vater von Herzen, dass er mich durch Jesus Christus, unseren Erlöser , in diesen Zustand der Erlösung berufen hat . Und ich bete zu Gott, dass er mir seine Gnade schenkt, damit ich bis an mein Lebensende darin verharren kann." „Verpflichtet zu glauben … wie sie dir versprochen haben!" Warum im Namen des gesunden Menschenverstands? Was für eine wunderbare Behauptung von Menschen, dass sie das Recht haben, zu versprechen, was andere Menschen glauben sollen. Und das Kind wird gelehrt, auf diese absurde Frage mit „Ja, wahrlich" zu antworten. Die Kirche tut gut daran, Kinder dazu zu erziehen, so zu antworten, bevor sie anfangen zu denken, denn sie würden sicherlich nie eine so offensichtlich ungerechte Behauptung zugeben, wie dass sie verpflichtet seien, etwas zu glauben oder zu tun, nur weil andere Menschen sagen, dass sie es tun sollten. Der herzliche Dank, der Gott gebührt, „dass er mich zu diesem Zustand der Erlösung berufen hat", scheint etwas verfrüht und unnötig. Nachdem Gott das Kind erschaffen hat, muss er es in einen „Zustand" versetzen, in dem seine Existenz keinen Fluch für ihn mit sich bringt; die „Erlösung" ist sehr zweifelhaft, da sie neben der Taufe von einer Reihe anderer Dinge abhängt. Außerdem ist es fraglich, ob es von Vorteil ist, sich in einem „Zustand der Erlösung" zu befinden, es sei denn, man wird endgültig erlöst, da einige christliche Autoren zu denken scheinen, dass die Verdammnis schwerer ist, wenn sie nach der Erlösung auf sich gezogen wird, sodass es im Großen und Ganzen wahrscheinlich weniger gefährlich wäre, ein Heide zu sein. Das Kind muss dann „die Artikel seines Glaubens wiederholen" und wird gelehrt, „das Apostolische Glaubensbekenntnis" zu rezitieren, *d. h* . ein Glaubensbekenntnis, mit dem die Apostel nichts auf der Welt zu tun hatten. Der Akt des Glaubens sollte sicherlich ein intelligenter sein, und jeder, der vorgibt, an etwas zu glauben, sollte eine Vorstellung davon haben, was die Sache ist. Welche Vorstellung kann ein Kind von der

Empfängnis durch den Heiligen Geist und der Geburt durch die Jungfrau Maria haben, an diese beiden geheimnisvollen Mysterien, an die es seinen Glauben bekennt? Nachdem dieses für ihn (wie für alle anderen) unverständliche Glaubensbekenntnis vorgetragen wurde, wird es gefragt: „Was lernst du hauptsächlich in diesen Artikeln deines Glaubens?" eine höchst notwendige Frage, da sie seinem kleinen Verstand überhaupt keine Vorstellung vermittelt haben können. Es antwortet: „Erstens lerne ich, an Gott den Vater zu glauben, der mich und die ganze Welt erschaffen hat. Zweitens an Gott den Sohn, der mich und die ganze Menschheit erlöst hat. Drittens an Gott den Heiligen Geist, der mich und das ganze auserwählte Volk Gottes heiligt ." Seltsamerweise haben die letzten beiden Absätze keine Parallelen im Glaubensbekenntnis selbst; Es gibt dort kein Wort darüber, dass der Sohn Gott ist, noch dass er das Kind erlöst hat, noch dass er die ganze Menschheit erlöst hat; ebenso wenig wird gesagt, dass der Heilige Geist Gott ist, noch dass er überhaupt irgendjemanden heiligt. Wie soll das Kind glauben, dass Gott der Sohn die *ganze Menschheit erlöst hat* , wenn ihm beigebracht wird, dass es selbst nur durch die Taufe in „diesen Zustand der Erlösung" gebracht wurde? Wenn alle erlöst sind, warum sollte es dann Gott besonders dafür danken, dass es selbst berufen und erlöst ist? Wenn alle erlöst sind, was bedeutet dann der Satz, dass „das ganze auserwählte Volk Gottes" durch den Heiligen Geist geheiligt wird? Sicherlich müssen alle, die erlöst sind, auch geheiligt sein, und sollten die beiden Passagen nicht nur dasselbe Volk betreffen? Entweder sollte der Heilige Geist die ganze Menschheit heiligen, oder Christus sollte nur das auserwählte Volk Gottes erlösen. Eine erlöste, aber nicht geheiligte Person würde Verwirrung darüber stiften, wo ihr richtiger Platz ist, wenn sie in den oberen Sphären ankäme; der heilige Petrus wüsste nicht, wohin er sie schicken sollte. Bentham bemerkt ätzend: „Hier haben wir also in diesem Wort den Namen einer Art *Prozess* , von dem das Kind sagen soll, dass er in ihm vor sich geht; dass er die ganze Zeit in ihm vor sich geht – dass er in ihm vor sich geht, genau in dem Moment, in dem es davon berichtet. Was ist dieser Prozess also? Welche Gefühle löst er aus? An welchen Zeichen und Symptomen soll es erkennen, ob er wirklich in ihm vor sich geht oder nicht, wie es zu sagen gezwungen wird? Wie fühlt es sich jetzt, da der Heilige Geist es *heiligt* ? Wie würde es sich fühlen, wenn kein solcher Vorgang in ihm vor sich ginge? Zu oft passiert es ihm in der einen oder anderen Form, dass es *eine Sünde begeht* oder etwas, von dem es gesagt und verlangt wird, dass es *eine Sünde* ist: ein Ereignis, das zwangsläufig häufig, um nicht zu sagen ständig, stattfindet, wenn das wahr ist, was wir alle in der Liturgie so entschieden bekennen und behaupten müssen – nämlich, dass wir alle – wir alle ohne Ausnahme – so viele ‚elende *Sünder' sind.* Wenn das Kind im Klassenzimmer tut, was es durch diesen Katechismus tun muss, sagt, was es sagen muss, erklärt es sich dennoch zu einer geheiligten Person. Wenn es in die Kirche geht, bekennt es sich selbst als nicht besser als „ *ein elender Sünder"*. Wenn es nicht immer dieser elender Sünder ist, warum muss es dann immer sagen, dass es einer ist? Wenn es immer derselbe elender Sünder ist, was hat es dann von dieser Heiligung, wie auch immer sie sein mag, die der Heilige Geist ihm mit aller Mühe zuteil werden ließ, für besser?" Außerdem, wie kann man dem Kind beibringen, an einen Gott zu glauben, wenn es drei verschiedene Götter findet, die alle verschiedene Dinge für es tun? Hier wird so klar wie möglich zwischen dem Erlösungswerk Gottes, des Sohnes, und dem Heiligungswerk Gottes, des Heiligen Geistes, unterschieden, und wenn das Kind versucht, das, was es zu glauben lehrt, auf irgendeine Weise umzusetzen , muss es zwangsläufig ein Tritheist werden und an den Schöpfer, den Erlöser und den Heiligmacher als drei verschiedene Götter glauben. Nachdem das Glaubensbekenntnis geklärt ist, wird das Kind daran erinnert: „Du sagtest, dass deine Paten dir versprochen haben, dass du Gottes Gebote halten sollst. Sag mir, wie viele es gibt? Antw. Zehn. Frage: Welche sind es? Antw. Dieselben, die Gott im zwanzigsten Kapitel des Exodus sprach , als er sagte: Ich bin der Herr, dein Gott, der dich aus dem Land Ägypten, aus dem Haus der Knechtschaft, geführt hat. Du sollst keine anderen Götter haben neben mir." Aber Gott hat weder das Kind noch seine Vorfahren aus Ägypten oder der Knechtschaft herausgeführt. Deshalb wird das erste Gebot, das von einer solchen Erziehung abhängig gemacht wird, dem Kind nicht gesagt. Das Argument lautet: „Da ich so viel für dich getan habe, sollst du keinen anderen Gott neben mir haben." Das zweite Gebot wird allgemein abgelehnt, und es ist fast sicher, dass das Kind lernen wird, Gott habe geboten, in einem Raum mit Bildern an den Wänden kein Abbild von irgendetwas anzufertigen. Christen gehen bequemerweise darüber hinweg, dass dieses Gebot alle Bildhauerei, alle Malerei, alle Modellierarbeiten und alle Gravuren verbietet. sie argumentieren, dass es nur bedeutet, dass nichts zu Zwecken der Anbetung gemacht werden soll, obwohl die deutlichen Worte lauten: „ *Du sollst kein Abbild von irgendetwas machen.* " Um den Gemütszustand des Kindes, das gelernt hat: „Ich, der Herr, dein Gott, bin ein eifersüchtiger Gott und heimsuche die Sünden der Väter an den Kindern", genau zu verstehen, wenn es andere Teile der Bibel liest, ist es gut, diese Aussage neben Ezechiel 18, 19-20 zu stellen: „Doch sagt ihr: Warum? Trägt der Sohn nicht die Sünden des Vaters? Wenn der Sohn getan hat, was Recht und Gesetz ist, und alle meine Gebote gehalten und sie getan hat, soll er gewiss leben. Die Seele, die sündigt , soll sterben. Der Sohn soll die Sünden des Vaters nicht tragen." Das vierte Gebot wird von allen Seiten missachtet; Vom Fürsten, der am Sonntag seinen Fisch isst, über den Fischhändler bis hin zum Straßenhändler, der auf der Straße Herzmuscheln verkauft, vergessen und missachten alle Namenschristen dieses Gebot; sie lassen ihre Diener arbeiten, obwohl sie „keinerlei Arbeit verrichten" sollten, und fahren in Kutschen, Droschken und Omnibussen, als ob Gott nicht gesagt hätte, dass auch das Vieh am

Sabbattag müßig sein soll. Obwohl das Neue Testament in diesem Punkt in direktem Widerspruch zum Alten steht – Paulus befiehlt den Kolossern, sich nicht um den Sabbat zu kümmern –, lesen und lehren Christen dieses Gebot und befolgen in ihrem Leben die Anweisung des Paulus. Um die demoralisierende Wirkung dieses vierten Gebots auf das Kind zu vervollständigen , wird ihm beigebracht, dass „der Herr in sechs Tagen Himmel und Erde und das Meer und alles, was darinnen ist, gemacht hat", während es in der Tagesschule genau im entgegengesetzten Sinne unterrichtet wird und von den langen und zahllosen Zeitaltern der Evolution erzählt bekommt, durch die die Welt ging, und von den wunderbaren Geschöpfen, die sie vor der Ankunft des Menschen bewohnten. Das fünfte Gebot hat aufgrund desselben Fehlers der Unwirklichkeit, der sich durch die gesamte Lehre der Staatskirche zieht, ebenfalls eine böse Wirkung auf den Geist des Kindes. „ Ehre deinen Vater und deine Mutter, *auf dass du lange lebst im Land.* " Es wird ganz genau wissen, dass gute Kinder ebenso sterben wie schlechte, und dass daher das Versprechen, das es rezitiert, nicht wahr ist. Die übrigen Gebote gebieten einfache moralische Pflichten und wären nützlich, wenn sie ohne die vorhergehenden gelehrt würden; So wie die Dinge liegen, beeinträchtigt die Unwirklichkeit der ersten fünf die Aussagekraft der späteren, und da Gutes und Schlechtes miteinander vermischt sind, kann man sie kaum sorgfältig unterscheiden und verlieren daher jede zwingende moralische Kraft.

Nach dem Aufsagen der Gebote wird das Kind gefragt: „Was lernst du hauptsächlich durch diese Gebote?" und es antwortet: „Ich lerne zwei Dinge: meine Pflicht gegenüber Gott und meine Pflicht gegenüber meinem Nächsten ." Wir möchten hier darauf hinweisen, dass die Pflicht des Menschen gegenüber dem Menschen der Punkt sein sollte, der den jungen Menschen am meisten eingeschärft werden sollte. Angenommen, es wäre eine „Pflicht gegenüber Gott" möglich – eine Frage, die außerhalb des vorliegenden Themas liegt –, dann ist es klar, dass die Pflicht gegenüber dem Menschen die nächste, offensichtlichste und am einfachsten zu verstehende ist und daher als erste eingeschärft werden muss. Sicherlich wird die Erfüllung einer weniger nahen und weniger klaren Pflicht nur durch die Erfüllung der unmittelbaren und offensichtlichen Pflicht möglich. Außerdem ist die im Katechismus gelehrte Pflicht gegenüber Gott so umfassend und fesselnd, dass ihre vollständige Erfüllung die ganze Zeit und alle Gedanken in Anspruch nehmen würde. Denn als Antwort auf die Frage: „Was ist deine Pflicht gegenüber Gott?" Das Kind sagt: „Meine Pflicht gegenüber Gott ist, an ihn zu glauben, ihn zu fürchten und ihn von ganzem Herzen, von ganzem Verstand, von ganzer Seele und von ganzer Kraft zu lieben, ihn anzubeten, ihm zu danken, mein ganzes Vertrauen in ihn zu setzen, ihn anzurufen, seinen heiligen Namen und sein Wort zu ehren und ihm mein ganzes Leben lang treu zu dienen." Erstens: „an ihn zu glauben"; aber wie kann das Kind an ihn glauben, bis Beweise für seine Existenz vorgelegt werden? Aber solche Beweise zu prüfen, übersteigt die noch schwachen intellektuellen Kräfte des Kindes, und daher ist der Glaube an Gott für es unerreichbar, denn ein auf Autorität beruhender Glaube ist völlig wertlos. Außerdem kann es nie eine „Pflicht" sein, zu glauben; wenn die Beweise für eine Tatsache überzeugend sind, folgt natürlich der Glaube an diese Tatsache, und Nichtglaube wäre sehr dumm; aber das Wort „Pflicht" ist im Zusammenhang mit Glauben fehl am Platz. „Ihn zu fürchten": das wird das Kind ganz natürlich tun, nachdem es erfahren hat, dass Gott wegen seiner Geburt zornig auf es war und dass ein anderer Gott, Jesus Christus, sterben musste, um es vor dem zornigen Gott zu retten. „Ihn zu lieben": unter diesen Umständen nicht so einfach, und Liebe ist auch nicht mit Furcht vereinbar; „vollkommene Liebe vertreibt die Furcht … wer sich fürchtet, ist nicht vollkommen in der Liebe." „Mit ganzem Herzen, mit ganzem Verstand, mit ganzer Seele und mit ganzer Kraft." Vier verschiedene Dinge, mit denen das Kind Gott lieben soll: Was bedeutet jedes davon? Wie ist das Herz von Verstand, Seele und Kraft zu unterscheiden? In der menschlichen Liebe könnte man vielleicht die Liebe des Herzens von der Liebe des Verstandes unterscheiden, wenn mit der Liebe des Herzens allein eine rein körperliche Leidenschaft gemeint wäre; aber das kann keine Art von Liebe zu Gott erklären, für den eine solche Liebe eindeutig unmöglich wäre. Noch einmal sagen wir, dass die Church of England eine Erklärung des Katechismus veröffentlichen sollte, damit wir wissen, was wir für die Gesundheit unserer Seele tun und glauben sollen. Bentham betont, dass das „volle Vertrauen" in Gott das Kind davon abhalten würde, „einen Teil seines Vertrauens" in sekundäre Ursachen zu setzen, und dass die Missachtung dieser Ursachen nicht mit der persönlichen Sicherheit und mit der Erhaltung von Gesundheit und Leben vereinbar wäre; und dass darüber hinaus, da all diese Dienste für Gott „unnütz" sind, sie „mit größerem Nutzen in den Dienst jener schwachen Geschöpfe fließen könnten, die alle Dienste, die ihnen geleistet werden können, zu allen Zeiten so dringend und so überaus nötig haben." Wenn die Pflicht gegenüber Gott so anerkannt ist, folgt daraus die Pflicht gegenüber dem Nächsten , für die es keinen Platz zu geben scheint, wenn die Liebe, das Vertrauen und der Dienst, die Gott gebühren, vollständig geleistet wurden. " *Frage* : Was ist deine Pflicht gegenüber deinem Nächsten ? *Antwort* : Meine Pflicht gegenüber meinem Nächsten ist, ihn wie mich selbst zu lieben und allen Menschen das zu tun, was ich von ihnen erwarte. Meinen Vater und meine Mutter zu lieben, zu ehren und ihnen beizustehen . Den König und alle, die ihm untergeordnet sind, zu ehren und ihnen zu gehorchen. Mich allen meinen Statthaltern, Lehrern, geistlichen Hirten und Meistern zu unterwerfen. Mich allen, die mir überlegen sind, demütig und ehrfürchtig zu verhalten. Niemandem durch Wort oder Tat zu schaden. In all meinen Handlungen wahrhaftig und gerecht zu sein. Weder Bosheit noch Hass in meinem Herzen zu tragen. Meine Hände vom Plündern und Stehlen und meine Zunge vom Lästern, Lügen und Verleumden zu hüten. Meinen Körper in Mäßigung, Nüchternheit und Keuschheit zu halten. Nicht die Güter anderer Menschen zu begehren oder zu begehren, sondern wahrhaftig zu lernen und zu arbeiten , um meinen eigenen Lebensunterhalt zu verdienen und meine Pflicht in dem Lebensstand zu erfüllen, zu dem Gott mich berufen wird." Die erste Phase reproduziert die Moral, die so alt ist wie das erfolgreiche gesellschaftliche Leben. „Welches Wort kann als Regel für das ganze Leben dienen?", fragte einer von Konfuzius. „Ist Gegenseitigkeit nicht ein solches Wort?", antwortete der Weise. „Was du nicht willst, dass man dir tue, das tu auch anderen nicht an. Wenn du für andere arbeitest , dann tue es mit demselben Eifer, als ob du für dich selbst arbeitest." Der zweite Satz ist wahr und richtig; der nächste ist oft töricht und unmöglich. Wer könnte einen König wie Georg IV. ehren ? Während Jakob II. „gehorsam" zu sein, dies die Zerstörung Englands bedeutet hätte. Ehre und Gehorsam gegenüber eingesetzten Autoritäten sind nur dann eine Pflicht, wenn diese Autoritäten die Pflichten erfüllen, die sie erfüllen sollen; sobald sie dies nicht tun, wird man zu Komplizen ihres Verrats an der Nation, wenn man sie ehrt und ihnen gehorcht. Als der Katechismus geschrieben wurde, glaubte man an die Lehre des Gottesgnadentums, und damals war die Stimme des Königs eine göttliche, und sich ihm zu widersetzen, hieß, sich Gott zu widersetzen. Die beiden folgenden Sätze atmen denselben unterwürfigen Geist, als ob die Hauptpflicht gegenüber dem Nächsten darin bestünde , sich ihm zu unterwerfen. Ehrfurcht vor jedem, der besser ist als man selbst, ist ein Instinkt, aber „meine Besseren" ist einfach ein scheinheiliger Ausdruck für diejenigen, die in der sozialen Hierarchie höher stehen, und diese haben kein Recht auf eine niedrigere Ordnung als den einfachen Respekt und die Höflichkeit, die jeder Mensch jedem anderen gegenüber zeigen sollte. Diese Art der Lehre untergräbt die geistige Stärke und den Selbstrespekt eines Kindes und ist verheerend für seine Männlichkeit, wenn sie irgendeinen Eindruck auf ihn macht. Der Rest der Antwort ist durch und durch gut und gesund, abgesehen von den letzten paar Worten über „den Lebenszustand, zu dem Gott mich berufen wird". Einem Kind sollte beigebracht werden, dass sein „Lebenszustand" von seinen eigenen Anstrengungen abhängt und nicht von irgendeiner „Berufung" Gottes, und dass es seine Pflicht ist, sich eifrig an die Arbeit zu machen, um ihn zu verbessern, wenn der Zustand unbefriedigend ist; sich nicht damit zufrieden zu geben, wenn es schlecht ist, nicht die Verantwortung dafür auf Gott abzuwälzen, ihn dorthin gebracht zu haben, sondern mit aller aufrichtigen Sorgfalt so zu arbeiten , dass es seiner würdig, ehrenhaft , respektabel und angenehm wird. An diesem Punkt wird dem Kind gesagt: „Du bist nicht in der Lage, diese Dinge aus dir selbst heraus zu tun, noch in den Geboten Gottes zu wandeln und ihm zu dienen, ohne seine besondere Gnade; die du jederzeit durch eifriges Gebet zu erbitten lernen musst." Aber wenn das Kind diese Dinge nicht ohne Gottes

„besondere Gnade" tun kann, dann muss die Verantwortung dafür, dass es sie nicht tut, zwangsläufig auf Gott fallen; denn das Kind kann nicht beten, wenn Gott ihm nicht Gnade schenkt; und ohne Gebet kann es keine besondere Gnade erlangen, und ohne besondere Gnade kann es „diese Dinge" nicht tun; so dass das Kind eindeutig hilflos ist, bis Gott ihm seine Gnade sendet, und daher liegt die ganze Verantwortung allein bei Gott, und er kann dem Kind niemals vorwerfen, dass es das nicht tut, was er selbst es daran gehindert hat, zu beginnen. Da eifriges Gebet um besondere Gnade so nötig ist, wird dem Kind beigebracht, das Vaterunser zu beten, in dem die Gnade überhaupt nicht erwähnt wird, und dann wird es gefragt: „Was erwartest du von Gott in diesem Gebet?" „Ich erwarte von meinem Herrn Gott, unserem himmlischen Vater, der der Geber aller Güte ist, dass er mir und allen Menschen seine Gnade sende, damit wir ihn anbeten, ihm dienen und ihm gehorchen, wie es sich gehört." Wir reiben uns die Augen; kein einziges Wort von all dem ist im Vaterunser zu finden! „Sende mir und allen Menschen seine Gnade"? Keine Silbe, die irgendeine derartige Bedeutung vermittelt: „damit wir ihn anbeten, ihm dienen und ihm gehorchen"? Nicht der Schatten einer derartigen Bitte. Soll man einem Kind die Gewohnheit der Wahrhaftigkeit beibringen, wenn man es als religiöse Lektion etwas rezitieren lässt, das völlig und durch und durch unwahr ist? „Und ich bete zu Gott, dass er uns alles schickt, was wir für unsere Seele und unseren Körper brauchen, und dass er uns gnädig ist und uns unsere Sünden vergibt." „Alles, was wir für unsere Seele und unseren Körper brauchen" ist, so nehmen wir an, in „unserem täglichen Brot" zusammengefasst. Einfache Leute würden sich kaum vorstellen, dass „tägliches Brot" alles ist, was sie für ihre Seele und ihren Körper brauchen; vielleicht brauchen die Seelen gar nichts, da sie nicht an irgendwelchen echten Bedürfnissen erkennbar sind, die sie äußern. „Und dass es ihm gefallen wird, uns in allen Gefahren geistiger und körperlicher Art zu retten und zu verteidigen; und dass er uns vor aller Sünde und Bosheit und vor unserem geistigen Feind und vor dem ewigen Tod bewahren wird." Auch hier kann nichts in dem Gebet mit diesen Sätzen übersetzt werden; es gibt keine Errettung und Verteidigung vor allen Gefahren, geisterhaft und körperlich, noch eine Silbe über die Verteidigung vor unserem geisterhaften Feind, unter dem ein Kind wahrscheinlich einen Geist in einem weißen Laken versteht und voller Angst zu Bett geht, nachdem es den Katechismus gelesen hat, der Geister auf diese Weise erkennt – noch vor dem ewigen Tod. Das Gebet ist das einfachste, aber die Übersetzung davon ist die schwierigste. „Und ich vertraue darauf, dass er dies aus seiner Barmherzigkeit und Güte durch unseren Herrn Jesus Christus tun wird; und deshalb sage ich Amen, so sei es." Warum sollte das Kind darauf vertrauen, dass Gottes Barmherzigkeit und Güte es beschützen? Es gäbe keine Gefahren, geisterhaft und körperlich, keinen geisterhaften Feind und keinen ewigen Tod, wenn Gott sie nicht alle erfunden hätte, und die Person, die uns inmitten von Gefahren aussetzt, ist kaum diejenige, an die wir uns wenden sollten, um von ihnen befreit zu werden. Barmherzigkeit und Güte hätten uns nicht mit solchen Gefahren umgeben; Barmherzigkeit und Güte hätten uns nicht mit solchen Feinden umgeben; Barmherzigkeit und Güte hätten Wesen geschaffen, deren glückliches Leben ein einziges langes Loblied auf den Schöpfer gewesen wäre, und hätten ihn ewig dafür gesegnet, dass er sie ins Leben gerufen hatte.

Das Kind soll nun weiter in die christlichen Mysterien eingeführt und in der Lehre der Sakramente unterrichtet werden, seltsame Dinge mit zwei Naturen, bei denen wir an das glauben müssen, was wir nicht sehen, und das sehen müssen, woran wir nicht glauben sollen. „Wie viele Sakramente hat Christus in seiner Kirche eingesetzt?" „Nur zwei, die allgemein zur Erlösung notwendig sind, nämlich die Taufe und das Abendmahl des Herrn." „Allgemein notwendig"; das Wort „allgemein" wird von Kommentatoren als „universell" erklärt, sodass der Ausdruck lauten sollte: „universell notwendig zur Erlösung." Da die Theorie der Kirche besagt, dass alle von Natur aus Kinder des Zorns sind und dass „ *niemand* wiedergeboren ist", außer er wird aus Wasser und dem Heiligen Geist geboren, folgt, dass die Taufe allgemein zur Erlösung notwendig ist; und da Jesus gesagt hat: „Wenn ihr nicht das Fleisch des Menschensohnes esst und sein Blut trinkt, so habt ihr kein Leben in euch" (Johannes 6,53), folgt daraus ebenso, dass das Abendmahl allgemein für die Erlösung notwendig ist. Da die überwiegende Mehrheit der Menschheit überhaupt keine getauften Christen sind und die Mehrheit der getauften Christen niemals das Abendmahl des Herrn zu sich nimmt, wird die Zahl der Erben der Erlösung äußerst begrenzt sein und sie werden nicht unbequem in den vielen Wohnungen oben zusammengedrängt sein. „Was meinst du mit diesem Wort *Sakrament?* Ich meine ein äußeres und sichtbares Zeichen einer inneren und geistigen Gnade, die uns gegeben wurde, von Christus selbst bestimmt, als Mittel, durch das wir sie empfangen, und als Unterpfand, das uns dies garantiert." Wenn dies eine wahre Definition eines Sakraments ist, kann man mit Fug und Recht nicht sagen, dass so etwas wie ein Sakrament existiert. Was ist die innere und geistige Gnade, die dem Baby bei der Taufe gegeben wird? Wenn es gegeben wird, muss es an seinen Auswirkungen erkennbar sein, sonst ist es ein Geschenk von gar nichts. Ein Baby ist nach der Taufe genau dasselbe wie vorher; es weint genauso viel, tritt genauso viel, zappelt genauso viel; es hat offensichtlich keine innere und spirituelle heiligmachende Gnade empfangen; es benimmt sich so gut oder so schlecht wie jedes ungetaufte Baby und ist weder schlechter noch besser als seine Zeitgenossen. Offensichtlich fehlt die innere Gnade, und deshalb gibt es hier kein wahres Sakrament, denn ein Sakrament muss sowohl die Gnade als auch das Zeichen haben. Dasselbe kann vom Abendmahl gesagt werden; die Leute scheinen sich nach dem Empfang nicht besser zu fühlen; ein hungriger Mensch ist nach seinem Abendessen gesättigt und zeigt so, dass er wirklich etwas empfangen hat, aber der Geist leidet nach dem Abendmahl genauso sehr unter dem Hunger des Neids und dem Durst der schlechten Laune wie zuvor. Aber warum sollte die Gnade „innerlich" sein, und warum wird die Seele als *im Körper* befindlich betrachtet , anstatt als durch und über ihm? Es gibt nur wenige geeignete Hohlräume im Inneren, in denen sie verweilen kann, aber die Leute sprechen, als wäre der Mensch eine leere Schachtel, in der die Seele leben könnte. Das Sakrament ist „ein Mittel, durch das wir sie empfangen, und ein Versprechen, das uns dies garantiert". Gottes Gnade kann also in den Mitteln von Wasser, Brot und Wein übermittelt werden; sie muss also sicherlich etwas Materielles sein, denn wie können materielle Dinge sie sonst übermitteln? Und Gott wird vom Menschen abhängig, der für ihn entscheidet, wem die Gnade zuteil werden soll. Zwei Kinder werden auf die Welt gebracht; eines von ihnen wird in die Kirche gebracht und getauft; Gott kann diesem Kind seine Gnade schenken; das andere bleibt ohne Taufe; es ist ein Kind des Zorns, und Gott kann es nicht segnen. So wird Gott von der Vernachlässigung einer armen und sehr wahrscheinlich betrunkenen Amme regiert, und die Empfänger seiner Gnade werden für ihn nach der Laune oder Nachlässigkeit der Menschen ausgewählt. Seltsam ist auch, dass Christen, die Gottes Gnade empfangen haben, „ein Pfand brauchen, das ihnen versichert", dass sie sie wirklich erhalten haben; wie merkwürdig, dass der Empfänger nicht weiß, dass ihm ein so kostbares Geschenk zuteil wurde, bis er auch ein bisschen Brot und einen winzigen Schluck Wein erhalten hat. Es ist, als ob der Bote einer Königin einem hundert Tausend-Pfund-Scheine in die Hand drückt und dann feierlich sagt: „Hier ist ein Farthing als Pfand, das Ihnen versichert, dass Sie die Scheine wirklich erhalten haben." Wären die Scheine nicht selbst die beste Versicherung dafür, dass wir sie erhalten haben, und wäre die bewusste Gnade Gottes nicht ihr eigener bester Beweis dafür, dass Gott sie uns gegeben hat? „Aus wie vielen Teilen besteht ein Sakrament? Aus zwei: dem äußeren sichtbaren Zeichen und der inneren geistigen Gnade." Dies ist einfach eine Wiederholung der vorherigen Frage und Antwort und völlig unnötig. „Was ist das äußere sichtbare Zeichen oder die Form der Taufe? Wasser; *wobei* die Person *im Namen des Vaters und des Sohnes und des Heiligen Geistes getauft wird* ." Diese Antwort wirft die interessante Frage auf, ob englische Christen – mit Ausnahme der Baptisten – wirklich getauft werden. Sie werden nicht „in", sondern nur „mit" Wasser getauft. Die Rubrik weist an, dass der Pfarrer es *„diskret und vorsichtig ins* Wasser tauchen" soll und dass es nur dort, wo „das Kind schwach ist, ausreichen soll, Wasser darüber zu gießen". Es scheint möglich, dass die Erlösung fast aller Engländer in Gefahr ist, da ihre Taufe unvollkommen ist. Die Taufformel erinnert uns an einen merkwürdigen Unterschied zwischen der Taufe der Apostel und der Taufe im dreieinigen Namen Gottes; obwohl Jesus ihnen laut Matthäus feierlich befohlen hatte, mit dieser Formel zu taufen, erfahren wir aus der Apostelgeschichte, dass sie seine Anweisung völlig missachteten und „im

Namen Jesu Christi" tauften, anstatt im Namen von „Vater, Sohn und Heiligem Geist". (Siehe Apostelgeschichte 2.38, 8.16, 10.48, 19.5 usw.) Die offensichtliche Schlussfolgerung daraus ist, dass, wenn die Apostelgeschichte historisch ist, Jesus den ihm in Matthäus in den Mund gelegten Befehl nie gegeben hat, sondern dass er später eingefügt wurde, als eine solche Formel in der Kirche üblich wurde. „Was ist die innere und geistige Gnade? Ein Tod der Sünde und eine neue Geburt zur Gerechtigkeit; denn von Natur aus in Sünde geboren und Kinder des Zorns, werden wir hierdurch zu Kindern der Gnade." Was? Ein Baby an der Sünde sterben? Wie kann es, wenn es sich der Sünde nicht bewusst ist und daher nicht sündigen kann? „Eine neue Geburt zur Gerechtigkeit?" aber es ist gerade erst geboren, kann es nicht nötig sein, dass es so bald wiedergeboren wird? Und wenn es wahr ist, dass dies die innere Gnade ist, die gegeben wird, wäre es dann nicht gut – wie es viele in der frühen Kirche taten –, die Taufzeremonie bis zum letzten Moment aufzuschieben, damit der sterbende Mensch bei der Taufe an allen Sünden sterben kann, die er während seines Lebens begangen hat, und als geistiges Baby wiedergeboren wird, geeignet, direkt in den Himmel zu kommen? Es scheint eine unnötige Grausamkeit zu sein, Säuglinge zu taufen und ihnen so die Chance zu nehmen, später alle ihre Lebenssünden auf einen Schlag loszuwerden. Dies ist nicht der einzige Einwand gegen die Taufe. Bentham fordert eindringlich, was oft gefordert wurde:

"Beachten Sie gut die Art der Geschichte, die hier erzählt wird. Der allmächtige Gott, Schöpfer aller sichtbaren und unsichtbaren Dinge, des Himmels und der Erde und allem, was darin ist, erschafft unter anderem ein Kind, und kaum hat er es erschaffen, ist er schon wütend auf es, weil es erschaffen wurde. Er beschließt dementsprechend, es einem Zustand endloser Folter zu überlassen. In der Zwischenzeit kommt jemand und spricht bestimmte Worte aus, um dem Kind eine Menge Wasser zuzuführen, oder eine Menge Wasser dem Kind. Von diesen Worten bewegt, ändert das allweise Wesen seinen Plan, und obwohl er nicht so weit besänftigt ist, dem Kind seine Vergebung zu gewähren, gewährt er ihm eine *Chance* – niemand kann sagen, *welche* Chance –, endgültig zu entkommen. Und das ist es, was das Kind bekommt, indem es ,erschaffen' wird – und wir sehen, auf welche Weise es geschaffen wurde – ,ein Kind der Gnade'."

„Was wird von Menschen verlangt, die getauft werden wollen? Reue, wodurch sie der Sünde abschwören, und Glaube, wodurch sie fest an die Versprechen Gottes glauben, die ihnen in diesem Sakrament gemacht wurden. Warum werden dann Kinder getauft , wenn sie sie aufgrund ihres zarten Alters nicht erfüllen können? [Warum, in der Tat!] Weil sie beides durch ihre Bürgen versprechen, die sie, wenn sie volljährig werden, selbst erfüllen müssen." Sicherlich wäre es besser, wenn diese Dinge vor der Taufe „verlangt" würden, die Taufe aufzuschieben, bis Reue und Glaube möglich werden, anstatt sie wie ein Theaterstück durchzustehen, bei dem die Leute ihre Rollen spielen und jemand anderen vertreten. Denn angenommen, das Kind, dem Reue und Glaube versprochen werden, bereut, wenn es volljährig wird, weder seine Sünden noch glaubt es Gottes Versprechen, was wird dann aus der inneren und geistigen Gnade? Sie muss entweder gegeben worden sein oder nicht; wenn ersteres der Fall ist, hat die reuelose und ungläubige Person sie im Glauben an die Versprechen ihrer Bürgen für sie erhalten; Wenn das Letztere zutrifft, hat Gott die in der Heiligen Taufe versprochene Gnade nicht gewährt und seine Versprechen sind daher in allen Fällen unzuverlässig.

„Warum wurde das Abendmahl eingesetzt? Zur ständigen Erinnerung an das Opfer Christi und an die Wohltaten, die wir dadurch erlangen." Was für ein schlechtes Gedächtnis müssen Christen haben! Gott ist vom Himmel herabgekommen, um für sie zu sterben, und sie können sich nicht daran erinnern, ohne in Erinnerung daran zu essen und zu trinken. Dem Kind wird dann beigebracht, dass der äußere Teil des Abendmahls Brot und Wein ist und dass der innere Teil „der Leib und das Blut Christi sind, die wahrhaftig und wahrhaftig von den Gläubigen im Abendmahl genommen und empfangen werden", wobei Leib und Blut die Seele nähren, wie Brot und Wein den Körper nähren. Wenn Leib und Blut der Seele eine ebenso winzige Menge an Nahrung zuführen wie die kleinen Portionen Brot und Wein dem Körper, muss die Seele sehr unter geistigem Hunger leiden. Aber wie nähren sie die Seele? Leib und Blut müssen irgendwie im Brot und Wein sein, und wie wird es erreicht, dass ein Teil die Seele nährt, während der Rest dem Körper zufließt? „wahrhaftig und wahrhaftig genommen und empfangen." Aus dem eifrigen Beteuern könnte man schließen, dass es Zweifel daran geben muss und dass es fraglich sein könnte, ob das Unsichtbare und Ungreifbare wirklich und wahrhaftig genommen wurde. Man braucht nur wenig Einsicht, um zu sehen, wie erbärmlich verwirrend es für ein intelligentes Kind sein muss, ihm beizubringen, dass Brot und Wein in einem Moment nur Brot und Wein sind und im nächsten auch Christi Leib und Blut, obwohl keiner seiner Sinne die kleinste Veränderung darin wahrnehmen kann. Eine solche Unterweisung wird ihn, wenn sie irgendeine Wirkung auf seinen Verstand hat, dazu veranlassen, jede Behauptung ohne und sogar entgegen Vernunft und Erfahrung auf Treu und Glauben zu nehmen; sie legt die Grundlage allen Aberglaubens, indem sie den Glauben an Dinge lehrt, die nicht beweisbar sind.

„Was wird von denen verlangt, die zum Abendmahl des Herrn kommen? Sich selbst zu prüfen, ob sie ihre früheren Sünden aufrichtig bereuen und sich fest vornehmen, ein neues Leben zu führen; einen lebendigen Glauben an Gottes Barmherzigkeit durch Christus zu haben, mit einer dankbaren Erinnerung an seinen Tod; und in Nächstenliebe zu allen Menschen zu sein."

In vielen Kirchen ist es heute Brauch, wöchentlich und in manchen sogar täglich die Kommunion zu empfangen; können die Kommunionteilnehmer, die diese Kommunion besuchen, jedes Mal fest entschlossen sein, ein neues Leben zu führen? Und wie viele „frühere Sünden" bereuen sie fortwährend? Hier finden wir die übertriebene Frömmigkeit, die das Gebetbuch durchweg entstellt; die Leute jammern über ihre Sünden und weinen über ihre Sünden, beschließen, sich zu bessern, und geloben, ein neues Leben zu führen, und wenn man sie das nächste Mal sieht, bekennen sie sich wieder zu den elenden Sündern wie immer. Wie müde muss der Heilige Geist werden, sie zu heiligen!

Dies ist der Katechismus, den „der Vikar jeder Gemeinde an Sonntagen und Feiertagen nach der zweiten Lektion beim Abendgebet fleißig öffentlich in der Kirche" den zu ihm geschickten Kindern beibringen soll, und den „alle Väter, Mütter, Lehrer und Damen ihre Kinder, Diener und Lehrlinge (die ihren Katechismus noch nicht gelernt haben) zur festgesetzten Zeit in die Kirche kommen lassen sollen", um ihn zu lernen; dies ist die Nahrung, die die Kirche ihren Lämmern gibt; dies ist die Lehre, die sie der heranwachsenden Generation anbietet. So formt sie die Denkmaschine, bevor sie denken können; so beeinflusst sie das Urteil, bevor sie urteilen können; so hofft sie, aus verwirrten und verwirrten Kindern Männer und Frauen für ihre Lehre gefügig zu machen, und aus dem Katechismus, den sie um die Gehirne der Kinder wickelt, schmiedet sie die Kette von Glaubensbekenntnissen, die den Intellekt der erwachsenen Mitglieder ihrer Gemeinschaft fesselt.